工业和信息化高等教育“十二五”
土建类技能型人才培养规划教材立项项目

高等教育『十二五』土建类技能型人才培养规划教材

建设工程法规

赵嵩颖 战乃岩／主编
张帅 常虹 孙壮岩 施继保／副主编
陈晨／主审

人民邮电出版社
北京

图书在版编目（CIP）数据

建设工程法规 / 赵嵩颖，战乃岩主编. -- 北京 ：人民邮电出版社，2014.9
高等教育“十二五”土建类技能型人才培养规划教材
ISBN 978-7-115-35836-3

Ⅰ. ①建… Ⅱ. ①赵… ②战… Ⅲ. ①建筑法－中国－高等学校－教材 Ⅳ. ①D922.297

中国版本图书馆CIP数据核字(2014)第104417号

内容提要

本书重点针对土建类应用型人才、技能型人才的培养而编写，涵盖了建设工程中涉及的主要法律法规，包括建筑工程法律制度、合同法、建筑工程纠纷处理、法律责任等内容。

本书在编写体例上结合注册建造师考试的内容，各章节加入了大量的真实建筑法规案例，更加注重案例教学，在章节后添加大量的习题以巩固所学知识，以达到理论结合实际、融会贯通的效果。

◆ 主　　编　赵嵩颖　战乃岩
副 主 编　张　帅　常　虹　孙壮岩　施继保
主　　审　陈　晨
责任编辑　刘盛平
执行编辑　刘　佳
责任印制　焦志炜

◆ 人民邮电出版社出版发行　　北京市丰台区成寿寺路 11 号
邮编　100164　　电子邮件　315@ptpress.com.cn
网址　http://www.ptpress.com.cn
北京中新伟业印刷有限公司印刷

◆ 开本：787×1092　1/16
印张：17.75　　2014 年 9 月第 1 版
字数：473 千字　　2014 年 9 月北京第 1 次印刷

定价：39.80 元

读者服务热线：(010)81055256　印装质量热线：(010)81055316
反盗版热线：(010)81055315
广告经营许可证：京崇工商广字第 0021 号

前　言

中国经济建设持续快速发展，工程法律得到越来越广泛的重视。规范建设行为，依法执业是我国提高建设工程项目管理水平的一项重要工作。因此，高校土建类学生应当了解、熟悉和掌握建设工程法规的相关知识，毕业后才能更好地从事工程项目管理工作。

本书重点针对土建类应用型人才、技能型人才的培养而编写，涵盖了建筑工程中涉及的主要法律法规，包括建筑法、安全生产法、合同法、环境保护法、节约能源法等相关建筑工程法律制度，以及建筑许可、建筑监理、建筑工程质量管理、建筑工程纠纷处理、法律责任等内容。

本书在编写体例上结合注册建造师考试的内容，各章节加入了大量的真实建筑法规案例，更加注重案例教学，在章节后添加大量的习题以巩固所学知识，以达到理论结合实际、融会贯通的效果。

本书可作为土建类专业、工程管理等专业的本科生教材或高职院校相关专业的教材，可供工程建设从业人员在工作中参考使用，也可作为国家执业注册建造师考试参考用书。本书由赵嵩颖和战乃岩主编，由张帅、常虹、孙壮岩和施继保副主编吉林大学建设工程学院陈晨教授主审。具体分工如下：常虹（吉林建筑大学）编写第一章和第二章，战乃岩（吉林建筑大学）编写第四章，孙壮岩（吉林建筑大学）编写第五章，施继保（吉林省社会体育管理中心）编写第六章，张帅（吉林建筑大学）编写第七章，赵嵩颖（吉林建筑大学）编写第三章、第八章和第九章。

在编写过程中，吉林建筑大学教学信息中心的同学为本书做了大量的编辑工作，在此深表谢意。

限于编者水平，书中疏漏之处，恳请读者批评指正。

编　者

2014 年 6 月

目　录

第1章 建设工程基本法律知识

1.1 建设工程法律体系

“有法可依、有法必依、执法必严、违法必究”，是我国社会主义法制建设的基本要求。作为一名土建工程师，必须增强法律意识和法治观念，做到学法、懂法、守法和用法，这是新时期对建筑行业工程师的基本要求。

1.1.1 法律体系的基本框架

1. 宪法及宪法相关法

宪法是国家的根本大法，是特定社会政治经济和思想文化条件综合作用的产物，集中反映各种政治力量的实际对比关系，确认革命胜利成果和现实的民主政治，规定国家的根本任务和根本制度，即社会制度、国家制度的原则和国家政权的组织以及公民的基本权利义务等内容。

宪法相关法，是指《宪法修正案》、《全国人民代表大会组织法》、《地方各级人民代表大会和地方各级人民政府组织法》、《全国人民代表大会和地方各级人民代表大会选举法》、《中华人民共和国国籍法》、《中华人民共和国国务院组织法》、《中华人民共和国民族区域自治法》等法律。

2. 民法、商法

民法是规定并调整平等主体的公民间、法人间及公民与法人间的财产关系和人身关系的法律规范的总称。商法是调整市场经济关系中商人及其商事活动的法律规范的总称。《民法通则》、《合同法》、《物权法》、《侵权责任法》、《公司法》、《招标投标法》等属于民法商法。

3. 行政法

行政法是调整行政主体在行使行政职权和接受行政法制监督过程中而与行政相对人、行政法制监督主体之间发生的各种关系，以及行政主体内部发生的各种关系的法律规范的总称。《行政处罚法》、《行政复议法》、《行政许可法》、《环境影响评价法》、《城市房地产管理法》、《城乡规划法》、《建筑法》等属于行政法。

4. 经济法

经济法是调整在国家协调、干预经济运行的过程中发生的经济关系的法律规范的总称，《统计法》、《土地管理法》、《标准化法》、《审计法》、《节约能源法》、《政府采购法》《反垄断法》等属于经济法。

5. 社会法

社会法是调整劳动关系、社会保障和社会福利关系的法律规范的总称。

《残疾人保障法》、《矿山安全法》、《劳动法》、《职业病防治法》、《安全生产法》、《劳动合同法》等属于社会法。

1.1.2 法的形式和效力层级

1. 法的形式

我国法的形式是制定法形式，具体可分为以下六类。

（1）宪法

宪法是由全国人民代表大会依照特别程序制定的具有最高效力的根本法。宪法是集中反映统治阶级的意志和利益，规定国家制度、社会制度的基本原则，具有最高法律效力的根本大法。其主要功能是制约和平衡国家权力，保障公民权利。

（2）法律

法律是指由全国人民代表大会和全国人民代表大会常务委员会制定颁布的规范性法律文件，即狭义的法律。

建设法律既包括专门的建设领域的法律，也包括与建设活动相关的其他法律。例如，前者有《城乡规划法》、《建筑法》、《城市房地产管理法》等，后者有《民法通则》、《合同法》、《行政许可法》等。

（3）行政法规

行政法规是国家最高行政机关国务院根据宪法和法律就有关执行法律和履行行政管理职权的问题，以及依据全国人民代表大会及其常务委员会特别授权所制定的规范性文件的总称。

现行的建设行政法规主要有《建设工程质量管理条例》、《建设工程安全生产管理条例》、《建设工程勘察设计管理条例》、《城市房地产开发经营管理条例》等。

（4）地方性法规、自治条例和单行条例

省、自治区、直辖市的人民代表大会及其常务委员会根据本行政区域的具体情况和实际需要，在不同宪法、法律、行政法规相抵触的前提下，可以制定地方性法规。

目前，各地方都制定了大量的规范建设活动的地方性法规、自治条例和单行条例，如《北京市建筑市场管理条例》、《天津市建筑市场管理条例》、《新疆维吾尔自治区建筑市场管理条例》等。

（5）部门规章

国务院各部、委员会、中国人民银行、审计署和具有行政管理职能的直属机构制定的部门规章应当是为了执行法律或者国务院的行政法规、决定、命令，其名称可以是“规定”、“办法”和“实施细则”等。目前，大量的建设法规是以部门规章的方式发布，如住房和城乡建设部发布的《房屋建筑和市政基础设施工程质量监督管理规定》、《房屋建筑工程和市政基础设施工程竣工验收备案管理暂行办法》等。

（6）地方规章

省、自治区、直辖市和较大的市的人民政府，可以根据法律、行政法规和本省、自治区、直辖市的地方性法规，制定地方规章，如《长春市建设工程造价管理办法》等。

2. *法的效力层级*

法的效力层级，是指法律体系中的各种法的形式，由于制定的主体、程序、时间、适用范围等的不同，具有不同的效力，形成法的效力等级体系。

（1）宪法至上

宪法从根本原则、根本任务和根本制度上全面规范了法治国家最基本的社会制度和国家制度，规范了个人和组织的根本活动准则，具有最高的法律效力。宪法作为根本法和母法，还是其他立法活动的最高法律依据，任何法律、法规必须遵循宪法而产生，无论是维护社会稳定、保障社会秩序，还是规范经济秩序，都不能违背宪法的基本准则。这是宪法至上的根本所在。

在现代社会，任何公民都是宪政下的公民，任何组织和个人都不能剥夺公民依据宪法所享有的权利，政府也必须通过国家权力保障公民的宪法权利。公民可以依据宪法防范行政机关滥用国家权力可能产生的不法侵犯。行政机关如果不依法行政，公民权利受到侵害后提起行政诉讼的基本依据，就是公民所拥有的宪法权利。公民权利和国家权力之间的这种对立统一关系，最终会形成国家权力和公民权利互相协调、平衡发展的格局。这是宪政文明和宪法至上的又一重要体现。

（2）上位法优于下位法

就法的效力位阶而言，法可分为三类，即上位法、下位法和同位法。就法律效力大小而言，效力大的为上位法，它之下生效的为下位法。比如说宪法和其他法律部门的关系，宪法就是上位法，因为其他法律都是依据宪法制定的，其他的法律如刑法、民法就是下位法。

第一，中央立法优于地方立法。当中央立法与地方立法发生冲突时，中央立法处于优位、上位，地方立法无效。在法律效力等级问题上，中央立法构成上位法，地方立法构成下位法。因此，全国人大及其常委会制定的基本法律和法律以及国务院制定的行政法规高于地方立法机关制定的地方性法规（省、自治区、直辖市人民代表大会及其常委会以及较大的市人大及其常委会制定的地方性法规）和地方政府规章（省、自治区、直辖市人民政府以及较大的市人民政府制定的政府规章）。

第二，同级权力机关的立法高于同级行政机关的立法。当同级的权力机关与行政机关立法发生冲突时，权力机关的立法处于上位、优位，同级行政机关的立法无效。因此，全国人大及其常委会制定的法律高于国务院制定的行政法规，法律属于上位法，行政法规则属于下位法。同样，省、自治区、直辖市人民代表大会及其常委会制定的地方性法规效力等级高于省、自治区、直辖市人民政府制定的规章；较大的市人大及其常委会制定的地方性法规的效力等级高于较大的市人民政府制定的政府规章。

第三，同类型的立法根据其立法主体的地位确立法律位阶关系。在权力机关作为立法主体的立法类型中，全国人大及其常委会制定的法律效力等级高于省、自治区、直辖市人民代表大会及其常委会制定的地方性法规；省、自治区、直辖市人民代表大会及其常委会制定的地方性法规效力等级高于较大的市人大及其常委会制定的地方性法规。在行政机关作为立法主体的立法类型中，国务院制定的行政法规效力等级高于国务院部门以及省、自治区、直辖市人民政府制定的规章；省、自治区、直辖市人民政府制定的规章法律效力等级高于较大的市人民政府制定的规章。

第四，权力机关（这里仅指人民代表大会）及其组成的常设机构（人大常委会）之间，人民代表大会制定的法规性文件效力等级高于其常设机构即人大常委会制定的法规性文件。即，全国人民代表大会制定的基本法律效力等级高于全国人大常委会制定的法律；省、自治区、直辖市人民代表大会制定的地方性法规效力等级高于省、自治区、直辖市人大常委会制定的地方性法规；较大的市人民代表大会制定的地方性法规效力等级高于较大的市人大常委会制定的地方性法规。

但是《立法法》并不是对所有的法律渊源都做出了法律位阶的规定。如地方性法规与自治条例、单行条例之间的法律位阶关系；部门规章与地方性法规之间的法律位阶关系均是《立法法》未明确规定位阶的特殊关系。

（3）特别法优于一般法

特别法优于一般法，是指公法权利主体在实施公权行为中，当一般规定和特殊规定不一致时，优先适用特别规定。

【案例】

1. 背景

福建省厦门市某娱乐公司成立于 1998 年 11 月 3 日，因生意不好，公司换了另外一个名称，并于 2008 年 12 月 10 日，经厦门市工商局预先核准企业名称，作为拟变更的企业名称。然而，在尚未完成企业名称变更登记的情况下，当事人即以非正式的名称作为广告内容，在公司经营场所设置了 4 块店招广告。 2009 年 1 月中旬，当事人又将经营场所的订台表、服务跟踪表、酒水卡、赠送单、烟灰缸，甚至公司职员的名片等改用未经变更登记的企业名称对外使用。2009 年 2 月 9 日，执法人员在日常巡查中发现当事人擅自变更企业名称的违法行为，当即送达责令改正通知书，限期 15 日内改正。2009 年 3 月 10 日，执法人员再次对该公司检查时，当事人仍未改正违法行为。

2. 分析

一种意见认为，根据《立法法》的规定，特别法优于一般法，该案主要是企业名称使用违法问题，因此应适用关于企业名称的相关特别法。虽然《企业名称登记管理实施办法》没有规定相应的罚则，但《企业名称登记管理规定》第二十六条第（二）项规定，擅自改变企业名称的，予以警告或者处以1000元以上、1万元以下的罚款，并限期办理变更登记。

另一种意见倾向于按主体性质适用《公司法》。《公司法》对变更登记事项有相关规定，明确企业名称属公司登记事项的一部分。同时，《立法法》第八十三条规定，同一机关制定的法律、行政法规、地方性法规、自治条例和单行条例、规章，特别规定与一般规定不一致的，适用特别规定。这就说明，只有在同位阶的法中才能适用特别法优于一般法的原则。因此，与企业名称管理方面的部门规章相比，作为上位法的《公司法》，应该作为本案适用的法律依据。

《公司登记管理条例》第十九条规定，预先核准的公司名称保留期为6个月。预先核准的公司名称在保留期内，不得用于从事经营活动，不得转让。《公司法》第七条第三款规定，公司营业执照记载的事项发生变更的，公司应当依法办理变更登记，由公司登记机关换发营业执照。《公司登记管理条例》第九条规定，公司的登记事项包括名称、住所等。

本案当事人仅经工商机关预核准名称而尚未办理变更登记，就在经营场所店招广告中和相关经营资料、用品上对外使用新的企业名称，构成了《公司法》第七条第三款所指的擅自变更登记事项（名称）的违法行为。

《公司法》第二百一十二条第二款规定，公司登记事项发生变更时，未依照本法规定办理有关变更登记的，由公司登记机关责令限期登记；逾期不登记的，处以1万元以上、10万元以下的罚款。执法人员采取了责令当事人对擅自变更公司名称的违法行为限期改正的行政措施，但当事人逾期未改正。根据《厦门市企业登记管理条例》、《公司登记管理条例》规定，厦门市工商局是公司的登记机关。受登记机关即厦门市工商局的委托，思明区工商局以厦门市工商局的名义对当事人的违法行为进行行政处罚。

因当事人擅自变更公司名称时间在4个月以内，属于情节轻微情形，根据《公司法》第二百一十二条第二款规定和福建省工商系统适用《公司法》行政处罚裁量意见GS-14丙级C档之规定，对当事人擅自变更公司名称的违法行为处1万元罚款。

提请执法人员注意的是，被委托局在实施委托监管中，尤其是在责令当事人改正时，应以登记机关即委托局的名义来制作、出示责令改正文书，并使文书落款单位与救济途径相一致，以严格执行《公司法》第二百一十二条第二款中关于由公司登记机关责令限期登记的规定。

（4）新法优于旧法

也称后法优于先法原则，其含义为新法、旧法对同一事项有不同规定时，新法的效力优于旧法。其作用在于避免因法律修订造成新法、旧法对同一事项有不同的规定，而给法律适用带来疑问，为法律的更新与完善提供法律适用上的保障。该原则的适用，以新法生效实施为标志，新法生效实施以后准用新法，新法实施以前包括新法公布以后尚未实施这段时间，仍沿用旧法，新法不发生效力。

（5）需要由有关机关裁决适用的特殊情况

地方性法规、规章之间不一致时，由有关机关依照下列规定的权限做出裁决。（1）同一机关制定的新的一般规定与旧的特别规定不一致时，由制定机关裁决。（2）地方性法规与部门规章之间对同一事项的规定不一致，不能确定如何适用时，由国务院提出意见，国务院认为应当适用地方性法规的，应当决定在该地方适用地方性法规的规定；认为应当适用部门规章的，应当提请全国人民代表大会常务委员会裁决。（3）部门规章之间、部门规章与地方政府规章之间对同一事项的规定不一致时，由国务院裁决。

如住房和城乡建设部制定的法规（部门规章）与山西省人大制定的法规（地方性法规）就同一事项规定不一致时，应由国务院提出意见。如国务院认为应当适用山西省人大制定的法规的，就适用；如果国务院认为应当适用住房和城乡建设部的部门规章的，此时应由全国人大常委会裁决。

如住房和城乡建设部（部门规章）与山西省人民政府的规定（地方政府规章）就同一事项规定不一致时，直接由国务院裁决。

1.2 建设工程法人制度

法人是建设工程活动中最主要的主体。作为土建类工程，应该了解法人的定义、条件以及法人在建设工程中的地位和作用，特别要熟悉企业法人与项目经理部的法律关系。

1.2.1 法人应具备的条件

《民法通则》规定，法人是具有民事权利能力和民事行为能力，依法独立享有民事权利和承担民事义务的组织。

1. 法人应当具备的条件

（1）依法成立。法人不能自然产生，它的产生必须经过法定的程序。设立法人必须经过政府主管机关的批准或者核准登记。

（2）有必要的财产或者经费。它要求法人的财产或者经费必须与法人的经营范围或者设立目的相适应，否则将不能被批准设立或者核准登记。

（3）有自己的名称、组织机构和场所。法人的名称是法人相互区别的标志和法人进行活动时使用的代号。法人的组织机构是指对内管理法人事务、对外代表法人进行民事活动的机构。法人的场所则是法人进行业务活动的所在地，也是确定法律管辖的依据。

（4）能够独立承担民事责任。

2. 法人的分类

法人可以分为企业法人和非企业法人两大类。非企业法人包括行政法人、事业法人、社团法人。

企业法人分立、合并，其权利和义务由变更后的法人享有和承担。

1.2.2　企业法人与项目经理部的法律关系

1. 项目经理部的概念和设立

项目经理部不具备法人资格，而是施工企业根据建设工程施工项目而组建的非常设的下属机构。项目经理根据企业法人的授权，组织和领导本项目经理部的全面工作。

2. 项目经理是企业法人授权在建设工程施工项目上的管理者

施工企业的项目经理，是受企业法人的委派，对建设工程施工项目全面负责的项目管理者，是一种施工企业内部的岗位职务。

建设工程项目上的生产经营活动，必须在企业制度的制约下运行：其质量、安全、技术等活动，必须接受企业相关职能部门的指导和监督。推行项目经理责任制，绝不意味着可以搞“以包代管”。过分强调建设工程项目承包的自主权，过度下放管理权限将会削弱施工企业的整体管理能力，给施工企业带来诸多经营风险。

3. 项目经理部行为的法律后果由企业法人承担

由于项目经理部不具备独立的法人资格，无法独立承担民事责任。所以，项目经理部行为的法律后果将由企业法人承担。例如，项目经理部没有按照合同约定完成施工任务，则应由施工企业承担违约责任；项目经理签字的材料款，如果不按时支付，材料供应商应当以施工企业为被告提起诉讼。

1.3　建设法概念

法规指的是对宪法、法律、法令和国家机关制定的一切规范性文件的总称，通常指国家机关所制定的一些规范性文件，例如国务院制定和颁布的行政法规，省、自治区、直辖市人民代表大会及其常务委员会制定和颁布的地方性法规。建设法规是指由国家权力机关或授权的行政机关制定的，旨在调整国家及其有关机关、企事业单位、社会团体、公民之间在建设活动中或建设行政管理活动中发生的各种社会关系的法律规范的总称。因此，建设法规应该是包括宪法的有关建设规定在内的以规范建设活动为内容的所有法律、法规、命令以及地方性法规等的建设法律规范的总和。现在我国正在逐步建立健全社会主义法制，各项法律制度和政策也在不断制定和健全，建设法规作为我国社会主义法制建设的重要组成部分，也逐渐建立和健全。建设法律制度直接体现了国家组织、管理、协调城市建设、乡村建设、工程建设、建筑业、房地产业、市政公用事业等各项建设活动的基本方针、政策和制度，实现了对以建设领域的各项活动规范及对以建设为内容的各种社会关系的依法调整。

1.3.1　建设法调整对象

建设法的调整对象指的是在建设活动过程中所形成的并体现双方权利和义务的各种社会关

系，主要体现在建设行政管理关系、经济协作关系和民事关系三种。建设法规的三种具体调整对象，既彼此相互联系，又各具自身属性，它们都是因从事建设活动所形成的社会关系，都必须依建设法规加以规范和调整。其中，行政管理关系的调整采取的是行政手段的方式，经济协作关系的调整采取的是行政的、经济的、民事的众多手段结合的方式，民事关系的调整主要是采取民事手段的方式。

（1）建设行政管理关系

建设活动中的行政管理关系，是国家及其建设行政主管部门与建设单位、设计单位、施工单位及有关单位（如中介服务机构）之间发生的相应的管理与被管理关系。它包括两个相互关联的方面：一方面是规划、指导、协调与服务；另一方面是检查、监督、控制与调节。

（2）建设活动中的经济协作关系

建设活动中的经济协作关系是一种平等自愿、互利互助的横向协作关系。一般应以经济合同的形式确定，经济合同是法人之间为了实现一定的经济目的，明确相互的权利义务关系的协议。

（3）建设活动中的民事关系

建设活动中的民事关系是指因从事建设活动而产生的国家、单位法人、公民之间的民事权利义务关系。建设活动中的民事关系既涉及国家社会利益，又关系到个人的利益和自由，因此必须按照民法和建设法规中的民事法律规范予以调整。

1.3.2 建设法律关系

法律关系就是由法律规范所确定和调整的人与人或人与社会之间的权利义务关系。法律的直接内容就是规定人的权利和义务，这些不同的权利和义务就形成了不同的法律关系。权利是指法律规范所确定的，权利主体可以做出一定的行为或要求他人做出一定的行为，对于法定的权利，任何人都不得干涉，当事人可以根据自己的意志，在法定范围内自由地行使权利。义务是指根据法律规范的规定，义务主体必须做出或不做出某种行为，对义务除非权利任由法律的允许，否则当事人不得放弃履行，他人也不得阻止当事人履行义务。权利和义务是对等的，当事人享有的权利必须靠另一方当事人或社会承担的义务来保证。在许多情况下，某一具体的行为，既是一个人的权利，又是一个人的义务，此时这个行为就构成了责任。

任何法律关系都是由法律关系主体、法律关系客体和法律关系内容三个要素构成的，建设法律关系也不例外，缺少其中任何一个要素均不能构成法律关系。

（1）建设法律主体

建设法律关系主体是指参加建设活动，受建设法律规范调整，在法律上享有权利、承担义务的人。

① 国家机关。国家机关包括国家权力机关和行政机关。国家权力机关是指全国人民代表大会及其常务委员会和地方各级人民代表大会及其常务委员会；行政机关是依照国家宪法和法律设立的依法行使国家行政职权，组织管理国家行政事务的机关。

② 社会组织。作为建设法律关系主体的社会组织一般为法人，它们是建设单位、勘察设计单位、施工企业、城市综合开发公司等单位。

③ 公民个人。作为建设法律关系主体的公民个人也就是享受权利和承担义务的自然人。

（2）建设法律关系客体

建设法律关系客体是指建设法律关系的主体享有权利和承担义务所共同指向的事物。一般客体分为财、物、行为和非物质财富。

（3）建设法律关系的内容

建设法律关系主要涉及建设权利和建设义务两方面。

① 建设权利。建设权利是指建设法律关系在法定范围内，根据国家建设管理要求和自己业务活动的需要有权进行各种建设活动。权利主体可要求其他主体做出一定的行为或抑制一定的行为，以实现自己的建设权利，因其他主体的行为而使建设权利不能实现时，有权要求国家机关加以保护并予以制裁。

② 建设义务。建设义务是指建设法律关系主体必须按照法律或约定承担相应的责任。建设义务和建设权利是相互对应的，相应主体自觉履行建设义务，义务主体如果不履行或不适当履行，就要受到制裁。

（4）建设法律关系的特征

建设法律关系的特征包括以下几个方面。

① 建设法律关系不是单一的，而带有明显的综合性。建设法律规范是由建设行政法律、建设民事法律和建设技术法规构成的。这三种法律规范在调整建设活动的过程中是相互作用、综合运用的。

② 建设法律关系是涉及面广、内容复杂的权利义务关系。

③ 建设法律关系是以受国家计划制约的建设管理、建设协作过程中形成的权利和义务为内容的。

④ 建设行政法律关系决定、制约、影响着计划因素的协作关系。如果建设单位与设计单位签订的勘察设计合同在执行过程中，因国家法律认可的国家建设计划变更或解除，则建设单位的合同也要变更或解除。

（5）建设法律关系的产生、变更和消灭

① 建设法律关系的产生。建设法律关系的产生是指建设法律关系的主体之间形成了一定的权利和义务关系。

② 建设法律关系的变更。建设法律关系的变更是指建设法律关系的主体、客体、内容三个要素发生变化。

③ 建设法律关系的消灭。建设法律关系的消灭是指建设法律关系主体之间的权利义务不复存在，彼此丧失了约束力。

（6）建设法律关系产生、变更和消灭的原因

法律事实即建设法律关系产生、变更和消灭的原因。建设法律事实是指能引起建设法律关系产生、变更和消灭的客观现象和事实。这种事实分为两类：一类是事件，即不以人们的意志为转移而产生的自然现象；另一类是行为，即人的有意识活动。

【案例】

1. 背景

1995年某县公路指挥部正式成立，代表县人民政府负责对某公路其中一个路段进行改造。该县公路指挥部在施工过程中与49个单位签订了工程承包合同。该工程历经两年，于1997年6月25日全面竣工。县公路指挥部与各施工单位依照合同确定了竣工结算价款，该路段的工程总造价为10852.39万元。县人民政府已向各施工单位支付工程款10299.72万元，尚欠工程款552.67万元。1999年12月，该县审计局依法出具《审计决定书》，并告知各施工单位若不服审计决定，可在法定期限内提起行政复议或者依法向人民法院提起行政诉讼。《审计决定书》核准该路段的工程总造价为9450万元，在竣工结算的基础上核减了1402.39万元。2000年年底，承建单位之一的某市公路管理局直属分局向该市中级人民法院提起民事诉讼。市中级人民法院受理本案以后，指定由该市某区人民法院审理。原告诉称："1998年8月5日，我方与县公路指挥部依照合同对工程进行了结算，经双方严格核算，工程总造价为730万元。除工程中已支付的价款外，县人民政府尚欠我方18万元，请求法院判令县人民政府支付所欠工程款18万元。"之后，县人民政府依据《审计决定书》提起了反诉，诉称，在工程承建中，原告即某市公路管理局直属分局先后在公路指挥部领取工程款712万元。县审计局依法对其承建路段工程造价结算进行审计后，核减了工程造价，原告并未依法对《审计决定书》提起行政复议和行政诉讼。为此，按照核减的工程款，原告在公路指挥部超领工程款51万余元，请求法院依法判令原告返还超领的工程款51万余元。原告辩称："我方与被告方的承包合同有效。工程结算应以合同约定的单价和实际工程量进行。被告依审计决定来否定合法的合同，是明显的行政干预。被告反诉的理由是原告没有履行审计决定。审计决定生效后，兑现审计决定的唯一途径是审计局向法院申请强制执行，但审计局没有向法院申请强制执行，也无权委托县公路指挥部和被告申请执行。被告某县人民政府不是审计决定申请执行的主体，更不是本案反诉的适格主体，因此请求法院驳回被告的反诉。"

区人民法院经审理认为：按照《审计法》的有关规定，审计机关依法定职权对国家建设项目预算的执行情况和决算进行审计监督。《审计决定书》送达原告后，原告没有在法定期限内提起行政诉讼，因此审计行政行为已经发生法律效力，在原告和被告之间形成了新的债权、债务关系，即原告应当依据《审计决定书》的决定，返还给被告其超领的工程款及相应利息。据此，2001年8月8日区人民法院做出一审判决：驳回原告的诉讼请求，支持被告的反诉请求，判令原告返还被告工程款 51 万余元及利息。原告不服区人民法院的一审判决，向市中级人民法院提起上诉。市中级人民法院经审理认为：某县公路指挥部与原告签订的公路路面施工合同、补充协议和结算是双方在平等基础上协商一致的民事行为，应当受到法律的保护。本案中所涉及工程造价审计只是审计机关对国家投资项目的建设单位的行政监督，不能以此否定双方已经确认的工程价款；县人民政府以审计决定对上诉人的工程价款主张进行抗辩，其抗辩理由不能成立，其反诉请求不应支持。《最高人民法院关于建设工程承包合同案件中双方当事人已确定的工程价款与审计部门审计的工程决算价款不一致时如何运用法律问题的电话答复意见》指出："审计是国家对建设单位的一种行政监督，不影响建设单位与承建单位的合同效力。建设工程承包合同案件应以当事人的约定作为法院判决的依据。只有在合同明确约定以审计结论作为结算依据或者合同约定不明确、合同约定无效的情况下，才能将审计结论作为判决的依据。"本案中，县公路指挥部与原告签订的公路路面施工合同、补充协议和结算是双方在平等基础上协商一致的民事行为，应当受到法律的保护。本案所涉及的工程造价审计是审计机关对国家投资项目的建设单位的行政监督，双方当事人在合同中并未约定以审计结论作为结算依据，也无证据证明结算本身存在违法性。双方的工程价款结算具体明确，应予采信，审计结论不能作为本案的判决依据，不能以此否定双方已经确认的工程价款。2002 年 4 月 28 日，市中级人民法院做出终审判决：驳回被上诉人的反诉请求；判令其向上诉人支付所欠工程款 18 万元及利息。

2. 问题

本案中，应当如何区分不同类型的法律关系，该审计结论对合同效力有无影响？

3. 分析

（1）行政法律关系。审计机关是代表国家对各级政府及其工作部门的财政收支、国有金融机构和企业事业组织的财务收支的真实性、合法性和效益性依法进行审计监督，主要是对国有资产是否损失，国家机关和国有企事业单位是否违反了财经纪律等问题进行监督。审计机关将审计意见书和审计决定送达被审计单位和有关单位，审计决定自送达之日起生效，但其仅对被审计单位产生法律效力。在本案中，县公路指挥部是被审计的单位，与审计局建立了行政法律关系。县公路指挥部受县人民政府委托，代表其负责对该路段进行改造的工作，是合格的被审计单位。县公路指挥部虽然不是建设项目法人，也不具备行政主体资格，但作为行政相对人，可以依法申请行政复议乃至提起行政诉讼。需要强调的是，在审计活动中，行政复议是行政诉讼的前置程序，县公路指挥部应先向市审计局或县人民政府申请审计复议，非经复议，不得提起行政诉讼。

（2）民事法律关系。这是由县公路指挥部与某市公路管理局直属分局（当时的某市公路管理局直属分局应属政企不分，如果放到现在，承担施工任务的应当是具备相应施工资质等级的企业）建立起来的。由于县公路指挥部无法人资格，某市公路管理局直属分局便以县人民政府为被告提起了民事诉讼。依据《最高人民法院关于建设工程承包合同案件中双方当事人已确认的工程决算价款与审计部门审计的工程决算价款不一致时如何适用法律问题的电话答复意见》，审计结论不能影响合同关系，不能作为处理合同纠纷、合同结算的依据。因此，在一个建设工程项目的建设过程中，往往会涉及多种法律关系，需要严格区分在不同的法律关系中的主体、客体和适用法律。

习题

一、单选题

1. 建筑法属于（　）法律体系范畴。

A. 行政法　　B. 民法商法　　C. 经济法　　D. 社会法

2. 地方性法规与部门规章之间对同一事项的规定不一致，国务院认为应当适用部门规章的，应当（　）。

A. 由制定机关裁决　　B. 由全国人民代表大会裁决

C. 由国务院裁决　　D. 提请全国人民代表大会常务委员会裁决

3. 仲裁协会属于（　）。

A. 非法人企业 B. 企业法人 C. 非企业法人 D. 其他组织

4. 有权制定地方性法规的主体是（ ）。

A. 省人大常委会 B. 省人民政府

C. 省建设行政主管部门 D. 市人民政府

5. 国务院制定的《建设工程质量管理条例》属于（ ）。

A. 法律 B. 行政法规 C. 单行条例 D. 政府规章

6. 以下规范性文件中，法律效力最高的是（ ）。

A.《建筑法》

B.《建设工程质量管理条例》

C.《建筑业企业资质管理规定》

D.《关于审理施工合同纠纷案件适用法律问题的解释》

7. 以下关于法的效力层级，说法错误的是（ ）。

A. 宪法至上 B. 上位法优于下位法

C. 一般法优于特别法 D. 新法优于旧法

8. 按照上位法与下位法的法律地位与效力，下列说法中错误的是（ ）。

A.《建筑法》高于《建设工程质量管理条例》

B.《建设工程质量管理条例》高于《注册建造师管理规定》

C.《建设工程安全生产管理条例》高于《建设工程施工现场管理规定》

D.《北京市建筑市场管理条例》高于《河北省建筑市场管理条例》

9. 下列组织中，不具有法人资格的组织是（ ）。

A. 大学 B. 项目经理部 C. 公司 D. 社团

10. 在某工程项目施工中，经项目经理签字的材料款，未能按时支付，则承担法律责任的主体是（ ）。

A. 施工企业 B. 项目经理 C. 建设单位 D. 项目经理部

11. 设立法人需要具备的条件不包括（ ）。

A. 依法成立 B. 有自己的名称、组织机构和场所

C. 有独立产权的经营场所 D. 能够独立承担民事责任

二、多选题

1. 不属于我国法的形式的是（ ）。

A. 国际惯例 B. 习惯法

C. 宗教法 D. 国际条约

E. 判例

2. 有关《城市房地产开发经营管理条例》表述正确的是（ ）。

A. 属于法律 B. 属于行政法法规

C. 由国务院制定 D. 由全国人大及其常委会制定

E. 效力低于法律高于地方法规

3. 建设法律、行政法规与社会法的关系主要体现在（ ）。

A. 提供劳动保护 B. 进行财产补偿

C. 行政监督管理 D. 建立劳动关系

E. 调整人身关系

4. 有关项目经理的理解正确的是（　）。

A. 项目经理受企业委派

B. 项目经理是对安全、质量、技术全面负责的管理者

C. 项目经理是一种施工企业内部的岗位职务

D. 项目经理的行为须受企业制度的制约

E. 项目经理部行为的法律后果由项目经理承担

5. 法的形式是制定法形式，以下属于法的形式的是（　）。

A. 宪法　　B. 劳动合同法

C. 法律　　D. 部门规章

E. 国际条约

6. 我国现行的建设行政法规主要有（　）。

A.《建设工程质量管理条例》

B.《建设工程安全生产管理条例》

C.《建设工程勘察设计经营管理条例》

D.《城市房地产开发经营管理条例》

E.《市政公用设施抗灾设防管理规定》

7. 下列对于法人的表述中，正确的是（　）。

A. 法人可以分为企业法人和事业法人

B. 机关法人从设立时起具有法人资格，无须经专门机构核准登记

C. 企业法人经工商行政管理机关核准登记后取得法人资格

D. 企业法人分立、合并，应当向登记机关办理登记并公告

E. 企业法人分立、合并，其权利和义务由变更后的法人享有和承担

8. 建设法律关系的变更是指建设法律关系的（　）等发生变化。

A. 主体　　B. 客体

C. 内容　　D. 法人

E. 个体

第2章 建筑工程法律制度

2.1 建设工程招投标制度

2.1.1 建设工程必须招标的范围、规模和招标方式

1. 建设工程必须招标的范围

《中华人民共和国招标投标法》（以下简称《招标投标法》）规定，在中华人民共和国境内进行下列工程建设项目包括项目的勘察、设计、施工、监理以及与工程建设有关的重要设备、材料等的采购，必须进行招标：①大型基础设施、公用事业等关系社会公共利益、公众安全的项目；②全部或者部分使用国有资金投资或者国家融资的项目；③使用国际组织或者外国政府贷款、援助资金的项目。

经国务院批准的《工程建设项目招标范围和规模标准规定》进一步规定，关系社会公共利益、公众安全的基础设施项目的范围包括：①煤炭、石油、天然气、电力、新能源等能源项目；②铁路、公路、管道、水运、航空以及其他交通运输业等交通运输项目；③邮政，电信枢纽、通信、信息网络等邮电通信项目；④防洪、灌溉、排涝、引（供）水、滩涂治理、水土保持、水利枢纽等水利项目；⑤道路、桥梁、地铁和轻轨交通、污水排放及处理、垃圾处理、地下管道、公共停车场等城市设施项目；⑥生态环境保护项目；⑦其他基础设施项目。

关系社会公共利益、公众安全的公用事业项目的范围包括：①供水、供电、供气、供热等市政工程项目；②科技、教育、文化等项目；③体育、旅游等项目；④卫生、社会福利等项目；⑤商品住宅，包括经济适用住房；⑥其他公用事业项目。

2. 建设工程必须招标的规模标准

按照《工程建设项目招标范围和规模标准规定》，必须招标范围内的各类工程建设项目，达到下列标准之一的，必须进行招标：①施工单项合同估算价在人民币 200 万元以上的；②重要设备、材料等货物的采购，单项合同估算价在人民币 100 万元以上的；③勘察、设计、监理等服务的采购，单项合同估算价在人民币 50 万元以上的；④单项合同估算价低于第①、②、③项规定的标准，但项目总投资额在人民币 3000 万元以上的。

3. 可以不进行招标的建设工程项目

根据《工程建设项目招标范围和规模标准规定》建设项目的勘察、设计，采用特定专利或者专有技术的，或者其建筑艺术造型有特殊要求的，经项目主管部门批准，可以不进行招标。

原国家计委、建设部等 7 部门颁布的《工程建设项目施工招标投标办法》中规定，有下列情形之一的，经该办法规定的审批部门批准，可以不进行施工招标：①涉及国家安全、国家秘密或者抢险救灾而不适宜招标的；②属于利用扶贫资金实行以工代赈需要使用农民工的；③施工主要技术采用特定的专利或者专有技术的；④施工企业自建自用的工程，且该施工企业资质等级符合工程要求的；⑤在建工程追加的附属小型工程或者主体加层工程，原中标人仍具备承包能力的；⑥法律、行政法规规定的其他情形。

4. 建设工程招标方式

《招标投标法》规定，招标分为公开招标和邀请招标。

（1）公开招标

公开招标，是指招标人以招标公告的方式邀请不特定的法人或者其他组织投标。招标人是依法提出招标项目、进行招标的法人或者其他组织。依法必须进行招标的项目的招标公告，应当通过国家指定的报刊、信息网络或者其他媒介发布。

《工程建设项目施工招标投标办法》规定，依法应当公开招标的建设工程项目有：①国务院发展计划部门确定的国家重点建设项目；②省、自治区、直辖市人民政府确定的地方重点建设项目；③全部使用国有资金投资或者国有资金投资占控股或者主导地位的工程建设项目。

（2）邀请招标

邀请招标，是指招标人以投标邀请书的方式邀请特定的法人或者其他组织投标。为了保证邀请招标的竞争性，《招标投标法》规定，招标人采用邀请招标方式的，应当向三个以上具备承担招标项目的能力、资信良好的特定的法人或者其他组织发出投标邀请书。

《工程建设项目施工招标投标办法》规定，对于应当公开招标的建设工程招标项目，有下列情形之一的，经批准可以进行邀请招标：①项目技术复杂或有特殊要求，只有少量几家潜在投标人可供选择的；②受自然地域环境限制的；③涉及国家安全、国家秘密或者抢险救灾，适宜招标但不宜公开招标的；④拟公开招标的费用与项目的价值相比，不值得的；⑤法律、法规规定不宜公开招标的。

2.1.2 招标基本程序和禁止肢解发包的规定

1. 招标基本程序

《招标投标法》规定，招标投标活动应当遵循公开、公平、公正和诚实信用的原则。建设工程招标的基本程序主要包括：落实招标条件、委托招标代理机构、编制招标文件、发布招标公告或投标邀请书、资格审查、开标、评标、中标和签订合同等。

（1）落实招标条件

《工程建设项目施工招标投标办法》进一步规定，依法必须招标的工程建设项目，应当具备下列条件才能进行施工招标：①招标人已经依法成立；②初步设计及概算应当履行审批手续的，已经批准；③招标范围、招标方式和招标组织形式等应当履行核准手续的，已经核准；④有相应资金或资金来源已经落实；⑤有招标所需的设计图纸及技术资料。

（2）委托招标代理机构

《招标投标法》规定，招标人具有编制招标文件和组织评标能力的，可以自行办理招标事宜。任何单位和个人不得强制其委托招标代理机构办理招标事宜。依法必须进行招标的项目，招标人自行办理招标事宜的，应当向有关行政监督部门备案。

招标代理机构是依法设立、从事招标代理业务并提供相关服务的社会中介组织。按照《招标投标法》的规定，招标代理机构应当具备下列条件：①有从事招标代理业务的营业场所和相应资金；②有能够编制招标文件和组织评标的相应专业力量；③有符合该法定条件、可以作为评标委员会成员人选的技术、经济等方面的专家库。《招标投标法》还规定，从事工程建设项目招标代理业务的招标代理机构，其资格由国务院或者省、自治区、直辖市人民政府的建设行政主管部门认定。

招标代理机构应当在招标人委托的范围内承担招标事宜。招标代理机构可以在其资格等级范围内承担下列招标事宜：①拟订招标方案，编制和出售招标文件、资格预审文件；②审查投标人资格；③编制标底；④组织投标人踏勘现场；⑤组织开标、评标，协助招标人定标；⑥草拟合同；⑦招标人委托的其他事项。

招标代理机构与行政机关和其他国家机关不得存在隶属关系或者其他利益关系，也不得无权代理、越权代理，不得明知委托事项违法而进行代理。招标代理机构不得接受同一招标项目的投标代理和投标咨询业务；未经招标人同意，不得转让招标代理业务。

（3）编制招标文件

《工程建设项目施工招标投标办法》进一步规定，招标文件一般包括下列内容：①投标邀请书；②投标人须知；③合同主要条款；④投标文件格式；⑤采用工程量清单招标的，应当提供工程量清单；⑥技术条款；⑦设计图纸；⑧评标标准和方法；⑨投标辅助材料。招标人应当在招标文件中规定实质性要求和条件，并用醒目的方式标明。

《招标投标法》还规定，招标文件不得要求或者标明特定的生产供应者以及含有倾向或者排斥潜在投标人的其他内容。招标人对已发出的招标文件进行必要的澄清或者修改的，应当在招标文件要求提交投标文件截止时间至少15日前，以书面形式通知所有招标文件收受人。该澄清或者修改的内容为招标文件的组成部分。

招标人应当确定投标人编制投标文件所需要的合理时间；但是，依法必须进行招标的项目，自招标文件开始发出之日起至投标人提交投标文件截止之日止，最短不得少于 20 日。

（4）发布招标公告或投标邀请书

招标人采用邀请招标方式的，应当向三个以上具备承担招标项目的能力、资信良好的特定的法人或者其他组织发出投标邀请书。投标邀请书也应当载明招标人的名称和地址、招标项目的性质、数量、实施地点和时间以及获取招标文件的办法等事项。

招标人不得向他人透露已获取招标文件的潜在投标人的名称、数量以及可能影响公平竞争的有关招标投标的其他情况。招标人设有标底的，标底必须保密。招标人根据招标项目的具体情况，可以组织潜在投标人踏勘项目现场。

《工程建设项目施工招标投标办法》规定，招标人应当按招标公告或者投标邀请书规定的时间、地点出售招标文件。自招标文件出售之日起至停止出售之日止，最短不得少于 5 个工作日。对招标文件的收费应当合理，不得以营利为目的。招标人在发布招标公告、发出投标邀请书后或者售出招标文件或资格预审文件后不得擅自终止招标。

（5）资格审查

《工程建设项目施工招标投标办法》规定，资格审查分为资格预审和资格后审。资格预审，是指在投标前对潜在投标人进行的资格审查；资格后审，是指在开标后对投标人进行的资格审查。进行资格预审的，一般不再进行资格后审，但招标文件另有规定的除外。

采取资格预审的，招标人可以发布资格预审公告，在资格预审文件中载明资格预审的条件、标准和方法；采取资格后审的，招标人应当在招标文件中载明对投标人资格要求的条件、标准和方法。招标人不得改变载明的资格条件或者以没有载明的资格条件对潜在投标人或者投标人进行资格审查。

资格预审后，招标人应当向资格预审合格的潜在投标人发出资格预审合格通知书，告知获取招标文件的时间、地点和方法，并同时向资格预审不合格的潜在投标人告知资格预审结果。资格预审不合格的潜在投标人不得参加投标，经资格后审不合格的投标人的投标应按废标处理。

资格审查应主要审查潜在投标人或者投标人是否符合下列条件：①具有独立订立合同的权利；②具有履行合同的能力，包括专业、技术资格和能力，资金、设备和其他物质设施状况，管理能力，经验、信誉和相应的从业人员；③没有处于被责令停业，投标资格被取消，财产被接管、冻结，破产状态；④在最近 3 年内没有骗取中标和严重违约及重大工程质量问题；⑤法律行政法规规定的其他资格条件。

资格审查时，招标人不得以不合理的条件限制、排斥潜在投标人或者投标人，不得对潜在投标人或者投标人实行歧视待遇。任何单位和个人不得以行政手段或者其他不合理方式限制投标人的数量。

（6）开标

《招标投标法》规定，开标应当在招标文件确定的提交投标文件截止时间的同一时间公开进行，开标地点应当为招标文件中预先确定的地点。

开标由招标人主持，邀请所有投标人参加。开标时，由投标人或者其推选的代表检查投标文件的密封情况，也可以由招标人委托的公证机构检查并公证；经确认无误后，由工作人员当众拆封，宣读投标人名称、投标价格和投标文件的其他主要内容。招标人在招标文件要求提交投标文件的截止时间前收到的所有投标文件，开标时都应当当众予以拆封、宣读。开标过程应当记录，并存档备查。

《工程建设项目施工招标投标办法》规定，投标文件有下列情形之一的，招标人不予受理：①逾期送达的或者未送达指定地点的；②未按招标文件要求密封的。

（7）评标

《招标投标法》规定，评标由招标人依法组建的评标委员会负责。招标人应当采取必要的措施，保证评标在严格保密的情况下进行。任何单位和个人不得非法干预、影响评标的过程和结果。

依法必须进行招标的项目，其评标委员会由招标人的代表和有关技术、经济等方面的专家组成，成员人数为5人以上单数，其中技术、经济等方面的专家不得少于成员总数的三分之二。与投标人有利害关系的人不得进入相关项目的评标委员会；已经进入的应当更换。评标委员会成员的名单在中标结果确定前应当保密。

《工程建设项目施工招标投标办法》规定，投标文件有下列情形之一的，由评标委员会初审后按废标处理：①无单位盖章并无法定代表人或法定代表人授权的代理人签字或盖章的；②未按规定的格式填写，内容不全或关键字迹模糊、无法辨认的；③投标人递交两份或多份内容不同的投标文件，或在一份投标文件中对同一招标项目报有两个或多个报价，且未声明哪一个有效，按招标文件规定提交备选投标方案的除外；④投标人名称或组织结构与资格预审时不一致的；⑤未按招标文件要求提交投标保证金的；⑥联合体投标未附联合体各方共同投标协议的。

（8）中标

《招标投标法》规定，招标人根据评标委员会提出的书面评标报告和推荐的中标候选人确定中标人。招标人也可以授权评标委员会直接确定中标人。

中标人确定后，招标人应当向中标人发出中标通知书，并同时将中标结果通知所有未中标的投标人。中标通知书对招标人和中标人具有法律效力。中标通知书发出后，招标人改变中标结果的，或者中标人放弃中标项目的，应当依法承担法律责任。

（9）签订合同

《招标投标法》规定，招标人和中标人应当自中标通知书发出之日起30日内，按照招标文件和中标人的投标文件订立书面合同。招标人和中标人不得再行订立背离合同实质性内容的其他协议。

2. 禁止肢解发包的规定

肢解发包是指建设单位将应当由一个承包单位完成的建设工程分解成若干部分，发包给不同的承包单位的行为。

《建筑法》规定，提倡对建筑工程实行总承包，禁止将建筑工程肢解发包。建筑工程的发包单位可以将建筑工程的勘察、设计、施工、设备采购一并发包给一个工程总承包单位，也可以将建筑工程的勘察、设计、施工、设备采购的一项或者多项发包给一个工程总承包单位；但是，不得将应当由一个承包单位完成的建筑工程肢解成若干部分发包给几个承包单位。

《建设工程质量管理条例》规定，建设单位不得将建设工程肢解发包。建设单位将建设工程肢解发包的，责令改正，处工程合同价款0.5%以上、1%以下的罚款；对全部或者部分使用国有资金的项目，可以暂停项目执行或者暂停资金拨付。

2.1.3　投标文件的法定要求和投标保证金

《招标投标法》规定，投标人是响应招标、参加投标竞争的法人或者其他组织。投标人应当具备承担招标项目的能力；国家有关规定对投标人资格条件或者招标文件对投标人资格条件有规定的，投标人应当具备规定的资格条件。

1. 投标文件

（1）投标文件的内容要求

《招标投标法》规定，投标人应当按照招标文件的要求编制投标文件。投标文件应当对招标文件提出的实质性要求和条件做出响应。招标项目属于建设施工项目的，投标文件的内容应当包括拟派出的项目负责人与主要技术人员的简历、业绩和拟用于完成招标项目的机械设备等。

《工程建设项目施工招标投标办法》规定，投标文件一般包括下列内容：①投标函；②投标报价；③施工组织设计；④商务和技术偏差表。投标人根据招标文件载明的项目实际情况，拟在中标后将中标项目的部分非主体、非关键性工作进行分包的，应当在投标文件中载明。

响应招标文件的实质性要求是投标的基本前提。凡是不能满足招标文件中的任何一项实质性要求和条件的投标文件，都将被拒绝。实质性要求和条件主要是指招标文件中有关招标项目的价格、期限，技术规范、合同的主要条款等内容。

（2）投标文件的修改与撤回

《招标投标法》规定，投标人在招标文件要求提交投标文件的截止时间前，可以补充、修改或者撤回已提交的投标文件，并书面通知招标人。补充、修改的内容为投标文件的组成部分。

《工程建设项目施工招标投标办法》进一步规定，在提交投标文件截止时间后到招标文件规定的投标有效期终止之前，投标人不得补充、修改、替代或者撤回其投标文件。投标人补充、修改、替代投标文件的，招标人不予接受；投标人撤回投标文件的，其投标保证金将被没收。

（3）投标文件的送达与签收

《招标投标法》规定，投标人应当在招标文件要求提交投标文件的截止时间前，将投标文件送达投标地点。招标人收到投标文件后，应当签收保存，不得开启。投标人少于 3 个的，招标人应当依法重新招标。在招标文件要求提交投标文件的截止时间后送达的投标文件，招标人应当拒收。

（4）投标有效期

投标有效期是从投标人提交投标文件截止之日起计算，一般至中标通知书签发日期止。在此期限内，所有招标文件均保持有效。

在原投标有效期结束前，出现特殊情况的，招标人可以书面形式要求所有投标人延长投标有效期。投标人同意延长的，不得要求或被允许修改其投标文件的实质性内容，但应当相应延长其投标保证金的有效期；投标人拒绝延长的，其投标失效，但投标人有权收回其投标保证金。

因延长投标有效期造成投标人损失的，招标人应当给予补偿，但因不可抗力需要延长投标有效期的除外。

2. 投标保证金

《工程建设项目施工招标投标办法》规定，招标人可以在招标文件中要求投标人提交投标保证金。投标人不按招标文件要求提交投标保证金的，该投标文件将被拒绝，按废标处理。

（1）投标保证金的形式与金额

投标保证金除现金外，可以是银行出具的银行保函、保兑支票、银行汇票或现金支票。

《工程建设项目施工招标投标办法》规定，投标保证金一般不得超过投标总价的2%，但最高不得超过80万元人民币。投标保证金有效期应当超出投标有效期30天。投标人应当按照招标文件要求的方式和金额，将投标保证金随投标文件提交给招标人。

（2）投标保证金的退还

《工程建设项目施工招标投标办法》规定，招标人与中标人签订合同后5个工作日内，应当向未中标的投标人退还投标保证金。

但是有下列情形之一的投标保证金将被没收：①在提交投标文件截止时间后到招标文件规定的投标有效期终止之前，投标人撤回投标文件的；②中标通知书发出后，中标人放弃中标项目的，无正当理由不与招标人签订合同的，在签订合同时向招标人提出附加条件或者更改合同实质性内容的，或者拒不提交所要求的履约保证金的，招标人可取消其投标资格，并没收其投标保证金。

2.1.4 联合体投标的规定

《招标投标法》规定，两个以上法人或者其他组织可以组成一个联合体，以一个投标人的身份共同投标。联合体共同投标一般适用于大型建设项目和结构复杂的建设项目。

1. 联合体投标的特点

联合体投标有如下特点：①联合体由两个或者两个以上的投标人组成，参与投标是各方的自愿行为；②联合体是一个临时性的组织，不具有法人资格；③联合体各方以一个投标人的身份共同投标，中标后，招标人与联合体各方共同签订一个承包合同，联合体各方就中标项目向招标人承担连带责任；④联合体各方签订共同投标协议后，不得再以自己名义单独投标，也不得组成新的联合体或参加其他联合体在同一项目中投标。

2. 联合体的资格条件

由同一专业的单位组成的联合体，按照资质等级较低的单位确定资质等级。

3. 联合体协议

《招标投标法》规定，联合体各方应当签订共同投标协议，明确约定各方拟承担的工作和责任，并将共同投标协议连同投标文件一并提交招标人。联合体中标的，联合体各方应当共同与招标人签订合同，就中标项目向招标人承担连带责任。

联合体各方应指定一方作为联合体牵头人，授权其代表所有联合体成员负责投标和合同实施阶段的主办、协调工作，并应当向招标人提交由所有联合体成员法定代表人签署的授权书。联合体投标未附联合体各方共同投标协议的，将由评标委员会初审后按废标处理。

4. 联合体投标保证金

《工程建设项目施工招标投标办法》规定，联合体投标的，应当以联合体各方或者联合体中牵头人的名义提交投标保证金。以联合体中牵头人名义提交的投标保证金，对联合体各成员具有约束力。

2.1.5 中标的法定条件

1. 确定中标人

（1）中标人的确定范围

《招标投标法》规定，招标人根据评标委员会提出的书面评标报告和推荐的中标候选人确定中标人。招标人也可以授权评标委员会直接确定中标人。

《工程建设项目施工招标投标办法》进一步规定，招标人应当接受评标委员会推荐的中标候选人，不得在评标委员会推荐的中标候选人之外确定中标人。依法必须进行招标的项目，招标人应当确定排名第一的中标候选人为中标人。

（2）中标人的确定条件

《招标投标法》规定，中标人的投标应当符合下列条件之一：①能够最大限度地满足招标文件中规定的各项综合评价标准；②能够满足招标文件的实质性要求，并且经评审的投标价格最低，但是投标价格低于成本的除外。

认定该投标人的报价低于其企业成本的，不能推荐为中标候选人或者中标人。

（3）中标人的确定期限和中标候选人公示

《工程建设项目施工招标投标办法》规定，评标委员会提出书面评标报告后。招标人一般应当在15日内确定中标人，但最迟应当在投标有效期截止后30个工作日内确定。

采用公开招标的，在中标通知书发出前，要将预中标人的情况在该工程项目招标公告发布的同一信息网络和建设工程交易中心予以公示，公示的时间最短应当不少于2个工作日。

2. 报告招标投标情况

《招标投标法》规定，依法必须进行招标的项目，招标人应当自确定中标人之日起15日内，向有关行政监督部门提交招标投标情况的书面报告。

《工程建设项目施工招标投标办法》进一步规定，依法必须进行施工招标的项目，招标人应当自发出中标通知书之日起15日内，向有关行政监督部门提交招标投标情况的书面报告。书面报告至少应包括下列内容：①招标范围；②招标方式和发布招标公告的媒介；③招标文件中投标人须知、技术条款、评标标准和方法、合同主要条款等内容；④评标委员会的组成和评标报告；⑤中标结果。

3. 履约保证金

《招标投标法》规定，招标文件要求中标人提交履约保证金的，中标人应当提交。

《工程建设项目施工招标投标办法》进一步规定，招标文件要求中标人提交履约保证金或者其他形式履约担保的，中标人应当提交；拒绝提交的，视为放弃中标项目。

【案例】

1. 背景

某省重点工程项目计划于2004年12月28日开工，由于工程复杂，技术难度高，一般施工队伍难以胜任，业主自行决定采取邀请招标方式。于2004年9月8日向通过资格预审的A、B、C、D、E五家施工承包企业发出了投标邀请书。该五家企业均接受了邀请，并于规定时间9月20日到22日期间购买了招标文件。招标文件中规定，10月18日下午4时是招标文件规定的投标截止时间。评标标准：能够最大限度地满足招标文件中规定的各项综合评价标准。在投标截止时间之前，A、B、D、E四家企业提交了投标文件，但C企业于10月18日下午5时才送达，原因是中途堵车。10月21日下午由当地招投标监督管理办公室主持进行了公开开标。评标委员会成员共由7人组成，其中招标人代表3人（包括E公司总经理1人、D公司副总经理1人、业主代表1人）、技术经济方面专家4人。评标委员会于10月28日提出了书面评标报告。B、A分列综合得分第一、第二名。招标人考虑到B企业投标报价高于A企业，要求评标委员会按照投标价格标准将A企业排名第一、B企业排名第二。11月10日招标人向A企业发出了中标通知书，并于12月12日签订了书面合同。

2. 问题

（1）业主自行决定采取邀请招标方式的做法是否妥当?

（2）C企业投标文件是否有效?

（3）请指出开标工作的不妥之处，说明理由。

（4）请指出评标委员会成员组成的不妥之处，说明理由。

（5）招标人要求按照价格标准评标是否违法?

3. 分析

（1）不妥。根据《中华人民共和国招标投标法》（第十一条）规定，省、自治区、直辖市人民政府确定的地方重点项目中不适宜公开招标的项目，要经过省、自治区、直辖市人民政府批准，方可进行邀请招标。因此，本案业主自行对省重点工程项目决定采取邀请招标方式的做法是不妥的。

（2）无效。根据《中华人民共和国招标投标法》（第二十八条）规定，在招标文件要求提交投标文件的截止时间后送达的投标文件，招标人应当拒收。本案C企业的投标文件送达时间迟于投标截止时间，因此，该投标文件应被拒收。

（3）①根据《中华人民共和国招标投标法》（第三十四条）规定，开标应当在招标文件确定的提交投标文件的截止时间的同一时间公开进行。本案招标文件规定的投标截止时间是10月18日下午4时，但迟至10月21日下午才开标。②根据《中华人民共和国招标投标法》（第三十五条）规定，开标应由招标人主持。本案由属于行政监督部门的当地招投标监督管理办公室主持。

（4）①根据《招标投标法》（第三十七条），与投标人有利害关系的人不得进入评标委员会。本案由 E 公司总经理、D 公司副总经理担任评标委员会成员是不妥的。②《招标投标法》还规定评标委员技术、经济等方面的专家不得少于成员总数的 2/3。本案技术经济方面专家比例为 4/7，低于规定的比例要求。

（5）违法。根据《招标投标法》（第四十条）规定，评标委员会应当按照招标文件确定的评标标准和方法，对投标文件进行评审和比较。招标文件规定的评标标准是：能够最大限度地满足招标文件中规定的各项综合评价标准。按照投标价格评标不符合招标文件的要求，属于违法行为。

2.1.6　违法行为应承担的法律责任

建设工程招标投标活动中违法行为应承担的主要法律责任如下。

1. 招标人违法行为应承担的法律责任

依法必须进行招标的项目的招标人向他人透露已获取招标文件的潜在投标人的名称、数量或者可能影响公平竞争的有关招标投标的其他情况的，或者泄露标底的，给予警告，可以并处 1 万元以上、10 万元以下的罚款；对单位直接负责的主管人员和其他直接责任人员依法给予处分；构成犯罪的，依法追究刑事责任。影响中标结果的，中标无效。

依法必须进行招标的项目，招标人违反规定，与投标人就投标价格、投标方案等实质性内容进行谈判的，给予警告，对单位直接负责的主管人员和其他直接责任人员依法给予处分。影响中标结果的，中标无效。

2. 招标代理机构违法行为应承担的法律责任

《招标投标法》规定，招标代理机构违反规定，泄露应当保密的与招标投标活动有关的情况和资料的，或者与招标人、投标人串通损害国家利益、社会公共利益或者他人合法权益的，处 5 万元以上、25 万元以下的罚款，对单位直接负责的主管人员和其他直接责任人员处单位罚款数额 5%以上、10%以下的罚款；有违法所得的，并处没收违法所得；情节严重的，暂停直至取消招标代理资格；构成犯罪的，依法追究刑事责任。给他人造成损失的，依法承担赔偿责任。影响中标结果的，中标无效。

投标人以他人名义投标或者以其他方式弄虚作假，骗取中标的，中标无效，给招标人造成损失的依法承担赔偿责任；构成犯罪的，依法追究刑事责任。依法必须进行招标的项目的投标人有以上所列行为尚未构成犯罪的，处中标项目金额 5‰以上、10‰以下的罚款，对单位直接负责的主管人员和其他直接责任人员处单位罚款数额 5%以上、10%以下的罚款；有违法所得的，并处没收违法所得；情节严重的，取消其 1 年至 3 年内参加依法必须进行招标的项目的投标资格并予以公告，直至由工商行政管理机关吊销营业执照。

2.2 建设工程安全生产法律制度

2.2.1 施工安全生产许可证制度

《安全生产许可证条例》规定，国家对矿山企业、建筑施工企业和危险化学品、烟花爆竹、民用爆破器材生产企业（以下统称企业）实行安全生产许可制度。企业未取得安全生产许可证的，不得从事生产活动。该规定所称建筑施工企业，是指从事土木工程、建筑工程、线路管道和设备安装：工程及装修工程的新建、扩建、改建和拆除等有关活动的企业。

《建筑施工企业安全生产许可证管理规定》中将建筑施工企业取得安全生产许可证应当具备的安全生产条件具体规定为：①建立、健全安全生产责任制，制定完备的安全生产规章制度和操作规程；②保证本单位安全生产条件所需资金的投入；③设置安全生产管理机构，按照国家有关规定配备专职安全生产管理人员；④主要负责人、项目负责人、专职安全生产管理人员经建设主管部门或者其他有关部门考核合格；⑤特种作业人员经有关业务主管部门考核合格，取得特种作业操作资格证书；⑥管理人员和作业人员每年至少进行 1 次安全生产教育培训并考核合格；⑦依法参加工伤保险，依法为施工现场从事危险作业的人员办理意外伤害保险，为从业人员交纳保险费；⑧施工现场的办公、生活区及作业场所和安全防护用具、机械设备、施工机具及配件符合有关安全生产法律、法规、标准和规程的要求；⑨有职业危害防治措施，并为作业人员配备符合国家标准或者行业标准的安全防护用具和安全防护服装；⑩有对危险性较大的分部分项工程及施工现场易发生重大事故的部位、环节的预防、监控措施和应急预案；⑪有生产安全事故应急救援预案、应急救援组织或者应急救援人员，配备必要的应急救援器材、设备；⑫法律、法规规定的其他条件。

2.2.2 施工单位的安全生产责任

1. 施工安全生产管理的基本方针

安全第一、预防为主，是《建筑法》、《安全生产法》、《建设工程安全生产管理条例》都明确规定的建设工程安全生产管理的基本方针，必须在实践中认真贯彻执行。

2. 施工单位的安全生产责任制度

《建筑法》规定，建筑施工企业必须依法加强对建筑安全生产的管理，执行安全生产责任制度，采取有效措施，防止伤亡和其他安全生产事故的发生。

安全生产责任制度是施工单位最基本的安全管理制度，是施工单位安全生产的核心和中心环节。

（1）施工单位主要负责人对安全生产工作全面负责

《建筑法》规定，建筑施工企业的法定代表人对本企业的安全生产负责。《建设工程安全生产管理条例》也规定，施工单位主要负责人依法对本单位的安全生产工作全面负责。明确施工单位主要负责人的安全生产责任制，是贯彻“安全第一、预防为主”方针的基本要求，也是被实践证明行之有效的“管生产必须同时管安全”原则的具体体现。不少施工安全事故都表明，如果施工单位主要负责人忽视安全生产，缺乏保证生产安全的有效措施，就会给企业职工的生命安全和身体健康带来威胁。给国家和人民的财产带来损失，企业的经济效益也得不到保障。因此，施工单位主要负责人要摆正安全与生产的关系，做到不安全不生产，生产必须安全，把安全与生产真正统一起来，切实克服生产、安全“两张皮”，“重生产、轻安全”的现象。

对于主要负责人的理解，应当依据施工单位的性质. 以及不同施工单位的实际情况确定。总的原则是，对施工单位全面负责，有生产经营决策权的人，即为主要负责人。就是说，施工单位主要负责人可以是董事长，也可以是总经理或总裁等。

（2）施工单位安全生产管理机构和专职安全生产管理人员的责任

《建设工程安全生产管理条例》规定，施工单位应当设立安全生产管理机构，配备专职安全生产管理人员。专职安全生产管理人员负责对安全生产进行现场监督检查。发现安全事故隐患，应当及时向项目负责人和安全生产管理机构报告；对违章指挥、违章操作的，应当立即制止。

安全生产管理机构是指施工单位设置的负责安全生产管理工作的独立职能部门。专职安全生产管理人员是指经建设主管部门或者其他有关部门安全生产考核合格取得安全生产考核合格证书，并在施工单位及其项目中从事安全生产管理工作的专职人员。

建设部《建筑施工企业安全生产管理机构设置及专职安全生产管理人员配备办法》规定，建筑施工企业安全生产管理机构专职安全生产管理人员的配备应满足下列要求，并应根据企业经营规模、设备管理和生产需要予以增加。①建筑施工总承包资质序列企业：特级资质不少于 6 人；一级资质不少于 4 人；二级和二级以下资质企业不少于 3 人。②建筑施工专业承包资质序列企业：一级资质不少于 3 人；二级和二级以下资质企业不少于 2 人。③建筑施工劳务分包资质序列企业：不少于 2 人。④建筑施工企业的分公司、区域公司等较大的分支机构应依据实际生产情况配备不少于 2 人的专职安全生产管理人员。

（3）制定安全生产规章制度和操作规程

施工单位对所承担的建设工程要进行定期和专项安全检查，并做好安全检查记录。

（4）保证本单位安全生产条件所需资金的投入

《建设工程安全生产管理条例》规定，施工单位对列入建设工程概算的安全作业环境及安全施工措施所需费用，应当用于施工安全防护用具及设施的采购和更新、安全施工措施的落实、安全生产条件的改善，不得挪作他用。

安全生产必须有一定的资金投入。为了保证安全生产所需资金的投入和使用，施工单位应当制订资金使用计划，并加强对资金使用情况的监督检查，防止资金被挪用，以确保安全生产费用的有效使用。

2.2.3　施工总承包和分包单位的安全生产责任

《建筑法》规定，施工现场安全由建筑施工企业负责。实行施工总承包的，由总承包单位负责。分包单位向总承包单位负责，服从总承包单位对施工现场的安全生产管理。

1. 总承包单位应当承担的法定安全生产责任

建设工程实行施工总承包的，由总承包单位对施工现场的安全生产负总责。由于施工总承包是由一个施工单位对建设工程的施工全面负责，因此总承包单位不仅要负责建设工程质量、建设工期、造价控制，还要对施工现场的施工组织和安全生产进行统一管理和全面负责。

（1）分包合同应当明确总分包双方的安全生产责任

《建设工程安全生产管理条例》规定，总承包单位依法将建设工程分包给其他单位的，分包合同中应当明确各自的安全生产方面的权利、义务。

（2）统一组织编制建设工程生产安全应急救援预案

《建设工程安全生产管理条例》规定，施工单位应当根据建设工程施工的特点、范围，对施工现场易发生重大事故的部位、环节进行监控，制定施工现场生产安全事故应急救援预案。实行施工总承包的，由总承包单位统一组织编制建设工程生产安全事故应急救援预案，工程总承包单位和分包单位按照应急救援预案，各自建立应急救援组织或者配备应急救援人员，配备救援器材、设备，并定期组织演练。

建设工程施工属于高风险的工作，在施工现场上很容易发生事故。因此，高度重视并认真编制好安全事故应急救援预案，有助于加强对突发事故的处理，提高应急救援快速反应能力。因为，建设工程实行施工总承包的，由总承包单位对施工现场的安全生产负总责。所以，总承包单位要统一组织编制建设工程生产安全事故应急救援预案。

（3）负责向有关部门上报生产安全事故

《建设工程安全生产管理条例》规定，实行施工总承包的建设工程，由总承包单位负责上报事故。

（4）自行完成建设工程主体结构的施工

为了防止因转包和违法分包等行为导致安全事故的发生，真正落实施工总承包单位的安全生产责任，《建设工程安全生产管理条例》在“施工单位的安全责任”中特别规定，总承包单位应当自行完成建设工程主体结构的施工。

（5）承担连带责任

《建设工程安全生产管理条例》规定，总承包单位和分包单位对分包工程的安全生产承担连带责任。

这样规定，一方面是强化了总承包单位和分包单位的安全责任意识，另一方面也有利于保护受损害者的合法权益。

2. 分包单位应当承担的法定安全生产责任

《建筑法》规定，分包单位向总承包单位负责，服从总承包单位对施工现场的安全生产管理。《建设工程安全生产管理条例》进一步规定，分包单位应当服从总承包单位的安全生产管理，分包单位不服从管理导致生产安全事故的，由分包单位承担主要责任。

2.2.4　施工作业人员安全生产的权利和义务

1. 施工作业人员应当享有的安全生产权利

按照《建筑法》、《安全生产法》、《建设工程安全生产管理条例》等法律、行政法规的规定，施工作业人员主要享有如下的安全生产权利。

（1）施工安全生产的知情权和建议权

《安全生产法》规定，生产经营单位的从业人员有权了解其作业场所和工作岗位存在的危险因素、防范措施及事故应急措施，有权对本单位的安全生产工作提出建议。《建筑法》则规定，作业人员有权对影响人身健康的作业程序和作业条件提出改进意见。《建设工程安全生产管理条例》进一步规定，施工单位应当向作业人员提供安全防护用具和安全防护服装，并书面告知危险岗位的操作规程和违章操作的危害。

（2）施工安全防护用品的获得权

《建筑法》规定，作业人员有权获得安全生产所需的防护用品。《安全生产法》还规定，生产经营单位必须为从业人员提供符合国家标准或者行业标准的劳动防护用品，并监督、教育从业人员按照使用规则佩戴、使用。《建设工程安全生产管理条例》进一步规定，施工单位应当向作业人员提供安全防护用具和安全防护服装。

施工安全防护用品是保护施工作业者在施工过程中安全健康所必需的防御性装备，它虽然是一种辅助性的安全防护措施，但对于预防或减少伤亡事故的发生具有重要作用。因此，施工作业人员有权按规定获得安全生产所需的防护用品，施工单位必须按规定发放。施工安全防护用品一般包括安全帽、安全带、安全网、安全绳及其他个人防护用品（如防护鞋、防护服装、防尘口罩）等。

（3）批评、检举、控告权及拒绝违章指挥权

《建筑法》规定，作业人员对危及生命安全和人身健康的行为有权提出批评、检举和控告。《安全生产法》还规定. 从业人员有权对本单位安全生产工作中存在的问题提出批评、检举、控告，有权拒绝违章指挥和强令冒险作业。生产经营单位不得因从业人员对本单位安全生产工作提出批评、检举、控告或者拒绝违章指挥、强令冒险作业而降低其工资、福利等待遇或者解除与其订立的劳动合同。

（4）紧急避险权

《安全生产法》规定，从业人员发现直接危及人身安全的紧急情况时，有权停止作业或者在采取可能的应急措施后撤离作业场所。生产经营单位不得因从业人员在前款紧急情况下停止作业或者采取紧急撤离措施而降低其工资、福利等待遇或者解除与其订立的劳动合同。

建设工程施工具有特殊性，发生紧急情况是不可预测的。因此，作业人员享有停止作业和紧急撤离的权利。但是，作业人员在行使这项权利时也不能滥用。一是危及作业人员人身安全的紧急情况必须有确实可靠的直接根据，仅凭个人猜测或者误判而实际并不属于危及人身安全的紧急情况除外；二是紧急情况必须直接危及人身安全，间接或者可能危及人身安全的情况不应撤离，而应采取有效处理措施；三是出现危及人身安全的紧急情况时首先应停止作业，然后要采取可能

的应急措施，在采取应急措施无效时再撤离作业场所。

（5）获得意外伤害保险赔偿的权利

《建筑法》规定，建筑施工企业必须为从事危险作业的职工办理意外伤害保险，支付保险费。《建设工程安全生产管理条例》进一步规定施工单位应当为施工现场从事危险作业的人员办理意外伤害保险，意外伤害保险费由施工单位支付。

这项规定既是施工单位必须履行的义务，也是施工作业人员安全生产应当享有的权利。

（6）请求民事赔偿权

《安全生产法》规定，因生产安全事故受到损害的从业人员，除依法享有工伤社会保险外，依照有关民事法律尚有获得赔偿的权利的，有权向本单位提出赔偿要求。

2. 施工作业人员应当履行的安全生产义务

按照《建筑法》、《安全生产法》、《建设工程安全生产管理条例》等法律、行政法规的规定施工作业人员主要应当履行如下安全生产义务。

（1）守法遵章和正确使用安全防护用具等的义务

施工单位要依法保障工作人员的安全，施工作业人员也必须依法遵守有关的规章制度，做到不违章作业。从业人员在作业过程中，应当遵守本单位的安全生产规章制度和操作规程，服从管理，正确佩戴和使用劳动防护用品。作业人员应当遵守安全施工的强制性标准、规章制度和操作规程，正确使用安全防护用具、机械设备等。

（2）接受安全生产教育培训的义务

施工单位加强安全教育培训，提高从业人员素质，是控制和减少安全事故的关键措施。通过安全教育培训，必须使作业人员具备必要的安全生产知识，熟悉有关的安全生产规章制度和安全操作规程，掌握本岗位的安全操作技能。

（3）安全事故隐患报告的义务

《安全生产法》规定，从业人员发现事故隐患或者其他不安全因素，应当立即向现场安全生产管理人员或者本单位负责人报告；接到报告的人员应当及时予以处理。

安全事故的发生通常都是由事故隐患或者其他不安全因素所酿成的。所以，作业人员一旦发现事故隐患或者其他不安全因素。应当立即报告，以便及时采取措施，防患于未然。

2.2.5 施工现场安全防护的规定

1. 危险部位设置安全警示标志

《建设工程安全生产管理条例》规定，施工单位应当在施工现场入口处、施工起重机械、临时用电设施、脚手架、出入通道口、楼梯口、电梯井口、孔洞口、桥梁口、隧道口、基坑边沿、爆破物及有害危险气体和液体存放处等危险部位设置明显的安全警示标志，安全警示标志必须符合国家标准。各种安全警示标志设置后，未经施工单位负责人批准，不得擅自移动或者拆除。

2. 根据不同施工阶段等采取相应的安全施工措施

《建设工程安全生产管理条例》规定，施工单位应当根据不同施工阶段和周围环境及季节、气候的变化，在施工现场采取相应的安全施工措施。施工现场暂时停止施工的，施工单位应当做好现场防护，所需费用由责任方承担，或者按照合同约定执行。

需要说明的是，这里的责任方应当是就施工承包合同当事人而言，而不一定是指直接的责任方。例如，如果是由于监理工程师指令有误而导致施工现场停止施工，其产生的费用要由建设单位承担。就是说，施工单位可以就此向建设单位索赔，而不是直接向监理单位索赔。至于建设单位偿付费用后，可以依据监理合同的约定，再向监理单位追偿。

3. 施工现场临时设施的安全卫生要求

《建设工程安全生产管理条例》规定，施工单位应当将施工现场的办公、生活区与作业区分开设置，并保持安全距离；办公、生活区的选址应当符合安全性要求。职工的膳食、饮水、休息场所等应当符合卫生标准；施工单位不得在尚未竣工的建筑物内设置员工集体宿舍。施工现场临时搭建的建筑物应当符合安全使用要求；施工现场使用的装配式活动房屋应当具有产品合格证。

例如，设有职工食堂的，应当按照《食品安全法》中有关食品生产经营、食品检验等规定执行，患有痢疾、伤寒、病毒性肝炎等消化道传染病的人员，以及患有活动性肺结核、化脓性或者渗出性皮肤病等有碍食品安全的疾病的人员，不得从事接触直接人口食品的工作；没有职工食堂的，施工单位则应提供符合《食品安全法》规定的合格膳食。施工单位提供的饮水也必须达到国家规定的标准。

4. 对施工现场周边的安全防护措施

《建设工程安全生产管理条例》规定，施工单位对因建设工程施工可能造成损害的毗邻建筑物、构筑物和地下管线等，应当采取专项防护措施。在城市市区内的建设工程，施工单位应当对施工现场实行封闭围挡。

5. 危险作业的施工现场安全管理

《安全生产法》规定，生产经营单位进行爆破、吊装等危险作业，应当安排专门人员进行现场安全管理，确保操作规程的遵守和安全措施的落实。

6. 安全防护设备、机械设备等的安全管理

《建设工程安全生产管理条例》规定，施工单位采购、租赁的安全防护用具、机械设备、施工机具及配件，应当具有生产（制造）许可证、产品合格证，并在进入施工现场前进行查验。施工现场的安全防护用具、机械设备、施工机具及配件必须由专人管理，定期进行检查、维修和保养，建立相应的资料档案，并按照国家有关规定及时报废。

7. 施工起重机械设备等的安全使用管理

《建设工程安全生产管理条例》规定，施工单位在使用施工起重机械和整体提升脚手架、模板

等自升式架设设施前，应当组织有关单位进行验收，也可以委托具有相应资质的检验检测机构进行验收；使用承租的机械设备和施工机具及配件的，由施工总承包单位、分包单位、出租单位和安装单位共同进行验收；验收合格的方可使用。

近些年来，由于对施工现场使用的起重机械、整体提升脚手架、模板（主要指提升或滑升模板）等自升式架设设施管理不善或使用不当等，造成的重大伤亡事故时有发生，因此，必须依法对其加强使用管理。特别是施工起重机械，是国务院《特种设备安全监察条例》所规定的特种设备，使用单位应当按照安全技术规范的定期检验要求，在安全检验合格有效期届满前 1 个月向特种设备检验检测机构提出定期检验要求。未经定期检验或者检验不合格的特种设备，不得继续使用。

2.2.6 施工安全事故的应急救援与调查处理

1. 生产安全事故的等级划分标准

明确生产安全事故的分级，区分不同事故级别所规定的报告和调查处理要求，是顺利开展生产安全事故报告和调查处理工作的前提，也是规范生产安全事故报告和调查处理的必然要求。

国务院《生产安全事故报告和调查处理条例》规定，根据生产安全事故（以下简称事故）造成的人员伤亡或者直接经济损失，事故一般分为以下等级：①特别重大事故，是指造成 30 人以上死亡，或者 100 人以上重伤（包括急性工业中毒，下同)，或者 1 亿元以上直接经济损失的事故；②重大事故，是指造成 10 人以上、30 人以下死亡，或者 50 人以上、100 人以下重伤，或者 5000 万元以上、1 亿元以下直接经济损失的事故；③较大事故，是指造成 3 人以上、10 人以下死亡，或者 10 人以上、50 人以下重伤，或者 1000 万元以上、5000 万元以下直接经济损失的事故；④一般事故，是指造成 3 人以下死亡，或者 10 人以下重伤，或者 1000 万元以下直接经济损失的事故。所称的“以上”包括本数，所称的“以下”不包括本数。

2. 施工生产安全事故报告

《建筑法》规定，施工中发生事故时，建筑施工企业应当采取紧急措施减少人员伤亡和事故损失，并按照国家有关规定及时向有关部门报告。

《建设工程安全生产管理条例》进一步规定，施工单位发生生产安全事故，应当按照国家有关伤亡事故报告和调查处理的规定，及时、如实地向负责安全生产监督管理的部门、建设行政主管部门或者其他有关部门报告；特种设备发生事故的，还应当同时向特种设备安全监督管理部门报告。实行施工总承包的建设工程，由总承包单位负责上报事故。

《生产安全事故报告和调查处理条例》规定，事故发生后，事故现场有关人员应当立即向本单位负责人报告；单位负责人接到报告后，应当于 1 小时内向事故发生地县级以上人民政府安全生产监督管理部门和负有安全生产监督管理职责的有关部门报告。情况紧急时，事故现场有关人员可以直接向事故发生地县级以上人民政府安全生产监督管理部门和负有安全生产监督管理职责的有关部门报告。

事故报告应当及时、准确、完整，任何单位和个人对事故不得迟报、漏报、谎报或者瞒报。

报告事故应当包括下列内容；①事故发生单位概况；②事故发生的时间、地点以及事故现场情况；③事故的简要经过；④事故已经造成或者可能造成的伤亡人数（包括下落不明的人数）和初步估计的直接经济损失；⑤已经采取的措施；⑥其他应当报告的情况。

事故报告后出现新情况的，应当及时补报。自事故发生之日起 30 日内，事故造成的伤亡人数发生变化的，应当及时补报。道路交通事故、火灾事故自发生之日起 7 日内，事故造成的伤亡人数发生变化的，应当及时补报。

3. 发生事故后应采取的相应措施

《建设工程安全生产管理条例》规定，发生生产安全事故后，施工单位应当采取措施防止事故扩大，保护事故现场。需要移动现场物品时，应当做出标记和书面记录，妥善保管有关证物。

（1）组织应急抢救工作

事故发生单位负责人接到事故报告后，应当立即启动事故相应应急预案，或者采取有效措施，组织抢救，防止事故扩大，减少人员伤亡和财产损失。

对危险化学品泄漏等可能对周边群众和环境产生危害的事故，施工单位应当在向地方政府及有关部门报告的同时，及时向可能受到影响的单位、职工、群众发出预警信息，标明危险区域，组织、协助应急救援队伍救助受害人员，疏散、撤离、安置受到威胁的人员，并采取必要措施防止发生次生、衍生事故。

（2）妥善保护事故现场

事故发生后，有关单位和人员应当妥善保护事故现场以及相关证据。任何单位和个人不得破坏事故现场，毁灭相关证据。因抢救人员、防止事故扩大以及疏通交通等原因，需要移动事故现场物件的，应当做出标志。绘制现场简图并做出书面记录，妥善保存现场重要痕迹、物证。

事故现场保护的主要任务就是要在现场勘查之前，维持现场的原始状态，既不要减少任何痕迹、物品，也不能增加任何痕迹、物品。任何单位和个人，都不得破坏事故现场，毁灭相关证据。

保护事故现场，应当根据事故现场的具体情况和周围环境，划定保护区范围，布置警戒，必要时将事故现场封锁起来，禁止一切人进入保护区。即使是保护现场的人员，也不要无故进入，更不能擅自进行勘查，或者随意触摸、移动事故现场的任何物品。

2.2.7　违法行为应承担的法律责任

1. 安全生产许可证违法行为应承担的主要法律责任

（1）未取得安全生产许可证擅自从事施工活动应承担的法律责任。《安全生产许可证条例》规定，未取得安全生产许可证擅自进行生产的，责令停止生产，没收违法所得，并处 10 万元以上、50 万元以下的罚款；造成重大事故或者其他严重后果，构成犯罪的，依法追究刑事责任。

（2）转让安全生产许可证等应承担的法律责任。《建筑施工企业安全生产许可证管理规定》进一步规定，建筑施工企业转让安全生产许可证的，没收违法所得，处10万元以上、50万元以下的罚款，并吊销安全生产许可证；构成犯罪的，依法追究刑事责任；接受转让的，依照未取得安全生产许可证擅自从事建筑施工活动的规定处罚。冒用安全生产许可证或者使用伪造的安全生产许可证的，依照未取得安全生产许可证擅自从事建筑施工活动的规定处罚。

2. 施工安全生产责任和安全生产教育培训违法行为应承担的主要法律责任

（1）施工单位违法行为应承担的法律责任。《建筑法》规定，建筑施工企业违反本法规定，对建筑安全事故隐患不采取措施予以消除的，责令改正，可以处以罚款；情节严重的，责令停业整顿，降低资质等级或者吊销资质证；机构成犯罪的，依法追究刑事责任。

《建设工程安全生产管理条例》规定，违反本条例的规定，施工单位有下列行为之一的，责令限期改正；逾期未改正的，责令停业整顿，依照《中华人民共和国安全生产法》的有关规定处以罚款；造成重大安全事故，构成犯罪的，对直接责任人员，依照刑法有关规定追究刑事责任：①未设立安全生产管理机构、配备专职安全生产管理人员，或者分部分项工程施工时无专职安全生产管理人员现场监督的；②施工单位的主要负责人、项目负责人、专职安全生产管理人员、作业人员或者特种作业人员未经安全教育培训，或者经考核不合格即从事相关工作的；③未在施工现场的危险部位设置明显的安全警示标志或者未按照国家有关规定在施工现场设置消防通道、消防水源、配备消防设施和灭火器材的；④未向作业人员提供安全防护用具和安全防护服装的；⑤未按照规定在施工起重机械和整体提升脚手架、模板等自升式架设设施验收合格后登记的；⑥使用国家明令淘汰、禁止使用的危及施工安全的工艺、设备、材料的。

施工单位取得资质证书后，降低安全生产条件的，责令限期改正；经整改仍未达到与其资质等级相适应的安全生产条件的，责令停业整顿，降低其资质等级直至吊销资质证书。

施工单位挪用列入建设工程概算的安全生产作业环境及安全施工措施所需费用的，责令限期改正，处挪用费用20%以上、50%以下的罚款；造成损失的，依法承担赔偿责任。

《刑法》第137条规定，建设单位、设计单位、施工单位、工程监理单位违反国家规定降低工程质量标准造成重大安全事故的，对直接责任人员处5年以下有期徒刑或者拘役，并处罚金；后果特别严重的，处5年以上、10年以下有期徒刑，并处罚金。

（2）施工管理人员违法行为应承担的法律责任。《建筑法》规定，建筑施工企业的管理人员违章指挥、强令职工冒险作业，因此发生重大伤亡事故或者造成其他严重后果的，依法追究刑事责任。

《建设工程安全生产管理条例》规定，施工单位的主要负责人、项目负责人未履行安全生产管理职责的，责令限期改正；逾期未改正的，责令施工单位停业整顿；造成重大安全事故、重大伤亡事故或者其他严重后果，构成犯罪的，依照刑法有关规定追究刑事责任。

施工单位的主要负责人、项目负责人有以上违法行为，尚不够刑事处罚的，处2万元以上、20万元以下的罚款，或者按照管理权限给予撤职处分；自刑罚执行完毕或者受处分之日起。5年内不得担任任何施工单位的主要负责人、项目负责人。

注册执业人员未执行法律、法规和工程建设强制性标准的，责令停止执业3个月以上、1年以下；情节严重的，吊销执业资格证书，5年内不予注册；造成重大安全事故的，终身不予注册；构成犯罪的，依照刑法有关规定追究刑事责任。

《刑法》第134条第2款规定，强令他人违章冒险作业，因而发生重大伤亡事故或者造成其他严重后果的，处5年以下有期徒刑或者拘役；情节特别恶劣的，处5年以上有期徒刑。

《刑法》第135条第1款规定，安全生产设施或者安全生产条件不符合国家规定，因而发生重大伤亡事故或者造成其他严重后果的。对直接负责的主管人员和其他直接责任人员，处3年以下有期徒刑或者拘役；情节特别恶劣的，处3年以上、7年以下有期徒刑。

（3）施工作业人员违法行为应承担的法律责任。《建设工程安全生产管理条例》规定，作业人员不服管理、违反规章制度和操作规程冒险作业造成重大伤亡事故或者其他严重后果构成犯罪的，依照刑法有关规定追究刑事责任。

在生产、作业中违反有关安全管理的规定，因而发生重大伤亡事故或者造成其他严重后果的，处3年以下有期徒刑或者拘役；情节特别恶劣的，处3年以上、7年以下有期徒刑。

（4）特种作业违法行为应承担的法律责任。国务院《特种设备安全监察条例》规定，特种设备使用单位有下列情形之一的，由特种设备安全监督管理部门责令限期改正；逾期未改正的，责令停止使用或者停产停业整顿，处2000元以上、2万元以下的罚款：①未依照本条例规定设置特种设备安全管理机构或者配备专职、兼职的安全管理人员的；②从事特种设备作业的人员，未取得相应特种作业人员证书上岗作业的；③未对特种设备作业人员进行特种设备安全教育和培训的。

国家安全生产监督管理总局《特种作业人员安全技术培训考核管理规定》中规定，生产经营单位未建立健全特种作业人员档案的，给予警告，并处1万元以下的罚款。

生产经营单位使用未取得特种作业操作证的特种作业人员上岗作业的，责令限期改正；逾期未改正的，责令停产停业整顿，可以并处2万元以下的罚款。

生产经营单位非法印制、伪造、倒卖特种作业操作证，或者使用非法印制、伪造、倒卖的特种作业操作证的，给予警告，并处1万元以上、3万元以下的罚款；构成犯罪的，依法追究刑事责任。

特种作业人员伪造、涂改特种作业操作证或者使用伪造的特种作业操作证的，给予警告，并处1000元以上、5000元以下的罚款。特种作业人员转借、转让、冒用特种作业操作证的，给予警告，并处2000元以上、10000元以下的罚款。

3. 事故报告及采取相应措施违法行为应承担的法律责任

《安全生产法》规定，生产经营单位主要负责人在本单位发生重大生产安全事故时，不立即组织抢救或者在事故调查处理期间擅离职守或者逃匿的，给予降职、撤职的处分，对逃匿的处15日以下拘留；构成犯罪的，依照刑法有关规定追究刑事责任。生产经营单位主要负责人对生产安全事故隐瞒不报、谎报或者拖延不报的，依照以上规定处罚。

事故发生单位及其有关人员有下列行为之一的，对事故发生单位处100万元以上、500万元以下的罚款；对主要负责人、直接负责的主管人员和其他直接责任人员处上一年年收入60%至100%的罚款；属于国家工作人员的，依法给予处分；构成违反治安管理行为的，由公安机关依法给予治安管理处罚。构成犯罪的，依法追究刑事责任：①谎报或者瞒报事故的；②伪造或者故意破坏事故现场的；③转移、隐匿资金、财产，或者销毁有关证据、资料的；④拒绝接受调查或者拒绝提供有关情况和资料的；⑤在事故调查中作伪证或者指使他人作伪证的；⑥事故发生后逃匿的。

2.3 施工环境保护制度和施工节约能源制度

2.3.1 施工现场环境保护制度

在工程建设领域，环境噪声污染的防治主要包括两个方面：一是建设项目环境噪声污染的防治；二是施工现场环境噪声污染的防治。前者主要是解决建设项目建成后使用过程中可能产生的环境噪声污染问题，后者则是要解决建设工程施工过程中产生的施工噪声污染问题。

1. 建设项目环境噪声污染的防治

一些建设项目如城市道桥、铁路（包括轻轨）、工业厂房等，其建成后的使用可能会对周围环境产生噪声污染。因此，建设单位必须在建设前期就规定环境噪声污染的防治措施，并在建设过程中同步建设环境噪声污染防治设施。

《环境噪声污染防治法》规定，新建、改建、扩建的建设项目，必须遵守国家有关建设项目环境保护管理的规定。

建设项目可能产生环境噪声污染的，建设单位必须提出环境影响报告书，规定环境噪声污染的防治措施，并按照国家规定的程序报环境保护行政主管部门批准。环境影响报告书中，应当有该建设项目所在地单位和居民的意见。

建设项目的环境噪声污染防治设施必须与主体工程同时设计、同时施工、同时投产使用。例如，建设经过已有的噪声敏感建筑物集中区域的高速公路和城市高架、轻轨道路，有可能造成环境噪声污染的，应当设置声屏障或者采取其他有效的控制环境噪声污染的措施；在已有的城市交通干线的两侧建设噪声敏感建筑物的，建设单位应当按照国家规定间隔一定距离，并采取减轻、避免交通噪声影响的措施等。

建设项目在投入生产或者使用之前，其环境噪声污染防治设施必须经原审批环境影响报告书的环境保护行政主管部门验收；达不到国家规定要求的，该建设项目不得投入生产或者使用。

2. 施工现场环境噪声污染的防治

施工噪声是指在建设工程施工过程中产生的干扰周围生活环境的声音。随着城市化进程的不断加快及工程建设的大规模开展，施工噪声污染问题日益突出，尤其是在城市人口稠密地区的建设工程施工中产生的噪声污染，不仅影响周围居民的正常生活，而且损害城市的环境形象。施工单位与周围居民因噪声而引发的纠纷也时有发生，群众投诉日渐增多。因此，应当依法加强施工现场噪声管理，采取有效措施防治施工噪声污染。

（1）排放建筑施工噪声应当符合建筑施工场界环境噪声排放标准

《环境噪声污染防治法》规定，在城市市区范围内向周围生活环境排放建筑施工噪声的。应当符合国家规定的建筑施工场界环境噪声排放标准。

所谓噪声排放，是指噪声源向周围生活环境辐射噪声。按照《建筑施工场界噪声限值》（GBl2523—90）的规定，城市建筑施工期间施工场地不同施工阶段产生的作业噪声限值为：

土石方施工阶段（主要噪声源为推土机、挖掘机、装载机等），噪声限制是昼间 75 分贝，夜间 55 分贝；打桩施工阶段（主要噪声源为各种打桩机等），噪声限制是昼间 85 分贝，夜间禁止施工；结构施工阶段（主要噪声源为混凝土施工、振捣棒、电锯等），噪声限制是昼间 70 分贝，夜间 55 分贝；装修施工阶段（主要噪声源为吊车、升降机等），噪声限制是昼间 62 分贝，夜间 55 分贝。

所谓夜间，是指晚 22 点至早 6 点之间的期间。

（2）使用机械设备可能产生环境噪声污染的申报

《环境噪声污染防治法》规定，在城市市区范围内，建筑施工过程中使用机械设备，可能产生环境噪声污染的,施工单位必须在工程开工 15 日以前向工程所在地县级以上地方人民政府环境保护行政主管部门申报该工程的项目名称、施工场所和期限、可能产生的环境噪声值以及所采取的环境噪声污染防治措施的情况。

国家对环境噪声污染严重的落后设备实行淘汰制度。国务院经济综合主管部门应当会同国务院有关部门公布限期禁止生产、禁止销售、禁止进口的环境噪声污染严重的设备名录。

（3）禁止夜间进行产生环境噪声污染施工作业的规定

《环境噪声污染防治法》规定，在城市市区噪声敏感建筑物集中区域内，禁止夜间进行产生环境噪声污染的建筑施工作业，但抢修、抢险作业和因生产工艺要求或者特殊需要必须连续作业的除外。因特殊需要必须连续作业的，必须有县级以上人民政府或者其有关主管部门的证明。以上规定的夜间作业，必须公告附近居民。

所谓噪声敏感建筑物集中区域，是指医疗区、文教科研区和以机关或者居民住宅为主的区域。所谓噪声敏感建筑物，是指医院、学校、机关、科研单位、住宅等需要保持安静的建筑物。

（4）政府监管部门的现场检查

《环境噪声污染防治法》规定，县级以上人民政府环境保护行政主管部门和其他环境噪声污染防治工作的监督管理部门、机构，有权依据各自的职责对管辖范围内排放环境噪声的单位进行现场检查。

被检查的单位必须如实反映情况，并提供必要的资料。检查部门、机构应当为被检查的单位保守技术秘密和业务秘密。检查人员进行现场检查，应当出示证件。

3. 交通运输噪声污染的防治

建设工程施工有着大量的运输任务，还会产生交通运输噪声。所谓交通运输噪声，是指机动车辆、铁路机车、机动船舶、航空器等交通运输工具在运行时所产生的干扰周围生活环境的声音。

《环境噪声污染防治法》规定，在城市市区范围内行驶的机动车辆的消声器和喇叭必须符合国家规定的要求。机动车辆必须加强维修和保养，保持技术性能良好，防治环境噪声污染。

警车、消防车、工程抢险车、救护车等机动车辆安装、使用警报器，必须符合国务院公安部门的规定；在执行非紧急任务时，禁止使用警报器。

4. 对产生环境噪声污染企业事业单位的规定

《环境噪声污染防治法》规定，产生环境噪声污染的企业事业单位，必须保持防治环境噪声污染的设施的正常使用；拆除或者闲置环境噪声污染防治设施的。必须事先报经所在地的县级以上地方人民政府环境保护行政主管部门批准。

产生环境噪声污染的单位，应当采取措施进行治理，并按照国家规定缴纳超标准排污费。征收的超标准排污费必须用于污染的防治，不得挪作他用。

对于在噪声敏感建筑物集中区域内造成严重环境噪声污染的企业事业单位，应限期治理。被限期治理的单位必须按期完成治理任务。

2.3.2 施工现场废气、废水污染防治的规定

在工程建设领域，对于废气、废水污染的防治，也包括建设项目和施工现场两大方面。

1. 大气污染的防治

按照国际标准化组织（ISO）的定义，大气污染通常是指由于人类活动或自然过程引起某些物质进入大气中，呈现出足够的浓度，达到足够的时间，并因此危害了人体的舒适、健康和福利或环境污染的现象。如果不对大气污染物的排放总量加以控制和防治，将会严重破坏生态系统和人类生存条件。

（1）建设项目大气污染的防治

《大气污染防治法》规定，新建、扩建、改建向大气排放污染物的项目，必须遵守国家有关建设项目环境保护管理的规定。

建设项目的环境影响报告书，必须对建设项目可能产生的大气污染和对生态环境的影响做出评价，规定防治措施，并按照规定的程序报环境保护行政主管部门审查批准。例如，新建、扩建排放二氧化硫的火电厂和其他大中型企业，超过规定的污染物排放标准或者总量控制指标的，必须建设配套脱硫、除尘装置或者采取其他控制二氧化硫排放、除尘的措施；炼制石油、生产合成氨、煤气和燃煤焦化、有色金属冶炼过程中排放含有硫化物气体的，应当配备脱硫装置或者采取其他脱硫措施等。

建设项目投入生产或者使用之前，其大气污染防治设施必须经过环境保护行政主管部门验收，达不到国家有关建设项目环境保护管理规定的要求的建设项目，不得投入生产或者使用。

（2）施工现场大气污染的防治

《大气污染防治法》规定，城市人民政府应当采取绿化责任制，加强建设施工管理，扩大地面铺装面积，控制渣土堆放和清洁运输等措施，提高人均占有绿地面积，减少市区裸露地面和地面尘土，防治城市扬尘污染。

在城市市区进行建设施工或者从事其他产生扬尘污染活动的单位，必须按照当地环境保护的规定，采取防治扬尘污染的措施。运输、装卸、贮存能够散发有毒有害气体或者粉尘物质的，必须采取密闭措施或者其他防护措施。

在人口集中地区存放煤炭、煤矸石、煤渣、煤灰、砂石、灰土等物料，必须采取防燃、防尘

措施，防止污染大气。严格限制向大气排放含有毒物质的废气和粉尘；确需排放的，必须经过净化处理，不超过规定的排放标准。

施工现场大气污染的防治，重点是防治扬尘污染。对于扬尘控制，建设部《绿色施工导则》中的规定如下。

① 运送土方、垃圾、设备及建筑材料等，不污损场外道路。运输容易散落、飞扬、流漏的物料的车辆，必须采取措施封闭严密，保证车辆清洁，施工现场出口应设置洗车槽。

② 土方作业阶段。采取洒水、覆盖等措施，达到作业区目测扬尘高度小于 1.5 米，不扩散到场区外。

③ 结构施工、安装装饰装修阶段，作业区目测扬尘高度小于 0.5 米。对易产生扬尘的堆放材料应采取覆盖措施；对粉末状材料应封闭存放；场区内可能引起扬尘的材料及建筑垃圾搬运应有降尘措施，如覆盖、洒水等，浇筑混凝土前清理灰尘和垃圾时尽量使用吸尘器，避免使用吹风器等易产生扬尘的设备；机械剔凿作业时可用局部遮挡，掩盖、水淋等防护措施；高层或多层建筑清理垃圾应搭设封闭性临时专用道或采用容器吊运。

④ 施工现场非作业区达到目测无扬尘的要求。对现场易飞扬物质采取有效措施，如洒水、地面硬化、围挡、密网覆盖、封闭等，防止扬尘产生。

⑤ 构筑物机械拆除前，做好扬尘控制计划。可采取清理积尘、拆除体洒水、设置隔挡等措施。

⑥ 构筑物爆破拆除前，做好扬尘控制计划。可采用清理积尘、淋湿地面、预湿墙体、屋面敷水袋、楼面蓄水、建筑外设高压喷雾状水系统、搭设防尘排栅和直升机投水弹等综合降尘。选择风力小的天气进行爆破作业。

⑦ 在场界四周隔挡高度位置测得的大气总悬浮颗粒物（TSP）月平均浓度与城市背景值的差值不大于 0.08 毫克 / 立方米。

2. 水污染的防治

《水污染防治法》规定，水污染防治应当坚持预防为主、防治结合、综合治理的原则，优先保护饮用水水源，严格控制工业污染、城镇生活污染，防治农业面源污染，积极推进生态治理工程建设，预防、控制和减少水环境污染和生态破坏。

《水污染防治法》规定，新建、改建、扩建直接或者间接向水体排放污染物的建设项目和其他水上设施，应当依法进行环境影响评价。

建设单位在江河、湖泊新建、改建、扩建排污口的，应当取得水利行政主管部门或者流域管理机构同意；涉及通航、渔业水域的，环境保护主管部门在审批环境影响评价文件时，应当征求交通、渔业主管部门的意见。

建设项目的水污染防治设施，应当与主体工程同时设计、同时施工、同时投入使用。水污染防治设施应当经过环境保护主管部门验收，验收不合格的，该建设项目不得投入生产或者使用。

禁止在饮用水水源一级保护区内新建、改建、扩建与供水设施和保护水源无关的建设项目；已建成的与供水设施和保护水源无关的建设项目，由县级以上人民政府责令拆除或者关闭。禁止在饮用水水源二级保护区内新建、改建、扩建排放污染物的建设项目；已建成的排放污染物的建设项目，由县级以上人民政府责令拆除或者关闭。

禁止在饮用水水源准保护区内新建、扩建对水体污染严重的建设项目，改建建设项目，不得增加排污量。

《水污染防治法》规定，排放水污染物，不得超过国家或者地方规定的水污染物排放标准和重点水污染物排放总量控制指标。

直接或者间接向水体排放污染物的企业事业单位和个体工商户，应当按照国务院环境保护主管部门的规定，向县级以上地方人民政府环境保护主管部门申报登记拥有的水污染物排放设施、处理设施和在正常作业条件下排放水污染物的种类、数量和浓度，并提供防治水污染方面的有关技术资料。

禁止向水体排放油类、酸液、碱液或者剧毒废液；禁止在水体清洗装贮过油类或者有毒污染物的车辆和容器；禁止向水体排放，倾倒放射性固体废物或者含有高放射性和中放射性物质的废水；向水体排放含低放射性物质的废水，应当符合国家有关放射性污染防治的规定和标准。

禁止向水体排放、倾倒工业废渣、城镇垃圾和其他废弃物；禁止将含有汞、镉、砷、铬、铅、氰化物、黄磷等的可溶性剧毒废渣向水体排放、倾倒或者直接埋入地下；存放可溶性剧毒废渣的场所，应当采取防水、防渗漏、防流失的措施；禁止在江河、湖泊、运河、渠道、水库最高水位线以下的滩地和岸坡堆放、贮存固体废弃物和其他污染物。

在饮用水水源保护区内，禁止设置排污口。在风景名胜区水体，重要渔业水体和其他具有特殊经济文化价值的水体的保护区内，不得新建排污口。在保护区附近新建排污口，应当保证保护区水体不受污染。

禁止利用渗井、渗坑、裂隙和溶洞排放、倾倒含有毒污染物的废水、含病原体的污水和其他废弃物。禁止利用无防渗漏措施的沟渠、坑塘等输送或者贮存含有毒污染物的废水，含病原体的污水和其他废弃物。

兴建地下工程设施或者进行地下勘探、采矿等活动，应当采取防护性措施，防止地下水污染。人工回灌补给地下水，不得恶化地下水质。

【案例】

1. 背景

2004 年 12 月 6 日，某市环保局执法人员巡查发现某路段有大面积的积水，便及时上报该局。不久，市政部门派人来疏通管道，从管道中清出大量的泥沙、水泥块。还发现井口内有一个非市政部门设置的排水口，其方向紧靠某工地一侧。经执法人员调查确认，该工地的排水管道于 2003 年 1 月份打桩时铺设，工地内设有沉淀池。施工废水通过沉淀后排放到工地外，工地的排污管通向该路段一侧的雨水井，但未办理任何审批手续。

2. 问题

（1）本案中，施工单位向道路雨水井排放施工废水的行为是否构成水污染违法行为?

（2）施工单位向道路雨水井排放施工废水的行为应受到何种处罚?

3. 分析

（1）施工单位向道路雨水井排放施工废水的行为构成了水污染违法行为。《水污染防治法》第 21 条规定，“直接或者间接向水体排放污染物的企业事业单位和个体工商户，应当按照国务院环境保护主管部门的规定，向县级以上地方人民政府环境保护主管部门申报登记拥有的水污染物排放设施、处理设施和在正常作业条件下排放水污染物的种类、数量和浓度，并提供防治水污染方面的有关技术资料。企业事业单位和个体工商户排放水污染物的种类、数量和浓度有重大改变的，应当及时申报登记；其水污染物处理设施应当保持正常使用；拆除或者闲置水污染物处理设施的，应当事先报县级以上地方人民政府环境保护主管部门批准。”本案中的施工单位，没有依法申报登记水污染物的情况和提供防治水污染方面的有关技术资料。

《水污染防治法》第 22 条规定，“向水体排放污染物的企业事业单位和个体工商户，应当按照法律、行政法规和国务院环境保护主管部门的规定设置排污口；在江河湖泊设置排污口的，还应当遵守国务院水利行政主管部门的规定。禁止私设暗管或者采取其他规避监管的方式排放水污染物。”本案中的施工单位私自设置排水口排放水污染物，没有办理相应的审批手续。

《水污染防治法》第 33 条第 1 款规定，“禁止向水体排放、倾倒工业废渣、城镇垃圾和其他废弃物。”本案中的施工单位虽然设置了沉淀池，但其向雨水井中排放的施工废水含有大量的泥沙、水泥块等废弃物。

（2）依据《水污染防治法》第 72 条、第 75 条第 2 款的规定，市环保局应当责令该施工单位限期改正，限期拆除私自设置的排污口，并可对该施工单位处 2 万元以上、10 万元以下的罚款；逾期不拆除的，强制拆除，所需费用由违法者承担，处 10 万元以上、50 万元以下的罚款。

2.3.3　施工节约能源制度

能源是指煤炭、石油、天然气、生物质能和电力、热力以及其他直接或者通过加工、转换而取得有用能的各种资源。节约能源是指加强用能管理，采取技术上可行、经济上合理以及环境和社会可以承受的措施，从能源生产到消费的各个环节，降低消耗、减少损失和污染物排放、制止浪费，有效、合理地利用能源。

节约资源是我国的基本国策。国家实施节约与开发并举、把节约放在首位的能源发展战略。

在工程建设领域，节约能源主要包括建筑节能和施工节能两个方面。

建筑节能是解决建设项目建成后使用过程中的节能问题，施工节能则是要解决施工过程中的节约能源问题，如《绿色施工导则》规定，“绿色施工是指工程建设中，在保证质量、安全等基本要求的前提下，通过科学管理和技术进步，最大限度地节约资源与减少对环境负面影响的施工活动。

1．建筑节能的规定

《节约能源法》规定，国家实行固定资产投资项目节能评估和审查制度。不符合强制性节能标准的项目，依法负责项目审批或者核准的机关不得批准或者核准建设，建设单位不得开工建设；已经建成的，不得投入生产、使用。

（1）采用太阳能、地热能等可再生能源

《民用建筑节能条例》规定，国家鼓励和扶持在新建建筑和既有建筑节能改造中采用太阳能、地热能等可再生能源。

（2）新建建筑节能的规定

建设单位、设计单位、施工单位不得在建筑活动中使用列入禁止使用目录的技术、工艺、材料和设备。

① 施工图审查机构的节能义务。

施工图设计文件审查机构应当按照民用建筑节能强制性标准对施工图设计文件进行审查；经审查不符合民用建筑节能强制性标准的，县级以上地方人民政府建设主管部门不得颁发施工许可证。

② 建设单位的节能义务。

建设单位不得明示或者暗示设计单位、施工单位违反民用建筑节能强制性标准进行设计、施工，不得明示或者暗示施工单位使用不符合施工图设计文件要求的墙体材料、保温材料、门窗、采暖制冷系统和照明设备。

建设单位组织竣工验收，应当对民用建筑是否符合民用建筑节能强制性标准进行查验；对不符合民用建筑节能强制性标准的，不得出具竣工验收合格报告。

③ 设计单位、施工单位、工程监理单位的节能义务。

设计单位、施工单位、工程监理单位及其注册执业人员，应当按照民用建筑节能强制性标准进行设计、施工、监理。

施工单位应当对进入施工现场的墙体材料、保温材料、门窗、采暖制冷系统和照明设备进行查验；不符合施工图设计文件要求的，不得使用。

工程监理单位发现施工单位不按照民用建筑节能强制性标准施工的，应当要求施工单位改正；施工单位拒不改正的，工程监理单位应当及时报告建设单位，并向有关主管部门报告。

（3）既有建筑节能的规定

既有建筑节能改造，是指对不符合民用建筑节能强制性标准的既有建筑的围护结构、供热系统、采暖制冷系统、照明设备和热水供应设施等实施节能改造的活动。

实施既有建筑节能改造，应当符合民用建筑节能强制性标准，优先采用遮阳、改善通风等低成本改造措施。既有建筑围护结构的改造和供热系统的改造应当同步进行。

2. 施工节能的规定

《循环经济促进法》规定，建筑设计、建设、施工等单位应当按照国家有关规定和标准，对其设计、建设、施工的建筑物及构筑物采用节能、节水、节地、节材的技术工艺和小型、轻型、再生产品。有条件的地区，应当充分利用太阳能、地热能、风能等可再生能源。

（1）节材与材料资源利用

《循环经济促进法》规定，国家鼓励利用无毒无害的固体废物生产建筑材料；鼓励使用散装水泥，推广使用预拌混凝土和预拌砂浆；禁止损毁耕地烧砖，在国务院或者省、自治区、直辖市人民政府规定的期限和区域内，禁止生产、销售和使用黏土砖。施工现场500公里以内生产的建筑材料用量占建筑材料总重量的70%以上。

此外，还分别就结构材料、围护材料、装饰装修材料、周转材料提出了明确要求。例如，结构材料节材与材料资源利用的技术要点如下。①推广使用预拌混凝土和商品砂浆；准确计算采购数量、供应频率、施工速度等，在施工过程中动态控制；结构工程使用散装水泥。②推广使用高强钢筋和高性能混凝土，减少资源消耗。③推广钢筋专业化加工和配送。④优化钢筋配料和钢构件下料方案。钢筋及钢结构制作前应对下料单及样品进行复核，无误后方可批量下料。⑤优化钢结构制作和安装方法。大型钢结构宜采用工厂制作，现场拼装；宜采用分段吊装、整体提升，滑移、顶升等安装方法，减少方案的措施用材量。⑥采取数字化技术，对大体积混凝土、大跨度结构等专项施工方案进行优化。

（2）节水与水资源利用

《循环经济促进法》规定，国家鼓励和支持使用再生水。企业应当发展串联用水系统和循环用水系统，提高水的重复利用率。企业应当采用先进技术、工艺和设备，对生产过程中产生的废水进行再生利用。

《绿色施工导则》进一步对提高用水效率、非传统水源利用和安全用水做出规定。

① 提高用水效率。

（a）施工中采用先进的节水施工工艺。（b）施工现场喷洒路面、绿化浇灌不宜使用市政自来水。现场搅拌用水、养护用水应采取有效的节水措施，严禁无措施浇水养护混凝土。（c）施工现场供水管网应根据用水量设计布置，管径合理、管路简捷，采取有效措施减少管网和用水器具的漏损。（d）现场机具、设备、车辆冲洗用水必须设立循环用水装置。施工现场办公区、生活区的生活用水采用节水系统和节水器具，提高节水器具配置比率。项目临时用水应使用节水型产品，安装计量装置，采取针对性的节水措施。（e）施工现场建立可再利用水的收集处理系统，使水资源得到梯级循环、利用。（f）施工现场分别对生活用水与工程用水确定用水定额指标，并分别计量管理。（g）大型工程的不同单项工程、不同标段、不同分包生活区，凡具备条件的应分别计量用水量。在签订不同标段分包或劳务合同时。将节水定额指标纳入合同条款，进行计量考核。（h）对混凝土搅拌站点等用水集中的区域和工艺点进行专项计量考核。施工现场建立雨水、中水或可再利用水的搜集利用系统。

② 非传统水源利用。

（a）优先采用中水搅拌、中水养护，有条件的地区和工程应收集雨水养护。（b）处于基坑降水阶段的工地，宜优先采用地下水作为混凝土搅拌用水、养护用水、冲洗用水和部分生活用水。（c）现场机具、设备、车辆冲洗、喷洒路面、绿化浇灌等用水，优先采用非传统水源，尽量不使用市政自来水。（d）大型施工现场，尤其是雨量充沛地区的大型施工现场建立雨水收集利用系统，充分收集自然降水用于施工和生活中适宜的部位。（e）力争施工中非传统水源和循环水的再利用量大于30%。

（3）节能与能源利用

《绿色施工导则》对节能措施，机械设备与机具，生产、生活及办公临时设施，施工用电及照明分别做了规定。

① 节能措施。

（a）制定合理施工能耗指标，提高施工能源利用率。（b）优先使用国家、行业推荐的节能、高效、环保的施工设备和机具，如选用变频技术的节能施工设备等。（c）施工现场分别设定生产、生活、办公和施工设备的用电控制指标，定期进行计量、核算、对比分析，并有预防与纠正措施。（d）在施工组织设计中，合理安排施工顺序、工作面，以减少作业区域的机具数量，相邻作业区充分利用共有的机具资源。安排施工工艺时，应优先考虑耗用电能的或其他能耗较少的施工工艺。

避免设备额定功率远大于使用功率或超负荷使用设备的现象。(e)根据当地气候和自然资源条件，充分利用太阳能、地热等可再生能源。

② 施工用电及照明。

(a)临时用电优先选用节能电线和节能灯具，临时用电线路合理设计、布置，临时用电设备宜采用自动控制装置。采用声控、光控等节能照明灯具。(b)照明设计以满足最低照度为原则，照度不应超过最低照度的20%。

习题

一、单选题

1. 某投资3000万元以上的交通运输项目，下列说法正确的是(　)。

A. 该项目不是关系社会公共利益、公众安全的基础设施项目

B. 该项目是关系社会公共利益、公众安全的公用事业项目

C. 该项目的勘察、设计、施工、监理以及与工程建设有关的重要设备、材料等的采购，必须进行招标

D. 该项目是可以不进行招标的建设工程项目

2. 下列对《工程建设项目施工招标投标办法》规定的理解，必须进行招标的是(　)。

A. 施工单项合同估算价在人民币180万元

B. 重要设备、材料等货物的采购，单项合同估算价在人民币52万元以上

C. 勘察、设计、监理等服务的采购，单项合同估算价在人民币150万元以上

D. 项目总投资额在人民币2000万元以上

3. 依法必须招标的工程建设项目，应当具备的条件包括(　)。

A. 招标人已经确定

B. 初步设计及概算应当履行审批手续的，已经批准

C. 招标范围、招标方式和招标组织形式已经确定

D. 相应资金或资金来源即将落实

4. 招标代理机构应当具备的条件不包括(　)。

A. 有从事招标代理业务的营业场所

B. 有能够编制投标文件的相应专业力量

C. 有符合该法定条件、可以作为评标委员会成员人选的技术、经济等方面的专家库

D. 有从事招标代理业务相应的资金

5. 依法必须进行招标的项目，自招标文件开始发出之日起至投标人提交投标文件截止之日止需要的最短时间是(　)日。

A. 10　　B. 15　　C. 20　　D. 30

6. 招标人可以发布资格预审公告时，在资格预审文件中载明资格预审的(　)。

A. 条件、标准和方法　　B. 资金、能力和资格
C. 能力、经验和信誉　　D. 时间、地点和要求

7. 必须招标的项目，下列评标委员会人数合法的是（　）。
A. 2　B. 4　C. 6　D. 9

8. 招标人和中标人订立合同的时限是（　）。
A. 自确定中标人之日起 15 日内
B. 自确定中标人之日起 30 日内
C. 投标有效期结束日至少 30 个工作日前
D. 自中标通知书发出之日起 30 日

9. 根据《固体废物污染环境防治法》的规定，对固体废物污染环境防治设施的验收应当（　）。
A. 专项独立进行
B. 与主体工程的验收同时进行
C. 提前于主体工程的验收
D. 在主体工程试运行之日起 3 个月内进行验收

10. 某企业转移固体废弃物出省，需要办理的合法手续是（　）。
A. 向固体废物移出地的省人民政府环境保护行政主管部门提出申请
B. 向固体废物接受地的省人民政府环境保护行政主管部门提出申请
C. 报固体废物接受地的省人民政府环境保护行政主管部门审批
D. 到固体废物接受地的省人民政府环境保护行政主管部门进行协调

11. 《绿色施工导则》规定，制订住宅建筑垃圾减量化计划，每万平方米的建筑垃圾不宜超过（　）。
A. 100 吨　B. 200 吨　C. 300 吨　D. 400 吨

12. 在人口集中地区和其他依法需要特殊保护的区域内，焚烧沥青、油毡等产生有毒有害烟尘和恶臭气体的物质的，由所在地县级以上地方人民政府环境保护行政主管部门责令停止违法行为，处（　）罚款。
A. 1 万元以上、10 万元以下　　B. 10 万元以上、50 万元以下
C. 2 万元以下　　D. 50 万元以上、100 万元以下

13. 下列由所在地县级以上地方人民政府环境保护行政主管部门责令停止违法行为，处 5 万元以上、50 万元以下的罚款的是（　）。
A. 向水体排放、倾倒放射性固体废物或者含有高放射性物质的废水
B. 在水体清洗装贮过油类、有毒污染物的车辆或者容器
C. 利用无防渗漏措施的沟渠、坑塘等输送或者贮存含有毒污染物的废水
D. 向水体排放油类、酸液、碱液

14. 国家实施的能源发展战略是（　）。
A. 限制发展高耗能
B. 发展节能环保型产业
C. 实现节能、节地、节水、节材和环境保护
D. 节约与开发并举、把节约放在首位

15. 在生产、流通和消费等过程中进行的减量化、再利用、资源化活动是指（　）。

A. 绿色施工　B. 建筑节能　C. 循环经济　D. 产业政策

16. 下列关于建筑节能的理解正确的是（　）。

A. 实施既有建筑节能改造，应当结合民用建筑实际情况进行

B. 国家推广使用预拌混凝土和预拌砂浆

C. 国家推广钢筋现场加工，减少运输

D. 既有建筑围护结构的改造和供热系统的改造应当分批进行

17. 施工安全生产管理的基本方针是（　）。

A. 安全质量责任重于泰山

B. 安全第一、预防为主

C. 先设计、后施工，先培训、后上岗

D. 建立安全生产责任制

18. 下列属于项目负责人的安全生产责任是（　）。

A. 制定安全生产责任制度、安全生产规章制度和操作规程

B. 保证本单位安全生产条件所需资金的投入

C. 及时、如实报告生产安全事故情况

D. 组织检查安全施工措施的落实，消除安全事故隐患

19. 分包单位应当服从总承包单位的安全生产管理，分包单位不服从管理导致生产安全事故的，由（　）。

A. 分包单位承担主要责任

B. 分包单位承担全部责任

C. 总包单位承担主要责任

D. 总包单位承担全部责任

20. 施工单位的主要负责人、项目负责人、专职安全生产管理人员应当经建设行政主管部门或者其他部门考核合格后方可任职，其考核的内容是（　）。

A. 安全生产知识和管理能力

B. 安全生产规章制度和安全操作规程

C. 安全操作技能

D. 安全管理环境和作业环境

21. 建筑施工总承包资质序列企业，特级资质安全生产管理机构专职安全生产管理人员的配备应不少于（　）人。

A. 10　B. 6　C. 4　D. 3

二、多选题

1. 可以不进行招标的建设工程项目包括（　）。

A. 建筑艺术造型有特殊要求的设计项目

B. 采用特定的专利或者专有技术的勘察、设计、施工项目

C. 利用扶贫资金实行以工代赈需要使用农民工的施工项目

D. 施工企业自建自用的工程项目

E. 涉及国家安全的工程项目

2. 依照《工程建设项目施工招标投标办法》的规定，依法应当公开招标的建设工程项目有（　）。

A. 国家重点建设项目　　B. 受自然地域环境限制的项目

C. 地方重点建设项目　　D. 抢险救灾的项目

E. 涉及国家秘密适宜招标的项目

3. 根据《工程建设项目施工招标投标办法》的规定，招标文件一般包括的内容有（　）。

A. 投标邀请书　　B. 合同主要条款

C. 工程量清单　　D. 技术条款

E. 施工图预算

4. 根据《工程建设项目施工招标投标办法》的规定，下列投标文件属于废标的是（　）。

A. 有单位盖章和总经理签字

B. 内容完整、字迹清晰

C. 未按招标文件要求提交投标保证金

D. 联合体投标有联合体各方共同投标协议

E. 按招标文件规定提交备选投标方案

5. 施工中采用先进的节水施工工艺，提高用水效率，下列措施符合要求的是（　）。

A. 施工现场绿化浇灌宜使用自来水

B. 施工现场供水管网应根据用水量设计布置

C. 现场机具、设备、车辆冲洗用水必须设立循环用水装置

D. 施工现场建立雨水、中水或可再利用水的搜集利用系统

E. 现场搅拌用水、养护用水应采用雨水

6. 根据《建筑施工企业安全生产许可证管理规定》，建筑施工企业取得安全生产许可证应当具备的安全生产条件包括（　）。

A. 设置安全生产管理机构　　B. 提供地下管线资料

C. 保证安全生产资金的有效使用　　D. 有职业危害防治措施

E. 依法参加工伤保险

7. 根据《生产安全事故报告和调查处理条例》规定，特别重大事故是指（　）。

A. 30 人以上死亡　　B. 100 人以上重伤

C. 1 亿元以上直接经济损失　　D. 50 人以上死亡

E. 5000 万元以上直接经济损失

8. 根据《生产安全事故报告和调查处理条例》规定，重大事故是指（　）。

A. 30 人以上死亡　　B. 10 人以上 30 人以下死亡

C. 1 亿元以上直接经济损失　　D. 50 人以上 100 人以下重伤

E. 5000 万元以上 1 亿元以下直接经济损失

9. 根据《生产安全事故报告和调查处理条例》规定，一般事故是指（　）。

A. 10 人以下重伤　　B. 3 人以下死亡

C. 1 亿元以上直接经济损失　　D. 50 人以上、100 人以下重伤

E. 1000 万元以下直接经济损失

10. 城市建筑施工期间施工场地不同施工阶段产生的作业噪声限值为（ ）。

A. 土石方施工阶段噪声限制是昼间 75 分贝，夜间 55 分贝

B. 打桩施工阶段噪声限制是昼间 85 分贝，夜间禁止施工

C. 结构施工阶段噪声限制是昼间 70 分贝，夜间 55 分贝

D. 装修施工阶段噪声限制是昼间 62 分贝，夜间 55 分贝

E. 装修施工阶段噪声限制是昼间 8 0 分贝，夜间 55 分贝

11. 《安全生产许可证条例》规定，未取得安全生产许可证擅自进行生产的（ ）。

A. 责令停止生产

B. 没收违法所得

C. 处 10 万元以上、50 万元以下的罚款

D. 构成犯罪的，依法追究刑事责任

E. 造成事故的，追究刑事责任

12. 《绿色施工导则》中规定的节能措施有（ ）。

A. 优先使用国家、行业推荐的节能、高效、环保的施工设备和机具

B. 施工现场不用设定生产、生活、办公和施工设备的用电控制指标，但要定期进行计量、核算、对比分析

C. 在施工组织设计中，合理安排施工顺序、工作面，以减少作业区域的机具数量，优先考虑耗用电能的或其他能耗较少的施工工艺

D. 避免设备额定功率远大于使用功率或超负荷使用设备的现象

E. 根据当地气候和自然资源条件，充分利用太阳能、地热等可再生能源

13. 结构材料节材与材料资源利用的技术要点是（ ）。

A. 推广使用预拌混凝土和商品砂浆，结构工程使用袋装水泥

B. 推广使用高强钢筋和高性能混凝土，减少资源消耗

C. 推广钢筋专业化加工和配送

D. 优化钢筋配料和钢构件下料方案

E. 优化钢结构制作和安装方法

14. 施工现场大气污染的防治，重点是防治扬尘污染。下列说法正确的是（ ）。

A. 运输容易散落、飞扬、流漏的物料的车辆，必须采取措施封闭严密，保证车辆清洁。施工现场出口应设置洗车槽

B. 土方作业阶段。采取洒水、覆盖等措施，达到作业区目测扬尘高度小于 1.8 米，不扩散到场区外

C. 结构施工、安装装饰装修阶段，作业区目测扬尘高度小于 1.5 米

D. 施工现场非作业区达到目测无扬尘的要求

E. 构筑物机械拆除前，做好扬尘控制计划。可采取清理积尘、拆除体洒水、设置隔挡等措施

15. 《建设工程安全生产管理条例》规定，施工单位有下列行为的，应责令限期改正（ ）。

A. 未设立安全生产管理机构、配备专职安全生产管理人员或者分部分项工程施工

时无专职安全生产管理人员现场监督的

B. 施工单位的主要负责人、项目负责人、专职安全生产管理人员、作业人员或者特种作业人员未经安全教育培训或者经考核不合格即从事相关工作的

C. 未在施工现场的危险部位设置明显的安全警示标志

D. 未向作业人员提供安全防护用具和安全防护服装的

E. 使用企业淘汰、禁止使用的危及施工安全的工艺、设备、材料的。

第3章 建筑工程用地与房屋拆迁法律制度

土地指的是地球表层的陆地，主要由地质、地貌、土壤、植被气候和水文等地理要素组成的，并且受到人类活动长期影响而不断变化的自然—经济综合体。土地资源指的是在一定的时间、地点和条件下，能够实现其经济价值成为财富来源的土地，因此在一定的技术经济条件下，能够为人类生产和生活所利用并能产生效益，对人类目前或可预见的将来有用的土地被称为土地资源。土地是最宝贵的自然资源，是最重要的社会财富，是最基本的生产要素，是宏观调控的重要手段。

3.1 土地所有权和使用权制度

世界上每个国家的土地所有权是不一样的，概括起来说，各国对土地所有权的规定分别有以下四种情况：土地所有者拥有深达地球核心的一切权益，如美、英、德、瑞典等国；土地所有者拥有该处合理、有效范围内的利益权利的范围，如日本《民法》第 207 条规定："土地的所有权范围在法律上是包括土地上下的"。所有者不能禁止侵犯不触及其利益的高度和深度；土地所有者拥有地表以下的有限空间，如丹麦、芬兰等国规定为至地表以下 6 米；私人没有土地所有权，只有使用权，地下属于国有，如朝鲜、越南等国。

3.1.1 我国的土地所有权制度

我国的土地所有权属于财产所有权的范畴，具有所有权的一般属性，是全部土地问题的核心。按物权种类的划分，土地所有权属于不动产所有权。土地是一种重要的资源，其与劳动力、资本构成生产三要素。我国现行的《民法通则》、《宪法》及《土地管理法》规定，土地不允许私人所有，而其他不动产则无此种限制。

1. 土地所有权的内容

土地所有权是一个较为笼统的权利，具体包括占有权、使用权、收益权和处分权四个方面内容。

（1）占有权

占有权是指权利主体依法对土地进行实际控制的权利，它是行使土地所有权和使用权的基础。作为所有权的一项权能，占有权既可以由所有权人行使，也可以通过一定方式转移给非所有权人行使，这样就产生了土地所有权与占有权的分离。对于土地所有人来说，占有本身并不是最终目的，而将占有权分离出去是为了发挥土地财产的经济效益，因此使得权能的划分及对各项权能内容的界定成为必要。

（2）使用权

使用权是指按照土地的性能和用途加以利用，从而实现土地所有人权益的权利。拥有所有权的目的，在绝大多数情况下，正是为了对土地加以利用，这是土地所有人实现其对土地的利益的最主要方式。为了使用土地，首先要以占有为前提。农村劳动群众集体组织在其拥有的耕地上种植农作物，就是使用权行使的一种方式。当使用权从所有权中分离，也就是交由非所有人行使，成为非所有人的行使权时，它就成为一种相对独立的民事权利，但此时所有人并不因此而丧失对土地的所有权。

（3）收益权

收益权就是基于对土地的权利而取得经济收入或者利息的权利。收益往往是因为对财产的使用而产生，因此与使用权联系紧密，但是收益权本身又是一项独立的权能，使用权并不能包括收益权。所有人有时不行使使用权，但仍可以享有对土地的收益权。如国家将土地使用权出让而收取出让金，集体经济组织将土地使用权发给承包者而收取承包费等。

（4）处分权

处分权是土地所有者依法对土地进行处置的权利。它是所有权的核心仅能，一般情况下，只能由所有人亲自行使，但所有权人也将自己的处分权部分或全部授权非所有权人行使。所有权的各项权能与所有权的分离，也是所有人行使其处分权的一种方式。《土地管理法》对土地的处分权有严格的限制，如规定禁止买卖土地或以其他方式非法转让土地。

2. 土地所有权的法律特征

（1）根据我国《宪法》和《土地管理法》的规定，土地所有权的主体只能是国家和集体。

（2）土地所有权是一项专有权利，其权利的主体是特定的，而义务主体是不定的。

（3）土地所有权客体的特殊性，土地所有权的客体为土地，属于不动产的范畴。

（4）土地所有权交易的禁止性，土地不得买卖、出租、抵押或者以其他形式非法转让。

（5）土地所有权权属具有一定稳定性，土地所有权主体的限定性和土地所有权交易的禁止性决定了我国土地所有权权属具有较高的稳定性。

（6）对土地所有权的行使实行严格限制，无论国有土地，还是集体土地，包括对土地的行使处分权、收益权等，都受到相应的法律约束。

3. 土地所有权的分类

我国现今实行的土地公有制，其权利形态为国家土地所有权和集体土地所有权两种类型。国家土地所有权的主体并不直接使用土地而是将土地的使用权确定给法人和公民；集体土地所有权的主体通常直接对土地使用与效益，但有时也提供给其他法人或公民使用。

（1）国家土地所有权

国家土地所有权指国家代表全体人民对国家土地依法占有、使用、收益、和处分的权利，国家土地所有权的范围包括了城市土地、农村和城市郊区土地、推定为国家享有所有权的土地，国家土地所有权的取得方式有继承、没收、征收、征用四种，国家土地所有权的特征有以下几点。

① 主体的唯一性和统一性。

国家土地所有权唯一性指我国社会主义全民所有的土地只能由代表全体人民共同意志和根本利益的中华人民共和国享有，国家以外的任何单位和个人在任何情况下都不能成为国有土地的拥有者或与国家共同成为国家土地所有权的主人。统一性是指国家土地所有权只能由国家统一行使。

② 客体的广泛性。

作为国家土地所有权客体的土地，除了包括城市土地、耕地、林地、草原、荒地、滩涂等，还包括通过征用集体所有的土地为国家所有的土地，以及在土地所有权发生争议时，凡不能依法证明争议土地属于农民集体所有者，即属于国家所有。对作为国家财产所有权重要客体，我国《民法》也同样对国有土地给予了特殊的保护措施。首先，当国有土地被他人非法占用时，不论是直接占有，还是经过他人非法转让占有，也无论非法占有人是善意占有，抑或是恶意占有，以及不论占有时间的长短，一经发现，国家随时有权请求返还；其次，国家、集体对土地所有权归属不明发生争执，且事实上又无法确认所有权归属时，即可推定争议的土地属于国家所有。

③ 内容的单向性。

国家土地所有权的内容指的是国家对国家土地行使占有、使用、收益、处分的权利。国家对土地管理实行“统一领导、分级管理”，土地所有权只能流进，也就是由非国有土地转为国有土地，而不能由国有土地转为非国有土地。我国地域辽阔，情况复杂，实行的是高度中央集权制，但仅靠中央政府的积极性是不够的，在确保中央财政收入的前提下，承认地方利益，妥善处理中央和地方的关系，因地制宜地充分调动地方政府的积极性，无论对中央和地方、对国家和百姓，都是较为可行的。《宪法》规定，“在中央的统一领导下，充分发挥地方的主动性、积极性”，具体由全国人大和国务院在与地方充分讨论、协商的基础上，就授权地方人民政府行使国家土地所有权的有关问题，特别是土地收益的分成比例问题，做出了一系列明确规定。

（2）农民集体土地所有权

农民集体土地指的是农民集体所有的土地，农民集体全体成员依法对其所有的土地进行占有、使用、收益和处分的权利。农民集体土地所有权作为一种独立的民事权利，在法律上与国家土地所有权处于平等的地位，是在建国后农民通过土地改革取得的私有土地所有权的基础上，经过互助组、初级合作社、高级合作社、人民公社化运动演变而来，最后为宪法所确定的。《宪法》第10条明确规定：“农村和城市郊区的土地，除由法律规定属于国家所有的以外，属于集体所有；宅基地和自留地、自留山，也属于集体所有。”农民集体土地所有权在主体、客体、内容三个方面具有如下特征。

① 主体

主体为农民集体经济组织，农民经济组织根据生产发展的需要、形式、规模多种多样，主要有村民集体、乡（镇）农民集体、村内两个以上农村集体经济组织以及村民小组，多数情况下为村民委员会代行主体权利。

② 客体

客体包括由法律规定的集体所有的耕地、林地、山岭、草原、荒地、滩涂等。

③ 内容

在内容方面，集体经济组织一般都直接对自己的土地行使占有、使用、收益和处分的权利，农村集体经济组织对自己的土地在经营管理方面享有充分的自主权，各主体之间在土地所有权上是平等的、相互独立的，没有隶属关系，都是可以单独承担义务和享受权利的民事主体，法律禁止强行改变集体土地所有制的性质，也禁止来自外部的任何组织或个人侵占集体土地的行为，构成集体经济组织的集体成员应为长期生活于该集体内的农业户口村民。

3.1.2　土地使用权

土地所有权指的是民事主体在法律规定的范围内依法或依约定对国家或集体所有土地占有、使用、收益的权利，民事主体可以是组织或个人。由于土地使用权可以从土地所有权中分离出来，形成另一个独立的土地产权，因而土地使用权便可以分为土地所有权人的土地使用权和非土地所有权人的土地使用权。从传统的民法理论看，使用权是所有权的权能之一，某人对某物享有所有权，就必然地隐含着他对该物享有使用权。但现代产权理论告诉我们，作为产权中的一个独立权利，使用权可以从所有权中分离出来，形成另一个产权。实践中，使用权从所有权中分离出来的事例也很常见，如国家机关、企事业单位可依法取得国家土地使用权，农村村民可依法承包集体土地，并对承包的土地享有经营权等。由于非所有人对所有人的财产的使用通常都要取得某种收益，所有权人的收益权就有可能遭受损害。同时，由于所有权人对所有物有潜在的使用权和相应的收益权，使用权人的使用权和相应的收益权也可能遭受侵害。因此，我国法律对土地使用权的取得程序、内容和使用权保护做了严格规定。

根据不同的分类标准，可对土地使用权做不同的划分：①按照土地所有制的性质不同，可将土地使用权分为国有土地使用权和集体土地使用权；②根据土地使用权的取得方式不同，可将土地使用权分为划拨土地使用权，出让土地使用权和承租土地使用权；③根据土地用途不同、可将土地使用权分为建设地使用权和农用地使用权。

【案例】

1. 背景

A 公司与县土地管理局于 2012 年 4 月 18 日订立《用地出让合同》，约定 A 公司在取得土地使用证后 1 个月内将进行项目开工建设等相关事项。之后，县土地管理局依合同约定将土地交付给 A 公司使用。A 公司对土地进行平整等工作，支付相关费用。2012 年 7 月 16 日，县土地管理局以改变土地规划为由，要求 A 公司退回土地使用权。此时，尚未完成土地使用权登记。县土地管理局认为由于尚未进行土地使用权登记，合同还没有生效。A 公司则向法院提起诉讼，要求继续履行合同，办理建设用地使用权登记手续。

2. 问题

（1）双方订立的合同是否生效？

（2）原告的建设用地使用权是否已经设立？

3. 分析

（1）双方订立的《工业开发及用地出让合同》应当已经生效。因为，办理建设用地使用权登记，并不是合同生效的前提。

（2）A 公司（以下简称原告）的建设用地使用权尚未设立。按照《物权法》的规定，建设用地使用权自登记时设立。由于双方尚未完成土地使用权登记，原告的建设用地使用权尚未设立。

3.2 工程建设用地与土地用途管制

3.2.1 建设用地

建设用地指的是建造施工、工矿、交通水利设施、旅游、军用设施等用地的统称。根据我国《土地管理法》的规定，建设用地可以分为国有建设用地和农民集体所有建设用地。

1. 建设用地使用权的内容

（1）占有权：指房屋所有人对房屋实际控制的权利。它可以与所有权分离，故非所有权人也可能享有房屋占有权。

（2）使用权：是指土地所有者在法律允许范围内对依法交由其使用的国有土地或者集体土地的占有、使用以及部分收益、处分的权利。

（3）收益权。

（4）出租权。

（5）相邻权。

（6）物上请求权。

2. 建设用地使用权的标的和设立

建设用地使用权的标的也就是指建设用地，是指特定建设用地使用权所指向的土地。建设用地使用权的设立是创设用益物权的法律行为，其设立方式呈现多样化，具体包括行政划拨设立、合同设立、集体内部分配设立、出资设立和依照法律规定直接设立等内容。

3. 建设用地使用权的转让

建设用地使用权的转让实质是建设用地使用权主体的变更。建设用地使用权可以通过让与、交换、赠与出资等方式转让，但集体所有土地上以无偿方式取得农户住宅建设用地使用权除外。建设用地使用权转让后，当事人双方应到不动产登记机关进行变更登记。行政划拨设立的建设用地使用权转让时，应事先向原划拨设立建设用地使用权的县级以上人民政府申请批准。经批准转让的，土地所有权人与建设用地使用权受让人可另行约定建设用地使用权期限和租金。土地使用权转让时，不得改变土地登记用途和约定用途。

4. 建设用地使用权的消灭

建设用地使用权的消灭指的是已存在的建设用地使用权因某种法律事实而在法律上消灭。建设用地使用权的消灭是土地使用的权利状态发生了变化，即建设用地使用权的内容重新复归于土地所有权。在我国，建设用地使用权消灭专指因期限届满、国家征收、土地灭失以及撤销、抛弃、混同等原因而消灭。

3.2.2 建设用地征用和补偿

建设用地征用是指国家为了公共目的而强制地并且通常是有偿地取得其他主体的所有权或者其他财产的一切行为，其特点是表现公共的目的性、强制性和补偿性。征用土地的审批必须经国务院和省级人民政府两级审批方可征用的土地。国家建筑征用土地，对所征用的土地支付相应的补偿费用，包括土地补偿费、青苗补偿费和地上附着物补偿费。

1. 我国征用土地一般应具备下列条件

（1）征用土地的主体必须是国家。

（2）被征用的土地是农民集体所有的土地。

（3）征用土地必须依照法律规定的条件和程序获得批准。

2. 征用土地的报批程序

（1）预申请。

（2）申请。

（3）拟订方案上报。

（4）审批。

（5）公告以及落实。

3. 征用土地补偿原则

（1）征地支付费用属于补偿或者补助性质，不是土地价格，不能根据土地使用权出让价格核定征地补偿标准。

（2）征地补偿和安置补助的原则是保证被征用土地的农民生活水平不能因土地被征用而降低。

（3）按照被征用土地的原有用途予以补偿。

（4）按照法定标准进行赔偿。

4. 征用土地的补偿标准

根据《土地管理法》第 47 条规定，征用耕地的土地补偿费为该耕地被征用 3 年前平均产值的 6~10 倍。其他土地指的是耕地以外的其他土地，包括林地、草地、园地、牧地、水域、池塘、建设用地等土地。《土地管理法》对其他土地补偿费的标准没有做出具体规定。

5. 安置补偿费标准

征用耕地的安置补偿费，按照需要安置的农业人口计算，其他土地安置补助费的标准由《土地管理法》授权省、自治区、直辖市参照耕地的土地安置补助费的标准对其做出规定。

3.2.3 土地用途管理制度

土地用途管理制度是《土地管理法》确定的一项重要制度，它包括：按土地用途进行的分类制度；明确土地权属性质的土地登记制度；通过土地利用总体规划划定土地利用区和确定区内土地使用的限制性条件，对土地用途变更实行的审批制度；土地利用监督管理制度和违反土地用途管制的处罚制度等。

1. 土地用途管理制度的类型

土地用途管理制度指的是国家为保证土地资源的合理利用，促进经济、社会和环境的协调发展，根据土地供给能力以及各项建设对土地的需求，编制土地利用总体规划，确定土地用途和土地使用限制条件；土地的所有者、使用者严格按照国家确定的土地用途利用土地的制度。

2. 土地用途管理制度的内容

依照《土地管理法》，土地用途总体规划把土地确定为三种类型：农用地、建设用地和未利用地。如此划分的目的是为了因地制宜，充分发挥土地的潜力，使土地利用活动的综合效益达到最优。

3.2.4 建设用地的费用

我国规定土地费用指的是在土地使用权取得和转让活动中发生的各种费用。

1. 有偿取得国有土地使用的土地费用

（1）土地有偿使用费

土地有偿使用费指的是国家在土地使用权出让中应取得的土地纯收益。土地有偿使用的交费人是一切以出让方式取得土地使用权的单位和个人。土地使用人在土地使用权出让年限内，应当按照出让地块的面积，每年向土地管理部门缴纳土地有偿使用费。征收土地有偿使用费，不是为了增加财政收入，而是为了实行严格的土地管理制度而采取的重要措施。

（2）征地补偿费

土地的补偿费一般包括：①土地补偿费；②安置补助费；③土地附着物和青苗补偿费。

（3）土地开发费

① 基础设施、公共配套费，是指国家为进行基础设施、人工配套设施所消耗的成本。包括为建设住宅小区内的道路、供水、供电、供气、排污、通信、照明、警卫以及绿化等项工程发生的支出。

② 建造房屋以及配套设施时缴纳的前期工程费，包括可行性研究、规划设计、地质、勘察、

水文、测绘以及“三通一平”等方面的支出。

③ 建筑安装工程费，指的是以出包方式支付给承包单位的建筑安装工程费和以自营方式发生的建筑安装工程费。

④ 开发间接费，是指直接组织管理开发项目发生的费用，包括工资、职工福利费、折旧费、修理费、办公费、水电费、劳动保护费、周转房摊销费等。

（4）新菜地开发建设基金

用地单位缴纳新菜地开发建设基金的法律依据主要是《土地管理法》和《国家建设征用菜地缴纳新菜地开发建设基金暂行管理办法》（以下简称《新菜地开发建设基金暂行管理办法》）

2. 以划拨方式取得的土地费用

根据用地单位是否缴纳有关费用，可以分为以下两种情况。

（1）无偿取得土地使用权不需要向国家支付土地有偿使用费，也无需支付安置补偿费。

（2）不需要缴纳土地有偿使用费，但是需缴纳补偿费等。

3. 管理性费用

管理性费用是指房产、土地管理部门在履行其管理职能，规范土地活动时所收取的费用，包括土地登记费、调查勘测费、书证费、手续费等。

（1）登记费

登记费包括：①土地总登记费，按照实际土地面积收取；②土地变更登记费。

（2）调查勘测费

调查勘测费指的是因土地管理机关组织实施土地实地调查和测量工作，而向土地权利人收取的费用。

（3）书证费

对于《国有土地使用证》、《集体土地建设用地使用证》、《集体土地所有证》等土地证书按件收取的费用。

（4）手续费

手续费包括：①房地产买卖，按照交易成交价格向买卖双方收取 7%的手续费；②办理房地产继承、赠与、交换等手续的，按房屋或土地的评估价向受让人收取评估价 1%的手续费。

4. 服务性费用

服务性费用指的是由房产、土地管理部门或其下属单位对其向社会或个人提供的特定服务所收取的费用。

拆迁工作费是由承办房屋及其附属物拆迁工作单位收取的费用。由于没有统一规范，因此拆迁工作费的收费标准各地不一，一般按照拆迁人向被征地单位及其成员支付的拆迁补偿总额的一定比例收取。

5. 土地费税

土地费税指的是国家以取得财政收入，调节土地利用活动为目的，通过税务机关依法向土地纳税人无偿、强制地征收货币或实物的一种经济分配形式。

（1）城镇土地使用税

土地使用税包括狭义的城镇土地使用税，以及对那些与国有土地使用权有关的行为、收益等所征收的税收，如转让房地产时缴纳的营业税、城镇维护建设税、教育费附加、对土地使用权出让合同及土地使用权转让合同征收的契税、印花税等。

（2）耕地占用税

耕地占用税指的是对占用耕地建房或者进行其他农业建设的单位和个人，依据其占用的耕地面积征收的一种税。

（3）土地增值税

土地增值税是国家为规范土地、房地产交易秩序，合理调节土地增值收益，维护国家权益的税种。土地增值税是指对转让土地使用权、地上建筑物及其他附着物取得的增值额进行一次性征收的税种，属于资源税的一种特殊形式。

（4）契税

契税指的是在中华人民共和国境内转移土地、房屋权属，承受单位和个人为契税的纳税人应当按照规定缴纳契税。当发生国有土地使用权出让、土地使用权转让（如出售、赠与、交换等）以及房屋买卖、交换或者赠与行为，引起土地使用权或者房屋所有权属发生转移或者变更时，向该土地或者房屋的产权受让单位或个人一次性征收的税种。一般来说，契税属于地方税，所以契税的征收对于增加地方财政收入具有重要意义。

3.3 土地使用权的出让与划拨

3.3.1 土地使用权的出让

土地使用权的出让是指国家以土地所有者的身份将土地使用权在一定年限内让与土地使用者，并由土地使用者向国家支付土地使用权出让金的行为。土地使用权的出让范围包括两个层次的内容：第一，土地使用权出让的土地仅限于国有土地，且是城镇国有土地；第二，土地使用权出让的土地一般是具有商业性利益的土地，即具有房地产交易性质的土地。土地使用权出让的批准是一种政府行为、行政行为，是政府对土地使用权出让活动进行管理的一种行政措施。

1. 法律特征

（1）土地使用权出让是一种民事法律行为。

（2）土地使用权出让是一种设权行为。

（3）土地使用权出让是一种有偿行为。

（4）土地使用权的出让随附一些特殊义务。

2. 国有土地使用权出让方式

土地使用权出让方式指的是国家通过民事法律行为将国有土地使用权出让给土地使用者，其中最重要的方式是合同。订立合同的具体方式很多，土地使用权出让合同在我国目前主要采取拍卖、招标和双方协议等方式订立。

（1）协议出让

协议出让是指出让方和受让方经过协商，就土地使用权出让条件以及双方的权利义务达成一致而出让土地使用权的民事法律行为。

① 申请阶段：由有意受让人向土地管理部门提出申请，提交用地意向书。

② 协商阶段：土地管理部门代表国家与有意受让人就有关事项进行谈判、切磋，达成一致意见。

③ 签约阶段：双方达成的一致意见用合同方式确定下来的阶段。通过协议最后形成的法律文书（合同）有两种类型：一种是完全形式，即对双方当事人的权利的义务、用地要求及其他协商一致的意见等，在合同的条款中全部反映出来；另一种是不完全形式，这类合同只将当事人双方协商的主要条款在合同上反映出来，如当事人地块位置、面积、使用年限、土地用途、土地使用金等，其他的有关问题作为附件发生法律效力。

（2）招标出让

招标出让土地使用权指的是通过招标、投标和定标的竞争程序出让土地使用权的民事法律行为。招标出让是指在规定的期限内，由符合规定条件的人以书面投标方式，向出让方竞投某块土地的使用权，出让方选择底价最优者与之签订土地使用权出让合同，并向其出让土地使用权的民事法律行为。

（3）拍卖出让

拍卖方式出让土地使用权指的是土地所有者的代表在指定时间和公开场合下，就出让土地使用权的土地公开叫价竞投，由符合条件的竞投者竞投，按“价高者得”的原则确定土地使用权受让人的一种出让方式。

拍卖与招标都具有竞争性，但拍卖具有一些不同的特点，主要表现在以下方面。

① 公开竞争性

招标方式下，各投标人互相不能知道竞争对手所提出的条件和标价，且只有一次投标的机会；而拍卖则是各竞买人之间进行公开竞争，每个竞买人都可以根据他人的出价而提出自己更高的报价，最后由最高报价的报价人签约。

② 价高者得

拍卖是由出价最高者取得土地使用权。而投标，除了考虑标价外，还要结合其他因素决标，不一定是标价最高者取得土地使用权。

3. 土地使用权的出让年限

土地使用权出让年限指的是国家许可的受让人在获得国有土地上使用土地的期限，具体包括国家法律规定的土地使用权得以出让的最高年限、土地使用权出让合同具体约定的受让人得以使用土地的出让年限和土地使用权年限届满后的续展等三个方面的内容。根据有关规定，土地使用权出让是有期限的，使用期届满，政府可以无偿收回土地使用权及地上建筑物和其他附着物所有权。使用期满，使用者继续使用，可以向政府申请延期，征得同意后，重新签订合同，支付土地使用权出让金，办理土地登记手续。政府因公共利益需要，可依照法律程序提前收回土地使用权，并根据实际使用情况给予使用者一定的补偿费用。

土地使用权出让的最高年限：①居住用地 70 年；②工业用地、教育、科技、文化、卫生、体育用地、综合或者其他用地均为50年；③商业、旅游、娱乐用地40年。

4. 权利和义务

（1）土地使用权出让人的权利和义务

土地使用权出让人是代表国家土地产权的市、县人民政府，其主要权利和义务如下：①科学地测定和收取土地使用权的出让金；②监督土地使用权受让人合理使用土地；③出让期满无偿收回土地使用权和地上附着物、建筑物；④按照合同规定将一定年限的土地交给受让者使用。

（2）土地使用权受让人的权利和义务

土地使用权受让人是指中华人民共和国境内外的公司、企业、其他经济组织和个人，除法律另有规定外，均可作为土地使用权受让人，其主要权利和义务如下：①取得一定期限的土地使用权；②向出让人（即国家）支付土地使用权出让金及其他费用；③按合同规定的要求、用途使用土地；④按照国家相关要求依法纳税；⑤使用期届满，无偿地将土地使用权和地上建筑物和地上附着物交给国家。

3.3.2 土地使用权的划拨

土地使用权的划拨是指县级以上人民政府依法批准，在土地使用者缴纳补偿、安置等费用后将该幅土地交付其使用，或者将国有土地使用权无偿交付土地使用者的行为。

1. 法律特征

（1）划拨土地使用权的标的限于国有土地。

（2）划拨土地使用权的取得具有行政性。

（3）划拨土地使用权的取得具有无偿性。

（4）划拨土地使用权具有无期性。

（5）划拨土地的用途具有特定性。

2. 划拨土地使用的内容

由于划拨土地使用权的性质不同，公民享有的划拨土地使用权，因其仅仅是所有权的一项使用权能，故而使用人对划拨土地只享有和使用权，而无收益权和处分权；而私法人享有划拨土地使用权因属于一项独立的他物权，故而对划拨土地享有占有权、使用权、收益权和一定的处分权。

对于划拨土地使用权的性质，应当区分两种不同情况。

（1）国家机关、军事机关等公法人享有的划拨土地使用权。

（2）公司、企业、事业单位等法人、自然人或其他组织享有的划拨土地使用权。

3. 土地使用权划拨的批准权限和程序

土地使用权划拨批准权限指的是法律规定的有权机关得以批准土地使用权划拨的权限。土地使用权划拨的批准权限与土地使用出让批准权限相同，土地使用权划拨的程序包括预审、申请、审查、批准、登记等内容。

4. 划拨土地使用权的终止

划拨土地使用权是为特定目的而设，除非该特定目的被取消，否则不存在撤销划拨土地使用权的问题。出现国家征收、使用人不再需要、特定项目终止、土地灭失等情况，划拨土地使用权终止。

5. 划拨土地使用权的商品化

土地使用权的划拨是行政划拨，行政划拨土地是计划经济产物。在我国现有的法律框架下，划拨土地商品化的途径有以下几种。

（1）出让

所谓土地使用出让，是指由国家按照土地所有权与土地使用权相分离的原则，依法授权市、县人民政府作为本行政区域内国家土地所有者的代表，将城镇中指定地块的国有土地使用权以一定年限、用途和其他条件，让与土地使用者占有、使用、经营和管理，并一次性收取货币金额的法律行为。

（2）出租

出租是指国家将无偿划拨改为有偿出租，并以收取租金的形式实现土地所有权的经济价值。国有土地出租是国有土地有偿使用的方式之一。对于因发生土地转让、场地出租、企业改制和改变土地用途后依法应当有偿使用的国有土地，均可以出租。现实中划拨土地的出租主要的两种方式：其一，国家将划拨土地使用权收回，然后又签订国有土地租赁合同，将土地出租给原土地使用人，并收取租金；其二，原划拨土地使用权人将划拨土地上的房屋等建筑物或附着物出租，出租人应将租金中的土地收益上缴国家，从而实现了划拨土地的有偿化。

（3）法律直接规定

法律直接规定指的是依据法律的规定而直接将划拨土地使用权转化为出让土地使用权。

（4）作价出资或者入股

通过作价出资（入股）取得的国有土地使用权转让或者抵押，可以直接按照或者参照出让国有建设用地使用权办理登记。

3.3.3　土地使用权的转让

土地使用权转让是指土地使用者将土地使用权再转移的行为，包括出售、交换和赠与，它是土地使用者的正当经营活动。土地使用权的转让是原受让人与再受让人之间发生的民事法律关系，是一种民事行为，而土地使用权的出让是国家行政机关与受让人之间发生的行政行为，两者有着本质的区别。

1. 土地使用权转让的特点

（1）再转移性

土地使用权转让原则是使用者将土地使用权再转移的行为，其法律关系的主体双方是各自独立的法人或个人。

（2）可抵押性

因转让取得的土地使用权在使用期限内可以抵押。

2. 土地使用权转让的法律关系

土地使用权转让的法律关系是基于土地使用权原受让人与再受让人签订土地使用权转让合同而产生的权利和义务关系。

（1）主体

土地使用权转让法律关系的主体是原受让人和再受让人，再受让人的资格与原受让人的资格基本一样。所有中华人民共和国境内的公司、企业、其他组织和个人，除法律规定的以外，均可按照《中华人民共和国城镇国有土地使用权出让和转让条例》的规定成为再受让人。作为国家代表的土地管理部门在土地使用权出让法律关系中是出让主体，但不是土地使用权转让法律关系的主体，而是作为行使土地行政管理职能的管理者的身份出现，对转让实施管理。所以，土地使用权转让法律关系是一种完全平等的民事法律关系，其主体是民事主体。

（2）客体

土地使用权转让法律关系的客体是因出让取得的土地使用权。行政划拨的土地使用权不能成为其客体，即行政划拨的土地使用权不能转让。土地使用权转让时，按照法律规定，其地上建筑物和其他附着物所有权随之转让。

（3）内容

随着土地使用权转让合同的生效，国家与原受让人确立的权利和义务关系一并转移给新的受让人，即再受让人。新的受让人对土地的使用必须按照国家与原受让人之间订立的合同进行，不得随意改变。

3. 土地使用权转让的原则

（1）权利义务同时移转原则

权利义务同时移转原则是指土地使用权转让时，转让人与原土地使用权出让人所签订的出让合同以及登记文件中所载明的权利、义务随之移转给再受让人，土地使用权发生多次移转亦是如此。

（2）产权一致原则

产权一致原则是指土地使用权与其他建筑物所有权的权利人一致，土地使用权转让时，其地上建筑物和其他附着物所有权亦随之移转。

（3）效益不可损原则

效益不可损原则是指土地使用权的转让或地上建筑物和其他附着物所有权的转让，不得损害土地及地上建筑物的经济效益，并须经过政府审批。

4. 土地使用权转让的类别

土地使用权转让的形式有出售、交换和赠与三种。

（1）出售

土地使用权出售，即土地使用权买卖，是指土地使用者将土地使用权转让到他方，他方支付土地使用权转让金的行为。它的主要特征是：①土地使用权出售方必须把土地使用权转让给购买方，而购买方则按照等价交换的原则，向出售方支付相应的土地使用权转让金；②买方负有支付土地使用权出让金的义务，出售方负有转移土地使用权的义务。买卖双方在享有一定权利的同时，又承担相应的义务。

（2）交换

土地使用权交换也叫土地使用权互易，指双方当事人约定相互转移土地使用权或一方转移土地使用权，另一方转移金钱以外的标的物。双方当事人的法律地位，均相当于买卖双方中的卖方；关于买卖法规定，一般用于交换，但交换时双方当事人均以款项以外的物或权利进行支付。

（3）赠与

土地使用权赠与是指赠与人自愿把自己的土地使用权无偿转移给受赠人，受赠人表示接受。土地使用权赠与和土地使用权出售、交换不同，土地使用权赠与为无偿单方合同行为。赠与人对受赠人负有无偿给予土地使用权的义务，受赠人无偿接受土地使用权而不提供任何代价，其基本特征是无偿。它与遗赠的区别是：赠与是赠与人生前与受赠人达成意思一致；而遗赠则是被继承人以遗嘱的方式表示，把自己拥有的土地使用权在其死后转移给继承人。

5. 土地使用权转让的程序

土地使用权转让的基本程序为申请、批准、签约、公证和登记等内容。

（1）申请：由原受让人向出让人提出，经批准转让土地使用权的请求。

（2）批准：由出让人批准或者同意原受让人转让土地使用权。

（3）签约：原受让人与再受让人就转让土地使用权的有关条款达成一致意见后签订合同。

（4）公证：有关合同生效的条件是土地使用权转让合同依法经过公证。

（5）登记：土地使用权和地上建筑物及其他附着物所有权转让，理应按照规定办理登记。否则，转让合同无效。

3.3.4　土地使用权的出租

土地使用权出租是指因出让或转让土地使用权的土地使用权受让人，将土地使用权随同地上建筑物和其他附着物出租给承租人使用，由承租人向出租人支付租金的行为。

随着土地使用制度改革的不断深入，国家允许土地使用权合理流动。在国家各级土地使用权出让市场的基础上，允许土地使用权人将土地使用权进行再转让，建立二级土地市场。而土地使用权出让后，受让者进行投资建设，所建成的房屋，除了自用外主要有两种经营方式：一是土地使用权随同地上建筑物一起转让给他人，从转让金中收回投资。二是土地及其地上建筑物是不动产，不如动产那样易于转让买卖，但较为实用，如果要满足在一定期限内使用房屋的人的要求，就可采用土地使用权随同地上建筑物一同出租的方式。因此，在土地使用权的经营活动中，土地使用权出租具有重要意义。土地使用权出租是土地使用者的一种合法经营活动。未按土地使用权出让合同规定期限和条件投资开发而利用土地的，土地使用权不得出租。

我国国有土地的租赁关系有两种形态，一种是国有土地使用权人将其拥有使用权的土地出租给他人使用，即土地使用权的出租；另一种是国家将国有土地直接租给土地使用权人使用，即国有土地租赁。

1. 国有土地使用权人出租土地

土地使用权人出租土地是指土地使用权人作为出租人，将土地使用权随同地上建筑物和其他附着物出租给承租人使用，承租人向出租人支付租金的双方民事法律行为。

（1）生效条件

土地使用权出租土地的生效条件包括：①土地使用权人具备出租条件；②土地使用权的出租应当随同地上建筑物和其他附着物一起出租；③签订土地租赁合同；④出租人必须依法办理登记。

（2）国有土地使用权人出租土地内容

① 承租人取得租赁权，可以依照租赁合同对土地进行占有、利用和经营的权利。

② 出租人仍继续履行土地使用权出让合同，土地使用权出让合同规定的权利义务并未随土地的出租而转移给承租人，仍由出租人承担。

③ 出租人取得租赁权虽未形成债主性权利，但在租赁合同有效期间具有某些特权的效力。

④ 出租期限不得超过出租人享有权利年限，一次租赁期限也不得超过 20 年。

2. 国家出租土地

国家出租土地指的是国家将国有土地出租给使用者使用，由使用者与县级以上人民政府土地行政部门签订一定年限的土地租赁合同，并支付租金的行为，国家出租土地与土地使用权人出租土地的最大不同是出租人的不同。国家出租土地，出租人是拥有土地使用权的国家，由县级以上政府土地行政管理部门代表国家行使出租人的权利，履行出租人的义务；而土地使用权人出租土地的出租人为土地使用权人，其只享有物权性质的土地使用权，而非所有权。

（1）国有出租土地的适用范围

① 对因发生土地转让、场地出租、企业改制和改变土地用途后依法应当有偿使用的土地，可以实行租赁。

② 对于新增建设用地，重点仍应是推行和完善国有土地出让，租赁只作为出让方式的补充。

（2）国家出租土地方式

国有出租土地可以采用招标、拍卖或者双方协议的方式，有条件的必须采取招标、拍卖方式。

3.3.5 土地使用权的抵押

土地使用权抵押是指土地使用者将其依法取得的土地使用权作为清偿债务的担保的法律行为，是债权人对享有的土地使用权的债务人或者第三人的土地不转移占有，继续由债务人或第三人使用并获得收益，而在债务不履行时，处分债务或第三人提供的土地使用权（担保物），并从处分的抵押物所得价款中优先受偿。

1. 抵押的特征

（1）从属性

抵押权是为担保债权而设立的，它与所担保的债权形成主从关系，对其具有从属性。抵押权的这种从属性表现在其效力决定于债权，随债权的成立而成立，随债权的转移而转移，随债权的消灭而消灭。

（2）特定性

抵押权的特定性表现在两个方面：一是抵押标的特定性；二是被担保债权的特定性，即抵押权只能为担保特定的债权而设立，因而抵押权所担保的债权必须是明确的、具体的。

（3）价值性

抵押权以取得抵押物的交换价值为目的，而不得以取得抵押物的使用价值为目的。因而，使抵押权与以取得物的使用价值为目的的用益物权相区别，称抵押权为价值权。

（4）不可分性

抵押权的不可分性表现为土地使用权分割转让时，抵押权人仍然可就全部债权，对全部土地使用权行使权利；土地部分灭失时，剩余部分仍然担保债权的全部；已设定的担保债权，如进行分割或转让其中的一部分，其抵押权不受影响；清偿一部分债务不发生抵押权部分灭失的效力。土地使用权抵押的标的物不仅包括土地使用权，还包括地上建筑物和其他附着物。抵押人抵押土地使用权时，其他地上建筑物和其他附着物随之抵押。地上建筑物和其他附着物抵押时，其使用范围内的地上建筑物和其他附着物也随之抵押。

（5）物上代位性

如果抵押物毁损或灭失，抵押权人有权代替抵押人直接向负有赔偿责任的第三人请求赔偿。

2. 抵押的条件

土地使用权抵押的设置，要受到一定条件下的限制才能实现，主要包括以下内容。

（1）只有经过出让或转让方式取得的土地使用权，才能抵押。土地使用权抵押的期限不得超过土地使用权出让和转让年限。

（2）土地使用权抵押时其地上建筑物和其他附着物随之抵押。地上建筑物和其他附着物抵押时，其范围内的土地使用权随之抵押。

（3）土地使用权抵押不得违背国家法律、法规和土地使用权出让合同规定。

3. 抵押的程序

（1）抵押双方当事人签订土地使用权抵押合同，抵押合同不得违背国家法律、法规和土地使用权出让合同规定。

（2）由公证机关对双方签订的合同给予公证。

（3）土地使用权抵押双方凭抵押合同、公证、认证等文件向土地管理部门办理抵押登记。登记是抵押权所成立的必要条件，其内容应包括被担保金额、抵押人姓名或名称、债权等内容。

（4）抵押合同终止后，抵押权人应在规定的时间内向土地管理部门办理抵押登记的注销手续。

3.3.6　土地使用权的终止

《中华人民共和国城镇国有土地使用出让和转让条例》第39条明确规定，土地使用权的终止是指国有土地使用权出让合同的使用期限届满，国家收回土地使用权，或者在土地使用权期满前国家因社会公共利益需要提前收回土地使用权。除此之外，土地使用权也可以由于其他原因而被国家强制收回。

1. 土地使用权终止的内容

土地使用权终止的发生根源在于下述三个方面。

（1）土地使用权因土地使用权出让合同规定的使用期限届满而终止，是土地使用权终止的最主要原因，即土地使用权出让合同规定的土地使用期限届满时，土地所有者或其代表将依土地使用权出让合同规定收回土地使用权，土地使用权受让人从此不再拥有该土地的使用权。由于土地使用权的出让是在不改变土地所有者的前提下的有期限的使用权出让，故使用期限届满之日起土地使用权受让人理应将土地返还给土地所有者。

（2）土地使用权期满前，国家因社会公共利益的需要而提前收回土地使用权。在一般情况下，土地所有者应严格按照土地使用权出让合同的规定，土地使用权出让期未满的土地使用权不得收回，但也不能排除在特殊情况下，土地所有者为维护有公共利益的需要而提前收回土地使用权。

（3）因土地灭失而导致使用人实际不再享有土地使用权。土地灭失不同于一般物品的灭失，其灭失并不是失去原土地在地球表面所占的位置。土地的灭失主要指由于非人力和自然力量造成原土地性质的彻底改变或原土地面貌的彻底改变，如因地震使原土地变成湖泊或河流等。由于土地灭失已经完全改变了原土地的社会意义，丧失了原使用的性质，因而国家应据此而收回土地使用权，对原土地所占空间根据实际存在意义做出新的设计和安排。由于土地使用权受让人严重违反城市规划或土地使用权出让合同规定而被国家强制收回使用权的终止，不同于上述三种情况的终止。因严重违反城市规划和土地使用权出让合同而终止，是一种对土地使用者的惩罚措施。土地使用者承担终止责任是带有行政的责任，更侧重于行政责任，《中华人民共和国城镇国有土地使用出让和转让条例》第 17 条第二款规定；“未按合同规定的期限和条件开发、利用土地的，市、县人民政府土地管理部门应当予以纠正，并根据情节可以给予警告、罚款至无偿收回土地使用权的处罚。”各地有关出让、转让的规定也大多数确定了此项责任。

2. 土地使用权终止的法律后果

自土地使用权终止之日起，土地使用者即丧失该土地使用权。土地使用权终止产生下列几个方面的法律后果。

（1）土地使用者不再享有该地土地使用权，土地使用权受让人与土地所有者或其代表之间关于该土地上的权利和义务随之解除。

（2）地上建筑物和其他附着物随土地使用权终止而由国家无偿取得，土地使用权受让人不得以任何理由提出地上建筑物和其他附着物的所有权请求，亦不得擅自损坏。

（3）土地使用权出让合同规定必须拆除设备等，土地使用权受让人必须在规定期限内拆除。除土地使用权出让合同另有规定外，非通用建筑物等必须由土地受让人在规定的期限内拆除和清理，或者由土地使用权受让人支付拆除费用和清理费用。

3.4 城市房屋征收拆迁管理

过去，多数情况下由拆迁人即开发商向当地建设主管部门申请拆迁许可，获批后由开发商实施拆迁。而成为拆迁主体的开发商，为了追求利润，往往尽可能压缩拆迁补偿标准，并且把拆迁负担转嫁到房价里，这样容易造成拆迁人与被拆迁人矛盾激化。2011 年 1 月 19 日国务院颁布《国有土地上房屋征收与补偿条例》规定，市、县级以上地方人民政府为征收与补偿主体。政府可以确定房屋征收部门负责组织进行房屋征收与补偿工作，并规定禁止建设单位参与搬迁活动，任何单位和个人都不得采取暴力、威胁或者中断供水、供热、供气、供电和道路通行等非法方式迫使被征收人搬迁。

3.4.1　征收决定

为了保障国家安全，促进国民经济和社会发展等公共利益的需要，有下列情形之一，确需征收房屋的，由市、县级人民政府做出房屋征收决定。

（1）国防和外交的需要；

（2）由政府组织实施的能源、交通、水利等基础设施建设的需要；

（3）由政府组织实施的科技、教育、文化、卫生、体育、环境和资源保护、防灾减灾、文物保护、社会福利、市政公用等公共事业的需要；

（4）由政府组织实施的保障性安居工程建设的需要；

（5）由政府依照城乡规划法有关规定组织实施的对危房集中、基础设施落后等地段进行旧城区改建的需要；

（6）法律、行政法规规定的其他公共利益的需要。

需征收房屋的各项建设活动，应当符合国民经济和社会发展规划、土地利用总体规划、城乡规划和专项规划。保障性安居工程建设、旧城区改建，应当纳入市、县级国民经济和社会发展年度计划。制定国民经济和社会发展规划、土地利用总体规划、城乡规划和专项规划，应当广泛征求社会公众意见，经过科学论证。房屋征收部门拟订征收补偿方案，报市、县级人民政府。市、县级人民政府应当组织有关部门对征收补偿方案进行论证并予以公布，征求公众意见。征求意见期限不得少于 30 日。市、县级人民政府应当将征求意见情况和根据公众意见修改的情况及时公布。因旧城区改建需要征收房屋，多数被征收人认为征收补偿方案不符合本条例规定的，市、县级人民政府应当组织由被征收人和公众代表参加的听证会，并根据听证会情况修改方案。市、县级人民政府做出房屋征收决定前，应当按照有关规定进行社会稳定风险评估；房屋征收决定涉及被征收人数量较多的，应当经政府常务会议讨论决定。作出房屋征收决定前，征收补偿费用应当足额到位、专户存储、专款专用。

市、县级人民政府做出房屋征收决定后应当及时公告。公告应当载明征收补偿方案和行政复议、行政诉讼权利等事项。市、县级人民政府及房屋征收部门应当做好房屋征收与补偿的宣传、解释工作。房屋被依法征收的，国有土地使用权同时收回。被征收人对市、县级人民政府做出的房屋征收决定不服的，可以依法申请行政复议，也可以依法提起行政诉讼。房屋征收部门应当对房屋征收范围内房屋的权属、区位、用途、建筑面积等情况组织调查登记，被征收人应当予以配合。调查结果应当在房屋征收范围内向被征收人公布；房屋征收范围确定后，不得在房屋征收范围内实施新建、扩建、改建房屋和改变房屋用途等不当增加补偿费用的行为；违反规定实施的，不予补偿；房屋征收部门应当将前款所列事项书面通知有关部门暂停办理相关手续；暂停办理相关手续的书面通知应当载明暂停期限；暂停期限最长不得超过 1 年。

3.4.2 征收补偿

做出房屋征收决定的市、县级人民政府对被征收人给予的补偿包括：

（1）被征收房屋价值的补偿；

（2）因征收房屋造成的搬迁、临时安置的补偿；

（3）因征收房屋造成的停产停业损失的补偿。

市、县级人民政府应当制定补助和奖励办法，对被征收人给予补助和奖励。征收个人住宅，被征收人符合住房保障条件的，做出房屋征收决定的市、县级人民政府应当优先给予住房保障。对被征收房屋价值的补偿，不得低于房屋征收决定公告之日被征收房屋类似房地产的市场价格。被征收房屋的价值，由具有相应资质的房地产价格评估机构按照房屋征收评估办法评估确定。对评估确定的被征收房屋价值有异议的，可以向房地产价格评估机构申请复核评估。对复核结果有异议的，可以向房地产价格评估专家委员会申请鉴定。房屋征收评估办法由国务院住房城乡建设主管部门制定，制定过程中应当向社会公开征求意见。

房地产价格评估机构由被征收人协商选定；协商不成的，通过多数决定、随机选定等方式确定。房地产价格评估机构应当独立、客观、公正地开展房屋征收评估工作，任何单位和个人不得干预。被征收人可以选择货币补偿，也可以选择房屋产权调换。被征收人选择房屋产权调换的，市、县级人民政府应当提供用于产权调换的房屋，并与被征收人计算、结清被征收房屋价值与用于产权调换房屋价值的差价。因旧城区改建征收个人住宅，被征收人选择在改建地段进行房屋产权调换的，做出房屋征收决定的市、县级人民政府应当提供改建地段或者就近地段的房屋。因征收房屋造成搬迁的，房屋征收部门应当向被征收人支付搬迁费；选择房屋产权调换的，产权调换房屋交付前，房屋征收部门应当向被征收人支付临时安置费或者提供周转用房。对因征收房屋造成停产停业损失的补偿，根据房屋被征收前的效益、停产停业期限等因素确定。

市、县级人民政府及其有关部门应当依法加强对建设活动的监督管理，对违反城乡规划进行建设的，依法予以处理。市、县级人民政府做出房屋征收决定前，应当组织有关部门依法对征收范围内未经登记的建筑进行调查、认定和处理。对认定为合法建筑和未超过批准期限的临时建筑，应当给予补偿；对认定为违法建筑和超过批准期限的临时建筑的，不予补偿。房屋征收部门与被征收人依照规定，就补偿方式、补偿金额和支付期限、用于产权调换房屋的地点和面积、搬迁费、临时安置费或者周转用房、停产停业损失、搬迁期限、过渡方式和过渡期限等事项，订立补偿协议。

补偿协议订立后，一方当事人不履行补偿协议约定的义务的，另一方当事人可以依法提起诉讼。房屋征收部门与被征收人在征收补偿方案确定的签约期限内达不成补偿协议，或者被征收房屋所有权人不明确的，由房屋征收部门报请做出房屋征收决定的市、县级人民政府依照规定，按照征收补偿方案做出补偿决定，并在房屋征收范围内予以公告。

被征收人对补偿决定不服的，可以依法申请行政复议，也可以依法提起行政诉讼。实施房屋征收应当先补偿、后搬迁。做出房屋征收决定的市、县级人民政府对被征收人给予补偿后，被征收人应当在补偿协议约定或者补偿决定确定的搬迁期限内完成搬迁。任何单位和个人不得采取暴力、威胁或者违反规定中断供水、供热、供气、供电和道路通行等非法方式迫使被征收人搬迁。禁止建设单位参与搬迁活动。被征收人在法定期限内不申请行政复议或者不提起行政诉讼，在补偿决定规定的期限内又不搬迁的，由做出房屋征收决定的市、县级人民政府依法申请人民法院强制执行。强制执行申请书应当附具补偿金额和专户存储账号、产权调换房屋和周转用房的地点和面积等材料。房屋征收部门应当依法建立房屋征收补偿档案，并将分户补偿情况在房屋征收范围内向被征收人公布。审计机关应当加强对征收补偿费用管理和使用情况的监督，并公布审计结果。

3.4.3　法律责任

市、县级人民政府及房屋征收部门的工作人员在房屋征收与补偿工作中不履行规定的职责，或者滥用职权、玩忽职守、徇私舞弊的，由上级人民政府或者本级人民政府责令改正，通报批评；造成损失的，依法承担赔偿责任；对直接负责的主管人员和其他直接责任人员，依法给予处分；构成犯罪的，依法追究刑事责任。采取暴力、威胁或者违反规定中断供水、供热、供气、供电和道路通行等非法方式迫使被征收人搬迁，造成损失的，依法承担赔偿责任；对直接负责的主管人员和其他直接责任人员，构成犯罪的，依法追究刑事责任；尚不构成犯罪的，依法给予处分；构成违反治安管理行为的，依法给予治安管理处罚。采取暴力、威胁等方法阻碍依法进行的房屋征收与补偿工作，构成犯罪的，依法追究刑事责任；构成违反治安管理行为的，依法给予治安管理处罚。贪污、挪用、私分、截留、拖欠征收补偿费用的，责令改正，追回有关款项，限期退还违法所得，对有关责任单位通报批评、给予警告；造成损失的，依法承担赔偿责任；对直接负责的主管人员和其他直接责任人员，构成犯罪的，依法追究刑事责任；尚不构成犯罪的，依法给予处分。房地产价格评估机构或者房地产估价师出具虚假或者有重大差错的评估报告的，由发证机关责令限期改正，给予警告，对房地产价格评估机构并处 5 万元以上、20 万元以下的罚款，对房地产估价师并处 1 万元以上、3 万元以下的罚款，并记入信用档案；情节严重的，吊销资质证书、注册证书；造成损失的，依法承担赔偿责任；构成犯罪的，依法追究刑事责任。

习题

一、单选题

1. 按照《物权法》的规定，建设用地使用权自（　）时设立。

　A. 合同签订　B. 合同生效　C. 登记　D. 支付出让金

2. 关于国有土地建设用地使用权的说法，错误的是（　）。

　A. 国有土地建设使用权属于用益物权

　B. 国有土地建设使用权可以通过出让或划拨方式设立

　C. 国有土地建设使用权期间届满前，因公共利益需要可以征收

　D. 国有土地建设使用权期间届满的，自动续期

3. 施工方甲单位由于建设需要，需经过乙厂的道路运输建筑材料。于是甲、乙双方订

立合同，约定施工方甲单位向乙厂支付一定费用，甲单位可以通过乙单位的道路运输材料。在此合同中，施工单位甲拥有的权利是（ ）。

A. 相邻权 B. 地役权 C. 土地租赁权 D. 建设用地使用权

4. 土地所有权的主体是（ ）。

A. 国家和集体 B. 国家 C. 集体 D. 人民

5. 房地产价格评估机构或者房地产估价师出具虚假或者有重大差错的评估报告的，由发证机关责令限期改正，给予警告，对房地产价格评估机构并处（ ）罚款。

A. 5 万元以上、20 万元以下 B. 5 万元

C. 20 万元 D. 10 万元

6. 市、县级人民政府应当组织有关部门对征收补偿方案进行论证并予以公布，征求公众意见，征求意见期限不得少于（ ）日。

A. 15 B. 30 C. 45 D. 60

7. 居住用地土地使用权出让的最高年限为（ ）。

A. 70 年 B. 50 年 C. 100 年 D. 40 年

8. 国有土地使用权人出租土地，出租期限不得超过出租人享有权利的年限，一次租赁期限也不得超过（ ）年。

A. 10 B. 15 C. 20 D. 25

9. 国有土地使用权人出租土地，出租人仍继续履行土地使用权出让合同，土地使用权出让合同规定的权利义务并未随土地的出租而转移给（ ）。

A. 出租人 B. 出卖人 C. 出让人 D. 承租人

10. 按物权种类的划分，我国土地所有权属于（ ）。

A. 不动产所有权 B. 用益物权

C. 动产所有权 D. 地役权

二、多选题

1. 所有权的内容包括（ ）。

A. 占有权 B. 处分权

C. 使用权 D. 抵押权

E. 收益权

2. 市、县级人民政府及房屋征收部门的工作人员在房屋征收与补偿工作中不履行规定的职责，滥用职权、玩忽职守、徇私舞弊的，（ ）。

A. 由上级人民政府或者本级人民政府责令改正，通报批评

B. 造成损失的，依法承担赔偿责任

C. 对直接负责的主管人员和其他直接责任人员，依法给予处分

D. 构成犯罪的，依法追究刑事责任

E. 处 5 万元以上、20 万元以下罚款

3. 做出房屋征收决定的市、县级人民政府对被征收人给予的补偿包括（ ）。

A. 被征收房屋价值的补偿

B. 因征收房屋造成的搬迁、临时安置的补偿

C. 因征收房屋造成的停产停业损失的补偿

D. 因征收房屋造成的精神损失

E. 因征收房屋造成的所有损失

4. 为了保障国家安全、促进国民经济和社会发展等公共利益的需要，确需征收房屋的，由市、县级人民政府做出房屋征收决定的为（　）。

A. 国防和外交的需要

B. 由政府组织实施的设施建设的需要

C. 由政府组织实施的科技、教育、文化、卫生、体育、环境和资源保护、防灾减灾、文物保护、社会福利、市政公用等公共事业的需要

D. 由政府组织实施的工程建设的需要

E. 由政府依照城乡规划法有关规定组织实施的对危房集中、基础设施落后等地段进行旧城区改建的需要

5. 国有出租土地可以采用（　）。

A. 招标　　B. 拍卖

C. 双方协议　　D. 赠与

E. 无偿置换

6. 征用土地的报批程序为（　）。

A. 预申请　　B. 申请

C. 拟订方案上报　　D. 审批

E. 征收

第4章

建筑许可的法律制度

4.1 建筑工程从业单位的资质管理

《建筑法》规定，从事建筑活动的建筑施工企业、勘察单位、设计单位和工程监理单位，应当具备下列条件：（1）有符合国家规定的注册资本；（2）有与其从事的建筑活动相适应的具有法定执业资格的专业技术人员；（3）有从事相关建筑活动所应有的技术装备；（4）法律、行政法规规定的其他条件。

4.1.1 企业资质的法定条件和等级

工程建设活动不同于一般的经济活动，其从业单位所具备条件的高低直接影响到建设工程质量和安全生产。因此，从事工程建设活动的单位必须符合相应的资质条件。

1. 施工企业资质的法定条件

建筑业企业应当按照其拥有的注册资本、专业技术人员、技术装备和已完成的建筑工程业绩等条件申请资质，经审查合格，取得建筑业企业资质证书后，方可在资质许可的范围内从事建筑施工活动。

（1）有符合规定的注册资本

注册资本反映的是企业法人的财产权，也是判断企业经济实力的依据之一。

以房屋建筑工程施工总承包企业为例，按照《建筑业企业资质等级标准》、《施工总承包企业特级资质标准》的规定：特级企业的注册资本金 3 亿元以上，企业净资产 3.6 亿元以上；一级企业注册资本金 5000 万元以上，企业净资产 6000 万元以上；二级企业注册资本金 2000 万元以上，企业净资产 2500 万元以上；三级企业注册资本金 600 万元以上，企业净资产 700 万元以上。

（2）有符合规定的专业技术人员

从事工程建设施工活动的企业必须拥有足够的专业技术人员，其中一些专业技术人员还须有通过考试和注册取得的法定执业资格。

以房屋建筑工程施工总承包企业为例：

企业资质	企业经理	技术负责人	财务负责人	建造师人数	其他
特级	10 年以上从事工程管理工作经历	15 年以上从事工程技术管理工作经历，高级职称，一级注册建造师	具有高级会计师职称及注册会计师资格	一级建造师 50 人以上	有工程设计甲级资质标准要求的专业技术人员
一级	10 年以上从事工程管理工作经历	10 年以上从事建筑施工技术管理工作经历，高级职称	高级会计职称	一级建造师 12 人以上	有职称的工程技术和经济管理人员不少于 300 人
二级	8 年以上从事工程管理工作经历	具有 8 年以上从事建筑施工技术管理工作经历，高级职称	中级以上会计职称	二级建造师以上，不少于 12 人	企业有职称的工程技术和经济管理人员不少于 150 人
三级	5 年以上从事工程管理工作经历	5 年以上从事工程管理工作经历，中级职称	初级以上会计职称	二级建造师以上，不少于 10 人	有职称的工程技术和经济管理人员不少于 50 人

（3）有符合规定的技术装备

随着工程建设机械化程度的不断提高，大跨度、超高层、结构复杂的建设工程越来越多，施工单位必须拥有与其从事施工活动相适应的技术装备。为提高机械设备的使用率和降低施工成本，我国的机械租赁市场发展也很快，许多大中型机械设备都可以采用租赁或融资租赁的方式取得。

（4）有符合规定的已完成工程业绩

工程建设施工活动是一项重要的实践活动。有无承担过相应工程的经验及其业绩好坏，是衡量其实际能力和水平的一项重要标准。仍以房屋建筑工程施汇总承包企业为例，《建筑业企业资质等级标准》、《施工总承包企业特级资质标准》的规定如下。

特级企业近 5 年应承担过下列 5 项工程总承包或施工总承包项目中的 3 项，工程质量合格：①高度 100 米以上的建筑物；② 28 层以上的房屋建筑工程；③单体建筑面积 5 万平方米以上的房屋建筑工程；④钢筋混凝土结构单跨 30 米以上的建筑工程或钢结构单跨 36 米以上的房屋建筑工程；⑤单项建筑合同额 2 亿元以上的房屋建筑工程。

2. 施工企业的资质序列、类别和等级

（1）施工企业的资质序列

《建筑业企业资质管理规定》中规定，建筑业企业资质分为施工总承包、专业承包和劳务分包三个序列。

取得施工总承包资质的企业（简称施工总承包企业），可以承接施工总承包工程。施工总承包企业可以对所承接的施工总承包工程内各专业工程全部自行施工，也可以将专业工程或劳务作业

依法分包给具有相应资质的专业承包企业或劳务分包企业。

取得专业承包资质的企业（简称专业承包企业），可以承接施工总承包企业分包的专业工程和建设单位依法发包的专业工程。专业承包企业可以对所承接的专业工程全部自行施工，也可以将劳务作业依法分包给具有相应资质的劳务分包企业。

取得劳务分包资质的企业（简称劳务分包企业），可以承接施工总承包企业或专业承包企业分包的劳务作业。

（2）施工企业的资质类别和等级

施工总承包、专业承包、劳务分包三个资质序列，分别按照工程性质和技术特点划分为若干资质类别；各资质类别又按照规定的条件划分为若干资质等级。

《建筑业企业资质等级标准》规定如下。

① 施工总承包企业资质序列，划分为12个资质类别；每个资质类别划分3至4个资质等级，即特级、一级、二级或特级、一级至三级。

② 专业承包企业资质序列，划分为60个资质类别；每个资质类别分为1至3个资质等级或者不分等级。

③ 劳务分包企业资质序列，划分为13个资质类别；每个资质类别分为一级、二级两个资质等级或者不分等级。

3. 施工企业的资质许可

（1）施工企业资质管理体制

《建筑业企业资质管理规定》中规定，国务院建设主管部门负责全国建筑业企业资质的统一监督管理。国务院铁路、交通、水利、信息产业、民航等有关部门配合国务院建设主管部门实施相关资质类别建筑业企业资质的管理工作。

（2）施工企业资质的许可权限

国务院建设主管部门负责实施下列建筑业企业资质的许可：①施工总承包序列特级资质、一级资质；②国务院国有资产管理部门直接监管的企业及其下属一层级的企业的施工总承包二级资质、三级资质；③水利、交通、信息产业方面的专业承包序列一级资质；④铁路、民航方面的专业承包序列一级、二级资质；⑤公路交通工程专业承包不分等级资质、城市轨道交通专业承包不分等级资质。

企业工商注册所在地的省、自治区、直辖市人民政府建设主管部门负责下列实施建筑业企业资质的许可：①施工总承包序列二级资质（不含国务院国有资产管理部门直接监管的企业及其下属一层级的企业的施工承包序列二级资质）；②专业承包序列一级资质（不含铁路、交通、水利、信息产业、民航方面的专业承包序列一级资质）；③专业承包序列二级资质（不含民航、铁路方面的专业承包序列二级资质）；④专业承包序列部分等级资质（不含公路交通工程专业承包序列和城市轨道交通专业承包序列的不分等级资质）。

企业工商注册所在地社区的市人民政府建设主管部门负责实施下列建筑业企业的资质许可：①施工总承包序列三级资质（不含国务院国有资产管理部门直接监管的企业及其下属一层级的企业的施工总承包三级资质）；②专业承包序列三级资质；③劳务分包序列资质；④燃气燃烧器具安装、维修企业资质。

4. 施工企业资质证书的申请、延续和变更

（1）企业资质的申请

《建筑业企业资质管理规定》中规定，建筑业企业可以申请一项或多项建筑业企业资质；申请多项建筑业企业资质的，应当选择等级最高的一项资质为企业主项资质。

（2）企业资质证书的延期

建筑业企业资质证书有效期为 5 年。资质有效期届满，企业需要延续资质证书有效期的，应当在资质证书有效期届满 60 日前，申请办理资质延期手续。对在资质有效期内遵守有关法律、法规、规章、技术标准，信用档案中无不良行为记录，且注册资本、专业技术人员满足资质标准要求的企业，经资质许可机关同意，有效期延续 5 年。

（3）企业资质证书的变更

办理企业资质证书变更手续的程序

建筑业企业在资质证书有效期内名称、地址、注册资本、法定代表人等发生变更的，应当在工商部门办理变更手续后 30 日内办理资质证书变更手续。

由国务院建设主管部门颁发的建筑业企业资质证书，涉及企业名称变更的，应当向企业工商注册所在地省、自治区、直辖市人民政府建设主管部门提出变更申请，省、自治区、直辖市人民政府建设主管部门应当自受理申请之日起 2 日内将有关变更证明材料报国务院建设主管部门，由国务院建设主管部门在 2 日内办理变更手续。

中外合资经营建筑业企业、中外合作经营建筑业企业中方合营者的出资总额不得低于注册资本的 25%。

4.1.2　禁止无资质或越级承揽工程的规定

施工单位的资质等级，是施工单位人员素质、资金数量、技术装备、管理水平、工程业绩等综合能力的体现，反映了该施工单位从事某项施工活动的资格和能力，是国家对建设市场准入管理的重要手段。为此，我国的法律规定施工单位除应具备企业法人营业执照外，还应取得相应的资质证书，并严格在其资质等级许可的经营范围内从事施工活动。

1. 禁止无资质承揽工程

《建筑法》规定，承包建筑工程的单位应当持有依法取得的资质证书，并在其资质等级许可的业务范围内承揽工程。

2. 禁止越级承揽工程

（1）联合共同承包的有关法律规定

《建筑法》规定，两个以上不同资质等级的单位实行联合共同承包的，应当按照资质等级低的单位的业务许可范围承揽工程。

（2）分包工程的有关法律规定

《建筑法》规定，禁止总承包单位将工程分包给不具备相应资质条件的单位。建设部《房屋建筑和市政基础设施工程施工分包管理办法》进一步规定，分包工程承包人必须具有相应的资质，

并在其资质等级许可的范围内承揽业务。

4.1.3 禁止以他企业或他企业以本企业名义承揽工程的规定

《建筑法》规定，禁止建筑施工企业超越本企业资质等级许可的业务范围或者以任何形式用其他建筑施工企业的名义承揽工程。禁止建筑施工企业以任何形式允许其他单位或者个人使用本企业的资质证书、营业执照，以本企业的名义承揽工程。《建设工程质量管理条例》也规定，禁止施工单位超越本单位资质等级许可的业务范围，或者以其他施工单位的名义承揽工程；禁止施工单位允许其他单位或者个人以本单位的名义承揽工程。

此外，在分包工程中还要防止出现以他企业或他企业以本企业名义承揽工程的违法行为。《房屋建筑和市政基础设施工程施工分包管理办法》规定，分包工程发包人没有将其承包的工程进行分包，在施工现场所设项目管理机构的项目负责人、技术负责人、项目核算负责人、质量管理人员、安全管理人员不是工程承包人本单位人员的，视同允许他人以本企业名义承揽工程。

4.1.4 违法行为应承担的法律责任

施工企业资质违法行为应承担的主要法律责任如下。

1. 企业申请办理资质违法行为应承担的法律责任

建筑业企业未按照规定及时办理资质证书变更手续的，由县级以上地方人民政府建设主管部门责令限期办理；逾期不办理的，可处以1000元以上、1万元以下的罚款。

2. 无资质承揽工程应承担的法律责任

《建筑法》规定，发包单位将工程发包给不具有相应资质条件的承包单位的，或者违反本法规定将建筑工程肢解发包的，责令改正，处以罚款。未取得资质证书承揽工程的，予以取缔，并处罚款；有违法所得的，予以没收。

《建设工程质量管理条例》进一步规定，建设单位将建设工程发包给不具有相应资质等级的勘察、设计、施工单位或者委托给不具有相应资质等级的工程监理单位的，责令改正，处50万元以上、100万元以下的罚款。

未取得资质证书承揽工程的，予以取缔，对施工单位处工程合同价款2%以上、4%以下的罚款；有违法所得的，予以没收。

3. 超越资质等级承揽工程应承担的法律责任

《建设工程质量管理条例》进一步规定，勘察、设计、施工、工程监理单位超越本单位资质等级承揽工程的，责令停止违法行为；对施工单位处工程合同价款2%以上、4%以下的罚款，可以责令停业整顿，降低资质等级；情节严重的，吊销资质证书；有违法所得的，予以没收。

4. 允许其他单位或者个人以本单位名义承揽工程应承担的法律责任

《建设工程质量管理条例》规定，勘察、设计、施工、工程监理单位允许其他单位或者个人以本单位名义承揽工程的，责令改正，没收违法所得，对施工单位处工程合同价款 2%以上、4%以下的罚款；可以责令停业整顿，降低资质等级；情节严重的，吊销资质证书。

4.2 建筑工程从业人员的资格管理

建筑工程从业人员一般分为以下四类。

（1）一般咨询类：制造业、石油化工业、汽车业、高科技产业、通信业、建筑业、服务业、教育、医疗行业、政府机构等注册咨询师。

（2）勘察设计类：一、二级注册建筑师，一、二级注册结构工程师，注册设备工程师、注册电气工程师。

（3）管理咨询类：注册监理工程师，注册造价工程师，注册安全工程师。

（4）施工管理类：一、二级注册建造师。

本节以施工管理类的建造师为例介绍建设工程从业人员的资格管理制度。

4.2.1 建造师的基本权利和义务

1. 建造师的基本权利

《建造师执业资格制度暂行规定》中规定，建造师经注册后，有权以建造师名义担任建设工程项目施工的项目经理及从事其他施工活动的管理。

《注册建造师管理规定》进一步规定，注册建造师享有下列权利：①使用注册建造师名称；②在规定范围内从事执业活动；③在本人执业活动中形成的文件上签字并加盖执业印章；④保管和使用本人注册证书、执业印章；⑤对本人执业活动进行解释和辩护；⑥接受继续教育；⑦获得相应的劳动报酬；⑧对侵犯本人权利的行为进行申述。

建设工程施工活动中形成的有关工程施工管理文件，应当由注册建造师签字并加盖执业印章。施工单位签署质量合格的文件上，必须有注册建造师的签字盖章。

2. 建造师的基本义务

《注册建造师管理规定》进一步规定，注册建造师应当履行下列义务：①遵守法律、法规和有关管理规定，恪守职业道德；②执行技术标准、规范和规程；③保证执业成果的质量，并承担相应责任；④接受继续教育，努力提高执业水准；⑤保守在执业中知悉的国家秘密和他人的商业、技术等秘密；⑥与当事人有利害关系的，应当主动回避；⑦协助注册管理机关完成相关工作。

注册建造师不得有下列行为：①不履行注册建造师义务；②在执业过程中，索贿、受贿或者谋取合同约定费用外的其他利益；③在执业过程中实施商业贿赂；④签署有虚假记载等不合格的文件；⑤允许他人以自己的名义从事执业活动；⑥同时在两个或者两个以上单位受聘或者执业；⑦涂改、倒卖、出租、出借、复制或以其他形式非法转让资格证书、注册证书和执业印章；⑧超出执业范围和聘用单位业务范围从事执业活动；⑨法律、法规、规章禁止的其他行为。

《注册建造师执业管理办法（试行）》还规定，注册建造师不得有下列行为：①不按设计图纸施工；②使用不合格建筑材料；③使用不合格设备，建筑构配件；④违反工程质量、安全、环保和用工方面的规定；⑤在执业过程中，索贿、行贿、受贿或者谋取合同约定费用外的其他不法利益；⑥签署弄虚作假或在不合格文件上签章的；⑦以他人名义或允许他人以自己的名义从事执业活动；⑧同时在两个或者两个以上企业受聘并执业；⑨超出执业范围和聘用企业业务范围从事执业活动；⑩未变更注册单位，而在另一家企业从事执业活动；⑪所负责工程未办理竣工验收或移交手续前，变更注册到另一企业；⑫伪造、涂改、倒卖、出租、出借或以其他形式非法转让资格证书、注册证书和执业印章；⑬不履行注册建造师义务和法律、法规、规章禁止的其他行为。

担任建设工程施工项目负责人的注册建造师在执业过程中，应当及时、独立完成建设工程施工管理文件签章，无正当理由不得拒绝在文件上签字并加盖执业印章。担任施工项目负责人的注册建造师应当按照国家法律法规、工程建设强制性标准组织施工，保证工程施工符合国家有关质量、安全、环保、节能等有关规定。担任施工项目负责人的注册建造师，应当按照国家劳动用工有关规定，规范项目劳动用工管理，切实保障劳务人员合法权益。担任建设工程施工项目负责人的注册建造师对其签署的工程管理文件承担相应责任。

建设工程发生质量、安全、环境事故时，担任该施工项目负责人的注册建造师应当按照有关法律法规规定的事故处理程序及时向企业报告，并保护事故现场，不得隐瞒。

3. 注册建造师的继续教育

接受继续教育，既是注册建造师应当享有的权利，也是注册建造师应当履行的义务。

住房和城乡建设部《注册建造师继续教育暂行规定》中规定，注册建造师按规定参加继续教育，是申请初始注册、延续注册、增项注册和重新注册（以下统称注册）的必要条件。

（1）必修课、选修课的学时和内容

注册一个专业的建造师在每一注册有效期内应参加继续教育不少于120学时，其中必修课60学时，选修课60学时。注册两个及以上专业的，每增加一个专业还应参加所增加专业60学时的继续教育，其中必修课30学时，选修课30学时。

必修课包括以下内容：①工程建设相关的法律法规和有关政策；②注册建造师职业道德和诚信制度；③建设工程项目管理的新理论、新方法、新技术和新工艺；④建设工程项目管理案例分析。

选修课内容为各专业牵头部门认为一级建造师需要补充的与建设工程项目管理有关的知识；各省级住房城乡建设主管部门认为二级建造师需要补充的与建设工程项目管理有关的知识。

有下列情形之一的，注册机关依据职权或者根据利害关系人的请求，可以撤销注册建造师的注册：①注册机关工作人员滥用职权、玩忽职守做出准予注册许可的；②超越法定职权做出准予注册许可的；③违反法定程序做出准予注册许可的；④对不符合法定条件的申请人颁发注册证书和执业印章的；⑤依法可以撤销注册的其他情形。申请人以欺骗、贿赂等不正当手段获准注册的，应当予以撤销。

4.2.2　建造师违法行为应承担的法律责任

建造师在工作中出现违法行为应承担的主要法律责任如下。

1. 建造师注册违法行为应承担的法律责任

《注册建造师管理规定》中规定，隐瞒有关情况或者提供虚假材料申请注册的，建设主管部门不予受理或者不予注册，并给予警告，申请人 1 年内不得再次申请注册。

以欺骗、贿赂等不正当手段取得注册证书的，由注册机关撤销其注册，3 年内不得再次申请注册，并由县级以上地方人民政府建设主管部门处以罚款。其中没有违法所得的，处以 1 万元以下的罚款；有违法所得的，处以违法所得 3 倍以下且不超过 3 万元的罚款。

聘用单位为申请人提供虚假注册材料的，由县级以上地方人民政府建设主管部门或者其他有关部门给予警告，责令限期改正；逾期未改正的，可处以 1 万元以上、3 万元以下的罚款。

2. 建造师继续教育违法行为应承担的法律责任

注册建造师应按规定参加继续教育，接受培训测试，不参加继续教育或继续教育不合格的不予注册。

对于采取弄虚作假等手段取得《注册建造师继续教育证书》的，一经发现，立即取消其继续教育记录，并记入不良信用记录，对社会公布。

3. 无证或未办理变更注册执业应承担的法律责任

《注册建造师管理规定》中规定，未取得注册证书和执业印章，担任大中型建设工程项目施工单位项目负责人，或者以注册建造师的名义从事相关活动的，其所签署的工程文件无效，由县级以上地方人民政府建设主管部门或者其他有关部门给予警告，责令停止违法活动，并可处以 1 万元以上、3 万元以下的罚款。

未办理变更注册而继续执业的，由县级以上地方人民政府建设主管部门或者其他有关部门责令限期改正；逾期不改正的，可处以 5000 元以下的罚款。

4. 建造师执业活动中违法行为应承担的法律责任

《注册建造师管理规定》中规定，注册建造师在执业活动中有下列行为之一的，由县级以上地方人民政府建设主管部门或者其他有关部门给予警告，责令改正，没有违法所得的，处以 1 万元以下的罚款；有违法所得的，处以违法所得 3 倍以下且不超过 3 万元的罚款：①不履行注册建造师义务；②在执业过程中，索贿、受贿或者谋取合同约定费用外的其他利益；③在执业过程中实施商业贿赂；④签署有虚假记载等不合格的文件；⑤允许他人以自己的名义从事执业活动；⑥同时在两个或者两个以上单位受聘或者执业；⑦涂改、倒卖、出租、出借或以其他形式非法转让资格证书、注册证书和执业印章；⑧超出执业范围和聘用单位业务范围从事执业活动；⑨法律、法规、规章禁止的其他行为。

5. 未提供注册建造师信用档案信息应承担的法律责任

《注册建造师管理规定》中规定，注册建造师或者其聘用单位未按照要求提供注册建造师信用档案信息的，由县级以上地方人民政府建设主管部门或者其他有关部门责令限期改正；逾期未改正的，可处以1000元以上、1万元以下的罚款。

6. 政府主管部门及其工作人员违法行为应承担的法律责任

《注册建造师管理规定》中规定，县级以上人民政府建设主管部门及其工作人员，在注册建造师管理工作中，有下列情形之一的，由其上级行政机关或者监察机关责令改正，对直接负责的主要人员和其他直接责任人员依法给予处分；构成犯罪的，依法追究刑事责任：①对不符合法定条件的申请人准予注册；②对符合法定条件的申请人不予注册或者不在法定期限内做出准予注册决定的；③对符合法定条件的申请不予受理或者未在法定期限内初审完毕的；④利用职务上的便利，收受他人财物或者其他好处的；⑤不依法履行监督管理职责或者监督不力，造成严重后果的。

7. 注册执业人员因过错造成质量事故应承担的法律责任

《建设工程质量管理条例》规定，违反本条例规定，注册建筑师、注册结构工程师、监理工程师等注册执业人员因过错造成质量事故的，责令停止执业1年；造成重大质量事故的，吊销执业资格证书，5年以内不予注册；情节特别恶劣的，终身不予注册（注：在《建设工程质量管理条例》颁布时，注册建造师制度尚未建立，但“……等注册执业人员”对建造师应该是适用的）。

4.3 建筑工程施工许可

《建筑法》规定，建筑工程开工前，建设单位应当按照国家有关规定向工程所在地县级以上人民政府建设行政主管部门申请领取施工许可证；但是，国务院建设行政主管部门确定的限额以下的小型工程除外。按照国务院规定的权限和程序批准开工报告的建筑工程，不再领取施工许可证。

4.3.1 施工许可证和开工报告的适用范围

施工许可证的适用范围

（1）需要办理施工许可证的建设工程

《建筑法》规定，建筑工程开工前，建设单位应当按照国家有关规定向工程所在地县级以上人民政府建设行政主管部门申请领取施工许可证。

（2）不需要办理施工许可证的建设工程

① 限额以下的小型工程。

按照《建筑法》的规定，国务院建设行政主管部门确定的限额以下的小型工程，可以不申请办理施工许可证。据此，《建筑工程施工许可管理办法》规定，工程投资额在 30 万元以下或者建筑面积在 300 平方米以下的建筑工程，可以不申请办理施工许可证。

② 抢险救灾等工程。

《建筑法》规定，抢险救灾及其他临时性房屋建筑和农民自建低层的住宅的建筑活动，不适用本法。这几类工程各有其特殊性，所以，从实际出发，法律规定不需要办理施工许可证。

（3）不重复办理施工许可证的建设工程

为避免同一建设工程的开工由不同行政主管部门重复审批的现象，《建筑法》规定，按照国务院规定的权限和程序批准开工报告的建筑工程，不再领取施工许可证。

4.3.2　申请主体和法定批准条件

1. 施工许可证的申请主体

施工许可证的申请领取，应该是由建设单位负责，而不是施工单位或其他单位。

2. 施工许可证的法定批准条件

《建筑法》规定．申请领取施工许可证，应当具备下列条件：①已经办理该建筑工程用地批准手续；②在城市规划区的建筑工程，已经取得规划许可证；③需要拆迁的，其拆迁进度符合施工要求；④已经确定建筑施工企业；⑤有满足施工需要的施工图纸及技术资料；⑥有保证工程质量和安全的具体措施；⑦建设资金已经落实；⑧法律、行政法规规定的其他条件。

（1）已经办理该建筑工程用地批准手续

经批准的建设项目需要使用国有建设用地的，建设单位应当持法律、行政法规规定的有关文件，向有批准权的县级以上人民政府土地行政主管部门提出建设用地申请，经土地行政主管部门审查，报本级人民政府批准。

（2）在城市规划区的建筑工程，已经取得规划许可证

《城乡规划法》规定，在城市、镇规划区内以划拨方式提供国有土地使用权的建设项目，建设单位在取得建设用地规划许可证后，方可向县级以上地方人民政府土地主管部门申请用地，经县级以上人民政府审批后，由土地主管部门划拨土地。

以出让方式取得国有土地使用权的建设项目，在签订国有土地使用权出让合同后，建设单位应当持建设项目的批准、核准、备案文件和国有土地使用权出让合同向城市、县人民政府城乡规划主管部门领取建设用地规划许可证。

《建设用地规划许可证》的内容一般包括用地单位、用地项目名称、用地位置、用地性质、用地面积、建设规模、附图及附件等。《建设工程规划许可证》的内容则一般包括用地单位，用地项目名称、位置、宗地号以及子项目名称、建筑性质、栋数、层数、结构类型、计容积率面积及各分类面积，附件包括总平面图、各层建筑平面图、各向立面图和

剖面图。

（3）施工场地已经基本具备施工条件，需要拆迁的，其拆迁进度符合施工要求

施工场地应具备的基本施工条件，通常要根据建设工程项目的具体情况决定。例如：已进行场区的施工测量，设置永久性经纬坐标桩、水准基桩和工程测量控制网；搞好“三通一平”或“五通一平”或“七通一平”；在施工现场要设安全纪律牌、施工公告牌、安全标志牌等。实行监理的建设工程，一般要由监理单位查看后填写“施工场地已具备施工条件的证明”，并加盖单位公章确认。

拆迁一般是指房屋拆迁。房屋拆迁要根据城乡规划和国家专项工程的迁建计划以及当地政府的用地文件，拆除和迁移建设用地范围内的房屋及其附属物，并由拆迁人对原房屋及其附属物的所有人或使用人进行补偿和安置。拆迁是一项复杂的综合性工作，必须按照计划和施工进度进行，过早或过迟都会造成损失和浪费。需要先期进行拆迁的，拆迁进度必须能满足建设工程开始施工和连续施工的要求，这也是申办施工的许可的基本条件之一。

（4）已经确定施工企业

建设工程的施工必须由具备相应资质的施工企业来承担。

（5）有满足施工需要的施工图纸及技术资料

施工图设计文件不仅要满足施工需要，还应当按照规定进行审查。《建设工程质量管理条例》规定，施工图设计文件未经审查批准的，不得使用。

（6）有保证工程质量和安全的具体措施

《建设工程质量管理条例》规定，建设单位在领取施工许可证或者开工报告前，应当按照国家有关规定办理工程质量监督手续。

（7）建设资金已经落实

《建筑工程施工许可管理办法》明确规定，建设工期不足 1 年的，到位资金原则上不得少于工程合同价的 50%；建设工期超过 1 年的，到位资金原则上不得少于工程合同价的 30%。建设单位应当提供银行出具的到位资金证明，有条件的可以实行银行付款保函或者其他第三方担保。

（8）法律、行政法规规定的其他条件

目前，已增加的施工许可证申领条件主要是监理和消防设计审核。

① 按照《建筑法》的规定，国务院可以规定实行强制监理的建筑工程的范围。为此，《建设工程质量管理条例》明确规定，下列建设工程必须实行监理：（a）国家重点建设工程；（b）大中型公用事业工程；（c）成片开发建设的住宅小区：工程；（d）利用外国政府或者国际组织贷款、援助资金的工程；（e）国家规定必须实行监理的其他工程。

据此，《建筑工程施工许可管理办法》在申请领取施工许可证应当具备的条件中增加了一项规定，“按照规定应该委托监理的工程已委托监理”。

② 《消防法》规定，依法应当经公安机关消防机构进行消防设计审核的建设工程，未经依法审核或者审核不合格的，负责审批该工程施工许可的部门不得给予施工许可，建设单位、施工单位不得施工；其他建设工程取得施工许可后经依法抽查不合格的，应当停止施工。需要注意的是，建设行政主管部门应当自收到申请之日起 15 日内，对符合条件的申请颁发施工许可证。

4.3.3　延期开工、核验和重新办理批准的规定

1. 申请延期的规定

《建筑法》规定，建设单位应当自领取施工许可证之日起 3 个月内开工。因故不能按期开工的，应当向发证机关申请延期；延期以两次为限，每次不超过 3 个月。既不开工又不申请延期或者超过延期时限的，施工许可证自行废止。

2. 核验施工许可证的规定

《建筑法》规定，在建的建筑工程因故中止施于的，建设单位应当自中止施工之日起一个月向发证机关报告，并按照规定做好建筑工程的维护管理工作。建筑工程恢复施工时，应当向发证机关报告；中止施工满一年的工程恢复施工前，建设单位应当报发证机关核验施工许可证。

3. 重新办理批准手续的规定

对于实行开工报告制度的建设工程，《建筑法》规定，按照国务院有关规定批准开工报告的建筑工程，因故不能按期开工或者中止施工的，应当及时向批准机关报告情况。因故不能按期开工超过 6 个月的，应当重新办理开工报告的批准手续。

4.3.4　违法行为应承担的法律责任

办理施工许可证或开工报告违法行为应承担的主要法律责任如下。

1. 未经许可擅自开工应承担的法律责任

《建筑法》规定，违反本法规定，未取得施工许可证或者开工报告未经批准擅自施工的，责令改正，对不符合开工条件的责令停止施工，可以处以罚款。

《建设工程质量管理条例》规定，建设单位未取得施工许可证或者开工报告未经批准，擅自施工的，责令停止施工，限期改正，处工程合同价款 1%以上、2%以下的罚款。

2. 规避办理施工许可证应承担的法律责任

《建筑工程施工许可管理办法》规定，对于未取得施工许可证或者为规避办理施工许可证将工程项目分解后擅自施工的，由有管辖权的发证机关责令改正，对于不符合开工条件的，责令停止施正，并对建设单位和施工单位分别处以罚款。

3. 骗取和伪造施工许可证应承担的法律责任

《建筑工程施工许可管理办法》规定，对于采用虚假证明文件骗取施工许可证的，由原发证机关收回施工许可证，责令停止施工，并对责任单位处以罚款；构成犯罪的，依法追究刑

事责任。

对于伪造施工许可证的，该施工许可证无效，由发证机关责令停止施工，并对责任单位处以罚款；构成犯罪的，依法追究刑事责任。对于涂改施工许可证的，由原发证机关责令改正，并对责任单位处以罚款；构成犯罪的，依法追究刑事责任。

4. 对违法行为的罚款额度

《建筑工程施工许可管理办法》规定，本办法中的罚款，法律、法规有幅度规定的从其规定。无幅度规定的，有违法所得的处 5000 元以上、30000 元以下的罚款；没有违法所得的处 5000 元以上、10000 元以下的罚款。

习题

一、单选题

1. 建筑业企业从事施工活动的范围是（　）。

A. 营业执照的范围　B. 合同的范围

C. 资质等级许可的范围　D. 工程实际范围

2. 施工总承包特级企业的注册资本金应在（　）亿元以上。

A. 1　B. 2　C. 3　D. 5

3. 房屋建筑工程施工总承包一级企业拥有的国家一级建造师人数不得少于（　）人。

A. 50　B. 20　C. 12　D. 10

4. 建筑业企业资质分为（　）。

A. 施工总承包、专业承包和劳务分包三个序列

B. 地基基础工程等 60 个类别

C. 房屋建筑工程等 12 个类别

D. 特级、一级、二级、三级四个等级

5. 专业承包企业资质序列，划分为（　）个资质类别。

A. 60　B. 13　C. 12　D. 10

6. 负责全国建筑业企业资质的统一监督管理的部门是（　）。

A. 建设部　B. 交通部　C. 人事部　D. 发改委

7. 建筑业企业资质证书有效期为（　）年。

A. 8　B. 5　C. 3　D. 2

8. 建设单位将建设工程发包给不具有相应资质等级的单位的，责令改正，处（　）的罚款。

A. 1000 元以上、1 万元以下　B. 合同价款 2%以上、4%以下

C. 20 万元以上、50 万元以下　D. 50 万元以上、100 万元以下

9. 可以报名参加国家一级建造师考试的是（　）。

A. 专科毕业，工龄 4 年，从事施工管理工作 3 年

B. 本科毕业，工龄 4 年，从事施工管理工作 3 年

C. 研究生班毕业，工龄 2 年，从事施工管理工作 1 年

D. 博士毕业，刚参加工作 6 个月

10. 中央管理的建筑企业下属的建筑施工企业，领取安全生产许可证应当向（　）递交申请。

A. 国务院建设主管部门

B. 省级建设主管部门

C. 注册所在地安全监督管理部门

D. 注册所在地建设主管部门

11. 企业在安全生产许可证有效期内，施工企业严格遵守有关安全生产的法律法规。未发生死亡事故，则下列关于安全生产许可证的规定，理解正确的是（　）。

A. 企业应当于期满前 1 个月向原安全生产许可证颁发管理机关办理延期手续

B. 安全生产许可证有效期自动延期 3 年

C. 经原安全生产许可证颁发管理机关审查是必经的一个环节

D. 经原安全生产许可证颁发管理机关同意，即可延期 3 年

12. 施工企业未取得安全生产许可证擅自从事施工活动，应当给予的处罚是（　）。

A. 责令停止生产　　B. 吊销安全生产许可证

C. 依法追究刑事责任　　D. 降低资质等级

二、多选题

1. 从事建筑活动的建筑施工企业、勘察单位、设计单位和工程监理单位，应当具备的条件是（　）。

A. 注册资本　　B. 业绩

C. 专业技术人员　　D. 信誉

E. 技术装备

2. 在施工现场管理人员中不是本单位的人员，视同允许他人以本企业名义承揽工程，这些人员包括（　）。

A. 项目负责人　　B. 技术负责人

C. 钢筋组组长　　D. 安全管理人员

E. 木工

3. 下列不予注册的是（　）。

A. 年满 60 周岁，刚办完退休手续的李某

B. 王某因执业活动受到刑事处罚，自刑事处罚执行完毕之日起不满 5 年

C. 刘某因邻里纠纷受到刑事处罚，自刑事处罚执行完毕之日起满 3 年

D. 赵某去年被吊销注册证书

E. 未达到注册建造师继续教育要求申请延续注册

4. 国务院可以规定实行强制监理的建筑工程为（　）。

A. 市重点建设工程

B. 大中型工程

C. 成片开发建设的住宅小区

D. 利用外国政府或者国际组织贷款、援助资金的工程

E. 企业自己的工程

5. 《建筑工程施工许可管理办法》规定（ ）。

A. 建设工期不足1年的，到位资金原则上不得少于工程合同价的50%

B. 建设工期不足1年的，到位资金原则上不得少于工程合同价的30%

C. 建设工期超过1年的，到位资金原则上不得少于工程合同价的30%

D. 建设工期超过1年的，到位资金原则上不得少于工程合同价的50%

E. 建设单位应当提供银行出具的到位资金证明，有条件的可以实行银行付款保函或者其他第三方担保

6. 不需要办理施工许可证的建设工程有（ ）。

A. 工程投资额在30万元以下

B. 建筑面积在300平方米以下的建筑工程

C. 抢险救灾等工程

D. 按照国务院规定的权限和程序批准开工报告的建筑工程

E. 工程投资额在80万元以下

7. 对于未取得资质证书承揽工程的（ ）。

A. 予以取缔

B. 对施工单位处工程合同价款2%以上、4%以下的罚款

C. 对施工单位处工程合同价款1万以上、5万以下的罚款

D. 对施工单位处工程合同价款1%以上、2%以下的罚款

E. 有违法所得的，予以没收

8. 对勘察、设计、施工、工程监理单位超越本单位资质等级承揽工程的（ ）。

A. 责令停止违法行为

B. 对施工单位处工程合同价款2%以上4%以下的罚款

C. 可以责令停业整顿，降低资质等级

D. 吊销资质证书

E. 有违法所得的，予以没收

9. 申请领取施工许可证，应当具备的条件为（ ）。

A. 已经办理该建筑工程用地批准手续

B. 在城市规划区的建筑工程，已经取得规划许可证

C. 需要拆迁的，已经拆迁完毕

D. 已经确定建筑施工企业

E. 有施工图纸及技术资料

10. 申请领取施工许可证，应当具备的条件为（ ）。

A. 有保证工程质量和安全的具体措施

B. 建设资金已经落实

C. 有满足施工需要的施工图纸及技术资料

D. 有保证工程质量和安全的具体措施

E. 需要拆迁的，已经拆迁完毕

11. 下列说法正确的是（　）。

A. 施工总承包企业资质序列，划分为 12 个资质类别

B. 施工总承包企业资质划分 5 个资质等级

C. 专业承包企业资质序列，划分为 60 个资质类别

D. 专业承包企业每个资质类别分为 1 至 3 个资质等级或者不分等级

E. 劳务分包企业资质序列，划分为 13 个资质类别

第5章 工程建设监理的合同管理

5.1 工程建设监理概述

5.1.1 监理的工作性质

工程监理单位是建筑市场的主体之一，建设工程监理是一种高智能的有偿技术服务。在国际上把这类服务归为工程咨询（工程顾问）服务，我国的建设工程监理属于国际上业主方项目管理的范畴。

从事建设工程监理活动，应当遵守国家有关法律、行政法规，严格执行工程建设程序、国家工程建设强制性标准和有关标准、规范，遵循守法、诚信、公平、科学的原则，认真履行委托监理合同。

工程监理企业与建设单位应当在实施建设工程监理前以书面形式签订委托监理合同。合同条款中应当明确合同履行期限、工作范围和内容，双方的责任、权利和义务，监理酬金及其支付方式，合同争议的解决办法等。

综上所述，建设工程监理的工作性质有如下几个特点。

（1）服务性。工程监理机构受业主的委托进行工程建设的监理活动，它提供的不是工程任务的承包，而是服务，工程监理机构将尽一切努力进行项目的目标控制，但它不可能保证项目的目标一定实现，它也不可能承担由于不是它的缘故而导致项目目标的失控。

（2）科学性。工程监理机构拥有从事工程监理工作的专业人士——监理工程师，他们将应用所掌握的工程监理科学的思想、组织、方法和手段从事工程监理活动。

（3）独立性。即不依附性，监理机构在组织上和经济上不能依附于监理工作的对象（如承包商、材料和设备的供货商等），否则它就不可能自主地履行其义务。

（4）公正性。工程监理机构受业主的委托进行工程建设的监理活动，当业主方和承包商发生利益冲突或矛盾时，工程监理机构应以事实为依据，以法律和有关合同为准绳，在维护业主的合法权益时，不损害承包商的合法权益，这体现了建设工程监理的公正性。

5.1.2　监理的工作任务

"建筑工程监理应当依照法律、行政法规及有关的技术标准、设计文件和建筑工程承包合同，对承包单位在施工质量、建设工期和建设资金使用等方面，代表建设单位实施监督"（引自《中华人民共和国建筑法》）。

1. 在《建设工程质量管理条例》中的有关规定

（1）工程监理单位应当依照法律、法规以及有关技术标准、设计文件和建设工程承包同，代表建设单位对施工质量实施监理，并对施工质量承担监理责任。

（2）工程监理单位应当选派具备相应资格的总监理工程师和监理工程师进驻施工现场。未经监理工程师签字，建筑材料、建筑构配件和设备不得在工程上使用或者安装，施工单位不得进行下一道工序的施工。未经总监理工程师签字，建设单位不拨付工程款，不进行竣工验收。

（3）监理工程师应当按照工程监理规范的要求，采取旁站、巡视和平行检验等形式，对建设工程实施监理。

2. 在《建设工程安全生产管理条例》中的有关规定

工程监理单位应当审查施工组织设计中的安全技术措施或者专项施工方案是否符合工程建设强制性标准。工程监理单位在实施监理过程中，发现存在安全事故隐患的，应当要求施工单位整改；情况严重的，应当要求施工单位暂时停止施工，并及时报告建设单位。施工单位拒不整改或者不停止施工的，工程监理单位应当及时向有关主管部门报告。工程监理单位和监理工程师应当按照法律、法规和工程建设强制性标准实施监理，并对建设工程安全生产承担监理责任。

3. 在建设工程项目实施的几个主要阶段建设监理工作的主要任务

（1）设计阶段建设监理工作的主要任务

编写设计要求文件；组织建设工程设计方案竞赛或设计招标，协助业主选择勘察设计单位；拟订和商谈设计委托合同；配合设计单位开展技术经济分析，参与设计方案的比选；参与设计协调工作；参与主要材料和设备的选型（视业主的需求而定）；审核或参与审核工程估算、概算和施工图预算；审核或参与审核主要材料和没备的清单；参与检查设计文件是否满足施工的需求；设计进度控制；参与组织设计文件的报批。

（2）施工招标阶段建设监理工作的主要任务

以下工作内容视业主的需求而定，国家并没有作出统一的规定：拟订或参与拟订建设工程施工招标方案；准备建设工程施工招标条件；协助业主办理招标中清；参与或协助编写施工招标文件；参与建设工程施工招标的组织工作；参与施工合同的商签。

（3）材料和设备采购供应的建设监理工作的主要任务

对于由业主负责采购的材料和设备物资，监理工程师应负责制定计划，监督合同的执行。具体内容包括：制定（或参与制定）材料和设备供应计划和相应的资金需求计划；通过材料和设备的质量、价格、供货期和售后服务等条件的分析和比选，协助业主确定材料和设备等物资的供应单位；起草并参与材料和设备的订货合同；监督合同的实施。

（4）施工准备阶段建设监理工作的主要任务

审查施工单位提交的施工组织设计中的质量安全技术措施、专项施工方案与工程建设强制性标准的符合性；参与设计单位向施工单位的设计交底；检查施工单位工程质量、安全生产管理制度及组织机构和人员资格；检查施工单位专职安全生产管理人员的配备情况；审核分包单位资质条件；检查施工单位的试验室；查验施工单位的施工测量放线成果；审查工程开工条件，签发开工令。

（5）工程施工阶段建设监理工作的主要任务

① 施工阶段的质量控制。

核验施工测量放线，验收隐蔽工程、分部分项工程，签署分项、分部工程和单位工程质量评定表；进行巡视、旁站和平行检验，对发现的质量问题应及时通知施工单位整改，并做监理记录；审查施工单位报送的工程材料、构配件、设备的质量证明资料，抽检进场的工程材料、构配件的质量；审查施工单位提交的采用新材料、新工艺、新技术、新设备的论证材料及相关验收标准；检查施工单位的测量、检测仪器设备、度量衡定期检验的证明文件；监督施工单位对各类土木和混凝土试件按规定进行检查和抽查；监督施工单位认真处理施工中发生的一般质量事故，并认真做好记录；对大和重大质量事故以及其他紧急情况报告业主。

② 施工阶段的进度控制。

监督施工单位严格按照施工合同规定的工期组织施工；审查施工单位提交的施工进度计划，核查施工单位对施工进度计划的调整；建立工程进度台账，核对工程形象进度，按月、季和年度向业主报告工程执行情况、工程进度以及存在的问题。

③ 施工阶段的投资控制。

审核施工单位提交的工程款支付申请，签发或出具工程款支付证书，并报业主审核、批准；建立计量支付签证台账，定期与施工单位核对清算；审查施工单位提交的工程变更申请，协调处理施工费用索赔、合同争议等事项；审查施工单位提交的竣工结算申请。

④ 施工阶段的安全生产管理。

依照法律法规和工程建设强制性标准，对施工单位安全生产管理进行监督；编制安全生产事故的监理应急预案，并参加业主组织的应急预案的演练；审查施工单位的工程项目安全生产规章制度、组织机构的建立及专职安全生产管理人员的配备情况；督促工单位进行安全自查工作，巡视检查施工现场安全生产情况，对实施监理过程中，发现存在安全事故隐患的，应签发监理工程师通知单，要求施工单位整改；情况严重的，总监理工程师应及时下达工程暂停指令，要求施工单位暂时停止施工，并及时报告业主。施工单位拒不整改或者不停止施工的，应通过业主及时向有关主管部门报告。

（6）施工验收阶段建设监理工作的主要任务

① 督促和检查施工单位及时整理竣工文件和验收资料，受理单位工程竣工验收报告，并提出意见。

② 根据施工单位的竣工报告，提出工程质量检验报告；

③ 组织工程预验收，参加业主组织的竣工验收。

（7）施工合同管理方面的工作

① 拟定合同结构和合同管理制度，包括合同草案的拟定、会签、协商、修改、审批、签署和保管等工作制度及流程；

② 协助业主拟订工程的各类合同条款，并参与各类合同的商谈；

③ 合同执行情况的分析和跟踪管理；

④ 协助业主处理与工程有关的索赔事宜及合同争议事宜。

【案例】

1. 背景

某城市建设项目，建设单位委托监理单位承担施工阶段的监理任务，并通过公开招标选定甲施工单位作为施工总承包单位，工程实施中发生了下列事件。

（1）事件 1。桩基工程开始后，专业监理工程师发现，甲施工单位未经建设单位同意将桩基工程分包给乙施工单位，为此，项目监理机构要求暂停桩基施工。征得建设单位同意分包后，甲施工单位将乙施工单位的相关材料报项目监理机构审查，经审查乙施工单位的资质条件符合要求，可进行桩基施工。

（2）事件 2。桩基施工过程中，出现断桩事故。经调查分析，此次断桩事故是因为乙施工单位抢进度，擅自改变施工方案引起。对此，原设计单位提供的事故处理方案为，断桩清除，原位重新施工，乙施工单位按处理方案实施。

（3）事件 3。为进一步加强施工过程质量控制，总监理工程师代表指派专业监理工程师对原监理实施细则中的质量控制措施进行修改，修改后的监理实施细则经总监理工程师代表审查批准后实施。

（4）事件 4。工程进入竣工验收阶段，建设单位发文要求监理单位和甲施工单位各自邀请城建档案管理部门进行工程档案的验收并直接办理档案移交事宜，同时要求监理单位对施工单位的工程档案质量进行检查，甲施工单位收到建设单位发文后将该文转发给乙施工单位。

2. 问题

（1）事件 1 中，项目监理机构对乙施工单位资质审查的程序和内容是什么？

（2）项目监理机构应如何处理事件 2 中的断桩事故？

（3）事件 3 中，总监理工程师代表的做法是否正确？说明理由。

（4）指出事件 4 中建设单位做法的不妥之处，写出正确做法。

3. 分析

（1）审查甲施工单位报送的分包单位资格报审表，符合有关规定后，由总监理工程师予以签认。对乙施工单位的资格审核包括以下内容：①营业执照、企业资质等级证书；②公司业绩；③乙施工单位承担的桩基工程范围；④专职管理人员和特种作业人员的资格证、上岗证。

（2）及时下达工程暂停令；责令甲施工单位报送断桩事故调查报告；审查甲施工单位报送的施工处理方案、措施；审查同意后签发工程复工令；对事故的处理过程和处理结果进行跟踪检查和验收；及时向建设单位提交有关事故的书面报告，并应将完整的质量事故处理记录整理归档。

（3）指派专业监理工程师修改监理实施细则做法正确。总监理工程师代表可以行使总监理工程师的这一职责。审批监理实施细则的做法不妥，应由总监理工程师审批。

（4）要求监理单位和甲施工单位各自对工程档案进行验收并移交的做法不妥。应由建设单位组织建设工程档案的（预）验收，并在工程竣工验收后统一向城市档案管理部门办理工程档案移交。

5.2 监理的工作方法

5.2.1 工程建设监理的工作程序

组成项目监理机构以后，主要程序包括：编制工程建设监理规划；按工程建设进度，分专业编制工程建设监理实施细则；按照建设监理细则进行建设监理；参与工程竣工预验收，签署建设监理意见；建设监理业务完成后，向项目法人提交工程建设监理档案资料。

1. 工程建设监理规划

工程建设监理规划的编制应针对项目的实际情况，明确项目监理机构的工作目标，确定具体的监理工作制度、程序、方法和措施，并应具有可操作性。工程建设监理规划的程序和依据应符合下列规定。

（1）工程建设监理规划应在签订委托监理合同及收到设计文件后开始编制，完成后必须经监理单位技术负责人审核批准，并应在召开第一次工地会议前报送业主。

（2）应由总监理工程师主持，专业监理工程师参加编制。

（3）编制工程建设监理规划的依据：建设工程的相关法律、法规及项目审批文件；与建设工程项目有关的标准、设计文件和技术资料；监理大纲、委托监理合同文件以及建设项目相关的合同文件。

2. 工程建设监理规划内容

工程建设监理规划一般包括以下内容：建设工程概况；监理工作范围；监理工作内容；监理工作目标；监理工作依据；项目监理机构的组织形式；项目监理机构的人员配备计划；项目监理机构的人员岗位职责；监理工作程序；监理工作方法及措施；监理工作制度；监理设施。

5.2.2 工程建设监理实施细则

对中型及中型以上或专业性较强的工程项目，项目监理机构应编制工程建设监理实施细则。它应符合工程建设监理规划的要求，并应结合工程项目的专业特点，做到详细具体，并具有可操作性。在监理工作实施过程中，工程建设监理实施细则应根据实际情况进行补充、修改和完善。

工程建设监理实施细则的编制程序和依据应符合下列规定。

（1）工程建设监理实施细则应在工程施工开始前编制完成，并必须经总监理工程师批准。

（2）工程建设监理实施细则应由各有关专业的专业工程师参与编制。

（3）编制工程建设监理实施细则的依据如下：已批准的工程建设监理规划；相关的专业工程的标准、设计文件和有关的技术资料；施工组织设计。

工程建设监理实施细则应包括下列内容：专业工程的特点；监理工作的流程；监理工作的控制要点及目标值；监理工作的方法和措施。

【案例】

1. 背景

某输气管道工程在施工过程中，施工单位未经监理工程师事先同意，订购了一批钢管，钢管运抵施工现场后监理工程师进行了检验，检验中监理人员发现钢管质量存在以下问题：

（1）施工单位未能提交产品合格证、质量合格证书和检测证明资料；

（2）实物外观粗糙，标识不清，且有锈斑。

2. 问题

监理工程师应如何处理上述问题。

3. 分析

（1）由于该批材料由施工单位采购，监理工程师检验发现外观不良，标识不清，且无合格证等资料，监理工程师应书面通知施工单位不得将该批材料用于工程，并抄送业主备案。

（2）监理工程师应要求施工单位提交该批产品的产品合格证、质量保证书、材质化验单、技术指标报告和生产厂家生产许可证等资料，以便监理工程师对生产厂家和材质保证等方面进行书面资料的审查。

（3）如果施工单位提交了上述有关资料，经监理工程师审查符合要求，则施工单位应按技术规范要求对该产品进行有监理人员签证的取样送检。如果经检测后证明材料质量符合技术规范、设计文件和工程承包合同要求，则监理工程师可进行质检签证，并书面通知施工单位。

（4）如果施工单位不能提供第二条所述资料，或虽提供了上述资料，但经抽样检测后质量不符合技术规范或设计文件或承包合同要求，则监理工程师应书面通知施工单位不得将该批管材用于工程，并要求施工单位将该批管材运出施工现场（施工方与供货厂商之间的经济、法律问题，由他们双方协商解决）。

（5）监理工程师应将处理结果书面通知。工程材料的检测费用由施工单位承担。

习题

一、单选题

1. 项目监理机构处理业主和承包方的利益冲突或矛盾时，应坚持的原则是（　）。

A. 无条件维护业主的权益

B. 无条件维护承包方的权益

C. 在不损害业主合法权益的前提下，维护承包方的权益

D. 在维护业主的权益时，不损害承包方的合法权益

2. 当业主方和施工方发生利益冲突或矛盾时，受业主的委托进行工程建设监理活动的监理机构应该以事实为依据，以法律和合同为准绳进行处理。这体现了监理的（　）。

A. 服务性　　　　B. 公平性

C. 科学性　　　　D. 独立性

3. 对中型及中型以上或专业性较强的工程项目，项目监理机构应编制（　）。

A. 工程建设监理实施细则　　B. 工程建设监理实施规划

C. 工程建设监理实施大纲　　D. 工程建设监理实施方案

4. 向工程监理单位委托建设工程项目监理任务的单位是（　）。

A. 政府主管部门　　B. 质量监理机构

C. 项目法人　　D. 项目总承包方

5. 未经（　）签字，建设单位不拨付工程款，不进行竣工验收。

A. 总监理工程师　　B. 专业监理工程师

C. 监理单位技术负责人　　D. 监理员

6. 工程建设监理规划应在签订委托监理合同及收到设计文件后开始编制，完成后必须经（　）审核批准，并应在召开第一次工地会议前报送业主。

A. 监理单位技术负责人　　B. 总监

C. 专业监理工程师　　D. 专业工程师

7. 对专业性较强的工程项目，项目监理机构应编制工程建设监理实施细则，并必须经（　）批准后执行。

A. 监理单位技术负责人　　B. 总监理工程师

C. 专业监理工程师　　D. 专业工程师

8. 我国的建设工程监理属于国际上（　）方项目管理的范畴。

A. 设计　　B. 施工

C. 业主　　D. 总承包

9. 在我国现阶段，监理单位与业主的关系是（　）。

A. 合同　　B. 监理

C. 指令　　D. 行政

二、多选题

1. 编制工程建设监理规划的依据有（　）。

A. 建设工程的相关法律、法规及项目审批文件

B. 与建设工程项目有关的标准、设计文件和技术资料

C. 监理大纲、委托监理合同文件以及建设项目相关的合同文件

D. 施工组织设计

E. 监理工作的方法和措施

2. 工程建设监理规划一般包括（　）等内容。

A. 建设工程概况　　B. 监理工作范围

C. 监理工作内容　　D. 监理工作的方法和措施

E. 专业工程的特点

3. 编制工程建设监理实施细则的依据有（　）。

A. 已批准的工程建设监理规划

B. 相关的专业工程的标准、设计文件和有关的技术资料

C. 施工组织设计

D. 监理工作的方法和措施

E. 建设工程概况

4. 工程建设监理实施细则应包括下列（　　）内容。

A. 专业工程的特点　　　　B. 监理工作的流程

C. 监理工作的控制要点及目标值　　　　D. 监理工作的方法和措施

E. 建设工程概况

5. 根据相关规定，建筑工程监理应当依照（　　），对承包单位在施工质量、建设工期和建设资金使用等方面，代表建设单位实施监督。

A. 有关的技术标准　　　　B. 国家强制性标准

C. 法律、法规　　　　D. 设计文件

E. 建设工程承包合同

第6章 建筑工程质量法律制度

6.1 工程建设标准

工程建设标准是为在工程建设领域内获得最优秩序，对建设工程的勘察、规划、设计、施工、安装、验收、运营维护及管理等活动和结果需要协调统一的事项所制定的共同的、重复使用的技术依据和准则，对促进技术进步，保证工程的安全、质量、环境和公众利益，实现最优社会效益、经济效益、环境效益和最优效率等，具有直接作用和重要意义。

工程建设标准在保障建设工程质量安全、人民群众的生命财产与人身健康安全，以及其他社会公共利益方面一直发挥着重要作用。具体来说，就是通过行之有效的标准规范，特别是工程建设强制性标准，为建设工程实施安全防范措施和消除安全隐患提供统一的技术要求，以确保在现有的技术、管理条件下尽可能地保障建设工程安全，从而最大限度地保障建设工程的建造者、使用者和所有者的生命财产安全以及人身健康安全。

工程建设标准还与我们工作、生活、健康的方方面面息息相关。无论是供我们居住的住宅建筑，还是商场、写字楼、医院、影剧院、体育场、博物馆、车站、机场等大型公共建筑，或是供水、燃气、垃圾污水处理、城市轨道交通等基础设施，在其建筑结构、地基基础、抗震设防、工程质量、施工安全、室内环境、防火措施、供水水质、燃气管线、防灾减灾、运行管理等方面都有相关的标准条文规定，都有统一的安全技术要求和管理要求。严格执行这些标准，必将会进一步提高我国建设工程的安全水平，增强建设工程抵御自然灾害的能力，减少和防止建设工程安全事故的发生，使人们更加放心地工作、生活在一个安全的环境当中。

6.1.1　工程建设标准分类

1. 根据标准的约束性划分：强制性标准、推荐性标准

（1）强制性标准。保障人体健康、人身财产安全的标准和法律、行政性法规规定强制执行的国家和行业标准是强制性标准，省、自治区、直辖市标准化行政主管部门制定的工业产品的安全、卫生要求的地方标准在本行政区域内是强制性标准。对工程建设业来说，下列标准属于强制性标准：

工程建设勘察、规划、设计、施工（包括安装）及验收等的通用综合标准和重要的通用质量标准；工程建设通用的有关安全、卫生和环境保护的标准；工程建设重要的术语、符号、代号、计量与单位、建筑模数和制图方法标准；工程建设重要的通用试验、检验和评定等标准；工程建设重要的通用信息技术标准；国家需要控制的其他工程建设通用的标准。

（2）推荐性标准。其他非强制性的国家和行业标准是推荐性标准，推荐性标准国家鼓励企业自愿采用。

2. 根据内容划分：设计标准、施工及验收标准、建设定额

（1）设计标准：是指从事工程设计所依据的技术文件。

（2）施工及验收标准：施工标准是指施工操作程序及其技术要求的标准；验收标准是指检验、接收竣工工程项目的规程、办法与标准。

（3）建设定额：是指国家规定的消耗在单位建筑产品上活劳动和物化劳动的数量标准，以及用货币表现的某些必要费用的额度。

3. 按属性分类：技术标准、管理标准、工作标准

（1）技术标准：是指对标准化领域中需要协调统一的技术事项所制定的标准。

（2）管理标准：是指对标准化领域中需要协调统一的管理事项所制定的标准。

（3）工作标准：是指对标准化领域中需要协调统一的工作事项所制定的标准。

4. 国家标准、行业标准、地方标准和企业标准

（1）国家标准：是对需要在全国范围内统一的技术要求制定的标准。

工程建设国家标准分为强制性标准和推荐性标准。下列标准属于强制性标准：①工程建设勘察、规划、设计、施工（包括安装）及验收等的通用综合标准和重要的通用质量标准；②工程建设通用的有关安全、卫生和环境保护的标准；③工程建设重要的通用术语、符号、代号、量与单位、建筑模数和制图方法标准；④工程建设重要的通用试验、检验和评定方法等标准；⑤工程建设重要的通用的信息技术标准；⑥国家需要控制的其他工程建设通用标准。

强制性标准以外的标准是推荐性标准。

制定国家标准应当遵循下列原则。①必须贯彻执行国家的有关法律、法规和方针、政策，密切结合自然条件，合理利用资源，充分考虑使用和维修的要求，做到安全适用、技术先进、经济合理；②对需要进行科学试验或测试验证的项目，应当纳入各级主管部门的科研计划，认真组织

实施，写出成果报告；③纳入国家标准的新技术、新工艺、新设备、新材料，应当经有关主管部门或受委托单位鉴定，且经实践检验行之有效；④积极采用国际标准和国外先进标准，并经认真分析论证或测试验证，符合我国国情；⑤国家标准条文规定应当严谨明确，文句简练，不得模棱两可，其内容深度、术语、符号、计量单位等应当前后一致；⑥必须做好与现行相关标准之间的协调工作。

工程建设国家标准的制定程序分为准备、征求意见、送审和报批四个阶段。

工程建设国家标准由国务院工程建设行政主管部门审查批准，由国务院标准化行政主管部门统一编号，由国务院标准化行政主管部门和国务院工程建设行政主管部门联合发布。

工程建设国家标准的编号由国家标准代号、发布标准的顺序号和发布标准的年号组成。强制性国家标准的代号为“GB”，推荐性国家标准的代号为“GB／T”。例如，《建筑工程施工质量验收统一标准》（GB 50300—2001），其中 GB 表示为强制性国家标准，50300 表示标准发布顺序号，2001 表示是 2001 年批准发布的；《工程建设施工企业质量管理规范》（GB／T 50430—2007），其中 GB/T 表示为推荐性国家标准，50430 表示标准发布顺序号，2007 表示是 2007 年批准发布的。

国家标准实施后，应当根据科学技术的发展和工程建设的需要，由该国家标准的管理部门适时组织有关单位进行复审。复审一般在国家标准实施后 5 年进行 1 次，复审可以采取函审或会议审查，一般由参加过该标准编制或审查的单位或个人参加。

（2）行业标准：是对没有国家标准而又需要在全国某个行业范围内统一的技术要求所制定的标准。

《标准化法》规定，对没有国家标准而又需要在全国某个行业范围内统一的技术要求，可以制定行业标准，在公布国家标准之后，该项行业标准即行废止。工程建设行业标准也分为强制性标准和推荐性标准，下列行业标准属于强制性标准。①工程建设勘察、规划、设计、施工（包括安装）及验收等行业专用的综合性标准和重要的行业专用的质量标准；②工程建设行业专用的有关安全、卫生和环境保护的标准；③工程建设重要的行业专用的术语、符号、代号、量与单位和制图方法标准；④工程建设重要的行业专用的试验、检验和评定方法等标准；⑤工程建设重要的行业专用的信息技术标准；⑥行业需要控制的其他工程建设标准。强制性标准以外的标准是推荐性标准。

行业标准不得与国家标准相抵触。行业标准的某些规定与国家标准不一致时，必须有充分的科学依据和理由，并经国家标准的审批部门批准。行业标准在相应的国家标准实施后，应当及时修订或废止。

工程建设行业标准的制定、修定程序，也可以按准备、征求意见、送审和报批四个阶段进行。

工程建设行业标准实施后，根据科学技术的发展和工程建设的实际需要，该标准的批准部门应当适时进行复审，确认其继续有效或予以修订、废止。一般也是 5 年复审 1 次。

（3）地方标准：是对没有国家标准和行业标准而又需要在该地区范围内统一的技术要求所制定的标准。

《标准化法》规定，对没有国家标准和行业标准而又需要在省、自治区、直辖市范围内统一的工业产品的安全、卫生要求，可以制定地方标准，在公布国家标准或者行业标准之后，该项地方标准即行废止。

工程建设地方标准在省、自治区、直辖市范围内由省、自治区、直辖市建设行政主管部门统一计划、统一审批、统一发布、统一管理。

工程建设地方标准不得与国家标准和行业标准相抵触。对与国家标准或行业标准相抵触的工程建设地方标准，应当自行废止。工程建设地方标准应报国务院建设行政主管部门备案。未经备案的工程建设地方标准，不得在建设活动中使用。

工程建设地方标准中，对直接涉及人民生命财产安全、人体健康、环境保护和公共利益的条文，经国务院建设行政主管部门确定后，可作为强制性条文，在不违反国家标准和行业标准的前提下工程建设地方标准可以独立实施。

（4）企业标准：是对企业范围内需要协调、统一的技术要求、管理事项和工作事项所制定的标准。

《标准化法》规定，企业生产的产品没有国家标准和行业标准的，应当制定企业标准，作为组织生产的依据。已有国家标准或者行业标准的，国家鼓励企业制定严于国家标准或者行业标准的企业标准，在企业内部适用。

建设部《关于加强工程建设企业标准化工作的若干意见》指出，工程建设企业标准一般包括企业的技术标准、管理标准和工作标准。

企业管理标准，是指对本企业范围内需要协调和统一的管理要求所制定的标准。如企业的组织管理、计划管理、技术管理、质量管理和财务管理等。

6.1.2　违法行为应承担的法律责任

工程建设标准违法行为应承担的主要法律责任如下。

1. 建设单位违法行为应承担的法律责任

《建设工程质量管理条例》规定，建设单位明示或者暗示设计单位或者施工单位违反工程建设强制性标准，降低工程质量的，责令改正，处 20 万元以上、50 万元以下的罚款。

2. 勘察、设计单位违法行为应承担的法律责任

《建筑法》规定，建筑设计单位不按照建筑工程质量、安全标准进行设计的，责令改正，处以罚款；造成工程质量事故的，责令停业整顿，降低资质等级或者吊销资质证书，没收违法所得，并处罚款；造成损失的，承担赔偿责任；构成犯罪的，依法追究刑事责任。

3. 施工企业违法行为应承担的法律责任

《建设工程质量管理条例》规定，施工单位在施工中偷工减料的，使用不合格的建筑材料、建筑构配件和设备的，或者有不按照工程设计图纸或者施工技术标准施工的其他行为的，责令改正，处工程合同价款 2%以上、4%以下的罚款；造成建设工程质量不符合规定的质量标准的，负责返工、修理，并赔偿因此造成的损失；情节严重的，责令停业整顿，降低资质等级或者吊销资质证书。

4. 工程监理单位违法行为应承担的法律责任

《实施工程建设强制性标准监督规定》规定，工程监理单位违反强制性标准规定，将不合格的

建设工程以及建筑材料、建筑构配件和设备按照合格签字的，责令改正，处50万元以上、100万元以下的罚款，降低资质等级或者吊销资质证书；有违法所得的，予以没收；造成损失的，承担连带赔偿责任。

6.2 建筑工程质量责任

6.2.1 施工单位的质量责任

1. 总分包单位的质量责任

《建筑法》规定，建筑工程实行总承包的，工程质量由工程总承包单位负责，总承包单位将建筑工程分包给其他单位的，应当对分包工程的质量与分包单位承担连带责任。分包单位应当接受总承包单位的质量管理。

总承包单位与分包单位对分包工程的质量还要依法承担连带责任。当分包工程发生质量问题时，建设单位或其他受害人既可以向分包单位请求赔偿，也可以向总承包单位请求赔偿；进行赔偿的一方，有权依据分包合同的约定，对不属于自己责任的那部分赔偿向对方追偿。

2. 按照工程设计图纸和施工技术标准施工的规定

《建筑法》规定，建筑施工企业必须按照工程设计图纸和施工技术标准施工，不得偷工减料。工程设计的修改由原设计单位负责，建筑施工企业不得擅自修改工程设计。

《建设工程质量管理条例》进一步规定，施工单位必须按照工程设计图纸和施工技术标准施工。不得擅自修改工程设计，不得偷工减料。施工单位在施工过程中发现设计文件和图纸有差错的，应当及时提出意见和建议。

这是对施工单位的施工依据以及有义务对设计文件和图纸及时提出意见和建议的规定。

（1）按图施工，遵守标准

按图施工，不擅自修改设计，是施工单位保证工程质量的最基本要求。此外，从法律的角度来看，工程设计图纸和施工技术标准都属于合同文件的组成部分，如果施工单位不按照工程设计图纸和施工技术标准施工，则属于违约行为，应该对建设单位承担违约责任。

（2）防止设计文件和图纸出现差错

由于工程项目的设计涉及多个专业，需要同多方面进行协调，设计图纸和文件也可能出现差错。施工人员特别是施工管理负责人、技术负责人以及项目经理等在施工工程中发现设计文件和图纸中存在错误，有义务及时向设计单位提出，避免造成不必要的损失和质量问题。

3. 对建筑材料、设备等进行检验检测的规定

《建设工程质量管理条例》进一步规定，施工单位必须按照工程设计要求、施工技术标准和合同约定，对建筑材料、建筑构配件、设备和商品混凝土进行检验，检验应当有书面记录和专人签字；未经检验或者检验不合格的，不得使用。

（1）建筑材料、建筑构配件、设备和商品混凝土的检验制度

施工单位对进入施工现场的建筑材料、建筑构配件、设备和商品混凝土实行检验制度，是施工单位质量保证体系的重要组成部分，也是保证施工质量的重要前提。施工单位应当严把两道关：一是谨慎选择材料供应厂商；二是实行进场二次检验。

（2）施工检测的见证取样和送检制度

《建设工程质量管理条例》规定，施工人员对涉及结构安全的试块、试件以及有关材料，应当在建设单位或者工程监理单位监督下现场取样，并送至具有相应资质等级的质量检测单位进行检测。

① 见证取样和送检。

所谓见证取样和送检，是指在建设单位或工程监理单位人员的见证下，由施工单位的现场试验人员对工程中涉及结构安全的试块、试件和材料在现场取样，并送至具有法定资格的质量检测单位进行检测的活动。

建设部《房屋建筑工程和市政基础设施工程实行见证取样和送检的规定》中规定，涉及结构安全的试块、试件和材料见证取样和送检的比例不得低于有关技术标准中规定应取样数量的 30%。下列试块、试件和材料必须实施见证取样和送检：（a）用于承重结构的混凝土试块；（b）用于承重墙体的砌筑砂浆试块；（c）用于承重结构的钢筋及连接接头试件；（d）用于承重墙的砖和混凝土小型砌块；（e）用于拌制混凝土和砌筑砂浆的水泥；（f）用于承重结构的混凝土中使用的掺加剂；（g）地下、屋面、厕浴间使用的防水材料；（h）国家规定必须实行见证取样和送检的其他试块、试件和材料。

见证人员应由建设单位或该工程的监理单位中具备施工试验知识的专业技术人员担任，并由建设单位或该工程的监理单位书面通知施工单位、检测单位和负责该项工程的质量监督机构。

在施工过程中，见证人员应按照见证取样和送检计划，对施工现场的取样和送检进行见证。取样人员应在试样或其包装上做出标识、封志。标识和封志应标明工程名称、取样部位、取样日期，样品名称和样品数量，并由见证人员和取样人员签字。见证人员和取样人员应对试样的代表性和真实性负责。

② 工程质量检测单位的资质和检测规定。

建设部《建设工程质量检测管理办法》规定，工程质量检测机构是具有独立法人资格的中介机构。按照其承担的检测业务内容，分为专项检测机构和见证取样检测机构。检测机构未取得相应的资质证书，不得承担本办法规定的质量检测业务。

质量检测业务由工程项目建设单位委托具有相应资质的检测机构进行检测。委托方与被委托方应当签订书面合同。

检测机构完成检测业务后，应当及时出具检测报告。检测报告经检测人员签字、检测机构法定代表人或者其授权的签字人签署，并加盖检测机构公章或者检测专用章后方可生效。检测报告经建设单位或者工程监理单位确认后，由施工单位归档。任何单位和个人不得明示或者暗示检测机构出具虚假检测报告，不得篡改或者伪造检测报告。如果检测结果利害关系人对检测结果发生争议的，由双方共同认可的检测机构复检，复检结果由提出复检方报当地建设主管部门备案。

检测机构应当将检测过程中发现的建设单位、监理单位、施工单位违反有关法律、法规和工程建设强制性标准的情况，以及涉及结构安全检测结果的不合格情况，及时报告工程所在地建设主管部门。检测机构应当建立档案管理制度，并应当单独建立检测结果不合格项目台账。

检测人员不得同时受聘于两个或者两个以上的检测机构。检测机构和检测人员不得推荐或者监制建筑材料、构配件和设备。检测机构不得与行政机关，法律、法规授权的具有管理公共事务职能的组织，以及所检测工程项目相关的设计单位、施工单位、监理单位有隶属关系或者其他利害关系。

检测机构不得转包检测业务。检测机构应当对其检测数据和检测报告的真实性和准确性负责。检测机构违反法律、法规和工程建设强制性标准，给他人造成损失的，应当依法承担相应的赔偿责任。

4. 施工质量检验和返修的规定

（1）施工质量检验制度

《建设工程质量管理条例》规定，施工单位必须建立、健全施工质量的检验制度，严格工序管理，做好隐蔽工程的质量检查和记录。隐蔽工程在隐蔽前，施工单位应当通知建设单位和建设工程质量监督机构。

施工质量检验，通常是指工程施工过程中工序质量检验（或称为过程检验），包括预检、自检、交接检、专职检、分部工程中间检验以及隐蔽工程检验等。

（2）强化隐蔽工程质量检查

隐蔽工程，是指在施工过程中某一道工序所完成的工程实物，被后一工序形成的工程实物所隐蔽，而且不可以逆向作业的那部分工程。例如，钢筋混凝土工程施工中，钢筋为混凝土所覆盖。前者即为隐蔽工程。

按照《建设工程施工合同文本》的规定，工程具备隐蔽条件或达到专用条款约定的中间验收部位，施工单位进行自检，并在隐蔽或中间验收前 48 小时以书面形式通知监理工程师验收。验收不合格的，施工单位在监理工程师限定的时间内修改并重新验收。如果工程质量符合标准规范和设计图纸的要求，验收 24 小时后，监理工程师不在验收记录上签字的，视为已经批准，施工单位可继续进行隐蔽或施工。

（3）建设工程的返修

《建筑法》规定，对已发现的质量缺陷，建筑施工企业应当修复。《建设工程质量管理条例》进一步规定，施工单位对施工中出现质量问题的建设工程或者竣工验收不合格的建设工程，应当负责返修。

《合同法》也做了相应规定，因施工人的原因致使建设工程质量不符合约定的，发包人有权要求施工人在合理期限内无偿修理或者返工、改建。

返修作为施工单位的法定义务，其返修包括施工过程中出现质量问题的建设工程和竣工验收不合格的建设工程两种情形，对于非施工单位原因造成的质量问题，施工单位也应当负责返修，但是因此而造成的损失及返修费用由责任方负责。

5. 施工单位违法行为应承担的法律责任

《建设工程质量管理条例》规定，施工单位未对建筑材料、建筑构配件、设备和商品混凝土进行检验，或者未对涉及结构安全的试块、试件以及有关材料取样检测的，责令改正，处 10 万元以上、20 万元以下的罚款；情节严重的，责令停业整顿，降低资质等级或者吊销资质证书；造成损失的，依法承担赔偿责任。建设单位、设计单位、施工单位、工程监理单位违反国家规定，降低工程质量标准，造成重大安全事故的，对直接责任人员处 5 年以下有期徒刑或者拘役，并处罚金；后果特别严重的，处 5 年以上、10 年以下有期徒刑，并处罚金。

6.2.2　建设单位的质量责任

1. 依法发包工程

《建设工程质量管理条例》规定，建设单位应当将工程发包给具有相应资质等级的单位。建设单位不得将建设工程肢解发包。建设单位应当依法对工程建设项目的勘察、设计、施工、监理以及与工程建设有关的重要设备、材料等的采购进行招标。

建设单位发包工程时，应该根据工程特点，以有利于工程的质量、进度、成本控制为原则，合理划分标段，但不得肢解发包工程。如果将应当由一个承包单位完成的工程肢解成若干部分，分别发包给不同的承包单位，将使整个工程建设在管理和技术上缺乏应有的统筹协调，从而造成施工现场秩序的混乱，责任不清，严重影响建设工程质量，一旦出现问题也很难找到责任方。

2. 依法向有关单位提供原始资料

《建设工程质量管理条例》规定，建设单位必须向有关的勘察、设计、施工、工程监理等单位提供与建设工程有关的原始资料。原始资料必须真实、准确、齐全。

原始资料是工程勘察、设计、施工、监理等单位赖以进行相关工程建设的基础性材料。作为建设活动的总负责方，向有关单位提供原始资料，并保证这些资料的真实、准确、齐全，是建设单位基本的责任和义务。

3. 限制不合理的干预行为

《建筑法》规定，建设单位不得以任何理由，要求建筑设计单位或者建筑施工企业在工程设计或者施工作业中，违反法律、行政法规和建筑工程质量、安全标准，降低工程质量。

《建设工程质量管理条例》进一步规定，建设工程发包单位，不得迫使承包方以低于成本的价格竞标，不得任意压缩合理工期。建设单位不得明示或者暗示设计单位或者施工单位违反工程建设强制性标准，降低建设工程质量。

4. 依法报审施工图设计文件

《建设工程质量管理条例》规定，建设单位应当将施工图设计文件报县级以上人民政府建设行政主管部门或者其他有关部门审查，施工图设计文件未经审查批准的，不得使用。施工图设计文件是设计文件的重要内容，是编制施工图预算、安排材料、设备订货和非标准设备制作，进行施工、安装和工程验收等工作的依据。施正图设计文件一经完成，建设工程最终所要达到的质量，尤其是地基基础和结构的安全性就有了约束，因此，施工图设计文件的质量直接影响建设工程的质量。

5. 依法实行工程监理

《建设工程质量管理条例》规定，实行监理的建设工程，建设单位应当委托具有相应资质等级的工程监理单位进行监理，也可以委托具有工程监理相应资质等级并与被监理工程的施工承包单位没有隶属关系或者其他利害关系的该工程的设计单位进行监理。

《建设工程质量管理条例》还规定，下列建设工程必须实行监理：①国家重点建设工程；②大中型公用事业工程；③成片开发建设的住宅小区工程；④利用外国政府或者国际组织贷款、援助资金的工程；⑤国家规定必须实行监理的其他工程。

6. 依法办理工程质量监督手续

《建设工程质量管理条例》规定，建设单位在领取施工许可证或者开工报告前，应当按照国家有关规定办理工程质量监督手续。

办理工程质量监督手续是法定程序，不办理质量监督手续的，不发施工许可证，工程不得开工。因此，建设单位在领取施工许可证或者开工报告之前，应当依法到建设行政主管部门或铁路、交通、水利等有关管理部门，或其委托的工程质量监督机构办理工程质量监督手续，接受政府主管部门的工程质量监督。

建设单位办理工程质量监督手续，应提供以下文件和资料：①工程规划许可证；②设计单位资质等级证书；③监理单位资质等级证书，监理合同及《工程项目监理登记表》；④施工单位资质等级证书及营业执照副本；⑤工程勘察设计文件；⑥中标通知书及施工承包合同等。

7. 依法保证建筑材料等符合要求

在工程实践中，根据工程项目设计文件和合同要求的质量标准，哪些材料和设备由建设单位采购，哪些材料和设备由施工单位采购，应该在合同中明确约定，并且是谁采购、谁负责。所以，由建设单位采购建筑材料、建筑构配件和设备的，建设单位必须保证建筑材料、建筑构配件和设备符合设计文件和合同要求。对于建设单位负责供应的材料设备，在使用前施工单位应当按照规定对其进行检验和试验，如果不合格，不得在工程上使用，并应通知建设单位予以退换。

8. 依法进行装修工程

随意拆改建筑主体结构和承重结构等，会危及建设工程安全和人民生命财产安全。因此，《建设工程质量管理条例》规定，涉及建筑主体和承重结构变动的装修工程，建设单位应当在施工前委托原设计单位或者具有相应资质等级的设计单位提出设计方案；没有设计方案的，不得施工。

房屋使用者在装修过程中，也不得擅自变动房屋建筑主体和承重结构，如拆除隔墙、窗洞改门洞等，都是不允许的。

9. 建设单位质量违法行为应承担的法律责任

《建筑法》规定，建设单位违反本法规定，要求建筑设计单位或者建筑施工企业违反建筑工程质量、安全标准，降低工程质量的，责令改正，可以处以罚款；构成犯罪的，依法追究刑事责任。

《建设工程质量管理条例》规定，建设单位有下列行为之一的，责令改正，处 20 万元以上、50 万元以下的罚款：①迫使承包方以低于成本的价格竞标的；②任意压缩合理工期的；③明示或者暗示设计单位或者施工单位违反工程建设强制性标准，降低工程质量的；④施工图设计文件未经审查或者审查不合格，擅自施工的；⑤建设项目必须实行工程监理而未实行工程监理的；⑥未按照国家规定办理工程质量监督手续的；⑦明示或者暗示施工单位使用不合格的建筑材料、建筑构配件和设备的；⑧未按照国家规定将竣工验收报告、有关认可文件或者准许使用文件报送备案的。

6.2.3　勘察、设计单位相关的质量责任

勘察、设计单位和执业注册人员是勘察设计质量的责任主体，也是整个工程质量的责任主体之一。勘察、设计质量实行单位与执业注册人员双重责任，即勘察、设计单位对其勘察、设计的质量负责，注册建筑师、注册结构工程师等专业人士对其签字的设计文件负责。

1. 依法承揽工程的勘察、设计业务

《建设工程质量管理条例》规定，从事建设工程勘察、设计的单位应当依法取得相应等级的资质证书，并在其资质等级许可的范围内承揽工程。禁止勘察、设计单位超越其资质等级许可的范围或者以其他勘察、设计单位的名义承揽工程。禁止勘察、设计单位允许其他单位或者个人以本单位的名义承揽工程。勘察、设计单位不得转包或者违法分包所承揽的工程。

2. 勘察、设计必须执行强制性标准

《建设工程质量管理条例》规定，勘察、设计单位必须按照工程建设强制性标准进行勘察、设计，并对其勘察、设计的质量负责。

强制性标准是工程建设技术和经验的积累，是勘察、设计工作的技术依据。只有满足工程建设强制性标准才能保证质量，才能满足工程对安全、卫生、环保等多方面的质量要求，因而勘察、设计单位必须严格执行强制性标准。

3. 勘察单位提供的勘察成果必须真实、准确

《建设工程质量管理条例》规定，勘察单位提供的地质、测量、水文等勘察成果必须真实、准确。

工程勘察工作是建设工作的基础工作，工程勘察成果文件是设计和施工的基础资料和重要依据。其真实准确与否直接影响到设计、施工质量，因而工程勘察成果必须真实准确、安全可靠。

4. 设计依据和设计深度

《建设工程质量管理条例》规定，设计单位应当根据勘察成果文件进行建设工程设计。设计文件应当符合国家规定的设计深度要求，注明工程合理使用年限。勘察成果文件是设计的基础资料，是设计的依据。因此，先勘察、后设计是工程建设的基本做法，也是基本建设程序的要求。我国对各类设计文件的编制深度都有规定，在实践中应当贯彻执行。工程合理使用年限是指从工程竣工验收合格之日起，工程的地基基础、主体结构能保证在正常情况下安全使用的年

限，它与《建筑法》中的“建筑物合理寿命年限”、《合同法》中的“工程合理使用期限”等在概念上是一致的。

5. 依法规范设计对建筑材料等的选用

《建筑法》、《建设工程质量管理条例》都规定设计单位在设计文件中选用的建筑材料、建筑构配件和设备，应当注明规格、型号、性能等技术指标，其质量要求必须符合国家规定的标准。除有特殊要求的建筑材料、专用设备、工艺生产线等外，设计单位不得指定生产厂、供应商。

6. 依法对设计文件进行技术交底

《建设工程质量管理条例》规定，设计单位应当就审查合格的施工图设计文件向施工单位做出详细说明。

设计文件的技术交底，通常的做法是设计文件完成后，通过建设单位发给施工单位，再由设计单位将设计的意图、特殊的工艺要求，以及建筑、结构、设备等各专业在施工中的难点、疑点和容易发生的问题等向施工单位做详细说明，并负责解释施工单位对设计图纸的疑问。

对设计文件进行技术交底是设计单位的重要义务，对确保工程质量有重要的意义。

7. 依法参与建设工程质量事故分析

《建设工程质量管理条例》规定，设计单位应当参与建设工程质量事故分析，并对因设计造成的质量事故，提出相应的技术处理方案。

8. 勘察、设计单位质量违法行为应承担的法律责任

《建设工程质量管理条例》规定，有下列行为之一的，责令改正，处 10 万元以上、30 万元以下的罚款：①勘察单位未按照工程建设强制性标准进行勘察的；②设计单位未根据勘察成果文件进行工程设计的；③设计单位指定建筑材料、建筑构配件的生产厂、供应商的；④设计单位未按照工程建设强制性标准进行设计的。有以上所列行为，造成工程质量事故的，责令停业整顿，降低资质等级；情节严重的，吊销资质证书；造成损失的，依法承担赔偿责任。

6.2.4 工程监理单位相关的质量责任

1. 依法承担工程监理业务

《建筑法》规定，工程监理单位应当在其资质等级许可的监理范围内，承担工程监理业务。工程监理单位不得转让工程监理业务。

2. 对有隶属关系的或其他利害关系方的回避

《建筑法》、《建设工程质量管理条例》都规定，工程监理单位与被监理工程的施工承包单位以及建筑材料、建筑构配件和设备供应单位有隶属关系或者其他利害关系的，不得承担该项建设工程的监理业务。

3. 监理工作的依据和监理责任

《建设工程质量管理条例》规定，工程监理单位应当依照法律、法规以及有关技术标准、设计文件和建设工程承包合同。代表建设单位对施工质量实施监理，并对施工质量承担监理责任。

工程监理的依据：①法律、法规，如《建筑法》、《合同法》、《建设工程质量管理条例》等；②有关技术标准，如《工程建设标准强制性条文》以及建设工程承包合同中确认采用的推荐性标准等；③设计文件，施工图设计等设计文件既是施工的依据，也是监理单位对施工活动进行监督管理的依据；④建设工程承包合同，监理单位据此监督施工单位是否全面履行合同约定的义务。

监理单位对施工质量承担监理责任，包括违约责任和违法责任两个方面。①违约责任。如果监理单位不按照监理合同约定履行监理义务，给建设单位或其他单位造成损失的，应当承担相应的赔偿责任；②违法责任，如果监理单位违法监理，或者降低工程质量标准，造成质量事故的，要承担相应的法律责任。

4. 工程监理的职责和权限

《建设工程质量管理条例》规定，工程监理单位应当选派具备相应资质的总监理工程师和监理工程师进驻施工现场。未经监理工程师签字，建筑材料、建筑构配件和设备不得在工程上使用或者安装，施工单位不得进行下一道工序的施工。未经总监理工程师签字，建设单位不拨付工程款，不进行竣工验收。

监理单位应根据所承担的监理任务，组建驻工地监理机构，监理机构一般由总监理工程师，监理工程师和其他监理人员组成。监理工程师拥有对建筑材料、建筑构配件和设备以及每道施工工序的检查权，对检查不合格的，有权决定是否允许在工程上使用或进行下一道工序的施工。工程监理实行总监理工程师负责制。总监理工程师可以依法在授权范围内发布有关指令全面负责受委托的监理工程。

5. 工程监理的形式

《建设工程质量管理条例》规定，监理工程师应当按照工程监理规范的要求，采取旁站、巡视和平行检验等形式，对建设工程实施监理。

所谓旁站，是指对工程中有关地基和结构安全的关键工序和关键施工过程，进行连续不断地监督检查或检验的监理活动，有时甚至要连续跟班监理。所谓巡视，主要是强调除了关键点的质量控制外，监理工程师还应对施工现场巡查监理。所谓平行检验，主要是强调监理单位对施工单位已经检验的工程应及时进行检验。对于关键性、较大体量的工程实物，采取分段后平行检验的方式，有利于及时发现质量问题，及时采取措施予以纠正。

6. 工程监理单位质量违法行为应承担的法律责任

《建筑法》规定，工程监理单位与建设单位或者建筑施工企业串通、弄虚作假，降低工程质量的，责令改正，处以罚款，降低资质等级或者吊销资质证书；有违法所得的，予以没收；造成损失的，承担连带赔偿责任；构成犯罪的，依法追究刑事责任。

《建设工程质量管理条例》规定，工程监理单位有下列行为之一的，责令改正，处50万元以上、100 万元以下的罚款，降低资质等级或者吊销资质证书；有违法所得的，予以没收；造成损失的，承担连带赔偿责任：①与建设单位或者施工单位串通、弄虚作假，降低工程质量的；②将不合格的建设工程、建筑材料、建筑构配件和设备按照合格签字的。

【案例】

1. 背景

甲电讯公司因建办公楼与乙建筑承包公司签订了工程总承包合同。经甲同意，乙分别与丙建筑设计院和丁建筑工程公司签订了工程勘察设计合同和工程施工合同。勘察设计合同约定由丙对甲的办公楼及其附属工程提供设计服务，并按勘察设计合同的约定交付有关的设计文件和资料。施工合同约定由丁根据丙提供的设计图纸进行施工，工程竣工时依据国家有关验收规定及设计图纸进行质量验收。合同签订后，丙按时将设计文件和有关资料交付给丁，丁依据设计图纸进行施工。工程竣工后，甲会同有关质量监督部门对工程进行验收，发现工程存在严重质量问题，是由于设计不符合规范所致。原来丙未对现场进行仔细勘察即自行进行设计，导致设计不合理，给甲带来了重大损失。丙以与甲没有合同关系为由拒绝承担责任，乙又以自己不是设计人为由推卸责任，甲遂以丙为被告向法院起诉。法院受理后，追加乙为共同被告，判决乙与丙对工程建设质量问题承担连带责任。

2. 问题

（1）本案中的法律主体及相互关系是什么？

（2）对出现的质量问题，以上法律主体将如何承担责任？

3. 分析

（1）本案中，甲是发包人，乙是总承包人，丙和丁是分包人，《建筑法》第二十九条规定："建筑工程总承包单位可以将承包工程中的部分工程发包给具有相应资质条件的分包单位；但是，除总承包合同中约定的分包外，必须经建设单位认可。施工总承包的，建筑工程主体结构的施工必须由总承包单位自行完成。建筑工程总承包单位按照总承包合同的约定对建设单位负责；分包单位按照分包合同的约定对总承包单位负责，总承包单位和分包单位就分包工程对建设单位承担连带责任。禁止总承包单位将工程分包给不具备相应资质条件的单位，禁止分包单位将其承包的工程再分包。"

（2）对工程质量问题，乙作为总承包人应承担责任，而丙和丁也应该依法分别向发包人甲承担责任。本案必须说明的是，《建筑法》第二十八条规定："禁止承包单位将其承包的全部建筑工程转包给他人，禁止承包单位将其承包的全部建筑工程肢解以后以分包的名义分别转包给他人。"本案中乙作为总承包人不自行施工，而将工程全部转包他人，虽经发包人同意，但违反法律禁止性规定，其与丙和丁所签订的两个分包合同均是无效合同。建设行政主管部门应依照《建筑法》和《建设工程质量管理条例》的有关规定，对其进行行政处罚。

6.3 建筑工程的竣工验收与质量保修制度

6.3.1 建设工程竣工验收制度

工程项目的竣工验收是施工全过程的最后一道工序，也是工程项目管理的最后一项工作。

它是建设投资成果转入生产或使用的标志，也是全面考核投资效益、检验设计和施工质量的重要环节。

1. 建设工程竣工验收的主体

《建设工程质量管理条例》规定，建设单位收到建设工程竣工报告后，应当组织设计、施工、工程监理等有关单位进行竣工验收。

对工程进行竣工检查和验收，是建设单位法定的权利和义务。在建设工程完工后，承包单位应当向建设单位提供完整的竣工资料和竣工验收报告，提请建设单位组织竣工验收。建设单位收到竣工验收报告后，应及时组织有设计、施工、工程监理等有关单位参加的竣工验收，检查整个工程项目是否已按照设计要求和合同约定全部建设完成，并符合竣工验收条件。

2. 竣工验收应当具备的法定条件

《建筑法》规定，交付竣工验收的建筑工程，必须符合规定的建筑工程质量标准，有完整的工程技术经济资料和经签署的工程保修书，并具备国家规定的其他竣工条件。建筑工程经竣工验收合格后方可交付使用；未经验收或者验收不合格的，不得交付使用。

《建设工程质量管理条例》进一步规定，建设工程竣工验收应当具备下列条件：①完成建设工程设计和合同约定的各项内容；②有完整的技术档案和施工管理资料；③有工程使用的主要建筑材料、建筑构配件和设备的进场试验报告；④有勘察、设计、施工、工程监理等单位分别签署的质量合格文件；⑤有施工单位签署的工程保修书。

（1）完成建设工程设计和合同约定的各项内容

建设工程设计和合同约定的内容，主要是指设计文件所确定的以及承包合同“承包人承揽工程项目一览表”中载明的工作范围，也包括监理工程师签发的变更通知单中所确定的工作内容。承包单位必须按合同的约定，按质、按量、按时完成上述工作内容，使工程具有正常的使用功能。

（2）有完整的技术档案和施工管理资料

工程技术档案和施工管理资料是工程竣工验收和质量保证的重要依据之一，主要包括以下档案和资料：①工程项目竣工验收报告；②分项、分部工程和单位工程技术人员名单；③图纸会审和技术交底记录；④设计变更通知单，技术变更核实单；⑤工程质量事故发生后调查和处理资料；⑥隐蔽验收记录及施工日志；⑦竣工图；⑧质量检验评定资料等；⑨合同约定的其他资料。

（3）有工程使用的主要建筑材料、建筑构配件和设备的进场试验报告

对建设工程使用的主要建筑材料、建筑构配件和设备，除须具有质量合格证明资料外，还应当有进场试验、检验报告，其质量要求必须符合国家规定的标准。

（4）有勘察、设计、施工、工程监理等单位分别签署的质量合格文件

勘察、设计、施工、工程监理等有关单位要依据工程设计文件及承包合同所要求的质量标准，对竣工工程进行检查评定，符合规定的，应当签署合格文件。

（5）有施工单位签署的工程保修书

施工单位同建设单位签署的工程保修书，也是交付竣工验收的条件之一。

凡是没有经过竣工验收或者经过竣工验收确定为不合格的建设工程，不得交付使用。如果建设单位为提前获得投资效益，在工程未经验收就提前投产或使用，由此而发生的质量等问题，建

设单位要承担责任。

6.3.2 建设工程质量保修制度

《建筑法》、《建设工程质量管理条例》均规定，建设工程实行质量保修制度。

1. 建设工程质量保修书的提交时间及主要内容

《建设工程质量管理条例》规定，建设工程承包单位在向建设单位提交工程竣工验收报告时，应当向建设单位出具质量保修书。质量保修书中应当明确建设工程的保修范围、保修期限和保修责任等。

2. 建设工程质量的最低保修期限

《建设工程质量管理条例》规定，在正常使用条件下，建设工程的最低保修期限为：①基础设施工程、房屋建筑的地基基础工程和主体结构工程，为设计文件规定的该工程的合理使用年限；②屋面防水工程、有防水要求的卫生间、房间和外墙面的防渗漏，为5年；③供热与供冷系统，为2个采暖期、供冷期；④电气管线、给排水管道、设备安装和装修工程为2年。其他项目的保修期限由发包方与承包方约定。

建设工程保修期的起始日是竣工验收合格之日。

3. 质量责任的损失赔偿

《最高人民法院关于审理建设施工合同适用法律问题的解释》规定，因保修人未及时履行保修义务，导致建筑物损毁或者造成人身、财产损害的，保修人应当承担赔偿责任。保修人与建筑物所有人或者发包人对建筑物毁损均有过错的，各自承担相应的责任。

建设工程保修的质量问题是指在保修范围和保修期限内的质量问题。对于保修义务的承担和维修的经济责任承担应当按下述原则处理。

（1）施工单位未按照国家有关标准规范和设计要求施工所造成的质量缺陷，由施工单位负责返修并承担经济责任。

（2）由于设计问题造成的质量缺陷，先由施工单位负责维修，其经济责任按有关规定通过建设单位向设计单位索赔。

（3）因建筑材料、构配件和设备质量不合格引起的质量缺陷，先由施工单位负责维修。其经济责任属于施工单位采购的或经其验收同意的，由施工单位承担经济责任；属于建设单位采购的，由建设单位承担经济责任。

（4）因建设单位（含监理单位）错误管理而造成的质量缺陷，先由施工单位负责维修，其经济责任由建设单位承担；如属监理单位责任，则由建设单位向监理单位索赔。

（5）因使用单位使用不当造成的损坏问题，先由施工单位负责维修，其经济责任由使用单位自行负责。

（6）因地震、台风、洪水等自然灾害或其他不可抗拒原因造成的损坏问题，先由施工单位负责维修，建设参与各方再根据国家具体政策分担经济责任。

4. 建设工程质量保证金

（1）缺陷责任期的确定

所谓缺陷，是指建设工程质量不符合工程建设强制性标准、设计文件，以及承包合同的约定。缺陷责任期一般为 6 个月，12 个月或 24 个月，具体可由发承包双方在合同中约定。

缺陷责任期从工程通过竣（交）工验收之日起计。由于承包人原因导致工程无法按规定期限进行竣（交）工验收的，缺陷责任期从实际通过竣（交）工验收之日起计。由于发包人原因导致工程无法按规定期限进行竣（交）工验收的，在承包人提交竣（交）工验收报告 90 天后，工程自动进入缺陷责任期。

（2）预留保证金的比例

全部或者部分使用政府投资的建设项目，按工程价款结算总额 5%左右的比例预留保证金。社会投资项目采用预留保证金方式的，预留保证金的比例可参照执行。

（3）质量保证金的返还

缺陷责任期内，承包人认真履行合同约定的责任，到期后，承包人向发包人申请返还保证金。

发包人在接到承包人返还保证金申请后，应于 14 日内会同承包人按照合同约定的内容进行核实。如无异议，发包人应当在核实后 14 日内将保证金返还给承包人，逾期支付的，从逾期之日起，按照同期银行贷款利率计付利息，并承担违约责任。发包人在接到承包人返还保证金申请后 14 日内不予答复的，经催告后 14 日内仍不予答复的，视同认可承包人的返还保证金申请。发包人和承包人对保证金预留、返还以及工程维修质量、费用有争议的，按承包合同约定的争议和纠纷解决程序处理。

6.4 建设工程项目质量的政府监督

6.4.1 政府部门工程质量监督管理的相关规定

为了确保建设工程质量，保障公共安全和人民生命财产安全，政府必须加强对建设工程质量的监督管理。因此，《建设工程质量管理条例》规定，国家实行建设工程质量监督管理制度。

1. 我国的建设工程质量监督管理体制

《建设工程质量管理条例》规定，国务院建设行政主管部门对全国的建设工程质量实施统一监督管理。国务院铁路、交通、水利等有关部门按照国务院规定的职责分工，负责对全国的有关专业建设工程质量的监督管理。

国务院发展计划部门按照国务院规定的职责，组织稽查特派员，对国家出资的重大建设项目实施监督检查。国务院经济贸易主管部门按照国务院规定的职责，对国家重大技术改造项目实施监督检查。

县级以上地方人民政府建设行政主管部门对本行政区域内的建设工程质量实施监督管理。县级以上地方人民政府交通、水利等有关部门在各自的职责范围内，负责对本行政区域内的专业建设工程质量的监督管理。

建设工程质量监督管理，可以由建设行政主管部门或者其他有关部门委托的建设工程质量监督机构具体实施。从事房屋建筑工程和市政基础设施工程质量监督的机构，必须按照国家有关规定经国务院建设行政主管部门或者省、自治区、直辖市人民政府建设行政主管部门考核；从事专业建设工程质量监督的机构，必须按照国家有关规定经国务院有关部门或者省、自治区、直辖市人民政府有关部门考核。经考核合格后，方可实施质量监督。

在政府加强监督的同时，还要发挥社会监督的巨大作用，即任何单位和个人对建设工程的质量事故、质量缺陷都有权检举、控告、投诉。

2. 政府监督检查的内容和有权采取的措施

《建设工程质量管理条例》规定，国务院建设行政主管部门和国务院铁路、交通、水利等有关部门以及县级以上地方人民政府建设行政主管部门和其他有关部门，应当加强对有关建设工程质量的法律、法规和强制性标准执行情况的监督检查。

县级以上人民政府建设行政主管部门和其他有关部门履行监督检查职责时，有权采取下列措施：①要求被检查的单位提供有关工程质量的文件和资料；②进入被检查单位的施工现场进行检查；③发现有影响工程质量的问题时，责令改正。

有关单位和个人对县级以上人民政府建设行政主管部门和其他有关部门进行的监督检查应当支持与配合，不得拒绝或者阻碍建设工程质量监督检查人员依法执行职务。

3. 禁止滥用权力的行为

《建设工程质量管理条例》规定，供水、供电、供气、公安消防等部门或者单位不得明示或者暗示建设单位、施工单位购买其指定的生产供应单位的建筑材料、建筑构配件和设备。

4. 建设工程质量事故报告制度

《建设工程质量管理条例》规定，建设工程发生质量事故，有关单位应当在 24 小时内向当地建设行政主管部门和其他有关部门报告。对重大质量事故，事故发生地的建设行政主管部门和其他有关部门应当按照事故类别和等级向当地人民政府和上级建设行政主管部门和其他有关部门报告。特别重大质量事故的调查程序按照国务院有关规定办理。

根据国务院《生产安全事故报告和调查处理条例》的规定，特别重大事故，是指造成 30 人以上死亡，或者 100 人以上重伤，或者 1 亿元以上直接经济损失的事故。特别重大事故、重大事故逐级上报至国务院安全生产监督管理部门和负有安全生产监督管理职责的有关部门。每级上报的时间不得超过 2 小时。必要时，安全生产监督管理部门和负有安全生产监督管理职责的有关部门可以越级上报事故情况。

5. 有关质量违法行为应承担的法律责任

《建设工程质量管理条例》规定，发生重大工程质量事故隐瞒不报、谎报或者拖延报告期限的。对直接负责的主管人员和其他责任人员依法给予行政处分。

供水、供电、供气、公安消防等部门或者单位明示或者暗示建设单位或者施工单位购买其指定的生产供应单位的建筑材料、建筑构配件和设备的，责令改正。

国家机关于作人员在建设工程质量监督管理工作中玩忽职守、滥用职权、徇私舞弊，构成犯罪的，依法追究刑事责任；尚不构成犯罪的，依法给予行政处分。

6.4.2 政府监督的内容

1. 受理质量监督申报

在工程项目开工前，政府质量监督机构在受理建设工程质量监督的申报手续时，对建设单位提供的文件资料进行审查，审查合格签发有关质量监督文件。

2. 开工前的质量监督

开工前召开项目参与各方参加的首次监督会议，公布监督方案，提出监督要求，并进行第一次监督检查。监督检查的主要内容为工程项目质量控制系统及各施工方的质量保证体系是否已经建立，以及完善的程度。具体内容如下。

（1）检查项目各施工方的质保体系，包括组织机构、质量控制方案及质量责任制等制度；

（2）审查资质证书及资格证书；

（3）审查手续；

（4）审查施工组织设计、监理规划等文件及审批手续；

（5）检查的结果记录保存。

3. 施工期间的质量监督

（1）常规检查

（2）主要部位验收监督

（3）质量问题查处

对施工过程中发生的质量问题、质量事故进行查处；根据质量检查状况，对查实的问题签发“质量问题整改通知单”或“局部暂停施工指令单”，对问题严重的单位也可根据问题情况发出“临时收缴资质证书通知书”等处理意见。

4. 竣工阶段的质量监督

政府建设工程质量监督机构按规定对工程竣工验收备案工作实施监督。

（1）做好竣工验收前的质量复查

对质量监督检查中提出质量问题的整改情况进行复查，了解其整改情况。

（2）参与竣工验收会议

对竣工工程的质量验收程序、验收组织与方法、验收过程等进行监督。

（3）编制单位工程质量监督报告

工程质量监督报告作为竣工验收资料的组成部分提交竣工验收备案部门。

（4）建立建设工程质量监督档案

建设工程质量监督档案按单位工程建立；要求归档及时，资料记录等各类文件齐全，经监督机构负责人签字后归档，按规定年限保存。

习题

一、单选题

1. 建筑工程实行直接发包的，发包单位应当将建筑工程发包给（ ）。

A. 依法中标的承包单位　　B. 具有相应资质条件的承包单位

C. 发包人认可的单位　　D. 具有法人资格的单位

2. 按照合同约定，建筑材料、建筑构配件和设备由工程承包单位采购，则下列说法正确的是（ ）。

A. 承包单位购入用于工程的建筑材料必经发包人同意

B. 承包单位租用的设备应由发包单位指定

C. 材料进场的试验费用由发包人承担

D. 发包单位不得指定生产厂、供应商

3. 设计施工总承包是指工程总承包企业按照合同约定，承担工程项目设计和施工任务，也可以称作（ ）。

A. D—B　　B. E—P　　C. EPC　　D. P—C

4. 连带责任是我国民事立法中的一项重要的民事责任制度，其目的在于补偿救济，下列关于连带责任的理解正确的是（ ）。

A. 分包工程发生了质量责任，由分包单位承担责任

B. 建设单位不可以向分包单位请求赔偿

C. 负有连带义务的每个债务人，都负有清偿全部债务的义务

D. 总承包单位就工程质量只对建设单位负责

5. 两个以上不同资质等级的单位实行联合共同承包的，应当按照（ ）承揽工程。

A. 资质等级高的单位的业务许可范围

B. 两个单位资质等级平均范围

C. 双方约定的条件和责任

D. 资质等级低的单位的业务许可范围

6. 《建筑法》规定，关于分包的规定理解正确的是（ ）。

A. 建筑工程总承包单位可以将承包工程中的部分工程分包给具有资质条件的分包单位

B. 承包单位将其承包的全部建筑工程不得转包给他人

C. 承包单位将其承包的全部建筑工程可以以分包的名义分包给他人

D. 建筑工程主体结构的施工必须由总承包单位自行完成

7. 《建设工程质量管理条例》规定，下列行为不属于违法分包的是（ ）。

A. 总承包单位将建设工程分包给不具备相应资质条件的单位的

B. 建设工程总承包合同中未有约定，又未经建设单位认可，承包单位将其承包的

部分建设工程交由其他单位完成的

C. 施工总承包单位将建设工程主体结构的施工分包给其他单位的

D. 专业承包单位将其承包的建设工程的劳务分包给具备相应资质条件的劳务分包单位

8. 勘察、设计、施工、工程监理单位超越本单位资质等级承揽工程的，下列处罚合法的是（　）。

A. 对勘察单位处合同约定的勘察费1倍以上、2倍以下的罚款

B. 对监理单位处监理酬金2%以上、4%以下的罚款

C. 对设计单位处设计费25%以上、50%以下的罚款

D. 对施工单位处1万元以上、3万元以下的罚款

9. 如果是由于监理工程师指令有误而导致施工现场停止施工，其产生的费用应当由（　）承担。

A. 监理单位　　B. 建设单位

C. 施工单位　　D. 建设单位与监理单位连带

10. 施工现场职工的膳食、饮水、休息场所等应当符合（　）。

A. 安全性标准　　B. 国家标准

C. 安全使用要求　　D. 卫生标准

11. 施工单位采购、租赁的安全防护用具、机械设备、施工机具及配件，在进入施工现场前进行查验的是（　）。

A. 产品合格证、质量保修证　　B. 安全生产许可证

C. 生产许可证、产品合格证　　D. 安全使用证

12. 工程建设标准批准部门应当对工程项目执行强制性标准的情况进行监督检查，强制性标准监督检查的内容不包括（　）。

A. 工程技术人员是否符合强制性标准的规定

B. 工程项目的规划、勘察，设计、施工、验收等是否符合强制性标准的规定

C. 工程项目的安全、质量是否符合强制性标准的规定

D. 工程项目采用的导则、指南、手册、计算机软件的内容是否符合强制性标准的规定

二、多选题

1. 下列关于工程承包的表述正确的是（　）。

A. 工程项目管理企业是直接从事该工程项目的勘察、设计、施工任务的总承包单位

B. 总承包单位和分包单位就分包工程对建设单位承担连带责任

C. 工程项目管理企业受业主委托监督合同的履行

D. 分包单位按照合同的约定对总承包单位和建设单位负责

E. 施工总承包企业可以将专业工程或劳务作业依法分包给具有相应资质的专业承包企业或劳务分包

2. 注册建造师不得（　）。

A. 同时在两个企业受聘并执业

B. 所负责工程未办理竣工验收或移交手续前，变更注册到另一企业

C. 变更注册单位后在另一家企业从事执业活动

D. 保管和使用本人的注册证书和执业印章

E. 出借资格证书、注册证书和执业印章

3. 施工单位在使用租用的施工起重机械和整体提升脚手架、模板等自升式架设设施前，合法的做法是（ ）。

A. 由施工总承包单位、分包单位、出租单位和安装单位共同进行验收

B. 委托具有安装资质的企业进行验收

C. 委托具有相应资质的检验检测机构进行验收

D. 组织有关部门进行验收

E. 由建设单位、施工单位、监理单位在监督单位监督下共同进行验收

4. 下列标准属于强制性标准的是（ ）。

A. 工程建设通用的有关安全、卫生和环境保护的标准

B. 《工程建设施工企业质量管理规范》（GB / T 50430—2007）

C. 工程建设重要的通用的术语、符号、代号、量与单位、建筑模数和制图方法标准

D. 工程建设重要的行业专用的信息技术标准

E. 《建筑工程施工质量验收统一标准》（GB 50300—2001）

5. 下列说法正确的是（ ）。

A. 施工单位未按照国家有关标准规范和设计要求施工所造成的质量缺陷，由施工单位负责返修并承担经济责任

B. 由于设计问题造成的质量缺陷，先由施工单位负责维修，其经济责任按有关规定通过建设单位向设计单位索赔

C. 因建筑材料、构配件和设备质量不合格引起的质量缺陷，由业主负责维修

D. 因建设单位（含监理单位）错误管理而造成的质量缺陷，先由施工单位负责维修，其经济责任由建设单位承担

E. 因使用单位使用不当造成的损坏问题，先由施工单位负责维修，其经济责任由使用单位自行负责

6. 建设工程的最低保修期限为（ ）。

A. 基础设施工程、房屋建筑的地基基础工程和主体结构工程，合理使用年限 50 年

B. 屋面防水工程、有防水要求的卫生间、房间和外墙面的防渗漏为 5 年

C. 供热与供冷系统，为 2 个采暖期、供冷期

D. 电气管线、给排水管道、设备安装和装修工程为 2 年

E. 电气管线、给排水管道、设备安装和装修工程为 3 年

7. 工程技术档案和施工管理资料是工程竣工验收和质量保证的重要依据，主要包括（ ）。

A. 工程项目竣工验收报告

B. 分项、分部工程和单位工程技术人员名单

C. 图纸会审和技术交底记录

D. 设计变更通知单，技术变更核实单

E. 施工图

8. 《建设工程质量管理条例》规定，下列各项中，处 10 万元以上、30 万元以下的罚款的是（　）。

A. 勘察单位未按照工程建设强制性标准进行勘察的

B. 设计单位未根据勘察成果文件进行工程设计的

C. 设计单位指定建筑材料、建筑构配件的生产厂、供应商的

D. 设计单位未按照工程建设强制性标准进行设计的

E. 监理单位指定建筑材料、建筑构配件的生产厂、供应商的

第7章 合同法

《中华人民共和国合同法》(以下简称《合同法》,规定了我国社会主义市场经济的基本交易规则，规定了合同的主体资格，合同的订立方式和要求，合同的效力问题，合同的履行、变更、终止以及相关的违约责任等。

针对建筑工程领域,《合同法》专门设置了“建设工程合同”部分，对保护和规范建筑市场交易行为提供了法律保证。本章在主要讲解《合同法》的同时，对涉及建设工程合同的内容，如建设工程合同索赔等问题，做具体讲解。

7.1 合同的原则及分类

7.1.1 合同订立的原则

合同的订立原则是指在整个订立合同的过程中，对发包和承包双方订立合同起指导和规范作用的，双方都应当遵守的准则。

（1）平等原则。合同是平等主体之间订立的协议，这就说明订立合同的双方在法律上的地位是完全平等的。在建设工程合同当中，发包人和承包人也是平等主体，任何一方都不得利用自己在分工上的优势把自己的意愿强加于对方，任何单位和个人不得非法干预合同的实施。

（2）自愿原则。所谓自愿原则,《合同法》第 4 条规定，当事人依法享有自愿订立合同的权利，任何单位和个人不得非法干预。当事人有权利选择是否订立合同、与谁订立，在合法的情况下自愿约定合同内容，并且在合同履行过程中，当事人可以选择补充、变更或者解除合同，当事人在合同产生纠纷时，可以自愿选择解决纠纷的方法。只要这些行为不违反法律和强制性规定，不损害社会公共利益，则合同当事人的自愿决定都将受到保护。

（3）公平原则。公平原则是指合同主体在设立双方法律关系的时候，应该做到权利和义务对等，也就是说，当事人承担多少义务，就应该享受多少权利。如果权利和义务严重不对等，则权利损失一方就会显失公平。

（4）诚实信用原则。诚实信用是民法通则的基本要求，它要求当事人在订立合同时，不得有欺诈或者胁迫他人的行为；在履行合同义务时，应该根据合同规定和交易习惯，及时和对方沟通，提供必要的条件，避免不必要的损失，保守商业秘密。

7.1.2　合同的分类

1．合同的分类

根据不同的标准，合同可以划分为很多种类。与建设工程领域相关的合同可分为如下几类。

（1）要式合同与不要式合同

此种分类方法是按照合同的成立是否需采取一定的形式为依据。

要式合同是指法律、行政法规规定，或者当事人约定应当采用书面形式的合同。前者称为法定之要式合同，后者称为约定之要式合同。所谓书面形式，就是指合同书、信件和数据电文（包括电报、电传、传真电子数据交换和电子邮件）等可以有形地表现所载内容的形式。

不要式合同是相对于要式合同的法律概念，是指不要求采取特定形式的合同并且不特定的形式不影响合同的成立和生效。当事人可以自行选择合同的形式，既可以采取口头方式，也可以采取书面方式。买卖合同、赠与合同、承揽合同、仓储合同、委托合同、行纪合同、居间合同都属于不要式合同。不要式合同成立、生效时间同诺成合同一样，在合意达成时合同即成立。

根据合同自由原则，当事人有权选择合同形式，故合同以不要式合同为常态，但对于一些重要的交易，如不动产买卖，法律规定当事人应当采取特定的形式订立合同。

区分要式合同与不要式合同的主要意义在于，某些法律和行政法规对合同形式的要求可能成为影响合同效力的因素。要式合同以履行特定方式为合同成立的要件，合同是否要式的关键在于合同的存在；不要式合同的成立无须具备某种特定形式。为了深刻认识这一标准，必须进一步理解要式与不要式合同的基础——要式行为和不要式行为。

要式行为是指依照法律规定，必须采取一定形式或履行一定程序才能成立的行为，凡不具备法律规定的形式的民事行为便是无效的。例如票据行为就是法定要式行为。一般来说，法律行为除法律有特别规定的以外，都是不要式行为。

不要式行为是无须遵循法律某些特别规定的形式的民事法律行为，即当事人可以自由决定行为的形式，只要该行为意思表示合法，行为即可生效。在民法中所谓的意思自治的含义中包括意思形式的自由，按照自己行为、自己责任的原则，法律很少再干预当事人的行为方式。只在个人行使权利涉及他人义务、公共利益或重大民生事务时，才要求民事法律行为必须以要式方式进行。

（2）双务合同与单务合同

双务合同是指双方当事人都享有权利和承担义务的合同。双方的债权关系呈对应状态，即每一方当事人既是债权人又是债务人。买卖合同是典型的双务合同，现实生活中的合同大多数为双务合同，如买卖、互易、租赁、承揽等，建设工程施工合同也是双务合同。

单务合同与双务合同相对应，也称为单边合同或片面义务契约，是指一方当事人只享有权利而不尽义务，另一方当事人只负义务而不享有权利的合同，例如赠与合同、归还原物的借用合同和无偿保管合同等。

二者的区别在于：首先它们是否适用同时履行抗辩权规则。其次，在风险负担上，双务合同中，如果当事人因不可抗力导致其不能履行合同义务，其合同义务应被免除，其享有的合同权利亦应消灭。在此情况下，一方当事人因不再负有合同义务，也无权要求对方履行义务。在单务合同中，不存在双务合同中的风险负担问题。

（3）有名合同与无名合同

有名合同是指法律上或者经济生活习惯上按其类型已确定了一定名称并设定专门的规范的合同，又称典型合同。如《合同法》分则中所规定的15类合同。

无名合同是指法律没有规定专门名称和专门规范的合同。该类型合同只要不违反法律、行政法规和社会公共利益即可成立，它仅需要适应合同的一般法则，在实践中，该类合同广泛存在。无名合同如经法律确认或在形成统一的交易习惯后，可以转化为有名合同。

（4）有偿合同与无偿合同

有偿合同是指合同一方当事人为了享有合同规定的权利，必须向合同另一方当事人承担相应的义务，例如买卖、租赁、承揽、有偿委托、有偿保管等有偿合同，建设工程施工合同也是有偿合同。

无偿合同是指合同一方当事人无须向另一方当事人承担义务，即可享受合同规定的权利，如无偿借用合同。

（5）诺成合同与实践合同

根据合同的成立是否需要交付标的物，可以将合同分为诺成合同和实践合同。

诺成合同（又称不要物合同），是指当事人双方意思表示一致就可以成立的合同。大多数的合同都属于诺成合同，如建设工程合同、买卖合同、租赁合同等。

实践合同（又称要物合同），是指除当事人双方意思表示一致以外，尚须交付标的物才能成立的合同，如保管合同。

（6）主合同与从合同

根据合同相互间的主从关系，可以将合同分为主合同与从合同。

主合同是指能够独立存在的合同；依附于主合同方能存在的合同为从合同。例如，发包人与承包人签订的建设工程施工合同为主合同，为确保该主合同的履行，发包人与承包人签订的履约保证合同为从合同。

2. 相关合同

（1）承揽合同

① 承揽合同的特征承揽合同以完成一定的工作并交付工作成果为标的；承揽人须以自己的设备、技术和劳力完成所承揽的工作；承揽人工作具有独立性。

② 承揽合同当事人的权利义务

承揽合同属于双务合同。也就是说，合同当事人一方享有的权利意味着对方要承担相应的义务。所以，此处仅就双方的义务进行阐述。

承揽人的义务：按照合同约定完成承担工作的义务；材料检验的义务；通知和保密的义务；接受监督检查和妥善保管工作成果等的义务；交付符合质量要求工作成果的义务。

定作人的义务：按照约定提供材料和协助承揽人完成工作的义务；支付报酬的义务；依法赔偿损失的义务；验收工作成果的义务。

③ 承揽合同的解除

承揽人的法定解除权：定作人不履行协助义务致使承揽工作不能完成的，承揽人可以催告定作人在合理期限内履行义务，并可以顺延履行期限；定作人逾期不履行的，承揽人可以依法解除合同。

定作人的法定解除权：承揽人将其承揽的主要工作交由第三人完成的，应当就该第三人完成的工作成果向定作人负责；未经定作人同意的，定作人可以解除合同。

定作人的法定任意解除权：定作人可以随时解除承揽合同，造成承揽人损失的，应当赔偿损失。根据《合同法》的规定，双方当事人可以协商解除合同。当事人一方解除合同的，只限于以下两种情况：第一，对方当事人严重违约；第二，发生不可抗力致使合同目的无法实现。

【案例1】

1. 背景

2009年9月，某印务公司与某生物公司签订加工承揽合同，约定由印务公司为生物公司印制包装盒和产品说明书等物品。合同中对品名、数量、金额、验收、结算等事项以及违约责任和纠纷处理方式做了详细约定。

签约后，印务公司依约展开工作。合同履行过半，生物公司突然通知取消合同。印务公司认为，自己正在全面履行合同，对方取消合同的做法，严重违反了《合同法》的诚实信用原则，便起诉到人民法院，要求生物公司继续履行合同，并赔偿损失。

2. 问题

生物公司取消合同的做法是否合法？

印务公司的诉讼请求能否得到人民法院的支持？

3．分析

（1）《合同法》第268条规定，定作人可以随时解除承揽合同，造成承揽人损失的，应当赔偿损失。由于加工承揽合同系定作人对承揽人的信任而加以委托，故法律赋予了定作人随时解除合同的权利。因此，生物公司取消合同的做法是符合法律规定的。

（2）基于定作人具有随时解除权，承揽人在合同解除后只能要求定作人赔偿其损失，而不可主张对方继续履行合同。所以，印务公司赔偿损失的诉讼请求可得到法院的支持，但要求生物公司继续履行合同的诉讼请求缺乏法律依据，不会得到法院支持。

【案例2】

1. 背景

1999年10月15日，A公司与B公司签订了一份加工承揽合同。该合同约定：由B公司为A公司制作铝合金门窗1万件，原材料由A公司提供，加工承揽报酬总额为150万元，违约金为报酬总额的10%；A公司应在1999年11月5日前向B公司交付60%的原材料，B公司应在2000年3月1日前完成6000件门窗的加工制作并交货；A公司应在2000年3月5日前交付其余40%的原材料，B公司应在2000年5月20日前完成其余门窗的加工制作并交货。A公司应在收到B公司交付门窗后3日内付清相应款项。为确保A公司履行付款义务，B公司要求其提供担保，适值D公司委托A公司购买办公用房，D公司为此向A公司提供了盖有D公司公章及法定代表人签字的空白委托书和D公司的合同专用章。A公司遂利用上述空白委托书和合同专用章，将D公司列为该项加工承揽合同的连带保证人，与B公司签订了保证合同。1999年11月1日，A公司向B公司交付60%的原材料，B公司按约加工制作门窗。2000年2月28日，B公司将制作完成的6000件门窗交付A公司，A公司按报酬总额的60%予以结算。2000年3月1日，B公司发生重组，加工型材的生产部门分立为C公司。3月5日，A公司既未按加工承揽合同的约定向B公司交付40%的原材料，也未向C公司交付。3月15日，C公司要求A公司继续履行其与B公司签订的加工承揽合同，A公司表示无法继续履行并要求解除合同。C公司遂在数日后向人民法院提起诉讼，要求判令A公司支付违约金并继续履行加工承揽合同，同时要求D公司承担连带责任。经查明：A公司与B公司签订的加工承揽合同仅有B公司及其法定代表人的签章，而无A公司的签章。

2. 问题

（1）A公司与B公司签订的加工承揽合同是否成立？为什么？

（2）C公司可否向A公司主张加工承揽合同的权利？为什么？

（3）C公司要求判令A公司支付违约金并继续履行加工承揽合同的主张能否获得支持？并说明理由。

（4）D公司应否承担保证责任？并说明理由。

3. 分析

（1）A公司与B公司签订的加工承揽合同成立。根据《合同法》的规定，当事人约定采用合同书形式订立合同，在签字或者盖章之前，当事人一方已经履行主要义务，对方接受的，该合同成立。在本案中，A公司虽未在加工承揽合同上签章，但已经实际履行了主要义务，且B公司已经接受，加工承揽合同成立。

（2）C公司可向A公司主张加工承揽合同的权利。根据《合同法》的规定，当事人订立合同后分立的，除债权人和债务人另有约定的以外，由分立的法人或者其他组织对合同的权利和义务享有连带债权，承担连带债务。

（3）首先，C公司要求判令A公司支付违约金的主张可以获得支持。A公司未按照加工承揽合同约定的时间向B公司支付40%的原材料，已构成违约，根据《合同法》的规定，应当承担违约责任，支付违约金。其次，C公司要求判令A公司继续履行合同的主张不能获得支持。根据《合同法》的规定，在加工承揽合同中，定作人可以随时解除承揽合同。A公司作为定作人，可以解除合同，故无需继续履行合同。

（4）D公司应当承担保证责任。根据《合同法》的规定，行为人超越代理权以被代理人名义订立合同，相对人有理由相信行为人有代理权的，该合同有效。本案中，A公司向B公司出具了D公司提供的盖有公章及法定代表人签字的空白委托书及合同专用章，B公司有理由相信A公司有代理权，A公司与B公司签订的以D公司为保证人的保证合同有效，因此D公司应当承担担保责任。

（2）买卖合同

① 买卖合同的法律特征

买卖合同是一种转移财产所有权的合同；买卖合同是有偿合同；买卖合同是双务合同；买卖合同是诺成合同。

② 买卖合同当事人的义务

出卖人的主要义务：按照合同约定交付标的物的义务；转移标的物所有权的义务；瑕疵担保

义务。

买受人的主要义务：（a）支付价款的义务。卖方违约—就低不就高。买方违约—就高不就低；买受人应当按照约定的地点支付价款；买受人应当按照约定的时间支付价款。（b）受领标的物的义务。出卖人多交标的物的，买受人可以接收或者拒绝接收多交的部分。买受人接收多交部分的，按照合同的价格支付价款；买受人拒绝接收多交部分的，应当及时通知出卖人。（c）对标的物进行检验和及时通知的义务。买受人收到标的物时应当在约定的检验期间内检验（诉讼时效起算）。没有约定检验期间的，应当及时检验。当事人约定检验期间的，买受人应当在检验期间内将标的物的数量或者质量不符合约定的情形通知出卖人。买受人怠于通知的，视为标的物的数量或者质量符合约定。

③ 标的物毁损灭失风险的承担

标的物毁损、灭失的风险，在标的物交付之前由出卖人承担，交付之后由买受人承担。因买受人的原因致使标的物不能按照约定的期限交付的，买受人应当自违反约定之日起承担标的物毁损、灭失的风险。

④ 孳息的归属和买卖合同的解除

孳息的归属：标的物在交付之前产生的孳息，归出卖人所有；交付之后产生的孳息，归买受人所有。所谓法定孳息，是指基于法律关系所获得的收益。

买卖合同的解除：因标的物的主物不符合约定而解除合同的，解除合同的效力及于从物；因标的物的从物不符合约定而解除合同的，解除的效力不及于主物。

【案例】

1. 背景

甲继承了一套房屋，在办理产权登记前已签订协议将房屋出卖并交付给乙。自己办理产权登记后，又将该房屋出卖给丙并办理了所有权转移登记。

2. 问题

（1）在办理继承登记前，甲对房屋享有所有权吗？

（2）甲与乙、丙之间的房屋买卖合同是否有效，为什么？

3. 分析

（1）在办理继承登记之前，甲已经取得了该房屋的所有权。《物权法》第29条规定，“因继承或者受遗赠取得特权的，自继承或者受遗赠开始时发生效力。”《继承法》第2条规定，“继承从被继承人死亡时开始。”甲取得房屋所有权是自被继承人死亡开始的，即使没有办理登记，仍然取得了房屋所有权。

（2）甲与乙、丙之间的房屋买卖合同都有效。《物权法》第15条规定：“当事人之间订立有关设立、变更、转让和消灭不动产物权的合同，除法律另有规定或者合同另有约定外，自合同成立时生效；未办理物权登记的，不影响合同效力。”所以，甲与乙的买卖合同有效，只是房屋所有权尚未发生转移。由于债具有相容性，在一个标的物上可以同时存在几个债权债务关系。甲享有继承房屋的所有权，在已经办了产权转移登记的情况下，甲有权与丙签订买卖合同。虽然，甲存在一房二卖的情况，但每个买卖合同都是有效的。甲是房屋的所有权人，其和丙签订合同出卖自己的房屋并办理了过户登记手续，丙因此取得房屋的所有权。同时，由于甲无法向乙履行买卖合同交付标的物义务，应承担违约责任。

（3）借款合同

① 借款合同的法律特征

借款合同的标的物是货币；借款合同一般为要式合同；借款合同一般是有偿合同（有息借款）；借款合同一般为诺成合同。

② 借款合同当事人的权利义务

贷款人的义务：提供借款的义务；不得预扣利息的义务。

借款人的义务：提供担保的义务；提供真实情况的义务；按照约定收取借款的义务；按照约定用途使用借款的义务；按期归还本金和利息的义务。

借款人应当按照约定的期限支付利息。对于不能达成补充协议，也不能按照合同有关条款或者交易习惯确定的，借款期间不满 1 年的，应当在返还借款时一并支付；借款期间 1 年以上的，应当在每届满 1 年时支付，剩余期间不满 1 年的，应当在返还借款时一并支付。

③ 借款合同的其他规定

借款人可以在还款期限届满之前向贷款人申请展期。贷款人同意的，可以展期。

办理贷款业务的金融机构贷款的利率，应当按照中国人民银行规定的贷款利率的上下限确定。

自然人之间的借款合同，自贷款人提供借款时生效。

《最高人民法院关于人民法院审理借贷案件的若干意见》规定，民间借贷的利率可以适当高于银行的利率，各地人民法院可根据本地区的实际情况具体掌握，但最高不得超过银行同类贷款利率的 4 倍（包括利率本数）。超出此限度的，超出部分的利息不予保护。出借人不得将利息计入本金谋取高利。审理中发现债权人将利息计入本金计算复利的，其利率超出银行同类贷款利率的 4 倍（包括利率本数）时，超出部分的利息不予保护。

【案例】

1. 背景

赵某因生意急需向李某借一笔钱，双方口头约定借款数额为 10 万元，借期 1 年，月利率为 2%。到了交钱的时候，李某担心赵某生意风险太大，拒绝出借。为此，赵某损失惨重，遂将李某告上法庭，请求判令其承担损害赔偿责任。

2. 问题

（1）该借款合同的效力如何？

（2）赵某的诉讼请求能得到法庭的支持吗？

3. 分析

（1）该借款合同未生效。《合同法》第 197 条规定，“借款合同采用书面形式，但自然人之间借款另有约定的除外。”借款合同是要式合同，必须以书面形式签订，但自然人之间的借款合同不受此限，即赵某与李某间的借款合同形式不是合同效力有无的关键因素。“自然人之间的借款合同，自贷款人提供借款时生效。”由此可知，该借款合同未生效。

（2）赵某的诉讼请求不会得到法庭支持。理由有二：一方面，借款合同未生效，二者之间没有产生法律上的权利义务关系；另一方面，即使合同有效，双方约定的 2%的月利率，远高于中国人民银行公布的 1 年期定期存款利率的 4 倍，超过部分得不到法庭的支持。

（4）租赁合同

① 租赁合同的法律特征

租赁合同是转移租赁物使用权的合同；租赁合同是诺成合同；租赁合同是双务、有偿合同。

② 租赁合同的内容和类型

（a）租赁合同的内容

租赁合同的内容包括租赁物的名称、数量、用途、租赁期限、租金及其支付期限和方式、租赁物维修等条款。

（b）租赁合同的类型

租赁合同根据租赁标的物不同，可分为动产租赁和不动产租赁。

（c）租赁合同当事人的权利义务

出租人的义务：交付出租物的义务；维修租赁物的义务；权利瑕疵担保的义务；物的瑕疵担保义务；保证承租人优先购买权的义务；保证共同居住人继续承租的义务。

承租人的义务：支付租金的义务；按照约定使用租赁物的义务；妥善保管租赁物的义务；有关事项通知的义务；返还租赁物的义务；损失赔偿的义务。

（d）租赁合同的其他规定

在租赁期间因占有、使用租赁物获得的收益，归承租人所有，但当事人另有约定的除外。

因不可归责于承租人的事由，致使租赁物部分或者全部毁损、灭失的，承租人可以要求减少租金或者不支付租金；因租赁物部分或者全部毁损、灭失，致使不能实现合同目的的，承租人可以解除合同。

【案例】

1. 背景

某开发公司经与某银行协商，将其所有的一座写字楼抵押给银行。抵押登记完成后，该开发公司又将写字楼出租。当偿还银行借款本息期限届满时，因无力清偿，开发公司与银行协商，将该写字楼作价折抵给银行。银行获得该写字楼的所有权后，拟自行使用，故向各承租人发出解除租赁合同的书面通知。各租户认为租赁合同尚未到期，拒绝搬出。

2. 问题

（1）开发公司在将写字楼抵押后又将其出租的行为是否合法？

（2）银行是否有权解除租赁合同？

（3）如果开发公司是将已出租的写字楼向银行设定抵押，情形又将如何？

3. 分析

（1）出租行为合法。抵押权的设定，并不影响抵押人作为抵押物的所有权人行使对抵押物的使用、占有、收益和处分的权利。抵押人将抵押物出租，属于对抵押物行使收益权的行为。《最高人民法院关于适用〈中华人民共和国担保法〉若干问题的解释》第 66 条肯定了抵押人的出租权，但抵押人对承租人有告知义务，否则将对出租抵押物造成承租人的损失承担赔偿责任。

（2）银行有权解除租赁合同。《物权法》第 190 条规定，“订立抵押合同前抵押财产已出租的，原租赁关系不受该抵押权的影响。抵押权设立后抵押财产出租的，该租赁关系不得对抗已登记的抵押权。”由于抵押权设定于前，租赁权设定于后，银行受让该楼的所有权后，原先的租赁合同对其无约束力，银行有权解除租赁合同。若抵押人未告知承租人该写字楼已抵押的事实，抵押权人处分抵押物后，由抵押人向承租人承担违约责任。

（3）如果开发公司是将已出租的写字楼向银行设定抵押的，由于租赁权设定于前，抵押权设定于后，根据《物权法》第 190 条的规定，“订立抵押合同前抵押财产已出租的，原租赁关系不受该抵押权的影响。”银行便无权解除租赁合同。

（5）融资租赁合同

① 融资租赁合同的法律特征

融资租赁是将融资与融物结合在一起的特殊交易方式。融资租赁合同涉及出租人、出卖人和承租人三方主体。通常的做法是，承租人要求出租人为其融资购买所需的租赁物，由出租人向出卖人支付价款，并由出卖人向承租人交付租赁物及承担瑕疵担保义务，而承租人仅向出租人支付租金而无需向出卖人承担义务。

出租人身份的二重性：出租人是租赁行为的出租方，但在承租人选择承租物和出卖人后，出租人与出卖人之间构成了法律上的买卖关系，因而又是买受人。

出卖人权利与义务相对人的差异性：首先，融资租赁合同不同于买卖合同。即承租人享有买受人的权利但不承担买受人的义务；其次，融资租赁合同也不同于租赁合同。融资租赁合同的出租人不负担租赁物的维修与瑕疵担保义务，但承租人需向出租人履行交付租金义务。

② 融资租赁合同当事人的权利义务

出租人的义务如下。（a）向出卖人支付价金的义务；（b）保证承租人对租赁物占有和使用的义务；协助承租人索赔的义务。出租人、出卖人、承租人可以约定，出卖人不履行买卖合同义务的，由承租人行使索赔的权利。承租人行使索赔权利的，出租人应当协助。（c）尊重承租人选择权的义务。租赁物不符合约定或者不符合使用目的的，出租人不承担责任，但承租人依赖出租人的技能确定租赁物或者出租人干预选择租赁物的除外。

出卖人的义务：向承租人交付标的物的义务；标的物的瑕疵担保义务。

承租人的义务如下。（a）支付租金的义务。（b）妥善保管和使用租赁物的义务。承租人应当妥善保管、使用租赁物。承租人应当履行占有租赁物期间的维修义务。承租人占有租赁物期间，因租赁物造成第三人的人身伤害或者财产损害的，出租人不承担责任。（c）租赁期限届满返还租赁物的义务。出租人享有租赁物的所有权，对租赁物的归属没有约定或者约定不明确，对于不能达成补充协议，应按照合同有关条款或者交易习惯确定的，租赁物的所有权归出租人。承租人破产的，租赁物不属于破产财产。

（6）运输合同

① 货运合同的法律特征

货运合同是双务、有偿合同；货运合同的标的是运输行为；货运合同是诺成合同；货运合同当事人具有特殊性。

② 货运合同当事人的权利义务

（a）承运人的权利义务。承运人的权利：求偿权；特殊情况下的拒运权；留置权。承运人的义务：运送货物的义务；及时通知提领货物的义务；按指示运输的义务；货物毁损灭失的赔偿义务；因不可抗力灭失货物不得要求支付运费的义务。（b）托运人的权利义务。有条件地拒绝支付运费权；任意变更解除权。托运人的义务：支付运费的义务；妥善包装的义务；告知的义务。（c）收货人的权利义务。承运人未按照约定路线或者通常路线运输增加运输费用的，托运人或者收货人可以拒绝支付增加部分的运输费用。收货人的义务：提货验收的义务；收货人应当及时提货，收货人逾期提货的，应当向承运人支付保管费等费用；支付托运人未付或者少付的运费及其他费用的义务。

③ 多式联运合同

多式联运，是指由两种及其以上的交通工具相互衔接、转运而共同完成的运输过程。

（7）仓储合同

① 仓储合同的法律特征

仓储合同是一种特殊的保管合同，具有如下法律特征。

仓储合同是诺成合同：仓储合同自成立时生效，不以仓储物是否交付为要件，这是区别于保管合同的显著特征。

仓储合同的保管对象是动产：仓储合同保管的对象必须是动产，不动产不能作为仓储合同的保管对象，这是区别于保管合同的又一显著特征。

仓储合同是双务合同、有偿合同。

② 仓储合同当事人的权利义务

保管人的义务：验收的义务；出具仓单的义务；允许检查或者提取样品的义务；通知的义务；催告或做出必要处置的义务；损害赔偿的义务。

存货人的义务：支付仓储费用的义务；说明的义务；按时提取仓储物的义务。

（8）委托合同

① 委托合同的法律特征

委托合同的目的是为他人处理或管理事务，委托合同的订立以双方相互信任为前提，委托合同未必是有偿合同。

② 委托合同当事人的权利义务

委托人的义务：支付费用的义务；支付报酬的义务；赔偿损失的义务。

受托人的义务：按指示处理委托事务的义务；亲自处理委托事务的义务；委托事务报告和转交财产的义务；披露委托人或第三人的义务；承担赔偿的义务。

③ 委托合同的终止

委托人或者受托人可以随时解除委托合同。因解除合同给对方造成损失的，除不可归责于该当事人的事由以外，应当赔偿损失。

委托人或者受托人死亡、丧失民事行为能力或者破产的，委托合同终止，但当事人另有约定或者根据委托事务的性质不宜终止的除外。

因委托人死亡、丧失民事行为能力或者破产，致使委托合同终止的，受托人的继承人、法定代理人或者清算组织应当及时通知委托人。因委托合同终止将损害委托人利益的，在委托人做出善后处理之前，受托人的继承人、法定代理人或者清算组织应当采取必要的措施。

3. 建设工程合同的分类

建设工程合同可以分为如下几类。

（1）根据承发包的工程范围划分

根据承发包的工程范围，可以分为建设工程总承包合同和分包合同。

总承包合同是指发包人将建设工程的勘察、设计、施工和设备安装采购等一并发包给一个承包单位，或者将上述任务的一项或者多项发包给一个单位，签订的合同称为建设工程总承包合同。

分包合同是指总承包单位经建设单位认可，将工程中的部分工程发包给分包单位，主体工程自行施工，该总承包单位和分包单位签订的合同称为分包合同。

（2）根据合同计价方式划分

根据合同计价方式，可以分为总价合同、单价合同和成本加酬金合同。

总价合同是指承包单位和发包单位在合同中规定了完成一个项目的全部内容的总价。该类合同在招标投标阶段应该能够适用最低价投标法确定承包商。总价合同又分固定总价合同和变动总价合同两种。固定总价合同适用于以下情况。①工程量小，工期短（一般在1年之内），估计在施工过程中环境因素变化小，工程条件稳定并合理；②工程设计详细，图纸完整、清楚，工程任务和范围明确；③工程结构和技术简单，风险小；④投标期相对宽裕，承包商可以有充足的时间详细考察现场、复核工程量，分析招标文件，拟订施工计划。这类合同成立的关键是建设单位必须具备详细而全面的设计图纸，以利于承包商投标报价并有效地预测和降低合同风险。变动总价合同又称为可调总价合同，合同价格是以图纸及规定、规范为基础，按照时价进行计算，得到包括全部工程任务和内容的暂定合同价格。它是一种相对固定的价格，在合同执行过程中由于通货膨胀的原因而使所使用的工、料成本增加时，可以按照合同约定对合同总价进行相应的调整。当然，一般由于设计变更、工程量变化和其他工程条件变化所引起的费用变化也可进行调整。因此，通货膨胀等不可预见因素的风险由业主承担，对承包商而言，其风险相对较小；但对业主而言，不利于其进行投资控制，风险就增大了。

单价合同是指承包单位和发包单位根据招标文件中列出的分部分项工程的工程量表确定各分部分项工程的费用而签订的合同。该类合同合理地分摊了风险，鼓励承包商通过节约成本和提高功效等手段提高利润，因此适用范围很广。这类合同成立的关键是双方对单价和工程量计算方法的确认。单价合同可以分为固定单价合同和可调单价合同。固定单价合同是经常采用的合同形式，特别在计算条件已经明确但是设计或其他建设条件（如地质条件）还不太落实的情况下，而以后有需要增加工程内容或工程量时，可以按单价适当追加合同内容。在每月或每阶段工程结算时，根据实际完成的工程量计算，在工程全部完成时以竣工图的工程量最终结算工程总价款。可调单价合同，即合同单价可调，一般是在工程招标文件中规定。在合同中签订的单价，根据合同约定的条款，如在施工过程中物价发生变化，可做调整。有的工程在招标或签约时，因某些不确定因素而在合同中暂定某些分部分项工程的单价，在工程结算时，再根据实际情况和合同约定单价进行调整，确定实际结算单价。

成本加酬金合同是指发包商向承包商支付工程的成本，并按照事先约定的方式支付酬金的合同。该类合同具有如下特征：①需要立即开展的项目，如震后救灾项目；②新型工程项目或者技术经济指标尚未确定的项目；③风险很大的项目。因此，签订这类合同的发包商将承担项目实际发生的一切费用，从而承担了项目的全部风险，而承包商由于不承担风险，报酬也就比较低。这类合同的缺点是业主对工程造价不易控制，承包商也就往往不注意降低项目的成本。

（3）根据建设工程的不同阶段划分

根据建设工程的不同阶段，可以分为建设工程勘察合同、建设工程设计合同和建设工程施工合同。

建设工程勘察合同是指承包人和发包人为完成一项勘查任务而签订的明确双方权利和义务的协议。

建设工程设计合同是指承包人和发包人为完成一项设计任务而签订的明确双方权利和义务的协议。

建设工程施工合同是指承包人和发包人为完成建设工程、安装工程等任务而签订的明确双方权利和义务的协议。

7.2 合同的订立与效力

7.2.1 订立合同的形式和程序

《建筑法》第 15 条明确规定，建筑工程的发包单位与承包单位应当依法订立书面合同，明确双方的权利和义务。同时合同应当参照国家推荐使用的签订合同的示范文本，如《建设工程施工合同（示范文本）》、《建设工程委托监理合同（示范文本）》等。

订立合同的程序分为 4 个步骤，尽管合同订立并不代表合同生效，但是合同订立是合同生效的前提条件，4 个步骤缺一不可。

1. 要约邀请

《合同法》第 15 条规定，要约邀请是希望他人向自己发出要约的意思表示。要约邀请属于订立合同的前期预备行为，只是邀请他人发出要约，不能因相对人的承诺而成立合同。在发出要约邀请以后，要约邀请人撤回其邀请，只要没给善意相对人造成依赖利益的损失，要约邀请人一般不承担责任。例如建设工程前期阶段，公开招标的招标方在指定的媒体上发布招标公告，或者邀请招标的招标方向不少于 3 个潜在投标人发出招标邀请书，都属于要约邀请。又如寄送的价目表、拍卖公告、招标公告、招股说明书、商业广告等为要约邀请。但商品广告的内容符合要约规定的，则视为要约。因为要约邀请只是做出希望别人向自己发出要约的意思表示，因此，要约邀请可以向不特定的任何人发出，也不需要在要约邀请中详细表示，无论对于发出邀请人还是接受邀请人，都没有约束力。

2. 要约

《合同法》第 13 条规定："当事人订立合同，采取要约、承诺方式"。《合同法》第 14 条规定：要约是希望和他人订立合同的意思表示。要约的构成要件包括以下几点。

（1）要约是特定合同当事人的意思表示

就特定的要约而言，其目的是旨在与他人订立合同，并且唤起相对人的承诺，所以要约人必须是订立合同一方的当事人，该当事人应当具有订立合同的行为能力。无民事能力人或依法不能独立实施某种行为的限制行为能力人发出欲订立合同的要约，不应产生行为人预期的效果。

（2）要约必须反映其订立合同的基本意图

订约人这种订立合同的意图一定要通过其发出的要约充分表现出来，才能在受要约人承诺的情况下产生合同。而当某一意思表示不具有订立合同的主观目的时，也就不具有必须和承诺人订立合同的作用。根据我国《合同法》第 14 条规定，要约中必须表明要约经受要约人承诺，要约人则受该意思表示约束。

（3）要约必须是要约人向其希望与之缔结合同的受要约人发出

要约人向其发出要约的相对人既可以是特定的人，也可以是不特定的人。要约原则上应向一个或某些特定的人发出，所以受要约人原则上应当是特定的。当向不特定的人发出要约时应具有如下两个条件：第一，必须明确表示其做出的建议是一项要约而不是要约邀请；第二，必须明确承担向多人发送要约的责任，尤其是要约人发出要约后，必须具有向不特定的相对人做出承诺以及履行合同的能力。

（4）要约的内容必须具体明确

① 所谓具体，是指要约内容必须具有足以使合同成立的主要条款。

所谓明确，是指要约内容必须明确，而不能含糊不清。要约应当使受要约人理解要约人的真实意思，否则无法承诺。合同的内容以承诺的内容为准，如果受要约人进行了补充修改而做出的承诺，将认为受要约人对要约的内容进行了实质性变更，称为新要约。

② 要约的生效

《合同法》第 16 条规定：要约到达受要约人时生效。采用数据电文形式订立合同，收件人指定特定系统接收数据电文的，该数据电文进入该特定系统的时间，视为到达时间；未指定特定系统的，该数据电文进入收件人的任何系统的首次时间，视为到达时间。如果要约在发出以后，因传达要约的信件丢失或没有传达，不能认为要约已经到达。

③ 要约的撤回

《合同法》第 17 条规定，要约可以撤回。撤回要约的通知应当在要约到达受要约人之前或者与要约同时到达受要约人，在此情形下，被撤回的要约实际上是尚未生效的要约。

④ 要约的撤销

不同于要约的撤回，撤销发生在要约生效后，后者发生在要约生效前。《合同法》第 18 条规定，要约可以撤销，撤销要约的通知应当在受要约人发出承诺通知之前到达受要约人，但是为了保护当事人的利益，合同法规定了要约不可撤销的情况。一种情况是要约人确定了承诺期限或以其他形式明示要约不可撤销；另一种情况是受要约人有理由认为要约是不可撤销的，并已经为履行合同做了准备工作。

⑤ 要约的失效

要约失效指要约丧失法律效力，即要约人不再受其约束，受要约人也终止了承诺的权力。

《合同法》第 20 条规定，符合下列情形之一的，要约失效。

（a）拒绝要约的通知到达要约人。要约人收到该通知后，要约人即可不再受要约人承诺的意思表示的约束。

（b）要约人依法撤销要约。依法撤销的要约，自撤销之日起失效，要约人不再受受要约人承诺的意思表示的约束。

（c）承诺期限届满，受要约人未做出承诺。要约中可以约定承诺的期限，超过该期限，受要约人做出的承诺就不再必然有效。

（d）受要约人对要约的内容做出实质性变更。要约的内容产生实质性变化为要约的实质性变更，该变更已经不是要约人自己的意思表示，故要约人可以不受该意思表示的约束。

3. 承诺

承诺是受要约人同意要约的意思表示。《合同法》第 22 条规定：承诺应当以通知的方式做出，但根据交易习惯或者要约表明可以通过行为做出承诺的除外。

（1）承诺的构成要件包括如下 4 条

① 承诺必须是受要约人做出的

承诺必须是受要约人本人做出的，或者是由其授权的代理人做出，除此以外的任何第三人做出的承诺，即使符合要约的内容，也不能视为承诺。

② 承诺必须向要约人做出

承诺具有绝对的特定性，即受要约人做出承诺的对方当事人必须是要约人本人或者其授权的代理人，除此以外的第三人作为接受承诺的当事人视为无效。

③ 承诺和要约的内容必须一致

如果承诺和要约的实质性内容不同，则视为新要约，该承诺也不为承诺。承诺的实质性内容包括合同标的、数量、质量、价款、履行期限、履行地点、履行方式以及解决争议的办法和违约责任等。

如果承诺是对要约的非实质性内容做出变更，除要约人及时表示反对或已有的要约已经明确表明承诺不得对要约内容做出任何变更的以外，该承诺仍然有效，并且合同内容仍然以承诺的内容为准。

④ 承诺应在有效期内做出。

《合同法》第 23 条规定，承诺应当在要约确定的期限内到达要约人。

要约没有确定承诺期限的，承诺应当依照下列规定到达：要约以对话方式做出的，应当即时做出承诺，但当事人另有约定的除外；要约以非对话方式做出的，承诺应当在合理期限内到达。

《合同法》第 24 条规定：要约以信件或者电报做出的，承诺期限自信件载明的日期或者电报交发之日开始计算。信件未载明日期的，自投寄该信件的邮戳日期开始计算。要约以电话、传真等快速通信方式做出的，承诺期限自要约到达受要约人时开始计算。

（2）承诺的生效

《合同法》第 26 条规定，承诺通知到达要约人时生效。承诺不需要通知的，根据交易习惯或者要约的要求做出承诺的行为时生效。《合同法》第 16 条第 2 款规定，采用数据电文形式订立合同，收件人指定特定系统接收数据电文的，该数据电文进入该特定系统的时间，视为到达时间；未指定特定系统的，该数据电文进入收件人的任何系统的首次时间，视为到达时间。

（3）承诺的撤回

承诺在发出之后、生效之前，承诺人阻止承诺发生法律效力的行为。《合同法》第 27 条规定，承诺可以撤回。撤回承诺的通知应当在承诺通知到达要约人之前或者与承诺通知同时到达要约人。需要注意的是，承诺可以撤回，但是不能撤销；而要约既可以撤回，也可以撤销。

（4）承诺的超期

受要约人主观上超过承诺期限而发出的承诺，导致要约人延迟收到承诺为承诺的超期。受要约人超过承诺期限发出承诺的，除要约人及时通知受要约人该承诺有效的以外，为新要约。

（5）承诺的延误

受要约人发出的承诺因外界原因致使要约人延迟收到，为承诺的延误受要约人在承诺期限内发出承诺，按照通常情形能够及时到达要约人，但因其他原因承诺到达要约人时超过承诺期限的，除要约人及时通知受要约人因承诺超过期限不接受该承诺的以外，该承诺有效。

4. 签订合同

根据《建筑法》第 15 条规定，建筑工程的发包单位与承包单位应当依法订立书面合同，明确双方的权利和义务。

【案例】

1. 背景

甲建筑公司（以下简称甲公司）拟向乙建材公司（以下简称乙公司）购买一批钢材。双方经过口头协商，约定购买钢材 100 吨，单价每吨 3500 元人民币，并拟订了准备签字盖章的买卖合同文本。乙公司签字盖章后，交给了甲公司准备签字盖章。由于施工进度紧张，在甲公司催促下，乙公司在未收到甲公司签字盖章的合同文本情形下，将 100 吨钢材送到甲公司工地现场。甲公司接收了并投入工程使用。后因拖欠货款，双方产生了纠纷。

2. 问题

乙公司的买卖合同是否成立？

3. 分析

《合同法》第 32 条规定，“当事人采用合同书形式订立合同的，自双方当事人签字或者盖章时合同成立。”第 37 条还规定，“采用合同书形式订立合同，在签字或者盖章之前，当事人一方已经履行主要义务，对方接受的，该合同成立。”

双方当事人在合同中签字盖章十分重要。如果没有双方当事人的签字盖章，就不能最终确认当事人对合同的内容协商一致，也难以证明合同的成立有效。但是，双方当事人的签字盖章仅是形式问题。如果一个以书面形式订立的合同已经履行，仅仅是没有签字盖章，就认定合同不成立，则违背了当事人的真实意思。当事人既然已经履行，合同当然依法成立。

7.2.2 合同的主要条款

《合同法》第 12 条规定，当事人可以参照各类合同的示范文本订立合同。合同的内容由当事人约定，一般包含以下条款。

（1）当事人的名称或者姓名和住所：合同是严肃的法律文件，该条款的目的是明确合同主体。当事人的名称、住所和企业名称等，务必载明清楚，对履行合同义务和确定诉讼管辖具有重要意义。

（2）标的：合同权利和义务所指向的对象，该条款的目的是明确合同客体。根据客体的不同分类，合同的标的也不同。

（3）数量：用数字和计量单位衡量合同标的的尺度。如建设工程施工阶段，对于工程量数额的确定等。

（4）质量：标的的内在品质和外观形态的综合评价指标。如产品的物理化学性质、品种、规格、型号等。

（5）价款或者报酬：取得标的物一方向给付标的物一方所支付的价金。其表现形式可以是货币，也可以是劳务或者实物等。

（6）履行期限、地点和方式：履行期限是指合同负有义务的一方向享有权利的一方履行义务的时间范围；履行地点是义务人履行义务的地点，建设施工合同的履行地点即项目所在地；履行方式是义务人完成义务的方法。

（7）违约责任：合同任何一方当事人因自身过错不履行或者不适当履行法律或合同中规定的义务而应当承担的法律责任。

（8）解决争议的方法：合同双方当事人应当在合同中约定，当发生纠纷时，采用何种方式解决纠纷。解决纠纷的方式有 4 种，和解、调解、仲裁和诉讼。在合同条款中，通常的选择为仲裁和诉讼。需要注意的是，仲裁和诉讼是独立存在的，二者须选其一，如果合同中同时约定两种解决方式，则该条款无效。

【案例】

某材料供应单位向某建筑公司发出要约，称对方如同意该要约条件，请在 10 日内予以答复，否则将另找别家公司签约。第 4 日正当某建筑公司准备回函同意要约时，该材料供应单位又发一函，称前述要约已作废，已与别家公司签订合同。建筑公司认为 10 日期限尚未届满，要约仍然有效，既然自己同意了要约条件，对方就应该遵守要约。

分析：要约到达要约人时生效，故材料供应单位向建筑公司发出的要约已生效，虽然在要约生效后、承诺人做出承诺之前，要约可以撤销；但是法律还规定，要约人确定承诺期限即代表要约人明示在此期限之内要约不可撤销，所以材料供应单位不能撤销要约。

7.2.3　合同的效力

1. 合同成立

合同成立是指当事人经过协商一致，完成签订合同的过程。合同成立不等于合同生效。

合同成立的条件是：具备协商一致的当事人，当事人对合同主要条款达成一致，订立的过程经过了要约和承诺两个阶段。

合同成立的时间代表了当事人开始受到合同关系约束的时间。根据《合同法》第 25 条规定，承诺生效时合同成立。当事人采用合同书形式订立合同的，自双方当事人签字或者盖章时合同成立。当事人采用信件、数据电文等形式订立合同的，可以在合同成立之前要求签订确认书。签订确认书时合同成立。所以，签字、盖章或者签订确认书具有标志合同正式成立的意义。

合同成立的地点是确定法院管辖的重要依据，承诺生效的地点为合同成立的地点。采用数据电文形式订立合同的，收件人的主营业地为合同成立的地点；没有主营业地的，其经常居住地为合同成立的地点。当事人另有约定的，按照其约定。当事人采用合同书形式订立合同的，双方当事人签字或者盖章的地点为合同成立的地点。

2. 合同生效

合同生效是指合同具备生效条件而对合同双方当事人产生法律约束的效力。《合同法》第 44 条规定："依法成立的合同，自成立时生效"。合同生效需要具备如下条件。

（1）合同当事人不仅具有相应的民事行为能力，还应该具有相应的民事权利能力。

（2）意思表示真实。所谓意思表示真实，是指行为人做出的与民事法律关系相关的行为反映其内心真实的意愿。在司法实践中考察合同是否有效，尊重合同当事人签订合同时的真实意愿是重要的参考依据。

（3）不违反法律、行政法规、强制性规定和社会公共利益。法律、行政法规和各项强制性规定是具体的、形象的，而社会公共利益作为一个抽象但又包含丰富内容的概念，是对法律等具体规范的补充和延伸。

（4）具备符合法律规定的形式。这种形式既包括书面形式的合同，也包括口头形式或其他形式。也就是说，我国法律允许当事人自主选择合法的合同形式，除非法律或者行政法规另有规定。

另外值得一提的是，应当注意两种特殊的合同生效条件。一种是附条件的合同，一种是附期限的合同。

附条件的合同，是根据我国《民法通则》附条件的民事法律行为而来的，指合同当事人设定一定的条件，并将条件的成就与否作为决定效力发生或消灭的根据的合同。当事人订立合同时，有时并不希望立即发生预期的法律后果，而有时又不希望已经发生的法律效力一直存续，而是愿意在一定的事实发生时，让合同的效力发生或终止，使合同的订立更能满足当事人的意愿，体现合同自由。附条件的合同规定，当事人对合同的效力可以约定附条件。附生效条件的合同，自条件成就时生效。附解除条件的合同，自条件成熟时失效。当事人为自己的利益不正当地阻止条件成就的，视为条件成就；不正当地促成条件成就的，视为条件不成熟。例如，甲将房屋出租给乙住，约定一旦甲结婚或其母由外地搬来，甲即可收回出租的房屋供自用。此处甲结婚或其母搬到此地是该房屋租赁合同中的解除条件，乙为了能够长期租赁甲的房屋，多次在甲的恋爱中制造障碍，甚至阻挠和谋害其母使其不能与甲同住，就构成了不正当阻止条件成就，在这种情况下，虽然“甲结婚或其母搬来同住”的条件未成就，房屋租赁合同从表面看似继续有效，但法律视此种情况下条件已经成就，因此，此房屋租赁合同失效。

附期限的合同，是指当事人在合同中设定一定的期限，作为决定合同效力的附款。根据《合同法》第 46 条规定：“当事人对合同的效力可以约定附期限。附生效期限的合同，自期限届满时生效。附终止期限的合同，自期限届满时失效。”

【案例】

中学生赵某，16 周岁，身高 175 公分，但面貌成熟，像二十七、八岁。赵某为了买一辆摩托车，欲将家中一套闲房卖掉筹购车款。后托人认识李某，与李某签订了购房合同，李某支付定金 5 万元，双方遂到房屋管理部门办理了房屋产权转让手续。赵某父亲发现此事后，起诉到法院。

试分析，该房屋买卖合同是否有效？请说明原因。

分析

该房屋买卖合同无效。因为当事人一方赵某虽年满 16 周岁，但不是以自己的劳动作为生活，是限制行为能力的人。限制行为能力的人不能处分重大的民事行为。房屋买卖属于重大民事行为，赵某不具备这种民事权利能力，无权处分房屋产权。因缔约主体资格不合格，导致该合同无效，加上赵某的父亲事后并未予以追认，所以该房屋买卖合同是无效合同。

3. *无效合同和免责条款*

（1）无效合同

无效合同是指合同虽然成立，但由于严重欠缺某种生效条件而无法产生法律效力的合同，并且无效合同是一种自始没有法律约束力的合同，从合同成立时国家法律就不承认其效力。根据《合同法》第 52 条，有下列情形之一的，合同无效。

一方以欺诈、胁迫的手段订立合同，损害国家利益；恶意串通，损害国家、集体或者第三人利益；以合法形式掩盖非法目的；损害社会公共利益；违反法律、行政法规的强制性规定。

如果合同部分条款违反上述规定，但不影响其他条款的合法性，则合同部分有效，部分无效。

合同被确认无效后，合同中规定的相应的权利和义务即告无效，履行中的合同必须停止履行，尚未履行的将不再履行。

对因合同被确认无效而产生的法律后果，《合同法》第58条规定，合同无效或者被撤销后，因该合同取得的财产，应当予以返还；不能返还或者没有必要返还的，应当折价补偿。有过错的一方应当赔偿对方因此所受到的损失；双方都有过错的，应当各自承担相应的责任。

返还财产是指合同当事人在合同被确认为无效或者被撤销以后，对已经交付给对方的财产，享有返还财产的请求权，对方当事人对于已经接受的财产负有返还财产的义务。

折价补偿是指在因无效合同所取得的对方当事人的财产不能返还或者没有必要返还时，按照所取得的财产的价值进行折算，以金钱的方式对对方当事人进行补偿的责任形式。

赔偿损失是指当合同被确认为无效后，如果由于一方或者双方的过错给对方造成损失时，还要承担损害赔偿责任。此种损害赔偿责任的前提条件是：应有损害事实存在，并且赔偿义务人应具有过错，而且过错行为与遭受损失之间有因果关系。

（2）免责条款

免责条款属于民事法律行为，是指合同当事人在合同中约定的免除或者限制其未来责任的条款。免责条款常被合同一方当事人写入合同或存在于格式合同之中，作为明确或隐含的意思要约，以获得另一方当事人的承诺，使其发生法律效力。

免责条款具有如下特点。第一，免责条款旨在免除或限制当事人未来所应负的责任。第二，免责条款是一种合同条款，它是合同的组成部分。第三，免责条款是事先约定的。当事人约定免责条款是为了减轻或免除其未来发生的责任，因此只有在责任发生以前由当事人约定且生效的免责条款，才能导致当事人责任的减轻或免除。若在责任产生以后，当事人之间通过和解协议而减轻责任，则与达成免责条款是有本质区别的。

免责条款与附条件的合同的区别在于，虽然免责条款设定的条件成就以后，当事人将被免除不履行合同的责任，但是，免责条款只是合同的一项条款，其对当事人未来责任的限制和免除并不影响合同本身的效力，也就是说不会导致合同的生效或者解除；而当事人在附条件的合同中设定一定的条件，旨在以条件的成就或者不成就来影响合同本身的效力，如果条件成就，将会发生合同的生效或者终止。

发生如下两种情况，免责条款无效：造成对方人身伤害的；因故意或者重大过失造成对方财产损失的。

法律赋予了公民合法的人身权和财产权，当该权益受到侵害时，就违反了法律的规定，故这样的免责条款如果出现在合同中，自然就是无效的。

【案例1】

1. 背景

A物资公司欠某工商支行600万元贷款，逾期未还，双方约定由工商支行再贷款800万元给A物资公司，用于平账。之后，工商支行与A物资公司签订了一份借款合同，由B空调公司盖章担保。合同规定，由工商支行借给A公司800万元人民币用于购房，借款期限是1997年11月2日至1998年5月7日，月息为10.05%，B公司是借款方的担保单位，倘若借款方不能履行义务，则由B公司连带承担偿还贷款本息的责任。合同订立后，工商支行按照约定将款贷给A公司。次日，A公司将新贷的800万元偿还了以前欠工商支行的贷款。工商支行和A公司均未将这一情况告知B公司。借款期限届满，A公司没有还新款，担保人B公司也没有履行其担保义务。工商支行便向法院提起诉讼，请求判令A公司和B公司偿还借款本息，并判令C集团公司对其下属单位B空调公司担保的债务承担连带责任。

2. 分析

本案例关键性法律问题是如何正确认定恶意串通。其判别方式是当事人主观上应有恶意共谋的故意，或者当事人双方事先存在着共谋。工商支行与 A 公司的贷款行为属于恶意串通，损害担保人利益的行为。

另外，工商支行与 A 物资公司的行为属于以合法的形式掩盖非法目的，即利用一个合法的民事行为掩盖另一个非法的民事行为，这个实际上是一种规避法律的民事行为。“恶意串通，损害国家、集体或者第三人利益的”以及“以合法形式掩盖非法目的”的合同均属无效合同，故 B 空调公司对担保的债务不承担连带责任。

【案例 2】

1. 背景

2008 年 8 月，青岛某房地产开发公司（以下简称房产公司）需要装修其办公楼及建造一幢二层的售楼处。该房产公司法定代表人的亲戚就介绍了本地某装饰设计公司（以下简称装饰公司）承接上述工程。由于房产公司与装修公司的法定代表人之间私人关系较好，所以双方口头约定，按照装饰公司实际发生的成本外加 10%的利润结算工程款。

双方做了上述口头约定后，并未签订书面的施工合同。装饰公司随即安排施工队伍进场施工，上述工程在 2009 年 10 月全部完工。在施工过程中，进场材料大部分由房产公司办公室主任签字确认，也有少部分由于施工人员赶工或疏忽，没有房产公司人员签字确认。施工过程中，房产公司合计支付了工程款 125 万元。

装饰公司在完工后即做出了结算。按照双方之前口头约定的计价方式，装饰公司结算出的工程款为 150 万元，并要求房产公司支付剩余工程款。不料，房产公司认为造价偏高，不同意另行支付工程款。由此双方产生矛盾，2011 年 4 月，装饰公司在追讨工程款未果的情况下向该地区人民法院提起诉讼，要求房产公司支付工程款及逾期付款利息合计 130 万元（扣除已支付的 125 万元工程款）。

2. 分析

本案合同是否有效？根据《建筑法》第 15 条第 1 款规定：“建筑工程的发包单位与承包单位应当依法订立书面合同，明确双方的权利和义务”。装饰装修合同属于建设工程合同，所以必须签订书面合同才有效，这是《建筑法》的强制性规定。而《合同法》又规定违反法律、法规的强制性规定而签订的合同无效。根据建设部关于《建设工程施工合同》示范文本，合同的组成文件包括：合同协议书、中标通知书、投标书及其附件、合同专用条款、合同通用条款、标准、规范及有关技术文件、图纸、工程量清单、工程报价单或预算书、双方有关工程的洽商、变更等书面协议图纸、现场工程量确认签证、结算资料应当都是书面形式的。本案中，原告装饰公司提交的证据材料有工程设计图纸、现场部分工程量的确认、原告制作的结算资料等书面证据。因此如果仅仅根据是否存在书面合同一项标准就认定本案件中合同无效是片面的。当然，在施工过程中，还是应该签订好合同，签订合同之前要多做分析，确定合同效力，这样才能尽可能地避免纠纷和争议。

（3）效力待定合同

效力待定合同是指合同已经成立，但因为某些原因尚不能确定是否有效，依法需要其他行为或事实的发生来确定其生效。

合同效力待定，意味着合同效力既不是有效，也不是无效，而是处于不确定状态。设立这一不确定状态，目的是使当事人有机会补正能够补正的瑕疵，使原本不能生效的合同尽快生效，以实践合同法尽量成就交易，鼓励交易的基本原则。当然，从加速社会财富流转，促使不确定的权利义务关系尽快确定和稳定的原则出发，合同效力待定的时间不可能很长，效力待定也不可能是合同效力的最后状态。无论如何，效力待定的合同最后要么归于有效，要么归于无效。

效力待定合同主要有如下 4 种类型。

① 限制民事行为能力人订立的合同

限制民事行为能力人是指 10 周岁以上不满 18 周岁的未成年人和不能完全辨认自己行为的精神病人。

《合同法》第 47 条规定，限制民事行为能力人订立的合同，经法定代理人追认后，该合同有效，但纯获利的合同或者与其年龄、智力、精神健康状况相适应而订立的合同，不必经法定代理人追认。相对人可以催告法定代理人在一个月内予以追认。法定代理人未做表示的，视为拒绝追认。合同被追认之前，善意相对人有撤销的权利。撤销应当以通知的方式做出。

② 无代理权人以他人的名义订立的合同

行为人没有代理权、超越代理权或者代理权终止后以被代理人名义订立的合同，未经被代理人追认，对被代理人不发生效力，由行为人承担责任。相对人可以催告被代理人在 1 个月内予以追认。被代理人未做表示的，视为拒绝追认。合同被追认之前，善意相对人有撤销的权利。撤销应当以通知的方式做出。

③ 无处分权的人处分他人财产的合同

没有处分权的人无权处分他人财产，但是，在一定条件下，该行为可以转化为合法有效的行为，因此无处分权的人处分他人财产的合同也属于效力待定合同。

《合同法》第 51 条规定，无处分权的人处分他人财产，经权利人追认或者无处分权的人订立合同后取得处分权的，该合同有效。

④ 越权订立的合同

超越当事人自身岗位权限而行使的民事行为，在权限分工中应该属于无效，但是该行为在某些因素下，可以转换成有效行为。

根据《合同法》的规定，法人或者其他组织的法定代表人，负责人超越权限订立的合同，除相对人知道或者应当知道其超越权限的以外，该代表行为有效。

效力待定的合同与无效合同的区别主要表现在；效力待定的合同虽欠缺法律关于合同的生效要件，但经过权利人的追认可以生效，在追认之前，合同的效力处于待定状态。效力待定不仅保护权利人的利益，而且兼顾了相对人的利益。而无效合同因其具有违法性，所以是自始无效的，不能经过任何人的追认而生效。无效合同不因当事人的追认而发生法律效力是它与效力待定合同的基本区别。

效力待定合同与表见代理的区别在于：表见代理是为了保护善意相对人的信赖利益和交易安全，它虽然具有效力待定合同的一般特征，但由于善意相对人有足够理由相信其所签订的合同属于有效合同，因此，不能把表见代理认定为效力待定合同。表见代理的过错在于被代理人，其法律后果由被代理人承担。表见代理的构成是虽然代理人没有代理权，但基于被代理人的过错，而使相对人认为其有代理权而产生代理的效力；而因代理产生的效力待定的合同是因为代理人虽然没有代理权而与相对人签约，但行为对被代理人有利，被代理人可能追认而构成效力待定的合同。

效力待定合同与可撤销合同的区别在于：首先，合同的效力不同。效力待定合同在未被有关权利人追认前，其效力处于待定状态；而可撤销合同在未被撤销前则是有效合同。其次，合同瑕疵不同。效力待定合同的瑕疵是行为人缺乏缔约能力或处分能力，这类瑕疵是可以补救的；而可撤销合同的瑕疵在于当事人意思表示不真实，如因在欺诈、胁迫、重大误解、显失公平等违背真实意思的情况下签订的合同。

（4）可变更和可撤销合同

可变更和可撤销合同是指合同当事人所订立的合同欠缺一定的生效条件，一方当事人可以依照自己的意思要求人民法院或者仲裁机构确认并做出裁决，予以合同内容变更或撤销。在这类合同中，一方当事人处于不利地位，并且在合同中该当事人意思表示不真实，可以请求人民法院或仲裁机构确认。但是当事人如果不申请合同变更或撤销，人民法院或仲裁机构不会予以主动裁决，当事人如果只请求变更而不请求撤销，人民法院或仲裁机构不得撤销。

《合同法》第 54 条规定，下列合同，当事人一方有权请求人民法院或仲裁机构变更或撤销：

① 因重大误解订立的；

② 在订立合同时显失公平的；

③ 一方以欺诈、胁迫的手段或者乘人之危，是对方在违背意愿真实意思的情况下订立的合同，受损害方有权请求人民法院或者仲裁机构变更或撤销。

重大误解是指合同当事人一方由于自己的过错而对合同重要内容认识上的错误。重大误解中，表意人的意思表示与其错误认识之间必须具备因果关系，该误解是由表意人自己的过失造成的，但是这种误解并不是当事人故意造成的，并且根据最高人民法院《关于贯彻执行<中华人民共和国民法通则>若干问题的意见（试行）》第 71 条规定，行为人因为对行为的性质、对方当事人、标的物的品种、质量、规格和数量等的错误认识，使行为的后果与自己的意思相悖，并造成较大损失的，可以认定为重大误解。

显失公平是指合同当事人的权利和义务严重不对等，造成不利地位一方遭受利益上的重大失衡。显失公平的合同是从订立的时候就明显失衡，而不是在订立之后出现的，如果是订立之后出现的，不应该按照显失公平处理。在合同中获得不平等的重大利益的一方，往往在主观上已经预知到失衡结果，但是出于对利益的追求，便利用对方缺乏经验、急于求成或决策轻率，故意获得较高的利益。在建筑市场中，由于发包商和承包商角色上的不同，承包商如果不注重维护自身利益，而一味追求中标，打压对手，往往容易被发包商抓住心理需求，而产生利益上的重大失衡。根据最高人民法院《关于贯彻执行<中华人民共和国民法通则>若干问题的意见（试行）》第 72 条规定，一方当事人利用优势或者利用对方没有经验致使对方的权利义务明显违反公平、等价、有偿原则的，可以认定为显失公平。

欺诈、胁迫或者乘人之危是指一方当事人实施欺骗、要挟等行为或利用对方处于危难情况的时机，使对方当事人在违背真实意思的情况下订立的合同。根据最高人民法院《关于贯彻执行<中华人民共和国民法通则>若干问题的意见（试行）》第 68 条规定，一方当事人故意告知对方虚假情况，或者故意隐瞒真实情况，诱使对方当事人做出错误意思的表示，可以认定为欺诈行为。最高人民法院上述《意见（试行）》第 69 条规定，以给公民及其亲友的生命健康、荣誉、名誉、财产等造成损害为要挟，迫使对方做出违背真实意思表示的，可以认定为胁迫行为。最高人民法院上述《意见（试行）》第 76 条规定，一方当事人乘对方处于危险之机，为牟取不正当利益，迫使对方做出不真实的意思表示，严重损害对方利益的，可以认定为乘人之危。

对于出现欺诈、胁迫或者乘人之危等情况的合同，合同法中并没有列为必然无效的合同，主要原因是该类型合同如果没有损害国家利益，也没有出现违法情况，那么根据尊重当事人意愿的原则，法律没有必要强行干预。

只能是合同不利地位的当事人才能行使撤销权，对方当事人不可行使撤销权。

根据《合同法》第 56 条规定，无效的合同或者被撤销的合同自始没有法律约束力。合同部分无效，不影响其他部分效力的，其他部分仍然有效。

根据《合同法》第 57 条规定，合同无效、被撤销或者终止的，不影响合同中独立存在的有关争议解决方法的条款的效力。《合同法》第 58 条规定，合同无效或者被撤销后，因该合同取得的财产，应当予以返还；不能返还或者没有必要返还的，应当折价补偿。有过错的一方应当赔偿对方因此所受到的损失，双方都有过错的，应当各自承担相应的责任。《合同法》第 59 条规定，当事人恶意串通，损害国家、集体或者第三人利益的，因此取得的财产收归国家所有或者返还集体、第三人。

《合同法》第 55 条规定，有下列情形之一的，撤销权消灭。

① 具有撤销权的当事人自知道或者应当知道撤销事由之日起 1 年内没有行使撤销权；

② 具有撤销权的当事人知道撤销事由后明确表示或者以自己的行为放弃撤销权。

可变更、可撤销合同与无效合同的区别如下。

第一，二者产生的原因不同。可变更、可撤销合同产生的原因主要有重大误解、显失公平及乘人之危、欺诈胁迫且不危害国家利益；而无效合同产生的原因主要有以合法形式掩盖非法目的、损害社会公共利益、违反法律强制性规定等。

第二，认定程序的启动不同。可变更、可撤销合同中，是撤销权人决定是否变更、撤销合同，其他机关、团体、个人都无权干预；而无效合同中，人民法院和仲裁机关有主动干预权。

第三，可变更、可撤销合同并非当然无效，其在未被撤销前是有效的；而无效合同是当然无效、自始无效，且不能变更。

第四，对于可变更、可撤销合同，撤销权人行使撤销权必须符合法律规定的期限，超过行使期限，合同有效，不得行使撤销权；而无效合同，不存在期限的限制。

【案例】

1. 背景

顾客张某欲从某电器公司购买一台正在促销的 A 型洗衣机，因该产品已售完，该公司销售人员便极力怂恿张某购买 B 型洗衣机，并保证其性能与 A 型完全一样。张某一再要求电器公司对此做出保证，并在此前提下支付了全额款项。电器公司送货上门后，在使用过程中，张某发现 B 型洗衣机的性能与 A 型以及销售人员的介绍都有着实质和明显的差别，故要求该电器公司予以退换货。电器公司坚决拒绝，张某遂起诉至法院。请分析张某与电器公司买卖洗衣机的合同是否有效，法院应否支持张某退换货的主张。

2. 分析

在张某与电器公司买卖洗衣机的过程中，电器公司实施了欺诈行为，使张某产生了误解，因而张某与电器公司买卖洗衣机的合同是在违背张某真实意思并产生了重大误解的情况下订立的，已经属于可撤销合同。张某有权要求变更或撤销该合同。因此，法院应支持张某要求退换货的主张。

7.3 合同的变更与转让

7.3.1 合同的变更

合同变更的概念分两种，当主体不变，合同在没有履行或者没有完全履行前，当事人由于某些原因对合同约定的权利和义务进行局部调整，是对合同条款的修改和补充，这是对合同变更的狭义理解；当合同内容和合同主体均变更时，合同的当事人已经发生变化，此时的合同已经不再是原来的合同，也不是对某些条款单纯的修改和补充，而是成为新合同，称为合同转让，这是对合同变更的广义理解。一般情况下，本书中的合同变更指的是狭义的变更。

合同变更分为约定变更和法定变更。

约定变更是指当事人协商一致，可以变更合同。

法定变更是指法律规定在某些特定条件下，当事人可以不经过协商而直接变更合同。例如《合同法》第308条规定，在承运人将货物交付收货人之前，托运人可以要求承运人中止运输、返还货物、变更到达地或者将货物交给其他收货人，但应当赔偿承运人因此受到的损失。

根据《合同法》第77条规定，法律、行政法规规定变更合同应当办理批准、登记等手续的，依照其规定。经过协商变更的合同，应该采用书面形式。

合同的一方当事人提出变更，而对方当事人不同意变更的，主张变更的一方可以向人民法院提起诉讼或者向仲裁机构申请仲裁裁决。

合同内容发生变更，可能涉及合同的标的、数量、质量、价款或者酬金、履行期限、地点、方式等。《合同法》第78条规定，当事人对合同变更的内容约定不明确的，推定为未变更。

【案例1】

1. 背景

某施工单位根据领取的某2000平方米两层厂房工程项目招标文件和全套施工图纸，采用低报价策略编制了投标文件，并获得中标。该施工单位（乙方）于2000年7月2日与建设单位（甲方）签订了该工程项目的固定价格施工合同。合同工期为8个月。甲方在乙方进入施工现场后，因资金紧缺，口头要求乙方暂停施工1个月。乙方亦口头答应。工程按合同规定期限验收时，甲方发现工程质量有问题，要求返工。两个月后，返工完毕。结算时甲方认为乙方迟延交付工程，应按合同约定偿付逾期违约金。乙方认为临时停工是甲方要求的。乙方为抢工期，加快施工进度才出现了质量问题，因此迟延支付的责任不在乙方。甲方则认为临时停工和不顺延工期是当时乙方答应的。乙方应履行承诺，承担违约责任。

2. 问题

该工程采用固定价格合同是否合适？该施工合同的变更形式是否妥当？此合同争议依据合同法律规范应如何处理？

3. 分析

本案例需要注意建设工程施工合同的类型及其适用性、解决合同争议的法律依据。建设工程施工合同按付款方式不同可分为：固定价格合同、可调价格合同和成本加酬金合同。根据各类合同的适用范围，分析该工程采用固定价格合同是否合适。解决合同争议的法律依据主要是《中华人民共和国合同法》与《建设工程施工合同（示范文本）》的有关规定。

因为固定价格合同适用于工程量不大且能够较准确地计算，工期较短，技术不太复杂，风险不大的项目。该工程基本符合这些条件，故采用固定价格合同是合适的。

根据《中华人民共和国合同法》和《建设工程施工合同（示范文本）》的有关规定，建设工程合同应当采取书面形式，合同变更亦应当采取书面形式。若在应急情况下，可采取口头形式，但事后应予以书面形式确认。否则，在合同双方对合同变更内容有争议时，只能以书面协议的内容为准。本案例中甲方要求临时停工，乙方亦答应，是甲、乙方的口头协议，且事后并未以书面的形式确认，所以该合同变更形式不妥。在竣工结算时双方发生了争议，对此只能以原合同规定为准。施工期间，甲方未能及时支付工程款，应对停工承担责任，故应当赔偿乙方停工 1 个月的实际经济损失，工期顺延 1 个月。工程因质量问题返工，造成逾期交付，责任在乙方，故乙方应当支付逾期交工 1 个月的违约金，因质量问题引起的返工费由乙方承担。

【案例 2】

1. 背景

某厂房建设场地原为农田。按设计要求在厂房建造时，厂房地坪范围内的耕植土应清除，地基必须埋在老土层下 2 米处。为此，业主在“三通一平”阶段就委托土方施工公司清除了耕植土并用好土回填压实至一定设计标高，故在施工招标文件中指出，施工单位无须再考虑清除耕植土问题。然而，开工后，施工单位在开挖基坑（槽）时发现，相当一部分基础开挖深度虽已达到设计标高，但仍未见老土，且在地基和场地范围内仍有一部分深层的耕植土和池塘淤泥等必须清除。

2. 问题

如果在工程中遇到地基条件与原设计所依据的地质资料不符时，承包商应该怎么办？根据修改的设计图纸，基础开挖要加深加大。为此，承包商提出了变更工程价格和展延工期的要求，该要求是否合理？工程施工中出现变更工程价款和工期的事件之后，甲、乙双方需要注意哪些时效性问题？对合同中未规定的，但在合同实施过程必须进行的工作，应如何处理较为妥当？

3. 分析

工程变更的一种原因即是因地质条件变化引起的设计修改。该案例中承包商遇到工程地质条件发生变化时，根据《建设工程施工合同（示范文本）》对工程变更的有关规定，在工程中遇到地基条件与原设计所依据的地质资料不符时，承包方应及时通知甲方，要求对原设计进行变更。在建设工程施工合同文件规定的时限内，向甲方提出设计变更价款和工期顺延的要求。甲方如确认，则调整合同；如不同意，应由甲方在合同规定的时限内，通知乙方就变更价格协商，协商一致后，修改合同。若协商不一致，按工程承包合同纠纷处理方式解决。承包商提出了变更工程价格和展延工期的要求是合理的。因为工程地质条件的变化，不是一个有经验的承包商能够合理预见到的，属于业主风险。基础开挖加深加大必然增加费用和延长工期。在出现变更工程价款和工期事件之后，主要应注意：①乙方提出变更工程价款和工期的时间；②甲方确认的时间；③对方对变更工程价款和工期不能达成一致意见时的解决办法和时间。对于合同中未规定的承包商义务而实施过程又必须进行的工作，一般情况下，可按工程变更处理，也可以另行委托施工。

7.3.2 合同的转让

1. 合同转让的定义

合同转让是指合同权利、义务的转让，亦即当事人一方将合同的权利或义务全部或部分转让给第三人的现象，也就是由新的债权人代替原债权人，由新的债务人代替原债务人，而债的内容保持同一性的一种法律现象。按照所转让的内容不同，合同转让包括合同权利的让与、合同债务的承担和合同权利义务的概括移转三种类型，当然，转让可以是全部的也可以是部分的，因为转让的内容有所差异，其条件和效力也有所不同。

2. 合同转让的特征

合同转让是合同当事人一方依法将其合同的权利和义务全部地或者部分地转让给第三人的合法行为，合同转让具有以下法律特征。

（1）合同转让是合同主体的转让，即合同当事人一方将自己在合同中的权利或者义务全部或部分地转让给合同当事人以外的第三人。

（2）合同转让并不改变原合同的权利义务内容，转让并不引起原合同内容的变更。

（3）合同转让应当经过对方同意或者通知对方方可产生法律效力，根据合同法的有关规定，合同中的权利人即债权人转让权利的，应当通知履行义务的另一方当事人即债务人，未经通知，该转让对债务人不发生效力。债务人将合同的义务全部或者部分转移给第三人的，应当经债权人同意。

（4）合同转让涉及审批手续的还须办理有关手续。根据法律规定，合同转让必须办理一定手续的，则须办理手续，否则转让无效。

3. 合同转让的条件

（1）必须有合法有效的合同关系存在为前提，如果合同不存在或被宣告无效，被依法撤销、解除、转让的行为属无效行为，转让人应对善意的受让人所遭受的损失承担损害赔偿责任。

（2）转让人与受让人之间必须达成协议，该协议应该是平等协商的，而且应当符合民事法律行为的有效要件，否则，该转让行为属无效行为或可撤销行为。

（3）转让符合法律规定的程序，合同转让人应征得对方同意并尽通知义务。对于按照法律规定由国家批准成立的合同，转让合同应经原批准机关批准，否则转让行为无效。

以下情形，合同不得转让。

① 根据合同性质不得转让的，合同如果是规定特定权利义务关系的合同或者是特定主体的合同，则合同不得转让。

② 按照当事人约定不得转让，如果双方当事人在订立合同时在合同中约定合同不得转让，则该约定对双方当事人都有约束力。

③ 依照法律规定不得转让。如果该合同成立是由国家机关批准成立的，则该合同的转让也必须经原合同批准机关批准，如果批准机关不予批准，该合同不能转让。

4. 合同转让的形式

广义的合同转让既包括债务主体的变更，也包括合同权利的转让。理论上认为，合同转让可以通过 4 种法律形式进行。

① 债务主体变更

债务主体变更是指根据原债务人请求，债权人同意由新债务人替代承担债务的协议。其法律效果在于解除原债务人的合同义务，而使其由新债务人承担。它实质上是在有关当事人同意的前提下以新合同代替旧合同的交易。但是构成债务主体的变更并不意味着债权人须以明示协议同意新旧债务人的替代。例如在合伙人变更的情况下，该合伙的债权人可以直接根据法律推定条款认可新合伙人承担退伙人的债务。

② 依法律程序而发生的合同权利义务承担

合同的权利义务除可依当事人意志而转让外，还可依法定强制程序而移转，通常称之为合同权利义务的承担。它包括当事人死亡或当事人破产两种情况。

在合同当事人一方死亡的情况下，其合同权利义务依法定程序移转于死者的个人代表。但有关个人技能的合同和劳务合同不适用这一规则。在合同当事人一方破产的情况下，其合同权利义务依破产法程序移转于破产财产管理人。

7.4 合同的担保

7.4.1 担保与担保合同的规定

担保是指当事人根据法律规定或者双方约定，为促使债务人履行债务实现债权人的权利的法律制度。

《中华人民共和国担保法》(以下简称《担保法》) 规定，在借贷、买卖、货物运输、加工承揽等经济活动中，债权人需要以担保方式保障其债权实现的，可以依照本法规定设定担保。

第三人为债务人向债权人提供担保时，可以要求债务人提供反担保。反担保适用《担保法》有关担保的规定。

担保合同是主合同的从合同，主合同无效，担保合同无效。担保合同另有约定的，按照约定。担保合同被确认无效后，债务人、担保人、债权人有过错的，应当根据其过错各自承担相应的民事责任。

7.4.2 建设工程担保的方式和责任

《担保法》规定，担保方式为保证、抵押、质押、留置和定金。

在建设工程活动中，保证是最为常用的一种担保方式。所谓保证，是指保证人和债权人约定，当债务人不履行债务时，保证人按照约定履行债务或者承担责任的行为。具有代为清偿债务能力的法人、其他组织或者公民，可以作为保证人。但在建设工程活动中，由于担保的标的额较大，保证人往往是银行，也有信用较高的其他担保人，如担保公司。银行出具的保证通常称为保函，其他保证人出具的书面保证一般称为保证书。

1. 保证的基本法律规定

（1）保证合同

保证人与债权人应当以书面形式订立保证合同。保证人与债权人可以就单个主合同分别订立保证合同，也可以协议在最高债权额限度内就一定期间连续发生的借款合同或者某项商品交易合同订立一个保证合同。

保证合同应当包括以下内容：①被保证的主债权种类、数额；②债务人履行债务的期限；③保证的方式；④保证担保的范围；⑤保证的期间；⑥双方认为需要约定的其他事项。保证合同不完全具备以上规定内容的，可以补正。

（2）保证方式

保证的方式有两种：①一般保证；②连带责任保证。

当事人在保证合同中约定，债务人不能履行债务时，由保证人承担保证责任的，为一般保证。当事人在保证合同中约定保证人与债务人对债务承担连带责任的，为连带责任保证。连带责任保证的债务人在主合同规定的债务履行期届满没有履行债务的，债权人可以要求债务人履行债务，也可以要求保证人在其保证范围内承担保证责任。

当事人对保证方式没有约定或者约定不明确的，按照连带责任承担保证责任。

（3）保证人资格

具有代为清偿债务能力的法人、其他组织或者公民，可以作为保证人。但是，以下组织不能作为保证人。

① 国家机关不得为保证人，但经国务院批准为使用外国政府或者国际经济组织贷款进行转贷的除外。

② 学校、幼儿园、医院等以公益为目的的事业单位、社会团体不得为保证人。

③ 企业法人的分支机构、职能部门不得为保证人。企业法人的分支机构有法人书面授权的，可以在授权范围内提供保证。

任何单位和个人不得强令银行等金融机构或者企业为他人提供保证；银行等金融机构或者企业对强令其为他人提供保证的行为，有权拒绝。

（4）保证责任

保证合同生效后，保证人就应当在合同约定的保证范围和保证期间承担保证责任。

保证担保的范围包括主债权及利息、违约金、损害赔偿金和实现债权的费用。保证合同另有约定的，按照约定。当事人对保证担保的范围没有约定或者约定不明确的，保证人应当对全部债务承担责任。

保证期间，债权人依法将主债权转让给第三人的，保证人在原保证担保的范围内继续承担保证责任。保证合同另有约定的，按照约定。保证期间，债权人许可债务人转让债务的，应当取得保证人书面同意，保证人对未经其同意转让的债务，不再承担保证责任。债权人与债务人协议变更主合同的，应当取得保证人书面同意，未经保证人书面同意的，保证人不再承担保证责任。保证合同另有约定的，按照约定。

一般保证的保证人未约定保证期间的，保证期间为主债务履行期届满之日起6个月。连带责任保证的保证人与债权人未约定保证期间的，债权人有权自主债务履行期届满之日起6个月内要求保证人承担保证责任。

2. 建设工程施工常用的保证种类

（1）施工投标保证金

投标保证金是指投标人按照招标文件的要求向招标人出具的，以一定金额表示的投标责任担保。其实质是为了避免因投标人在投标有效期内随意撤回、撤销投标或中标后不能提交履约保证金和签署合同等行为而给招标人造成损失。

投标保证金除现金外，可以是银行出具的银行保函、保兑支票、银行汇票或现金支票。

（2）施工合同履约保证金

《招标投标法》规定，招标文件要求中标人提交履约保证金的，中标人应当提供。

施工合同履约保证金，是为了保证施工合同的顺利履行而要求承包人提供的担保。施工合同履约保证金多为提供第三人的信用担保（保证），一般是由银行或者担保公司向招标人出具履约保函或者保证书。

（3）工程款支付担保

《工程建设项目施工招标投标办法》规定，招标人要求中标人提供履约保证金或者其他形式履约担保的，招标人应当同时向中标人提供工程款支付担保。

工程款支付担保，是发包人向承包人提交的、保证按照合同约定支付工程款的担保，通常采用由银行出具保函的方式。

7.4.3 抵押权、质权、留置权、定金的规定

1. 抵押权

（1）抵押的法律概念

按照《担保法》、《物权法》的规定，抵押是指债务人或者第三人不转移对财产的占有，将该财产作为债权的担保。债务人不履行债务时，债权人有权依照法律规定以该财产折价或者以拍卖、变卖该财产的价款优先受偿。其中，债务人或者第三人称为抵押人，债权人为抵押权人。

（2）抵押物

债务人或者第三人提供担保的财产为抵押物。由于抵押物的所有权是不转移的，因此能够成为抵押物的财产必须具备一定的条件。这类财产轻易不会灭失，其所有权的转移应当经过一定的程序。

下列财产可以作为抵押物：①抵押人所有的房屋和其他地上附着物；②抵押人所有的机器、交通运输工具和其他财产；③抵押人依法有权处置的国有土地使用权、房屋和其他地上附着物；④抵押人依法有权处置的国有机器、交通运输工具和其他财产；⑤抵押人依法承包并经发包方同意抵押的荒山、荒沟、荒丘、荒滩等荒地的土地使用权；⑥依法可以抵押的其他财产。

下列财产不得抵押：①土地所有权；②耕地、宅基地、自留地、自留山等集体所有的土地使用权；③学校、幼儿园、医院等以公益为目的的事业单位、社会团体的教育设施、医疗卫生设施和其他社会公益设施；④所有权、使用权不明或者有争议的财产；⑤依法被查封、扣押、监管的财产；⑥依法不得抵押的其他财产。

当事人以下列财产抵押的，应当办理抵押登记，抵押权自登记时设立：①建筑物和其他土地附着物；②建设用地使用权；③以招标、拍卖、公开协商等方式取得的荒地等土地承包经营权；④正在建造的建筑物。当事人以下列财产抵押的，抵押权自抵押合同生效时设立，未经登记，不得对抗善意第三人；①生产设备、原材料、半成品、产品；②交通运输工具；③正在建造的船舶、航空器。

办理抵押物登记，应当向登记部门提供主合同、抵押合同、抵押物的所有权或者使用权证书。

（3）抵押的效力

抵押担保的范围包括主债权及利息、违约损害赔偿金和实现抵押权的费用。当事人也可以在抵押合同中约定抵押担保的范围。

抵押人有义务妥善保管抵押物并保证其价值。抵押期间，抵押人转让已办理登记的抵押物，应当通知抵押人并告知受让人转让物已经抵押的情况；否则，该转让行为无效。抵押人转让抵押物的价款，应当向抵押权人提前清偿所担保的债权或者向与抵押权人约定的第三人提存。超过债权的部分归抵押人所有，不足部分由债务人清偿。转让抵押物的价款不得明显低于其价值。抵押人的行为足以使抵押物价值减少的，抵押权人有权要求抵押人停止其行为。

抵押权与其担保的债权同时存在。抵押权不得与债权分离而单独转让或者作为其他债权的担保。

（4）抵押权的实现

债务履行期届满抵押权人未受清偿的，可以与抵押人协议以抵押物折价或者以拍卖、变卖该抵押物所得的价款受偿；协议不成的，抵押权人可以向人民法院提起诉讼。抵押物折价或者拍卖、变卖后，其价款超过债权数额的部分归抵押人所有，不足部分由债务人清偿。

同一财产向两个以上债权人抵押的，按拍卖、变卖抵押物登记的先后顺序清偿；顺序相同的，按照债权比例清偿。抵押合同自签订之日起生效的，如果抵押物未登记的，按照合同生效的先后顺序清偿，顺序相同的，按照债权比例清偿。抵押物已登记的先于未登记的受偿。

2. 质权

（1）质押的法律概念

按照《担保法》、《物权法》的规定，质押是指债务人或者第三人将其动产或权利移交债权人占有，将该动产或权利作为债权的担保。债务人不履行债务时，债权人有权依照法律规定以该动产或权利折价或者以拍卖、变卖该动产或权利的价款优先受偿。

质权是一种约定的担保物权，以转移占有为特征。债务人或者第三人为出质人，债权人为质权人，移交的动产或权力为质物。

（2）质押的分类

质押分为动产质押和权利质押。

动产质押是指债务人或者第三人将其动产移交债权人占有，将该动产作为债权的担保。能够用作质押的动产没有限制。

权利质押一般是将权利凭证交付质押人的担保。可以质押的权利包括：①汇票、支票、本票、债券、存款单、仓单、提单；②依法可以转让的股份、股票；③依法可以转让的商标专用权、专利权、著作权中的财产权；④依法可以质押的其他权利。

3. 留置

按照《担保法》、《物权法》的规定，留置是指债权人按照合同约定占有债务人的动产，债务人不按照合同约定的期限履行债务的，债权人有权依照法律规定留置该财产，以该财产折价或者以拍卖、变卖该财产的价款优先受偿。

由于留置是一种比较强烈的担保方式，必须依法行使，不能通过合同约定产生留置权。《担保法》规定，因保管合同、运输合同、加工承揽合同发生的债权，债务人不履行债务的，债权人有留置权。法律规定可以留置的其他合同，适用以上规定。当事人可以在合同中约定不得留置的财产。

留置权人负有妥善保管留置物的义务。因保管不善致使留置物灭失或者毁损的，留置权人应当承担民事责任。

4. 定金

《担保法》规定，当事人可以约定一方向对方给付定金作为债权的担保。债务人履行债务后，定金应当抵作价款或者收回。给付定金的一方不履行约定的债务的，无权要求返还定金；收受定金的一方不履行约定的债务的，应当双倍返还定金。

定金应当以书面形式约定。当事人在定金合同中应当约定交付定金的期限。定金合同从实际交付定金之日起生效。定金的数额由当事人约定，但不得超过主合同标的额的 20%。

【案例】

1. 背景

A 房地产开发公司与 B 公司共同出资设立了注册资本为 80 万元人民币的 C 有限责任公司。A 的协议出资额为 70 万元，但未到位；B 的出资额为 10 万元人民币，已经到位。C 公司成立后与 D 银行订立了一个借款合同，借款额为 50 万元人民币，期限为 1 年，利息 5 万元。该借款合同由 E 公司作为担保人，E 公司将其一处评估价为 80 万元的土地使用权抵押给了 D 银行。C 公司在经营中亏损，借款到期后无力还款。

2. 问题

（1）D 银行能否要求 A 公司承担还款责任，为什么？

（2）D 银行能否要求 B 公司承担还款责任，为什么？

（3）D 银行能否要求 C 公司承担还款责任，为什么？

（4）D 银行能否要求 E 公司承担还款责任，为什么？

3. 分析

（1）可以要求 A 公司承担还款责任。因为，A 公司的注册资金没有到位，应当在认缴出资额的范围内对 C 公司的债务承担连带责任。按照《公司法》第 3 条规定，“有限责任公司的股东以其认缴的出资额为限对公司承担责任。”A 公司是 C 公司的股东，认缴的出资额为 70 万元，但没有到位，D 银行有权要求 A 公司在 70 万元限额内承担还款责任。

（2）不能要求B公司承担还款责任。因为，按照《公司法》第3条规定，“有限责任公司的股东以其认缴的出资额为限对公司承担责任。”B公司认缴的出资已经到位，B公司以其认缴的出资额为限对C公司的债务承担责任。

（3）可以要求C公司承担还款责任。因为，D银行与C公司存在合同关系，C公司是债务人。《民法通则》第84条规定，“债权人有权要求债务人按照合同的约定或者依照法律的规定履行义务。”

（4）不能要求E公司承担还款责任。E公司作为抵押人而不是债务人，D银行只能要求处分抵押物，无权要求E公司承担连带责任。《担保法》第33条规定，“债务人不履行债务时，债权人有权依照本法规定以该财产折价或者以拍卖、变卖后，其价款超过债权数额的部分归抵押人所有，不足部分由债务人清偿。”因此，当抵押物价款低于担保的数额时，债权人只能向债务人主张债权。

7.5 合同的权利义务终止

根据《中华人民共和国合同法》（简称《合同法》）第91条，合同为有期限的民事法律关系，不能永久存在，具备法律规定或者当事人约定的某些情形时，合同关系在客观上将不复存在，合同债权和合同债务归于消灭，此即合同权利义务的终止。

7.5.1 终止事由

合同权利义务终止的事由，依照《合同法》第91条规定，合同权利义务终止的主要事由有：清偿、解除、抵消、提存、免除、混同。其中，清偿、抵消、提存、免除和混同为合同的绝对终止，即合同权利义务的消灭。解除、期限届满等为合同的相对终止，即合同履行效力的消灭。

（1）清偿

清偿是按合同的约定实现债的目的行为，即按照约定履行。

（2）解除

合同解除包括双方解除和单方解除。双方解除是当事人双方为了消灭原有的合同而订立

的新合同，即解除合同。单方解除是指当事人一方通过行使法定解除权或者约定解除权而使合同的效力消灭。

（3）抵消

抵消，又称“充抵”，是指二人互负债务时，各以其债权充当债务之清偿，而使其债务与对方的债务在对等额内相互消灭。

（4）提存

提存是指由于债权人的原因而无法向其交付合同标的物时，债务人将该标的物交给提存部门保存以消灭合同权利义务的一项制度。

（5）免除

免除是指债权人抛弃债权，从而消灭合同关系及其他债之关系的意思表示。因债权人抛弃债

权，债务人得以免除清偿义务。

（6）混同

混同是指不能并立的两种法律关系同归于一人而使其权利义务归于消灭的现象。包括所有权与他物权同归于一人；债权与债务同归于一人；以及主债务与保证债务同归于一人。债的关系需有债权人与债务人同时存在方能成立，当债权人和债务人合为一人时，债权债务当然消灭。

7.5.2　终止的法律效果

合同终止包括合同履行的终止与合同关系的消灭两层含义。合同履行的终止是指当事人因该合同所产生的权利与义务归于消灭，并面向将来消灭合同履行的效力。合同履行的终止并不消灭当事人因此所应承担的返还财产、赔偿损失等责任。合同关系的消灭是指当事人因该合同所产生的一切权利义务关系完全不复存在，当事人不再履行合同义务，由合同引起的债权债务关系全部归于消灭。

7.5.3　终止的后合同义务

根据《合同法》第 92 条规定，合同的权利义务终止后，当事人应当遵循诚实信用原则，根据交易习惯履行通知、协助、保密等义务。

7.5.4　后合同义务的特征

（1）后合同义务是合同终止后当事人应当履行的义务。有效合同成立是后合同义务存在的前提。合同未成立、合同无效或合同可撤销都不会产生后合同义务。当然，这里的终止是指合同的相对终止，是由于合同履行、解除、抵消、提存、免除、混同等原因，而使当事人之间约定的债权债务关系消灭。如果后合同义务已经履行完毕，合同关系彻底消灭，合同就是绝对终止了。

（2）后合同义务不是根据合同双方当事人约定的义务，而是基于诚实信用原则和交易习惯而产生的义务。因此，后合同义务是一种法定义务、一种强制性义务。

（3）后合同义务的目的是维护给付效果或者妥善处理合同终止事务，违反后合同义务给对方当事人造成损失的，应当承担赔偿责任。

违反后合同义务的构成条件如下。

① 行为人违反了后合同义务。

② 造成了他人损害，主要是财产的损失，包括直接损失和间接损失。

③ 违反合同义务的行为与损害事实之间具有因果关系。

④ 行为人主观上有过错，主要是以过错推定原则来认定行为人是否有过错。

7.5.5 违反后合同义务的赔偿范围

根据《最高人民法院关于适用〈中华人民共和国合同法〉若干问题的解释（二）》第 22 条规定，当事人一方违反合同法第 92 条规定的义务，给对方当事人造成损失，对方当事人请求赔偿实际损失的，人民法院应当支持。违反后合同义务应负的赔偿责任范围仅限于实际损失，这与《合同法》第 113 条所规定的“违约责任”赔偿损失范围“包括实际损失和可得利益损失”有着显著的区别。

习题

一、单项选择题

1. 甲承包商与乙机械厂签订了设备定制合同。在合同履行过程中，乙未经甲允许便将主要工作交给丙工厂完成，则下列选项正确的是（　）。

A. 甲得知后可以解除合同　　B. 乙有权独立做出这项决定

C. 乙的行为属于违法　　D. 甲得知后只能继续履行合同

2. 甲公司与某输送设备生产厂签订了一份非标准输送设备定制合同，并向该公司支付了预付款。输送设备公司按约定完成了定制任务，但甲公司却未向其支付合同额中剩余的款项，也未提出解除该合同。对此，这家输送设备公司对这些设备享有（　）。

A. 处置权　B. 所有权　C. 使用权　D. 留置权

3. 甲承包商与以金属构件厂签订了构件加工协议。协议履行过半，该承包商突然通知构件厂解除这个协议。按照承揽合同的法律规定，下列关于甲、乙双方权利的表述中，正确的是（　）。

A. 经乙同意后方可解除合同

B. 乙有权要求对方继续履行合同

C. 甲承包商有权随时解除合同，但应赔偿损失

D. 甲承包商不享有随时解除合同权

4. 王某与母亲生活在不同的城市。在母亲生日之际，王某通过一家购物网站订送了鲜花，以示祝福。这类买卖合同的交付方式属于（　）。

A. 现实交付　B. 指示交付　C. 占有改定　D. 简易交付

5. 某承包商承揽了某房地产开发商的建设项目。期间，该承包商与开发商签订了房屋买卖合同，购买了部分商铺。这类合同转移的房产权利为（　）。

A. 使用权　B. 所有权　C. 持有权　D. 留置权

6. 某学校实验室从化工产品商店购买了一种普通化学制剂，双方对这种制剂的质量要求事先没有约定，也没补充协议。在这种情况下，这种制剂质量要求的确定可按照(　)。

A. 交易习惯　　B. 国家标准

C. 行业标准　　D. ISO 9000 标准

7. 甲建筑公司派员工参加了乙代理商举办的 M 绘图软件培训班，该软件由丙软件开发公司研制。培训结束后，该建筑公司向代理商购买了这套软件，则下列说法中正确的是（　）。

A. 甲拥有 M 软件的所有权和知识产权

B. 甲拥有 M 软件的知识产权

C. 乙拥有 M 软件的知识产权

D. 甲拥有 M 软件的使用权

8. 王先生欲将其父母留给自己和妹妹的房产出售给李某。李某以为该房产仅为王先生所有，便与王先生签订了房屋买卖合同。对此，王先生应承担的主要义务是（　）。

A. 办理手续　　B. 验收房产

C. 权利瑕疵担保　　D. 现实交付

9. 甲公司与2010年10月6日以每桶60元的价格购买了乙建材商一批化工材料，约定10月20日将这批材料送抵指定地点。但直到10月26日甲仍未收到这批材料，被乙方告知该材料市场价格以上涨为每桶65元，要求甲补交每桶5元的价差。对此价格问题，正确的解决办法是（　）。

A. 应执行新价格　　B. 应执行原价格

C. 甲应承担一半价差　　D. 乙应承担大部分价差

10. 甲承包商与2009年3月6日以32元/千克的价格向乙建材商订购了一批工程材料。到了约定提货的最后期限，甲仍未提货。此后不久，这种材料的市场价格上涨为36元/千克。甲去提货时，乙建材商要求甲补交4元/千克的价差对此，正确的解决办法是（　）。

A. 应执行原价格　　B. 甲应承担大部分价差

C. 应执行新价格　　D. 甲承担一半价差

11. 王女士在某网站购买了一件饰品，其质量保证期为3个月。王女士收到饰品时没有仔细检查，之后也一直没有使用。半年后王女士整理物品时，发现这件饰品有质量问题，于是联系该网站要求更换。对此，该网站（　）。

A. 应予更换　　B. 可不予理睬

C. 负责修整并承担相应费用　　D. 应联系修整，所需费用由王女士承担

12. 甲公司向乙建材商订购了一批木料。乙按照约定将木料置于交付地点并告知了甲公司，但甲未按约定时间收取。这期间，木料堆放地失火，导致甲订购的部分木料被毁。此损失应由（　）。

A. 甲和乙各分担一半　　B. 乙全部承担

C. 甲承担大部分责任　　D. 甲承担全部责任

13. 杨先生报名参加了某公司M产品的试用活动，试用期为3个月。试用期内，使用者可以根据试用情况决定购买或者拒绝购买M产品。杨先生试用M产品3个月，始终未表示是否购买。对此，下列说法中正确的是（　）。

A. 该公司不能视其为购买　　B. 杨先生有权继续试用

C. 该公司可以视其为购买　　D. 被视为购买的杨先生应拒绝付费

14. 甲公司与乙公司签订了多台成套电子装置采购合同。为按期投产，双方约定分批交货。乙未能如期交付K06电子装置，致使其后各批交付的电子装置不能如期安装、投产。对此，甲公司（　）。

A. 可以解除K06和其后各批电子装置的采购合同

B. 只能解除K06电子装置的采购合同

C. 只能继续履行合同

D. 解除采购合同应获得乙的同意

15. 对于分批付款的买卖合同，出卖人有权要求买受人支付全部价款或者解除合同的前提是，买受人未支付到期价款的金额占全部价款的比例达到（　）。

A. 1/10　　B. 1/8　　C. 1/6　　D. 1/5

16. 张某继承了一套商铺，在办理产权登记前就以 300 万元的价格卖给了李某，并由李某使用。张某在办理了产权登记后，又以 380 万元的价格将这套商铺卖给了王某，并办理了过户手续。对此，下列选项中正确的说法是（　）。

A. 张某与李某间的买卖合同无效　　B. 张某与王某间的买卖合同无效

C. 这两个买卖合同均有效　　D. 张某办理产权登记前不享有所有权

17. 梁某陷入经商困境时，李某借给梁某 60 万元以助其度过难关。双方没有约定还款期限和借款利息。1 年后梁某生意好转，并将 60 万元还给李某。李认为梁应给些利息，而梁则不以为然。李就此事向法院起诉。对此，下列选项中正确的说法是（　）。

A. 法院对李某的主张不予支持　　B. 法院对李某的主张予以支持

C. 借款合同都属于有偿合同　　D. 李与梁之间不存在合同关系

18. 李某向王某借款 10 万元，约定 3 年一次还本付息，年利率为 5%。李某提前一年将 10 万元归还王某，按照约定应支付利息（　）。

A. 0.5 万元　　B. 1.0 万元　　C. 1.5 万元　　D. 1.6 万元

19. 钱某因养殖场流动资金短缺，便与赵某约定借款 30 万元，同时约定了还款期限和借款利率。到了交钱的时候，周边养殖场出现疫情。赵某担心钱某的养殖场也受到传染，便拒绝出借。结果使钱某损失惨重，便将赵某告上法庭，请求判其承担赔偿责任。对此，下列说法中正确的是（　）。

A. 该借款约定无效　　B. 该借款约定有效

C. 法庭对钱某的请求予以支持　　D. 赵某应承担违约责任

20. 甲向乙借款 20 万元，借期 1 年，月利率 3%。到了还款期限，甲归还乙 21.2 万元，利息按照央行同类贷款利率计算（月利率 0.5%），比约定利息减少了 6.0 万元。乙就此事向法院起诉。法院予以保护的利息最高金额为（　）。

A. 1.2 万元　　B. 4.0 万元　　C. 4.8 万元　　D. 7.2 万元

21. 李某拥有一处地段不错的商铺，王某欲承租，2006 年 2 月 15 日双方签订了租赁协议，约定 2006 年 3 月 1 日起租用。同年 2 月 20 日李某又与张某签订了租赁协议，并当日将该商铺交付给了张某。对此，下列说法中正确的是（　）。

A. 李某与张某间的租赁合同无效　　B. 租赁合同的成立以租赁物的交付为要件

C. 张某享有优先租赁权　　D. 两份合同均有效，李某应承担违约金

22. 甲和乙签订了房屋租赁和合同。其租赁期限最长可为（　）。

A. 10 年　　B. 20 年　　C. 30 年　　D. 50 年

23. 孙某承租了赵某的一套单元房。租用期间，该单元房安装的太阳能热水器管道由于老化漏水，孙某遂通知了赵某，但多日未见修复。孙某便自行请工人维修，并支付维修费 45 元。此修理费应有（　）。

A. 孙某负责　　B. 双方协商由谁负责

C. 张某负责　　D. 双方各负担一半

24. 宋某与陈某签订了了房屋租赁合同，约定租期 1 年，租金按月支付。合同签订前，宋某已得知该房屋存在明显的安全问题。宋某仅租用了 3 个月便提出解除合同。对此，下列说法中正确的是（　）。

A. 该租赁合同无效　　B. 宋某应承担违约责任

C. 陈某应向宋某提出补偿要求　　D. 宋某可以随时解除合同

25. 某开发商将以出租的写字楼抵押给银行，以获得期限届满时，因无力偿还，便将该写字楼折价抵押给银行。银行获得该写字楼的所有权后，准备自己使用。按照《物权法》规定，下列说法中正确的是（　）。

A. 银行有权解除租赁合同　　B. 银行无权解除租赁合同

C. 出租的写字楼不能抵押　　D. 开发商应承担违约责任

26. 甲公司与乙租赁公司约定，友谊公司购买丙厂家生产的一套磁选设备，并以融资租赁的方式供给甲公司使用。乙公司在租赁合同终止前，将该设备的所有权转让给丁公司。对此，下列说法正确的是（　）。

A. 租赁合同对丁公司继续有效

B. 乙转让该设备所有权须经甲同意

C. 租赁合同终止前不得转让该设备的所有权

D. 丁无义务保证甲继续使用该设备

27. 甲公司与乙公司签订了一份设备融资租赁合同，要求乙与甲指定的丙厂商签订设备买卖合同，设备型号由甲选择。并按照与乙签订的合同及时向甲交付了该设备。使用过程中，家发现这台设备虽然没有质量问题，但不能满足其使用要求，于是拒绝向乙支付租金。对此，下列说法中正确的是（　）。

A. 甲的做法是合理的　　B. 丙对此应承担责任

C. 乙对此应承担责任　　D. 乙对此不承担责任

28. 甲公司与乙公司签订了一份设备融资租赁合同，乙与甲指定的丙厂商签订设备买卖合同。丙按照与乙签订的合同及时向甲交付了该设备。使用过程中，因设备自身故障，造成两名工人受伤。此责任应由（　）。

A. 甲承担　　B. 乙承担　　C. 丙承担　　D. 乙和丙分担

29. 甲公司与乙公司签订了一份设备融资租赁合同，乙与甲指定的丙厂商签订设备买卖合同。丙按照与乙签订的合同及时向甲交付了该设备，但却一直没提供该设备的质量证明文件，于是甲拒绝向乙支付租金。对此，下列说法中错误的是（　）。

A. 甲有权拒绝向乙支付租金

B. 乙可以收回该设备

C. 乙可按约定协助甲向丙索取质量证明文件

D. 甲可直接向丙主张权利

30. 甲承包商在乙厂商定制了一台非标准设备。设备制作完成后，乙将其交由丙公司送货。运送过程中，甲承包商因故解除了这个合同。易长商便通知丙公司中途将设备运回，由此增加了运费。对此，下列说法中错误的是（　）。

A. 甲有任意解除合同权　　B. 乙应与丙协商后方可变更运输

C. 乙有任意变更运输权　　D. 材料损失由甲承担

31. 乙公司将甲承包商订购的材料交由丙公司运送，约定运费由甲支付。运输途中遭遇山洪，全部材料被毁。关于此损失的责任分担，下列说法中正确的是（　）。

A. 丙可要求甲支付运费　　B. 甲可要求乙赔偿损失

C. 乙可要求丙赔偿损失　　D. 材料损失由甲承担

32. 甲和乙签订了材料运输合同，由乙和丙以汽车运输方式联运，甲向乙支付了运费。途经丙运输区段时，由于司机疲劳驾驶使货车侧翻，导致部分材料被毁。事故处理后，并将其余材料送至指定地点。对此，下列说法中正确的是（　）。

A. 丙应对此承担全部责任　　B. 甲应要求乙退还运费

C. 乙和丙对此承担连带责任　　D. 甲直接要求并赔偿损失

33. 甲矿业公司请求乙运输公司为其运送一车放射性较强的矿石。对此，下列有关甲和乙的行为中错误的是（　）。

A. 乙可以拒绝运输

B. 甲应将其名称，性质和防范措施等书面材料提交给乙

C. 乙可以采取措施以免造成放射性污染

D. 只要有防范措施就无需做出危险物标志

34. 甲公司与乙运输公司签订了多是联运合同，应甲要求，乙开具了可转让多式联运单据。甲隐瞒了所运物品为危险物等相关信息，也未履行妥善包装的义务，且不久就将这份合同转让给了丙公司。运输期间该物品发生自燃，导致运输工具损坏。对此，下列说法中正确的是（　）。

A. 丙应对此承担损害赔偿责任　　B. 乙应赔偿甲的损失

C. 甲应对此承担损害赔偿责任　　D. 乙应赔偿丙的损失

35. 甲承包商与乙运输公司签订了多式联运合同。丙参与了多式联运中一个区段的运输，乙与丙约定了双方的责任和义务。合同履行中，丙公司司机酒后驾驶导致严重交通事故，给甲承包商造成了损失。下列关于此项运输合同责任和义务的表述中正确的是（　）。

A. 丙应对此承担全部责任　　B. 乙对全程运输承担义务

C. 乙仅对自己的运输区段负责　　D. 甲应直接要求丙赔偿损失

36. 甲承包商与乙供应商签订了设备买卖合同，约定甲收到设备后 20 个工作日内向乙支付设备款，设备由乙交运输公司运送到甲指定的地点，甲收到设备后向运输公司支付运费。运输途中，因遭遇山体坍塌导致该设备完全损毁。下列说法中正确的是（　）。

A. 运输公司可以要求甲支付运费　　B. 运输公司可以要求乙支付运费

C. 甲可以要求乙赔偿损失　　D. 乙可以要求甲支付设备款

37. 甲与乙签订了仓储合同，约定合同签订后 1 周内甲将物品交乙保管，并向乙支付仓储费。第二天丙找到乙，双方签订了仓储合同并将物品送抵乙的仓库。由于仓储容量有限，乙便通知甲取消为其保管物品的约定。对此，下列说法中正确的是（　）。

A. 甲向乙交付物品时仓储合同才生效　B. 仓储合同不以仓储物交付为要件

C. 甲未交付物品，乙不承担违约责任　D. 甲无权要求乙承担违约责任

38. 甲与乙签订了仓储合同，约定由乙储存甲交付的材料。合同履行期间，乙方保管员在一次盘库中发现，为甲保管的材料与仓储合同约定的数量和质量不符，不仅数量不足，而且品质下降。对此，下列关于甲、乙双方权利和义务的表述中错误的是（　）。

A. 乙应承担相应的赔偿责任　　B. 乙有验收甲交付材料的义务

C. 甲有权要求乙赔偿相应的损失　　D. 甲和乙应共同分担相应的损失

39. 甲与乙签订了仓储合同，约定由乙储存甲的 9 桶原料。按照相关法律规定，乙的义务不包括（ ）。

A. 验收　　B.出具仓单

C.提取原料　　D.允许甲提取样品

40. 乙同意储存甲的 20 箱食品。乙开具了仓单，甲将提取这些食品的权利转让给了丙，仓单上有丙的背书和保管人签字。有效储存期届满后第三周，丙在提取这些食品时发现食品已变质，其保质期在有效储存期满后的第一周周末到期。此损失应由（ ）。

A. 乙承担赔偿责任　　B. 丙承担该损失

C. 甲承担赔偿责任　　D. 乙与丙共同承担损失

41. 甲与乙签订了仓储合同，约定由乙储存甲的 10 箱化工原料。储存期间，乙发现这些原料有毒，于是采取了隔离措施，由此产生了费用。对此，下列说法中错误的是（ ）。

A. 该费用应由甲负担　　B. 甲有对该原料说明的义务

C. 乙发现原料有毒可以拒收　　D. 甲和乙应共同分担增加的费用

42. 甲装饰公司将部分工程剩余材料储存在乙的仓库。由于缺乏流动资金，甲将这部分材料出售给了丙，把仓单背书后交予丙，并在事后通知了乙。在仓储期满 2 个月后，丙持这份仓单提货，则下列情形中错误的是（ ）。

A. 乙公司可以拒绝交货　　B. 乙可以加收仓储费

C. 甲有转让提取材料的权利　　D. 乙加收仓储费后将材料交给丙

43.《合同法》规定，委托合同是委托人和受托人约定、由受托人处理委托人事务的合同。按此规定，下列选项中属于委托合同的是（ ）。

A. 房屋修缮合同　　B. 技术服务协议

C. 材料运输合同　　D. 设备租赁协议

44. 张经理打算在 M 市为公司购置一块建设用地，便委托当地老同学李某代办此事，双方从未谈及劳务报酬。李某经多方调查、咨询，挑选了一块令张经理满意的地皮，并做好了办理相关手续前的各种准备工作，但最终由于 M 市建设规划发生变化而未能实现。李某为此垫付了不少费用。对此，下列表述中除（ ）以外都是合理合法的。

A. 张经理应提供委托事务的必要费用　B. 张经理可以不向李某支付报酬

C. 张经理可以向李某支付相应的报酬　D. 委托合同必须是有偿的

45. 某开发商将一项目的策划任务委托给乙公司。由于一对此类项目策划工作经验不足，便以自己的名义与丙签订了协议。丙按其要求完成了策划任务，后因开发商拒付酬金，导致乙无法向丙支付酬金。对此，下列说法中错误的是（ ）。

A. 丙无权要求开发商履行合同　　B. 丙可以要求乙履行合同

C. 乙可以要求开发商履行合同　　D. 乙应向丙披露委托人

46. 关于合同的变更，下列选项中正确的是（ ）。

A. 狭义的合同变更指的是合同主体的变更

B. 合同变更发生在合同成立以后至履行完毕前

C. 当事人协商变更合同必须采取书面形式

D. 只要双方当事人就变更合同内容达成一致，便属于合同变更

47. 债务人将其债务全部转移给第三人的，根据合同法的规定，正确的是（ ）。

A. 将此情形通知债权人即可

B. 应当以书面形式通知债权人，否则不发生效力

C. 应当取得债权人的同意，否则不发生效力

D. 必须取得债权人书面同意，否则不发生效力

48. 甲公司对外负债 200 万元，另有 50 万元的货款未予追回（欠款人为丁公司）。1997 年 3 月，甲公司经全体股东同意分立为乙、丙两个公司，由乙公司承受原甲公司的全部债权债务，并办理了变更登记与公告。同年 4 月，乙、丙两公司签订一协议，约定原由甲公司对丁公司的 50 万元债权由丙公司享有。同年 5 月，丙公司向法院起诉丁公司要求归还 50 万元货款，有关该案的正确表述是（　）。

A. 乙、丙之间的协议有效，丁公司应向丙公司偿还 50 万元货款

B. 乙、丙之间的协议无效，丙公司无权向丁公司追索货款

C. 乙、丙之间的协议有效，但不得对抗善意第三人，故丙公司无权向丁公司追索货款

D. 乙、丙之间的协议有效，但丁公司有权选择向乙公司或丙公司履行义务

49. 甲公司欠乙公司 30 万元。为了公司能够得到更好的发展，剥离不良资产，甲公司分立出一个丙公司，分立之后的甲公司与丙公司约定由丙公司承担对乙公司的 30 万元债务。根据合同法的规定，乙公司应如何实现其债权？（　）

A. 应当按照甲公司与乙公司间的合同约定，请求甲公司履行债务

B. 应当按照分立后的甲公司与丙公司间的合同约定，请求丙公司履行债务

C. 请求甲公司和丙公司对全部债务承担连带责任

D. 按照合同权利义务概括移转制度，应请求丙公司履行债务

50. 某区政府工业主管部门做出决定，把所属的 A 公司的两个业务部分立出再设 B 公司和 C 公司，并在决定中明确该公司以前所负的债务由新设的 B 公司承担。A 公司原来欠李某货款 5 万元，现李某要求偿还。应当如何处理？（　）

A. 由 B 公司承担债务　　B. 由 A、B、C 三个公司分别承担债务

C. 由 A 公司承担债务　　D. 由 A、B、C 三个公司连带承担债务

51. 一般不会发生合同解除期限问题的是（　）。

A. 法定解除　　B. 法院解除

C. 协商解除　　D. 约定解除

52. 债权人胡某下落不明，债务人沙某难以履行债务，遂将标的物提存。沙某将标的物提存以后，该标的物如果意外毁损、灭失，其损失应由（　）承担。

A. 胡某　　B. 沙某　　C. 沙某与胡某共同　　D. 提存机关

53. 合同的权利义务终止会（　）。

A. 影响合同中的结算条款，但不影响清理条款的效力

B. 影响合同中的清理条款，但不影响结算条款的效力

C. 影响合同中的结算条款和清理条款的效力

D. 不影响合同中的结算条款和清理条款的效力

54. 发生下列（　）情况时，可以解除合同。

A. 法定代表人变更

B. 当事人一方发生合并、分立

C. 由于不可抗力致使合同不能履行

D. 作为当事人一方的公民死亡或作为当事人一方的法人终止

55. 王某因合同关系欠李某 100 万元，而张某也因合同关系欠王某 100 万元，现王某与李某协商将张某欠王某的 100 万元转让给李某，李某表示同意，并由王某通知了张某，此时王某和李某的合同关系属于因（ ）而终止。

A. 解除　　B. 抵消　　C. 免除债务　　D. 混同

二、多项选择题

1. 乙公司投标中标，按甲公司的要求建造一个特殊的构筑物，双方签订了合同。乙公司将其中的部分工作交由丙公司完成。按照承揽合同的法律规定，下列说法中正确的有（ ）。

A. 乙有权自行将主要工作交给丙完成　B. 甲有权解除合同

C. 甲只能继续履行合同　　D. 乙与丙之间合同无效

E.已将部分工作交由丙完成应征得甲同意

2. 甲建筑公司与乙设备供应商签订了设备买卖合同，并按约定交由一家运输公司送货。乙的主要义务包括（ ）。

A. 按合同约定交付设备　　B. 转移该设备所有权

C. 承担设备损毁风险　　D. 瑕疵担保

E. 现实交付

3. 在买卖合同中，出卖人应向买受人交付标的物或提取标的物的单证，并应按照约定或交易习惯向买受人交付提取标的物单证以外的有关单证和资料。交付方式可以是（ ）。

A. 占有改定　　B. 简易交付

C. 现实交付　　D. 多式联运

E. 拟制交付

4. 甲公司与乙设备供应商签订了一份设备采购合同，乙公司应承担的义务包括（ ）。

A. 按合同约定交付该设备　　B. 向甲转移该设备的所有权

C. 承担运输途中的设备损毁风险　　D. 该设备的瑕疵担保

E. 该设备的权利瑕疵担保

5. 甲承包商与乙供应商签订了材料买卖合同。乙按时将材料送到甲指定的地点。甲发现这些材料不符合合同约定的质量要求拒收。当晚下了一场大暴雨，导致部分材料被毁。按照买卖合同的法律规定，下列选项中正确的有（ ）。

A. 甲有权拒绝接受这批材料

B. 甲可以解除合同

C. 被毁材料的损失应由甲和乙共同分担

D. 被毁材料的损失由乙负担

E. 被毁材料的损失由甲负担

6. 某建筑公司与某设备供应商签订了设备买卖合同，除购买一台大型设备外还捎带采购几个零部件。验货时发现该设备不符合合同约定的质量要求，但零部件满足质量要求。对此，下列选项中正确的有（　）。

A. 建筑公司可以解除设备买卖合同

B. 解除设备合同的效力涉及零部件

C. 解除设备合同的效力不涉及零部件

D. 建筑公司可以拒绝接收这台设备

E. 建筑公司可以解除设备合同但不应拒绝接收零部件

7. 诺成合同自当事人双方意思表示一致时即可生效，不以一方交付标的物为合同的成立要件。当事人交付标的物属于履行合同，而与合同的成立无关。下列选项中属于诺成合同的有（　）。

A. 买卖合同　　B. 金融机构借款合同

C. 自然人之间的借款合同　　D. 货运合同

E. 仓储合同

8. 要式合同，是指法律要求必须具备一定的形式和手续的合同。下列选项中属于要式合同的有（　）。

A. 承揽合同　　B. 贷款合同

C. 融资租赁合同　　D. 委托合同

E. 仓储合同

9. 甲公司从某银行借款后，未按照约定的借款用途使用借款。按照借款合同的法律规定，该银行可以（　）。

A. 自行提高贷款利息

B. 停止发放贷款

C. 在下一期贷款发放时预先扣除利息

D. 提前收回借款

E. 解除合同

10. 甲将一设备出租给了乙，租期 3 个月。乙未经甲的同意便将这一设备转租给丙。在租赁期限还有 20 天届满时，甲通过其他渠道得知这个情况后，便解除了与乙的租赁合同，收回了设备，由此给丙带来了损失。按照租赁合同的法律规定，下列说法中正确的有（　）。

A. 甲可以解除合同

B. 甲提前解除合同要承担违约责任

C. 甲和乙应共同承担给丙造成的损失

D. 丙只能自认倒霉

E. 乙应承担给丙造成的损失

11. 甲公司和乙租赁公司签订了融资租赁合同，约定乙公司从甲指定的丙公司购买一台 K06 型彩印机，并以融资租赁方式供甲公司使用。丙公司履行的义务应包括（　）。

A. 向乙公司交付彩印机　　B. 向甲公司交付彩印机

C. 向乙公司履行瑕疵担保义务　　D. 向甲公司履行瑕疵担保义务

E. 履行维修义务

12. 甲公司与乙租赁公司约定，由乙公司从甲公司指定的丙厂家购买一套 M03 型电子配料系统，并以融资租赁方式供甲公司使用。乙公司履行的义务包括（　）。

A. 向丙支付价金　　B. 保证甲对该系统占有和使用

C. 负担该系统的维修　　D. 如果需要，协助甲向丙索赔

E. 尊重甲对出卖人和租赁物的选择权

13. 甲公司与乙租赁公司约定，由乙公司从甲公司指定的丙厂家购买一套 C-J3 型除尘系统，并以融资租赁方式供甲公司使用。甲公司履行的义务包括（　）。

A. 向丙支付价金　　B. 向乙支付租金

C. 租赁期满向乙返还该除尘系统　　D. 租赁期满享有除尘系统的所有权

E. 妥善保管和使用该除尘系统

14. 甲建筑公司与乙清运公司达成口头协议，由乙清运甲建筑工地的废弃物。按《合同法》规定，乙公司的权利包括（　）。

A. 循环利用废弃物　　B. 拒绝超载运输废弃物

C. 要求甲支付清运费　　D. 将废弃物运往指定的收纳点

15. 甲建筑公司与乙运输公司签订了一份材料运输合同，在乙公司将该材料交付甲指定的收货人之前，甲公司有权根据实际情况要求乙公司（　）。

A. 返还货物　　B. 中止运输

C. 变更收货人　　D. 变更到达地

E. 赔偿运输途中材料损毁

16. 出现（　）情形，难以履行债务的，债务人可以将标的物提存。

A. 债权人拒绝受领　　B. 债权人下落不明

C. 债权人死亡未确定继承人　　D. 法律规定的其他情形

E. 债权人丧失民事行为能力未确定监护人

17. 合同解除的要件主要有（　）。

A. 合同有效　　B. 合同未曾履行

C. 合同未完全履行　　D. 合同具备解除的条件

E. 经对方当事人同意

18. 甲公司与乙公司签订一份三八妇女节送给妇女们礼品的买卖合同，约定 2007 年 3 月 5 日前由甲公司向乙公司交付货物若干件。现 2007 年 3 月 1 日甲公司所在地发生重大火灾，下列表述中正确的是（　）。

A. 甲方通知乙方发生了不可抗力事件，不能按期交付货物，合同不能算违约，合同应正常履行

B. 甲方感觉合同无法履行，则甲有权通知乙解除合同

C. 甲方通知乙方将推迟 1 个月交货，并愿意承担违约责任，则乙有权通知甲解除合同

D. 甲方通知乙方只能如期交付 60%的货物，则乙不得解除合同

E. 甲无法交货，则乙有权解除合同，但不影响其要求甲赔偿损失的权利

19. 甲公司与乙公司签订了一份买卖合同，约定于 2007 年 3 月 5 日前由甲公司向乙公司交付货品，现 2007 年 3 月 1 日甲公司所在地发生重大火灾，下列表述正确的是(　)。

A. 甲公司通知乙公司发生了不可抗力，不能按期交付货物，合同不能算违约，合

同应正常履行

B. 甲公司感觉合同无法履行，则甲有权通知乙解除合同

C. 甲公司通知乙公司将推迟 1 个月交货，并愿意承担违约责任，则乙有权通知甲公司解除合同

D. 甲公司通知乙公司只能如期交付 60%的货物，则乙公司不得解除合同

E. 甲无法交货，则乙有权解除合同，但不影响其要求甲赔偿损失的权利

第8章 建筑工程合同

8.1 建筑工程合同概述

建筑工程合同是指建设单位和勘察、设计、施工、监理、物资供应等单位依法签订，以完成某项建筑工程或者是改建工程的一部分或某个方面内容，明确双方权利和义务的书面协议。合同中前者一般称为发包方（或者委托方，俗称甲方），后者一般称为承包方（或者受托方，俗称乙方）。建设工程合同主要包括了建设工程勘察设计合同、建筑安装工程承包合同、为完成建设工程任务而签订的物资供应、贷款、交通运输等合同。由于建筑工程合同内容多、履行复杂、建设周期长、变更因素多，双方当事人在订立合同时容易出现合同不规范、条款不完备、表达不清楚等问题，给合同的履行带来隐患，导致合同争议屡屡发生。

8.1.1 建筑工程合同类型

1. 按建筑活动不同阶段分类

根据建筑活动的不同阶段，建筑工程合同可分为建筑工程勘察合同、建筑工程设计合同、建筑工程施工合同、建筑工程监理合同、建筑工程涉及的其他合同等类型。

2. 按工程承包的范围和数量分类

根据工程承包的范围和数量不同，建筑工程合同可分为工程总承包合同、工程分项总承包合同和分包合同等类型。

（1）工程总承包合同

当发包方将工程的勘察、设计、施工、设备采购等一并发包给一个总承包单位时，双方签订的合同为工程总承包合同。

（2）工程分项总承包合同

当发包方将工程的勘察、设计、施工、设备采购等一项或多项发包给一个工程总承包单位时，双方签订的合同为分项总承包合同。

（3）分包合同

工程总承包单位经发包方同意或者在合同中事先约定，可以将承包工程中的部分工程包给分包单位，此时总承包单位与分包单位签订的合同称为分包合同。

3. 按照承包计价及付款方式分类

（1）总价合同

总价合同是指根据合同规定的工程施工内容和有关条件，业主应付给承包商的款额是一个规定的金额，即明确的总价。总价合同也称作总价包干合同，即根据施工招标时的要求和条件，当施工内容和有关条件不发生变化时，业主付给承包商的价款总额就不发生变化。

总价合同又分固定总价合同（FFP）和变动总价合同两种。变动总价合同又可分为“总价加激励费用合同（FPIF）”和“总价加经济价格调整合同（FP-EPA）”。

固定总价合同适用于以下情况：

① 工程量小，工期短，估计在施工过程中环境因素变化小，工程条件稳定且合理。

② 工程设计详细，图纸完整、清楚，工程任务和范围明确。

③ 工程结构和技术简单，风险小。

④ 投标期相对宽裕，承包商可以有充足的时间详细考察现场、复核工程量，分析招标文件，拟定施工计划。

变动总价合同又称为可调总价合同，合同价格是以图纸及规定、规范为基础，按照时价进行计算后得到的包括全部工程任务和内容的暂定合同价格。它是一种相对固定的价格，在合同执行过程中，由于通货膨胀等原因而导致所使用的工、料成本增加时，可以按照合同约定对合同总价进行相应的调整。当然，一般由于设计变更、工程量变化和其他工程条件变化所引起的费用变化也可以进行调整。因此，通货膨胀等不可预见因素的风险由业主承担，对承包商而言，其风险相对较小，但对业主而言，不利于其进行投资控制，突破投资的风险就增大了。

（2）成本加酬金合同

成本加酬金合同也称为成本补偿合同，这是与固定总价合同正好相反的合同，工程施工的最终合同价格将按照工程实际成本再加上一定的酬金进行计算。在合同签定时，工程实际成本往往不能确定，只能确定酬金的取值比例或者计算原则。成本加酬金合同是由业主向承包单位支付工程项目的实际成本，并按事先约定的某一种方式支付酬金的合同类型。

这类合同中，业主承担项目实际发生的一切费用，因此也就承担了项目的全部风险。但是承包单位由于无风险，其报酬也就相应较低。这类合同的缺点是业主对工程造价不易控制，承包商也就往往不注意降低项目的成本。对业主而言，这种合同也有一定的优点：

① 可以通过分段施工缩短工期，而不必等所有施工图全部完成才开始投标和施工。

② 可以减少承包商的对立情绪，承包商对工程变更和不可预见条件的反应会比较积极和快捷。

③ 可以利用承包商的施工技术专家帮助改进或弥补设计中的不足。

④ 业主可以根据自身的力量和需要，较深入地介入和控制工程施工和管理。

⑤ 业主可以通过确定最大保证价格约束工程成本不超过某一限值，从而转移一部分风险。

（3）单价合同

单价合同是承包人在投标时，按招投标文件就分部、分项工程所列出的工程量表确定各分部、分项工程费用的合同类型。这类合同的适用范围比较宽，其风险可以得到合理的分摊，并且能激励承包商通过提高工效等手段节约成本、提高利润。这类合同成立的关键在于双方对单价和工程量技术方法的确认。在合同履行过程中需要注意的问题则是双方对实际工程量计量的确认。

单价合同也可以分为固定单价合同和可调单价合同。

① 固定单价合同。这也是经常采用的合同形式，特别是在设计或其他建设条件（如地质条件）还不太明确（计算条件应明确），而以后又需增加工程内容或工程量时，可以按单价适当追加合同内容。在每月（或每阶段）工程结算时，根据实际完成的工程量结算；在工程全部完成时，以竣工的工程量最终结算工程总价款。

② 可调单价合同。合同单价可调，这一般是在工程招标文件中规定的。根据合同约定的条款，在合同中签订的单价，如遇工程实施过程中物价发生变化等，可作调整。有的工程在招标或签约时，因某些因素不确定而在合同中暂定某些分部、分项工程的单价，在工程结算时，再根据实际情况和合同约定单价进行调整，确定实际结算单价。

另外，业主也可以将工程设计和施工同时发包，承包商在没有施工图纸的情况下报价，显然这种报价要求报价方有较高的水平和丰富的经验。

8.1.2 建筑施工合同的特点

1. 特殊性

建筑施工合同的标的是各类建筑产品，建筑产品是不动产，其基础部分与大地相连，不能移动。这就决定了每个施工合同的标的都是特殊的，相互间具有不可替代性；这还决定了施工生产的流动性，建筑物所在地就是施工生产场地，施工队伍、施工机械必须围绕建筑产品不断移动。另外，建筑产品的类别庞杂，其外观、结构、使用目的、使用人都各不相同，这就要求每一个建筑产品都需要单独设计和施工（即使可重复利用的标准设计或可重复使用的图纸，也应进行必要的修改才能施工），即建筑产品是单体性生产，这也决定了施工合同标的所具有的特殊性。

2. 长期性

建筑物的施工由于结构复杂、体积大、所使用的建筑材料类型多、工作量大，工期都较长；而合同履行期限肯定要长于施工工期，因为工程建设的施工应当在合同签订后才开始，且需加上合同签订后到正式开工前的一个较长的施工准备时间和工程全部竣工验收后办理竣工结算及保修期的时间；在工程的施工过程中，还可能因为不可抗力、工程设计变更、材料供应不及时等原因而导致工期顺延。所有这些情况，决定了施工合同的履行期限具有长期性。

3. 合同内容的多样性和复杂性

虽然施工合同的当事人只有两方，但其涉及的主体却有许多种。与大多数合同相比较，施工合同的履行期限长、标的额大，涉及的法律关系则包括了劳动关系、保险关系、运输关系等，具有多样性和复杂性。这就要求施工合同的内容尽量详尽。施工合同除了应当具备合同的常规内容外，还应对施工安全、专利技术使用、发现地下障碍和文物、工程分包、不可抗力、工程设计变更、材料设备的供应及运输、工程验收等内容做出规定。在履行施工合同的过程中，除施工企业与发包方的合同关系外，还涉及与劳务人员的劳动关系、与保险公司的保险关系、与材料设备供应商的买卖关系、与运输企业的运输关系等。所有这些，都决定了施工合同的内容具有多样性和复杂性的特点。

4. 合同监督的严格性

由于施工合同的履行对国家的经济发展、公民的工作和生活都有重大的影响，因此，国家对施工合同的监督是十分严格的。具体来说，包括以下几个方面的内容。

（1）对合同主体监督的严格性

建筑工程施工合同主体一般只能是法人。发包方一般只能是经过批准可以进行工程项目建设的法人，必须有国家批准、已落实投资计划的建设项目，并且应当具备相应的协调能力；承包方则必须具备法人资格，而且应当具备相应的从事工程施工的资质。无营业执照或无承包资质的单位不能作为建筑工程施工合同的主体，资质等级低的单位不能越级承包建设工程。

（2）对合同订立监督的严格性

订立建筑工程施工合同必须以国家批准的投资计划为前提，即使是国家投资以外的、以其他方式筹集的投资，也要受到当年的贷款规模和批准限额的限制，确保当年投资规模的平衡，并经过严格的审批程序。建筑工程施工合同的订立还必须符合国家关于合同订立程序的规定。我国《合同法》对合同形式确立了以不要式为主的原则，即在一般情况下对合同形式采用书面形式还是口头形式没有限制。但是，考虑到建设工程的重要性和复杂性，在施工过程中经常会发生影响合同履行的纠纷，因此，《合同法》要求建筑工程施工合同应当采用书面形式。

（3）对合同履行监督的严格性

在施工合同的履行过程中，除了合同当事人应当对合同进行严格的管理外，合同的主管机关，如工商行政管理机构、金融机构、建设行政主管机关等，都要对施工合同的履行进行严格的监督。

8.2 建筑工程施工合同

工程施工合同是建设单位与施工单位为完成商定的土木工程、设备安装、管道线路敷设、房屋修缮等工程项目，明确双方权利和义务的协议。建筑工程施工合同一般分为建筑施工合同和安装工程合同。施工合同是建设工程合同的一种，它与其他建设工程合同一样是一种双务合同，在订立时应遵守自愿、公平、诚实信用等原则。

建筑施工合同的当事人是指发包方与承包方，双方是平等的民事主体。在建设行业中，人们习惯于将施工合同的当事人称为发包方或承包方。发包方可以是具备法人资格的国家机关、事业单位、国有企业、集体企业、私营企业、经济联合体和社会团体，也可以是依法登记的个人合伙、个体经营户和个人，即一切以协议、法院判决或其他合法完备手续取得甲方的资格，承认全部合同条件，能够而且愿意履行合同规定义务的合同当事人，在合同中约定具有工程发包主体资格和支付工程价款能力的当事人以及取得该当事人资格的合法继承人，必须具备组织协调能力和应提供必要的施工条件并支付工程价款；承包方是具备与工程相符合的资质和法人资格并被发包方接受的合同当事人及其合法继承人，在合同中约定被发包方接受的具有工程施工承包主体资格的当事人以及取得该当事人资格的合法继承人，必须具备有关部门核定的资质等级和履行施工合同的能力，即应完成一定的建筑、安装工程任务。

建筑工程施工合同是建设工程的主要合同，是工程建设质量控制、进度控制、投资控制的主要依据。在市场经济条件下，建设市场主体之间相互的权利义务关系主要是通过合同确立的，因此在建设领域加强对施工合同的管理具有十分重要的意义。国家立法机关、国务院、国家建设行政管理部门都十分重视施工合同的规范工作，《中华人民共和国合同法》对建设工程合同做了专章规定，《中华人民共和国建筑法》和《中华人民共和国招标投标法》也有许多涉及建筑工程施工合同的规定，这些法律是我国建筑工程施工合同管理的依据。

8.2.1 建筑施工合同的形式和内容

1. 建筑施工合同的形式

建筑施工合同应当以书面形式订立，《合同法》第 280 条规定："建设工程合同应当采用书面形式。"《建筑法》第 15 条规定："建筑工程的发包单位与承包单位应当依法订立书面合同，明确双方的权利和义务。"之所以这样规定，是因为建筑工程尤其是大型建筑工程建设周期长、资金投入量大、质量要求高，而且随时都可能有纠纷产生，采用书面形式有助于明晰合同各方的权利义务，同时在发生纠纷时能及时分辨是非，避免举证困难。按照《合同法》，书面形式是指合同书、信件和数据电文（包括电报、电传、传真、电子数据交换和电子邮件）等可以有形地表现所载内容的形式。但根据《合同法》第 36 条规定，即使建筑施工合同未采用书面形式，只要一方当事人已经履行主要义务、对方接受的，则该建筑施工合同也成立。

2. 建筑施工合同的内容

《合同法》第 12 条规定："合同的内容由当事人约定，一般包括以下条款：（一）当事人的名称或者姓名和住所；（二）标的；（三）数量；（四）质量；（五）价款或者报酬；（六）履行期限、地点和方式；（七）违约责任；（八）解决争议的方法。当事人可以参照各类合同的示范文本订立合同。"《合同法》第 275 条规定："施工合同的内容包括工程范围、建设工期、中间交工工程的开工和竣工时间、工程质量、工程造价、技术资料交付时间、材料和设备供应责任、拨款和结算、竣工验收、质量保修范围和质量保证期、双方相互协作等条款。"

（1）《协议书》是《施工合同文本》中总纲性的文件，虽然其文字量不大，但它规定了合同当事人双方的主要权利和义务，规定了组成合同的文件及合同当事人对履行合同义务的承诺，并且合同当事人在这份文件上签字盖章，因此具有很高的法律效力。《协议书》的内容包括工程概况、工程承包范围、合同工期、质量标准、合同价款、组成合同的文件及双方的承诺等。

（2）《通用条款》是根据《合同法》、《建筑法》等法律对承发包双方的权利和义务做出的规定，除双方协商一致对其中的某些条款做了修改、补充或取消外，双方都必须履行。它是将建筑工程施工合同中共性的一些内容抽象出来编写的一份完整的合同文件。《通用条款》具有很强的通用性，基本适用于各类建设工程。《通用条款》共由 11 部分组成：①词语定义及合同文件；②双方一般权利和义务；③施工组织设计和工期；④质量与检验；⑤安全施工；⑥合同价款支付；⑦材料设备供应；⑧工程变更；⑨竣工验收与结算；⑩违约、索赔和争议；⑪其他。

(3)《专用条款》的条款号与《通用条款》相一致，但主要内容是由当事人根据工程的具体情况予以明确或者对《通用条款》进行修改、补充。由于建设工程的内容各不相同，《通用条款》不能完全适用于各个具体工程，因此配之以《专用条款》对其做必要的修改和补充，使《通用条款》和《专用条款》成为双方统一意愿的体现。

(4)《施工合同文本》的附件是对施工合同当事人的权利和义务的进一步明确，并且使得施工合同当事人的有关工作一目了然，便于执行和管理。

8.2.2　建筑施工合同的订立

1. 订立施工合同应具备的条件

订立施工合同应具备以下条件：

(1) 初步设计已经批准。

(2) 工程项目已经列入年度建设计划。

(3) 有能够满足施工需要的设计文件和有关技术资料。

(4) 建设资金和主要建筑材料设备来源已经落实。

(5) 成功中标招标工程，中标通知书已经下达。

2. 订立施工合同应当遵守的原则

订立施工合同应当遵守以下原则：

(1) 合同当事人的法律地位平等，一方不得将自己的意志强加给另一方。

(2) 当事人依法享有自愿订立合同的权利，任何单位和个人不得非法干预。

(3) 当事人确定各方的权利和义务应当遵守公平原则。

(4) 当事人行使权利、履行义务应当遵循诚实信用原则。

(5) 当事人应当遵守法律、行政法规和社会公德，不得扰乱社会经济秩序，不得损害社会公共利益。

3. 订立合同的程序

施工合同作为合同的一种，其订立也应经过要约和承诺两个阶段。其订立方式有两种：直接发包和招标发包。对于必须进行招标的建设项目，工程建设的施工都应通过招标、投标确定施工企业。中标通知书发出后，中标的施工企业应当与建设单位及时签订合同。依据《招标投标法》的规定，中标通知书发出 30 天内，中标单位应当与建设单位依据招标文件、投标书等签订工程承发包合同。签订合同的承包方必须是中标的施工企业，投标书中已确定的合同条款在签订时不得更改，合同价应与中标价相一致。如果中标施工企业拒绝与建设单位签订合同，则建设单位将不再返还其投标保证金（如果是由银行等金融机构出具投标保函的，则投标保函出具者应当承担相应的保证责任），建设行政主管部门或其授权机构还可给予中标施工企业一定的行政处罚。

8.2.3 建筑施工合同当事人的主要权利和义务

1. 委派工程师与项目经理

实行工程监理的，工程师是指监理单位委派的总监理工程师或发包方派驻施工场地履行合同的代表；不实行工程监理的，工程师专指发包方派驻施工场地履行合同的代表。项目经理是指承包方在专用条款中指定的派驻施工场地、负责施工管理和合同履行的代表。

实行工程监理的，发包方应在实施监理前将委托的监理单位名称、监理内容及监理权限以书面形式通知承包方。监理单位委派的总监理工程师的姓名、职务、职权由发包方、承包方在专用条款内写明。发包方派驻施工场地履行合同的代表的姓名、职务、职权由发包方在专用条款内写明，但职权不得与监理单位委派的总监理工程师职权相互交叉。双方职权发生交叉或不明确时，由发包方予以明确，并以书面形式通知承包方。发包方应至少提前 7 天以书面形式通知承包方，后任继续行使合同文件约定的前任的职权，履行前任的义务。

工程师可委派工程师代表，行使合同约定的自己的职权，并可在认为必要时撤回委派。委派和撤回均应提前 7 天以书面形式通知承包方，负责监理的工程师还应将委派和撤回行为通知发包方。委派书和撤回通知作为合同附件。工程师代表在工程师授权范围内向承包方发出的任何书面形式函件，与工程师发出的函件具有同等效力。承包方对工程师代表向其发出的任何书面形式函件有疑问时，可将此函件提交工程师，工程师应进行确认。工程师代表发出指令有误时，工程师应进行纠正。

除工程师或工程师代表外，发包方派驻工地的其他人员均无权向承包方发出任何指令。工程师的指令、通知（或工程师代表发出的指令、通知）由其本人签字后，以书面形式交给项目经理，项目经理在回执上签署姓名和收到时间后生效。确有必要时，工程师可发出口头指令，并在 48 小时内给予书面确认，承包方对工程师的指令应予执行。工程师不能及时给予书面确认的，承包方应于工程师发出口头指令后 7 天提出书面确认要求。工程师在承包方提出确认要求后 48 小时内不予答复的，视为口头指令已被确认。

《合同法》第 257 条规定："承揽人发现定作人提供的图纸或者技术要求不合理的，应当及时通知定作人。定作人因怠于答复等原因造成承揽人损失的，应当赔偿损失。"承包方认为工程师指令不合理，应在收到指令后的 24 小时内向工程师提出修改指令的书面报告，工程师在收到承包方报告后的 24 小时内做出修改指令或继续执行原指令的决定，并以书面形式通知承包方。紧急情况下，工程师要求承包方立即执行的指令或承包方虽有异议，但工程师决定仍继续执行的指令，承包方应予执行。因指令错误发生的追加合同价款和给承包方造成的损失应由发包方承担，延误的工期相应顺延。工程师应按合同约定，及时向承包方提供所需指令、批准并履行约定的其他义务。由于工程师未能按合同约定履行义务造成工期延误的，发包方应承担延误造成的追加合同价款，并赔偿承包方有关损失，顺延延误的工期。

合同履行中，发生影响发包方、承包方双方权利或义务的事件时，负责监理的工程师应依据合同在其职权范围内客观公正地进行处理。如果对工程师的处理有异议，可按通用条款关于争议的约定处理。除合同内有明确约定或经发包方同意外，负责监理的工程师无权解除本合同约定的承包方的任何权利与义务。

承包方依据合同发出的通知，以书面形式由项目经理签字后送交工程师，工程师在回执上签署姓名和收到时间后生效。

项目经理按发包方认可的施工组织设计（施工方案）和工程师依据合同发出的指令组织施工。在情况紧急且无法与工程师联系时，项目经理应当采取保证人员生命和工程、财产安全的紧急措施，并在采取措施后 48 小时内向工程师提交报告。责任在发包方或第三人的，由发包方承担由此发生的追加合同价款，相应顺延工期；责任在承包方，由承包方承担费用，不顺延工期。承包方如需要更换项目经理，应至少提前 7 天以书面形式通知发包方，并征得发包方同意。后任继续行使合同文件约定的前任的职权，履行前任的义务。发包方可以与承包方协商，建议更换其认为不称职的项目经理。

2. 发包方与承包方的工作义务

一般而言，发包方应按专用条款约定的内容和时间完成以下工作：

（1）办理土地征用、拆迁补偿、平整施工场地等工作，使施工场地具备施工条件，在开工后继续负责解决以上事项遗留问题。

（2）将施工所需水、电、电信线路从施工场地外部接至专用条款约定地点，保证施工期间的需要。

（3）开通施工场地与城乡公共道路的通道，以及专用条款约定的施工场地内的主要道路，满足施工运输的需要，保证施工期间的畅通。

（4）向承包方提供施工场地的工程地质和地下管线资料，对资料的真实性、准确性负责。

（5）办理《施工许可证》及其他施工所需证件、批件和临时用地、停水、停电、中断道路交通、爆破作业等的申请审批手续（证明承包方自身资质的证件除外）。

（6）确定水准点与坐标控制点，以书面形式交给承包方，进行现场交验。

（7）组织承包方和设计单位进行图纸会审和设计交底。

（8）协调处理施工场地周围地下管线和临近建筑物、构筑物（包括文物保护建筑）、古树名木的保护工作，承担有关费用。

（9）双方约定的发包方应做的其他工作。

发包方可以将部分工作委托承包方办理，双方在专用条款内约定，其费用由发包方承担。发包方未能履行以上各项义务，导致工期延误或给承包方造成损失的，发包方赔偿承包方有关损失，顺延延误的工期。

承包方应按专用条款约定的内容和时间完成以下工作：

① 根据发包方委托，在其设计资质等级和业务允许的范围内，完成施工图设计或与工程配套的设计，经工程师确认后使用，发包方承担由此发生的费用。

② 向工程师提供年度、季度、月度工程进度计划及相关进度统计报表。

③ 根据工程需要，提供和维修非夜间施工使用的照明、围栏设施，负责安全保卫。

④ 按专用条款约定的数量和要求，向发包方提供施工场地办公和生活的房屋及设施，发包方承担由此发生的费用。

⑤ 遵守政府有关主管部门对施工场地交通、施工噪音以及环境保护和安全生产等的管理规

定，按规定办理有关手续，并以书面形式通知发包方，发包方承担由此发生的费用，因承包方责任造成的罚款除外。

⑥ 已竣工工程未交付发包方之前，承包方应按专用条款约定负责已完工程的保护工作，.保护期间发生损坏的，承包方自费予以修复；发包方要求承包方采取特殊措施保护的工程部位和相应的追加合同价款，双方在合同内约定。

⑦ 按专用条款约定做好施工场地地下管线和邻近建筑物、构筑物（包括文物保护建筑）、古树名木的保护工作。

⑧ 保证施工场地清洁，符合环境卫生管理的相关规定，交工前清理现场，达到专用条款约定的要求，承担因自身原因违反有关规定造成的损失和罚款。

⑨ 双方在专用条款内约定的承包方应做的其他工作。

承包方未能履行以上各项业务，造成发包方损失的，承包方赔偿发包方有关损失。

3. 质量与检验义务

（1）工程质量

工程质量应当达到协议书约定的质量标准，质量标准的评定以国家或行业的质量检验评定标准为依据。因承包方原因致使工程质量达不到约定的质量标准，承包方应承担违约责任。双方对工程质量有争议，由双方同意的工程质量检测机构鉴定，所需费用及因此造成的损失，由责任方承担。双方均有责任的，由双方根据其责任分别承担。

（2）检查和返工

承包方应认真按照标准、规范和设计图纸要求以及工程师依据合同发出的指令施工，随时接受工程师的检查检验，为检查检验提供便利条件。同时，工程师的检查检验不应影响施工正常进行。如影响施工正常进行，检查检验不合格时，影响正常施工的费用由承包方承担。除此之外，影响正常施工的追加合同价款由发包方承担，相应顺延工期。工程质量达不到约定标准的部分，工程师一经发现，应要求拆除和重新施工，承包方应按照工程师的要求拆除和重新施工，直到符合约定标准。因承包方原因达不到约定标准，由承包方承担拆除和重新施工的费用，工期不予顺延；因工程师指令失误或其他非承包方原因发生的追加合同价款，由发包方承担。

（3）隐蔽工程和中间验收

工程具备隐蔽条件，或达到专用条款约定的中间验收部位，承包方进行自检，并在隐蔽或中间验收前 48 小时以书面形式通知工程师验收。通知应包括隐蔽和中间验收内容、验收时间和地点。承包方准备验收记录，验收合格，工程师在验收记录上签字后，承包方可进行隐蔽和继续施工；验收不合格，承包方在工程师限定的时间内修改后重新验收。工程师不能按时进行验收，应在验收前 24 小时以书面形式向承包方提出延期要求，延期不能超过 48 小时。工程师未能按以上时间提出延期要求，不进行验收，承包方可自行组织验收，工程师应承认验收记录。经工程师验收，工程质量符合标准、规范和设计图纸等要求，验收 24 小时后，工程师不在验收记录上签字，视为工程师已经认可验收记录，承包方可进行隐蔽或继续施工。

无论工程师是否进行验收，当其要求对已经隐蔽的工程重新验收时，依据《建筑工程施工合同（示范文本）》（GF—1999—0201），承包方应按要求进行剥离或开孔，并在检验后重新覆盖或修复。检验合格，依《合同法》第 284 条，发包方应承担由此发生的全部追加价款，赔偿承包方损失，并相应顺延工期；检验不合格，依《合同法》第 281 条，承包方承担发生的全部费用，工期不予顺延。

（4）工程试车

双方约定需要试车的，试车内容应与承包方承包的安装范围相一致。设备安装工程具备单机无负荷试车条件，承包方组织试车，并在试车前 48 小时以书面形式通知工程师。通知包括试车内容、时间、地点。承包方准备试车记录，发包方根据承包方要求为试车提供必要条件。试车合格，工程师在试车记录上签字。工程师不能按时参加试车，需在开始试车前 24 小时以书面形式向承包方提出延期要求，延期不能超过 48 小时。工程师未能按以上时间提出延期要求，不参加试车，应承认试车记录。设备安装工程具备无负荷联动试车条件，发包方组织试车，并在试车前 48 小时以书面形式通知承包方。通知包括试车内容、时间、地点和对承包方的要求，承包方按要求做好准备工作。试车合格，双方在试车记录上签字。投料试车应在工程竣工验收后由发包方负责，如发包方要求在工程竣工验收或需要承包方配合时，应征得承包方同意，另行签订补充协议。

工程试车中发包方与承包方应依下列规定承担责任：

（1）由于设计原因导致试车达不到验收要求，发包方应要求设计单位修改设计，承包方按修改后的设计重新安装。发包方承担修改设计、拆除及重新安装的全部费用和追加合同价款，工期相应顺延。

（2）由于设备制造原因导致试车达不到验收要求，由该设备采购一方负责重新购置或修理，承包方负责拆除和重新安装。设备由承包方采购的，由承办方承担修理或重新购置、拆除及重新安装的费用，工期不予顺延；设备由发包方采购的，发包方承担上述各项追加合同价款，工期相应顺延。

（3）由于承包方施工原因导致试车达不到验收要求，承包方按工程师要求重新安装和试车，并承担重新安装和试车的费用，工期不予顺延。

（4）试车费用除已包括在合同价款之内或专用条款另有约定外，均由发包方承担。

（5）工程师在试车合格后不在试车记录上签字，试车结束 24 小时后，视为工程师已经认可试车记录，承包方可继续施工或办理竣工手续。

4. 安全施工义务

（1）安全施工与检查

承包方应遵守工程建设安全生产有关管理规定，严格按安全标准组织施工，并随时接受行业安全检查人员依法实施的监督检查，采取必要的安全防护措施，消除事故隐患。由于承包方安全措施不力造成事故的责任和因此发生的费用，由承包方承担。发包方应对其在施工场地的工作人员进行安全教育，并对他们的安全负责。发包方不得要求承包方违反安全管理的规定进行施工。因发包方原因导致的安全事故，由发包方承担相应责任及发生的费用。

（2）安全防护

承包方在动力设备、输电线路、地下管道、密封防震车间、易燃易爆地段以及临街交通要道附近施工时，施工开始前应向工程师提出安全防护措施，经工程师认可后实施，防护措施费用由发包方承担。实施爆破作业，在放射、毒害性环境中施工（含储存、运输、使用）及使用毒害性、腐蚀性物品施工时，承包方应在施工前 14 天以书面通知工程师，并提出相应的安全防护措施，经工程师认可后实施，由发包方承担安全防护措施费用。

（3）事故处理

发生重大伤亡及其他安全事故，承包方应按有关规定立即上报有关部门并通知工程师，同时按政府有关部门要求处理，由事故责任方承担发生的费用。发包方、承包方对事故责任有争议时，应按政府有关部门的认定处理。

5. 材料设备供应

（1）发包方供应材料设备

实行发包方供应材料设备的，双方应当约定发包方供应材料设备的一览表，作为合同附件。一览表包括发包方供应材料设备的品种、规格、型号、数量、单价、质量等级、供应时间和地点。发包方按一览表约定的内容提供材料设备，并向承包方提供产品合格证明，对其质量负责。发包方在所供材料设备到货前 24 小时，以书面形式通知承包方，由承包方派人与发包方共同清点。发包方供应的材料设备，承包方派人参加清点后由承包方保管的，发包方支付相应保管费用。因承包方原因出现丢失损坏，由承包方负责赔偿。发包方未通知承包方清点，承包方不负责材料设备的保管，丢失损坏由发包方负责。发包方供应的材料设备与一览表不符时，发包方应承担有关责任。

发包方应承担责任的具体内容，双方根据下列情况在专用条款内约定：

（1）材料设备单价与一览表不符，由发包方承担所有差价。

（2）材料设备的品种、规格、型号、质量等级与一览表不符，承包方可拒绝接收、保管，由发包方运出施工场地并重新采购。

（3）发包方供应的材料规格、型号与一览表不符，经发包方同意，承包方可代为调剂代换，由发包方承担相应费用。

（4）到货地点与一览表不符，由发包方负责运到一览表指定地点。

（5）供应数量少于一览表约定的数量时，由发包方补齐；多于一览表约定数量时，发包方负责将多余部分运出施工场地。

（6）到货时间早于一览表约定时间，由发包方承担因此发生的保管费用；到货时间迟于一览表约定的供应时间，发包方赔偿由此造成的承包方损失，造成工期延误的，相应顺延工期。

发包方供应的材料设备使用前，由承包方负责检验或实验，不合格的不得使用，检验或试验费用由发包方承担。

（2）承包方采购材料设备

承包方负责采购材料设备的，应按照专用条款约定及设计和有关标准要求采购，并提供产品合格证明，对材料设备质量负责。承包方在材料设备到货前 24 小时通知工程师清点。承包方采购的材料设备与设计标准要求不符时，承包方应按工程师要求的时间运出施工场地，重新采购符合要求的产品，承担由此发生的费用，由此延误的工期不予顺延。承包方采购的材料设备在使用前，承包方应按工程师的要求进行检验或试验，不合格的不得使用，检验或试验费用由承包方承担。工程师发现承包方采购并使用不符合设计和标准要求的材料设备时，应要求承包方负责修复、拆除或重新采购，由承包方承担发生的费用，由此延误的工期不予顺延。承包方需要使用代用材料时，应经工程师认可后才能使用，由此增减的合同价款由双方议定。由承包方采购的材料设备，发包方不得指定生产厂家或供应商。

8.2.4　施工组织设计和工期

（1）进度计划

承包方应按专用条款约定的日期，将施工组织设计和工程进度计划提交工程师，工程师按专用条款约定的时间予以确认或提出修改意见，逾期不确认也不提出书面意见的，视为同意。群体工程中单位工程分期进行施工的，承包方应按照发包方提供的图纸及有关资料的时间，按单位工程编制进度计划，其具体内容由双方在专用条款中约定。承包方必须按工程师确认的进度计划组织施工，接受工程师对进度的检查、监督，经工程师确认后执行。因承包方的原因导致实际进度与进度计划不符的，承包方无权就改进措施提出追加合同价款。

（2）开工及延期开工

承包方应当按照协议书约定的开工日期开工，开工日期一般是指发包方、承包方在协议书中约定的承包方开始施工的绝对或相对的日期。承包方不能按时开工的，应当不迟于协议书约定的开工日期前 7 天，以书面形式向工程师提出延期开工的理由和要求；工程师应当在接到延期开工申请后的 48 小时内以书面形式答复承包方；工程师在接到延期开工申请后 48 小时内不答复，视为同意承包方要求，工期相应顺延；工程师不同意延期要求或承包方未在规定时间内提出延期开工要求，工期不予顺延；因发包方原因不能按照协议书约定的开工日期开工，工程师应以书面形式通知承包方，推迟开工日期；发包方赔偿承包方因延期开工造成的损失，并相应顺延工期。

（3）暂停施工

工程师认为确有必要暂停施工时，应当以书面形式要求承包暂停施工，并在提出要求后 48 小时内提出书面处理意见。承包方应当按工程师要求停止施工，并妥善保护已完工程。承包方实施工程师做出的处理意见后，可以书面形式提出复工要求，工程师应当在 48 小时内给予答复。工程师未能在规定时间内提出处理意见，或收到承包方复工要求后 48 小时内未予答复，承包方可自行复工。因发包方原因造成停工的，由发包方承担所发生的追加合同价款，赔偿承包方由此造成的损失，相应顺延工期；因承包方原因造成停工的，由承包方承担发生的费用，工期不予顺延。

（4）工期延误

因以下原因造成工期延误的，经工程师确认，工期相应顺延：发包方未能按专用条款的约定提供图纸及开工条件；发包方未能按约定日期支付工程预付款、进度款，致使施工不能正常进行；工程师未按合同约定提供所需指令、批准等，致使施工不能正常进行；设计变更和工程量增加；一周内因非承包方原因停水、停电、停气造成停工累计超过 8 小时；不可抗力；专用条款中约定或工程师同意工期顺延的其他情况。承包方应在以上情况发生后 14 天内，就延误的工期以书面形式向工程师提出报告。工程师在收到报告后 14 天内予以确认，逾期不予确认也不提出修改意见，可视为同意顺延工期。

（5）工程竣工

承包方必须按照协议书约定的竣工日期或工程师同意顺延的工期竣工。竣工日期一般是指发包方、承包方在协议书中约定的承包方完成承包范围内工程的绝对或相对的日期。因承包方原因不能按照协议书约定的竣工日期或工程师同意顺延的工期竣工的，承包方承担违约责任。施工中发包方如需提前竣工，双方协商一致后应签订提前竣工协议，作为合同文件组成部分。提前竣工协议应包括承包方为保证工程质量和安全采取的措施、发包方为提前竣工提供的条件以及提前竣工所需的追加合同价款等内容。

8.2.5　合同价款与支付

（1）合同价款及调整

招标工程的合同价款由发包方、承包方依据中标通知书中的中标价格在协议书内约定。非招标工程的合同价款由发包方承包方、依据工程预算书在协议书内约定。合同价款在协议书内约定后，任何一方不得擅自改变。当事人双方可在专用条款内约定采用以下任一种价款确定方式。

第一，固定价格合同。双方在专用条款内约定合同价款包含的风险范围和风险费用的计算方法，在约定的风险范围内合同价款不再调整。风险范围以外的合同价款调整方法，则应当在专用条款内约定。

第二，可调价格合同。合同价款可依据双方的约定而调整，双方在专用条款内约定合同价款调整方法。可调价格合同中合同价款的调整因素包括：法律、行政法规和国家有关政策变化影响合同价款；工程造价管理部门公布的价格调整；非承包方原因所导致的停水、停电、停气造成停工累计超过 8 小时；双方约定的其他因素。承包方应当在调整情况发生后 14 天内，将调整原因、金额以书面形式通知工程师，工程师确认调整金额后作为追加合同价款，与工程款同期支付。工程师收到承包方通知后 14 天内不予确认也不提出修改意见，视为已经同意该项调整。

第三，成本加酬金合同。合同价款包括成本和酬金两部分，双方在合同内约定成本构成和酬金的计算方法。

（2）工程预付款

实行工程预付款的，双方应当在合同内约定发包方向承包方预付工程款的时间和数额，开工后按约定的时间和比例逐次扣回。预付时间应不迟于约定的开工日期前 7 天。发包方不按约定预付，承包方在约定预付时间 7 天后向发包方发出要求预付的通知，发包方收到通知后仍不能按要求预付，承包方可在发出通知后 7 天停止施工，发包方应从约定应付之日起向承包方支付应付款的贷款利息，并承担违约责任。

（3）工程量的确认

承包方应按专用条款约定的时间，向工程师提出已完工程量的报告。工程师接到报告后 7 天内按设计图纸核实已完工程量（以下称计量），并在计量前 24 小时通知承包方，承包方应为计量提供便利条件并派人参加。收到通知后不参加计量，计量结果有效，作为工程价款支付的依据。工程师收到承包方报告后 7 天内未进行计量，从第 8 天起，承包方报告中开列的工程量可视为被确认，作为工程价款支付的依据。工程师不按约定时间通知承包方，致使承包方未能参加计量，计量结果无效。对承包方超出设计图纸范围和因承包方原因造成返工的工程量，工程师不予计量。

（4）工程款（进度款）支付

在确认计量结果后 14 天内，发包方应向承包方支付工程款（进度款）。发包方按约定时间应扣回的预付款，与工程款（进度款）同期计算。双方因可调价格合同而形成的调整价款、因工程变更而形成的调整价款及约定的其他追加合同价款，一般应与工程款（进度款）同期调整支付。

发包方超过约定的支付时间不支付工程款（进度款），承包方可向发包方发出要求付款的通知，发包方收到承包方通知后仍不能按要求付款，可与承包方协商签订延期付款协议，经承包方同意后可延期支付。协议应明确延期支付的时间和从计量结果确认后第15天起计算应付款的贷款利息。发包方不按合同约定支付工程款（进度款），双方又未达成延期付款协议，导致施工无法进行，承包方可停止施工，由发包方承担违约责任。

8.2.6 竣工验收与结算

（1）竣工验收

工程具备竣工验收条件后，承包方按国家工程竣工验收有关规定，向发包方提供完整竣工工资料及竣工验收报告。双方约定由承包方提供竣工图的，应当在专用条款内约定提供的日期和份数。发包方应在收到竣工验收报告后28天内组织有关单位验收，并在验收后14天内给予认可或提出修改意见。承包方按要求修改，并承担由自身造成修改的费用。发包方收到承包方送交的竣工验收报告后28天内不组织验收，从第29天起承担工程保管及一切意外责任。工程未经竣工验收或竣工验收未通过的，发包方不得使用。发包方强行使用时，由此发生的质量问题及其他问题，由发包方承担责任。

（2）竣工结算

工程竣工验收报告经发包方认可后28天内，承包方向发包方递交竣工结算报告及完整的结算资料，双方按照协议书约定的合同价款及专用条款约定的合同价款调整内容，进行工程竣工结算。发包方收到承包递交的竣工结算报告及结算资料后28天内，给予确认或者提出修改意见。发包方确认竣工结算报告后，通知经办银行向承包方支付工程竣工结算价款。承包方应在收到竣工结算价款后14天内将竣工工程交付发包方。发包方收到竣工结算报告及结算资料后28天内无正当理由不支付工程竣工结算价款，从第 29 天起按承包方同期向银行贷款利率支付拖欠工程价款的利息，并承担违约责任。发包方收到竣工结算报告及结算资料后28天内不支付工程竣工结算价款，承包方可以催告发包方支付结算价款。发包方在收到竣工结算报告及结算资料后56天内仍不支付的，承包方可以与发包方协议将工程折价，也可以由承包方申请人民法院将该工程依法拍卖，承包方就该工程折价或者拍卖的价款优先赔偿。工程竣工验收报告经发包方认可后28天内，承包方未能向发包方递交竣工结算报告及完整的结算资料，造成工程竣工结算不能正常进行或工程竣工结算价款不能及时支付，发包方要求交付工程的，成包方应当交付；发包方不要求交付工程的，承包方承担保管责任。

（3）质量保修

承包方应按法律、行政法规或国家关于工程质量保修的有关规定，在质量保修期内对交付发包方使用的工程承担质量保修责任。承包方可在工程竣工验收之前，与发包方签订质量保修书，作为合同附件。质量保修书的主要内容包括：质量保修项目的内容以及范围；质量保修期；质量保修责任；质量保修金的支付方法。

8.3 建筑施工合同的变更、分包、解除与终止

8.3.1 合同变更

合同变更指当事人约定的合同的内容发生变化和更改，即权利和义务变化的民事法律行为，合同变更有广义与狭义之分。广义的合同变更，包括合同内容的变更与合同主体的变更。前者是指当事人不变，合同的权利义务予以改变的现象；后者是指合同关系保持同一性，仅改换债权人或债务人的现象。不论是改换债权人还是改换债务人，都发生了合同权利义务的移转——移转给新的债权人或者债务人，因此合同主体的变更实际上是合同权利义务的转让。

1. 合同变更的条件

合同变更须具备以下条件：

（1）原已存在有效的合同关系。合同变更是在原合同的基础上，通过当事人双方的协商或者法律的规定改变原合同关系的内容。因此，无原合同关系就无变更的对象，合同的变更离不开原已存在合同关系这一前提条件。同时，原合同关系若非合法有效，如合同无效、合同被撤销或者追认权人拒绝追认效力未定的合同，合同便自动失去法律约束力，即不存在合同关系，也就谈不上合同变更。

（2）合同变更须依当事人双方的约定或者依法律的规定并通过法院的判决或仲裁机构的裁决。发生合同变更主要是当事人双方协商一致的结果。我国《合同法》第 77 条第 1 款规定："当事人协商一致，可以变更合同。"在协商变更合同的情况下，变更合同的协议必须符合民事法律行为的有效要件，任何一方不得采取欺诈、胁迫的方式来欺骗或强制他方当事人变更合同。如果变更合同的协议不能成立或不能生效，则当事人仍然应按原合同的内容履行。当事人对变更的内容约定不明确的，应视为未变更。此外，合同变更还可以依据法律直接规定而发生。例如，根据《合同法》第 54 条的规定，因重大误解订立的合同以及订立合同时显失公平的合同，当事人一方有权请求人民法院或者仲裁机构变更或者撤销；一方以欺诈、胁迫的手段或者乘人之危，使对方在违背真实意思的情况下订立的合同，不损害国家、集体或者社会利益的，受损害方有权请求人民法院或者仲裁机构变更或者撤销。

（3）合同变更必须遵守法定的方式。我国《合同法》第 77 条第 2 款规定："法律、行政法规规定变更合同应当办理批准、登记等手续的，依照其规定。"依此规定，如果当事人在法律、行政法规规定变更合同应当办理批准、登记手续的情况下，未遵循这些法定方式的，即便达成了变更合同的协议，也是无效的。由于法律、行政法规对合同变更的形式未作强制性规定，因此我们可以认为，当事人变更合同的形式可以协商决定，一般要与原合同的形式相一致。如原合同为书面形式，变更合同也应采取书面形式；如原合同为口头形式，变更合同既可以采取口头形式，也可以采取书面形式。

（4）须有合同内容的变化。合同变更仅指合同的内容发生变化，不包括合同主体的变更，因而合同内容发生变化是合同变更不可或缺的条件。当然，合同变更必须是非实质性内容的变更，变更后的合同关系与原合同关系应当保持同一性。

2. 工程设计变更

施工中，发包方需对原工程设计变更的，应提前 14 天并以书面形式向承包方发出变更通知。变更超过原设计标准或批准的建设规模时，发包方应报规划部门和其他有关部门重新审查批准，并由原设计单位提供变更的相应图纸和说明。承包方按照工程师发出的变更通知及有关要求，进行下列需要的变更：第一，更改工程有关部分的标高、基线、位置和尺寸；第二，增减合同中约定的工程量；第三，改变有关工程的施工时间和顺序；第四，其他有关工程变更需要的附加工作。因变更导致合同价款的增减及造成的承包方损失，由发包方承担，延期的工期相应顺延。施工中承包方不得对原工程设计进行变更。因承包方擅自变更设计发生的费用和由此导致发包方的直接损失，由承包方承担，延误的工期不予顺延。承包方在施工中提出的合理化建议涉及对设计图纸或施工组织设计的更改及对材料、设备的换用，须经工程师同意。未经同意擅自更改或换用的，承包方承担由此发生的费用，并赔偿发包方的有关损失，延误的工期不予顺延。工程师同意采用承包方合理化建议，对发生的费用和获得的收益，发包方、承包方另行约定分担或分享。

3. 变更价款

承包方应在工程变更后确定后 14 天内，提出变更工程价款的报告，经工程师确认后调整合同价款。变更合同价款应按下列方法进行：第一，合同中已有适用于变更工程的价格，按合同已有的价格变更合同价款；第二，合同只有类似于变更工程的价格，可以参照类似的价格变更合同的价款；第三，合同中没有使用或类似于变更工程的价格，由承包方提出适合的变更价格，经工程师确认后执行。承包方在双方确认变更后 14 天内不就提出的变更工程价款向工程师报告的，视为该项变更不涉及合同价款的变更，工程师应在收到变更工程价款报告之日起 14 天内予以确认；工程师无正当理由而不确认的，将变更确认增加的工程变更价款作为追加合同价款，与工程款同期支付。工程师不同意承包方提出的变更价款，按示范文本通用条款第 37 条关于争议的约定处理。因承包方自身原因导致的工程变更，承包方无权要求追加合同价款。

8.3.2 建筑工程的分包与转包

《合同法》第 272 条规定："总承包人或勘察、设计、施工承包人经发包人同意，可以将自己承包的部分交由第三人完成。第三人就其完成的工作成果与总承包人或者勘察、设计、施工承包人向发包人承担连带责任；承包人不得将其承包的全部建设工程转包给第三人或者将其承包的全部建设工程肢解以后以分包的名义分别转包给第三人；禁止承包人将工程分包给不具备相应资质条件的单位；禁止分包单位将其承包的工程再分包；建设工程主体结构的施工必须由承包人自行完成。"

（1）承包方可按合同的约定分包所承包的部分工程，并与分包单位签订分包合同。非经发包方同意，承包方不得将承包工程的任何部分分包。

（2）承包方不得将其承包的全部工程转包他人，也不得将其承包的全部工程肢解以后以分包的名义分别转包给他人。

（3）工程分包不能解除承包方任何责任与义务。承包方应在分包场地派驻相应管理人员，保证本合同的履行。分包单位的任何违约行为或疏忽导致工程损害或给发包方造成其他损失，承包方要与分包人共同承担连带责任。

（4）分包总承包方与分包人之间是独立的法律合同关系，因此分包工程价款应由承包方与分包单位结算。

8.3.3 建筑工程合同的解除与终止

当事人协商一致，可以解除合同。有下列情形之一的，当事人可以解除合同：因不可抗力致使不能实现合同目的；在履行期限届满之前，当事人一方明确表示或者以自己的行为表明不履行主要债务；当事人一方迟延履行主要债务，经催告后在合理期限内仍未履行；当事人一方延迟履行债务或者有其他违约行为致使不能实现合同目的；法律规定的其他情形。

当事人一方主张解除合同的，应当通知对方。合同自通知到达对方时解除。对方有异议的，可以请求人民法院或者仲裁机构确认解除合同效力。法律、行政法规规定解除合同应当办理批准、登记等手续的，依照其规定。因此发包方或承包方依据法律或约定要求解除合同的，应当以书面形式向对方发出解除合同的通知，并在发出通知前7天告知对方，通知到达对方时合同解除。对解除合同有争议的，可以请求人民法院或者仲裁机构确认解除合同的效力。

合同解除后，尚未履行的，终止履行；已经履行的，根据履行情况和合同性质，当事人可以要求恢复原状、采取其他补救措施，并有权要求赔偿损失。

合同的权利义务终止，不影响合同中结算和清理条款的效力。因此在合同解除后，承包方应妥善做好已完工程和已购材料、设备的保护和移交工作，按发包方要求将自有器械设备和人员撤出施工场地。发包方应为承包方撤出提供必要条件，支付以上所发生的费用，并按合同约定支付已完工程价款。已经订货的材料、设备由订货方负责退货或解除订货合同，不能退还的货款和因退货、解除订货合同发生的费用，由发包方承担，因未及时退货造成的损失由责任方承担。除此之外，有过错的一方应当赔偿因合同解除给对方造成的损失。合同解除后，不影响双方在合同中约定的结算和清理条款的效力。

发包方、承包方履行合同全部义务，竣工结算价款支付完毕，承包方向发包方交付竣工工程后，合同即告终止。合同还可能因为解除、抵消、免除等而终止。合同的权力义务终止后，发包方、承包方应当遵循诚实信用原则，履行通知、协助、保密等义务。

8.3.4 建筑施工合同应注意的其他事项

1. 不可抗力条款

不可抗力是指不能预见的、不能避免并不能克服的客观情况。不可抗力包括因战争、动乱、空中飞行物体坠落或其他非发包方、承包方责任造成的爆炸、火灾，以及专用条款约定的风、雨、雪、洪、震等自然灾害。

《合同法》规定，因不可抗力不能履行合同的，根据不可抗力的影响，部分或者全部免除责任，但法律另有规定的除外。当事人延迟履行后发生不可抗力的，不能免除责任。当事人一方因不可抗力不能履行合同的，应当及时通知对方，以减轻可能对对方造成的损失，并应当在合理期限内提供证明。

因此不可抗力事件发生后，承包方应立即通知工程师，并在力所能及的条件下迅速采取措施，尽力减少损失，发包方应协助承包方采取措施。不可抗力事件结束后 48 小时内，承包方应向工程师通报受害情况和损失情况及预计清理和修复的费用。不可抗力事件持续发生，承包方应每隔 7 天向工程师报告一次受害情况。不可抗力事件结束后 14 天内，承包方应向工程师提交清理和修复费用的正式报告及有关资料。合同一方延迟履行合同后发生不可抗拒力的，不能免除延迟履行方的相应责任。

不可抗力事件导致的费用及延误的工期的承担方法如下：

（1）工程本身的损害、因施工损害导致第三方人员伤亡和财产损失以及运至施工场地用于施工的材料和待安装的设备的损害，由发包方承担。

（2）发包方、承包方人员伤亡由其所在单位负责，并承担相应费用。

（3）承包方机械设备损坏及停工损失，由承包方承担。

（4）停工期间，承包方应工程师要求留在施工场地的必需的管理人员及保卫人员的费用由发包方承担。

（5）工程所需清理、修复费用，有发包方承担。

（6）延误的工期相应顺延。

2. 保险与担保条款

（1）保险条款

工程开工前，发包方为建设工程和施工场内的自有人员及第三方人员生命财产办理保险，支付保险费用。运至施工场地内用于工程的材料和待安装设备，由发包方办理保险，并支付保险费用。发包方可以将有关保险事项委托承包方办理，费用由发包方承担。承包方必须为从事危险作业的职工办理意外伤害保险，并为施工场地内自有人员生命财产和施工机械设备办理保险，支付保险费用。保险事故发生时，发包方、承包方有责任尽力采取必要措施，防止或者减少损失。具体投保内容和相关责任由发包方、承包方在合同中约定。

（2）担保条款

发包方、承包方为了全面履行合同，应互相提供以下担保：发包方向承包方提供履约担保，按合同约定支付工程价款及履行合同约定的其他义务；承包方向发包方提供履约担保，按合同约定履行自己的各项义务。一方违约后，另一方可要求提供担保的第三方承担相应责任。

（3）专利技术及特殊工艺问题

发包方要求使用专利技术或特殊工艺的，应负责办理相应的申报手续，承担申报、试验、使用等费用；承包方提出使用专利技术或特殊工艺的，应取得工程师认可，承包方负责办理申报手续并承担有关费用。擅自使用专利技术侵犯他人专利权的，责任者依法承担相应责任。

（4）发现文物和地下障碍物的处理

在施工中发现古墓、古建筑遗址等文物及化石或其他有考古、地质研究等价值的物品时，承包方应立即保护好现场并于 4 小时内以书面形式通知工程师，工程师应于收到书面通知后 24 小时内报告当地文物管理部门，发包方、承包方按文物管理部门的要求采取妥善保护措施。发包方承担由此发生的费用，顺延延误的工期。如发现后隐瞒不报，致使文物遭到破坏，责任者依法承担相应责任。

施工中出现影响施工的地下障碍物时，承担方应于 8 小时内以书面形式通知工程师，同时提出处置方案，工程师收到处置方案后24小时内予以认可或提出修正方案。发包方承担由此发生的费用，顺延延误的工期。所发现的地下障碍物有归属单位时，发包方应报请有关部门协同处置。

8.4 建筑施工合同索赔

在合同履行过程中，合同当事人的一方，由于不应归他负责的某种原因造成合同规定的责任和义务以外的费用支出，通过一定的合法途径和程序，向对方要求补偿的活动称为索赔。工程承包单位在履行施工合同的过程中发生了额外的费用支出，而这种支出又不属于承包合同规定应由承包方承担的责任和义务，即可根据合同中有关条款的规定，通过一定程序，要求业主（发包方）给予补偿，这种活动就叫作施工索赔。在工程项目实践中，索赔是经常发生的现象，它一般由承包方提出，通过监理工程师向业主要求延长工期或增加额外工程费用。索赔是承包方与业主之间承担工程风险比例的合理再分配。

8.4.1 索赔的原因

施工承包过程中，发生索赔的原因很多，归纳起来主要有如下几点。

（1）施工条件变化

如在工程施工过程中发现原设计和标书规定的施工方法、施工条件不适当，必须改变。

（2）工程量变化太大

由于设计考虑不周，或标书中的工程量清单数量不准确，施工过程中出现较大工程量变化。

（3）施工进度拖延

在施工过程中，由于不可抗力的影响或由于业主的原因而导致工程进度拖延，从而增加了施工费用。如由于承包商所不能预见并为监理工程师确认的不利的自然条件和人为障碍所造成的额外费用支出。

（4）业主违反合同

如建设单位未能根据合同规定，按承包方提交监理工程师的施工进度计划的安排，及时提供施工场地，由此而延误工期或增加费用。比如在施工过程中，业主临时提出超出合同范围的要求，使承包方的费用增加。

8.4.2 索赔的种类

1. 按索赔的目的分类

（1）延长工期索赔

延长工期索赔指的是要求监理工程师和业主延长施工时间，推迟竣工日期。根据具体情况，又可将工期拖延分为可原谅的拖期和不可原谅的拖期。可原谅的拖期指的是由于承包方的原因而引起的工程拖期，如异常的天气、罢工、人力不可抗拒的天灾、业主改变设计、地质条件恶劣等所引起的工程拖期；不可原谅的拖期，即由于承包方的原因而引起的工期延误，如施工组织协调不好、人力不足、劳动生产率低、工程质量不符合施工规程的要求而造成返工等。

（2）经济索赔

承包方由于施工客观条件改变而增加了自己的费用时，可向业主和监理工程师要求弥补自己的额外支出。

经济索赔可进一步分为 3 种类型。

①合同规定索赔。合同规定索赔是指以合同条款为依据，在合同中有文明规定的索赔，如工期延误、工程变更、工程师提供的放线资料有误、业主不按合同规定支付进度款等。

②非合同规定索赔。非合同规定索赔在合同文件中没有明确的叙述，但可以根据合同文件的某些内容合理推断出可以进行此类索赔，而且此索赔并不违反合同文件的其他任何内容。例如，在国际工程承包中，当地货币贬值可能给承包商造成损失，对于合同工期较短的，合同条件中可能没有规定如何处理。当由于业主原因使工程延期，而又出现汇率大幅度下跌时，承包商可以提出这方面的补偿要求。

③道义索赔。道义索赔无合同和法律依据，是承包商认为自己在施工中确实遭受很大损失，而向业主寻求优惠性质的额外付款。如承包商克服了巨大困难，使工程获得圆满成功，然后自己却蒙受了重大损失，于是向业主提出了索赔要求。

在具体实践中，大多数情况是承包商既提出工期索赔，又提出经济索赔。

2. 按索赔的处理时间和方式分类

（1）单项索赔

单项索赔是指在工程实施过程中出现了干扰原合同规定的事件，承包商为此事件提出的索赔。如业主发出设计变更指令，造成承包商成本增加、工期延长，承包商为此提出索赔要求。单项索赔涉及的合同事件比较简单，责任分析和索赔计算比较简单，双方容易达成协议。

（2）总索赔

总索赔又称一揽子索赔，指的是承包商在工程竣工前后，将施工过程中已提出但未解决的索赔汇总在一起，向业主提出一份总的索赔报告的索赔。发生这种索赔的原因有下列几种：

①在合同实施过程中，由于一些单项索赔问题比较复杂，不能立即解决，双方协商同意留待以后解决。

②业主对索赔迟迟不作答复，使索赔持续时间较长。

③有的承包商的合同管理水平差，平时没有注意对索赔的管理，当工程快完工时，发现自己亏了本或业主不付款时，才提出索赔。

由于以上原因，在处理一揽子索赔时，因许多干扰事件交织在一起，影响因素比较复杂，有些证据时过境迁，使责任分析和索赔计算发生困难，加之一揽子索赔的金额较大，往往需要承包商做出较大的努力才能解决。

3. 按索赔发生的原因分类

（1）工程拖期索赔

工程拖期索赔是指由于施工进度落后于计划而引起的有关事项的索赔。造成进度落后的原因应该是业主的责任，或是按合同规定应该由业主承担的风险，在此条件下承包商可以提出索赔。

（2）工程变更索赔

工程变更索赔是指由于业主或工程师指令增加或减少工程量，或是进行合同范围以外的工作，或是改变工程顺序而引起的索赔。几乎所有的建筑工程都会发生变更，工程变更往往也会影响其他相关工作，产生连锁反应。因此工程变更索赔很少能独立于其他类型的索赔。

（3）加速施工索赔

加速施工索赔经常是工程拖期索赔或工程变更索赔的相关索赔。如果业主要求承包商比合同规定的工期提前竣工，或因承包商前段进度拖延（非承包商的责任），要求后一阶段弥补已损失的工期，这样，承包商可以因施工加速使成本超支而提出索赔，索赔的费用一般包括加班工资和雇佣额外劳动力、采用额外设备、改变施工方法、提供额外监督管理人员等所引起的费用的增加。

（4）施工条件变化索赔

施工条件变化索赔包括水文地质条件变化、人为障碍、不利天气条件、合同文件模糊或错误、不可抗力、业主方造成的风险等事件。进行此类索赔，承包商必须在索赔报告中充分说明原因，如说明此事件是一个有经验的承包商无法预料的。

8.4.3 反索赔

索赔的成功很大程度上取决于承包商对索赔做出的解释和所提供的强有力的证明材料。因此，承包商在正式提出索赔报告前的资料准备工作极为重要。施工索赔的依据主要有 3 种：一是工程合同；二是工程项目资料；三是有关法律、法规。其中合同是双方事先签订的，法律法规是国家主管部门统一制定颁布的，索赔人员只要熟悉其内容，能够运用自如即可，只有资料是动态的，随着施工活动的进展随时发生变化。因此，要建立科学的工程项目数据管理体系，随时注意有关资料的搜集、整理、登记和保存单据、证书、证明等。

承包商要求索赔在工程承包中是经常发生的事，业主也经常用反索赔来维护自己的利益。业主往往针对承包商在实施合同中的缺陷，向承包商提出索赔要求。反索赔的目的是防止损失的发生，它包括两方面的内容：第一是防止对方提出索赔，在合同实施中进行积极防御，使自己处于不能被索赔的地位，如防止自己违约，使自己完全按合同办事；第二是反击对方的索赔要求，如对对方的索赔报告进行反驳，找出理由和证据证明对方的索赔报告不符合事实情况、不符合合同规定、没有根据、计算不准确等，以消除或减轻自己的赔偿责任，使自己不受或少受损失。

常见的反索赔有工程拖期索赔和施工缺陷索赔两种。

（1）工程拖期索赔

如果工程拖期的责任在承包方一方，则业主有权向承包方提出索赔。如承包方由于施工组织不善而导致工程拖期。

（2）施工缺陷索赔

根据承包方在施工中的缺陷而提出的索赔。如工程质量不符合施工技术规程的规定，导致业主蒙受经济损失。

8.5 FIDIC 合同条件

国际咨询工程师联合会（FIDIC）于 1913 年在英国成立。第二次世界大战结束后 FIDIC 迅速发展起来，至今已有 60 多个国家和地区成为其会员。中国于 1996 年正式加入。FIDIC 是世界上多数独立的咨询工程师的代表，是最具权威的咨询工程师组织，它推动着全球范围内高质量、高水平的工程咨询服务业的发展。

FIDIC 下设两个地区成员协会：FIDIC 亚洲及太平洋成员协会（ASPAC）和 FIDIC 非洲成员协会集团（CAMA）。FIDIC 还设立了许多专业委员会，用于专业咨询和管理。如业主/咨询工程师关系委员会（CCRC）、合同委员会（CC）、执行委员会（EC）、风险管理委员会（ENVC）、质量管理委员会（QMC）、21 世纪工作组（Task Force 21）等。

《施工合同条件》(Conditions of Contract for Construction)，简称“新红皮书”。该文件推荐用于有雇主或其代表——工程师设计的建筑或工程项目，主要用于单价合同。在这种合同形式下，通常由工程师负责监理，由承包商按照雇主提供的设计施工，但也可以包含由承包商设计的土木、机械、电气和构筑物的某些部分。

《生产设备和设计——施工合同条件》(Conditions of Contract for Plant and Design-Build)，简称“新黄皮书”。该文件推荐用于电气和（或）机械设备供货和建筑或工程的设计与施工，通常采用总价合同。由承包商按照雇主的要求设计和提供生产设备和（或）其他工程，可以包括土木、机械、电气和建筑物的任何组合。可以进行工程总承包，但也可以对部分工程采用单价合同。

《设计采购施工（EPC）/交钥匙工程合同条件》(Conditions of Contract for EPC/Turnkey Projects)，简称“银皮书”。该文件可适用于以交钥匙方式提供工厂或类似设施的加工或动力设备、基础设施项目或其他类型的开发项目，采用总价合同。这种合同条件下，项目的最终价格和要求的工期具有更大程度的确定性；由承包商承担项目实施的全部责任，雇主很少介入。即由承包商进行所有的设计、采购和施工，最后提供一个设施配备完整、可以投产运行的项目。

《简明合同格式》(Short Form of Contract)，简称“绿皮书”。该文件适用于投资金额较小的建筑或工程项目。根据工程的类型和具体情况，这种合同格式也可用于投资金额较大的工程，特别是较简单的、重复性的或工期短的工程。在此合同格式下，一般都由承包商按照雇主或其代表——工程师提供的设计实施工程，但对于部分或完全由承包商设计的土木、机械、电气和（或）构筑物的工程，此合同也同样适用。

8.5.1　合同文件包括的范围

构成合同的几个文件之间应能互相解释，但当他们之间出现矛盾或不一致时，应由工程师对此作出解释或校正。通常，合同文件解释和执行的优先次序为：合同协议书；中标函；投标书；FIDIC 条件第二部分，即特殊条款；FIDIC 条件第一部分，即一般条款；合同的其他文件，如规范、图纸、工作量表等。

如果在工程施工过程中，合同有重大的变更、补充、修改，则应说明它们的内容以及与原合同文件的差异。

8.5.2　业主的责任和权利

业主是指在 FIDIC 第二部分中指定的合同当事人以及他的合法继承人，但不能指他的任何受让人。FIDIC 条件不允许合同当事人单方面将合同权利和义务转让给其他人，因为在投标报价中，承包商已考虑到业主的资信风险。不同的业主会有不同的资信风险、会有不同的报价，如果业主单方面转让合同，就会对承包商造成不利影响。

业主作为工程的发包者，选择承包商、向承包商颁发中标函。业主的合作责任是承包商顺利地完成合同所规定任务的前提，同时又是进行工期索赔的理由和推卸工程推延责任的托词；而业主的权利又是承包商的责任，是承包商容易产生违约行为的地方。其通常包括以下几个方面：

（1）业主选择和任命工程师。在工程中，业主通过工程师管理工程、下达指令、行使权利。通常认为，业主已赋予工程师在 FIDIC 合同中明确规定的或者由该合同必然隐含的权利。但是，如果业主需要限定工程师的权利，或者要求工程师在行使某些权利之前需得到业主的批准，则可在 FIDIC 第二部分予以指明。但 FIDIC 合同是业主和承包商之间的合同，业主必须为工程师的行为承担责任。如果工程师在工程管理中工作失误，例如因未及时地履行职责或发出错误的指令、决定、处理意见等，造成工期拖延和承包商的费用损失，业主必须承担赔偿责任。

（2）没有业主的事先同意，承包商不得将合同或合同的任何部分（工程任何部分）转让出去。

（3）编制双方实施的合同协议书，并承担拟定的签订费用。

（4）批准承包商的履约担保和担保机构。

（5）向承包商提供有关该工程的勘察所取得的水文、地质资料。

（6）业主对自己在现场工作人员的安全负责。

（7）业主风险。

（8）批准承包商的保险文件。如果承包商未按合同要求进行投保并保持其有效，或未在规定时间内向业主提供各项保险单，则业主有权进行保险，并由承包商支付保险费用。

（9）业主负责获得工程施工所需要的任何规划、区域划分或其他类似的各类批准。

（10）如果承包商未执行工程师的指令，在规定时间内更换不符合合同的材料和工程设备，拆除不符合合同规定的任何工程，并重新施工，业主有权雇用他人完成上述指令，其全部费用由承包商支付。

（11）业主应按合同要求向承包商提供工程施工所需要的现场和道路，否则，必须承担工期延误和费用赔偿责任。

（12）除属于业主的风险和特殊风险外，业主对承包商的设备、材料和临时工程的损失或损坏不承担责任。

（13）在工程施工期间或在保修期间，如果发生工程事故、故障或其他事件，而承包商没有（无能力或不愿意）执行工程师指令去立即执行修补工作，则业主有权雇用他人去完成该项工作并支付费用。如果上述问题由承包商失责引起，则应由承包商负担费用。

（14）在工程师按合同颁发付款证书后，业主应在合同规定的时间内向承包商支付工程款，否则承担违约责任。

（15）业主根据工程师颁发的工程移交证书，接收按合同规定已基本竣工的任何部分工程或全部工程，并从此承担这些工程的照管责任。

（16）业主有权指定分包商。业主有权对在暂定金额中列出的任何工程的施工，或任何货物、材料、工程设备或服务的提供分项指定承担人。该分包商仍与承包商签订分包合同，指定分包商应向承包商负责，承包商负责管理和协调。承包商如果有理由，可以反对雇用业主指定的分包商。

对指定的分包商的付款，仍由承包商按分包合同进行。然后承包商提出已向该分包商付款的证明，由工程师批准，在暂定金额中向承包商支付。如果指定分包商失误，造成承包商损失，承包商可以向业主索赔。

8.5.3　监理工程师的责任和权利

监理工程师在 FIDIC 条件中被称为“工程师”。他被业主任命进行工程管理，并在 FIDIC 第二部分中指定。在工程中，不经承包商同意，业主不得更换工程师。因为在 FIDIC 条件中，工程师具有很大的权利，具有特殊的作用，所以工程师的信誉、工作能力、公正性等已是承包商投标报价必须考虑的重要因素之一。通常工程师受业主委托编制招标文件，做评定报告，在工程中履行 FIDIC 合同中规定的“工程师”的职责，并行使“工程师”的职责。按 FIDIC 合同，业主一般不直接管理工程，不直接与承包商接触。尽管工程师由业主任命，业主和工程师之间还另有咨询（监理）合同，但他不属于承包合同的任何一方。工程师在行使自己的权利、处理问题的时候必须公正地行使，以没有偏见的方式使用合同。工程师的权利和职责主要有如下几方面：

（1）工程师行使着 FIDIC 合同规定的或合同中必然隐含的权利并履行合同规定的职责，包括做出决定、表示意见或认可、表示满意、做出批准、决定价格、解释合同、调解争执等。

（2）可根据工程管理需要，书面任命工程师代表，并可将属于自己的职责和权利授予工程师代表，还可以任命任意数量的助理协助工作。

（3）如果无工程师的事先同意，承包商不得将工程的任何部分分包出去，但如下情况例外：①劳务分包；②采购符合合同规定的材料；③合同中已指定的分包商对工程的分包（一般主要指业务制定分包商和在投标书后附有的分包商）。

（4）工程师应在合理的时间内向承包商发出图纸、指令，承包商应执行工程师的指令。如果工程师的图纸和指令不及时，造成工程拖延，则应给承包商以工期和费用补偿。

（5）同意承包商在中标函签发后一定时间内提出的详细的进度计划，在工程中，如果承包商的实际进度不符合该进度计划，工程师有权要求承包商提出一份修改过的进度计划。

（6）工程师有权批准、否决或要求承包商撤回、更换承包商授权的代表；有权反对或要求承包商撤回、更换工程师认为渎职或不能胜任工作或玩忽职守的承包商的任何劳务人员。

（7）工程师可在施工过程中的任何时候指令承包商打钻孔或进行勘探开挖。如果合同中未包括上述工作项目，则应按工程变更给承包商以补偿。

（8）工程师的检查权。

①一切材料、工程设备和工艺都须符合合同规定，符合工程师的指令要求。工程师有权对承包商的一切材料、工程设备和工艺，在制造、装配地点、现场以及合同规定的其他地点进行检验，要求提交有关材料样品。

②如果工程师所指令的检验在合同中未指明、未做专门说明，或检查在现场以外，或在制造、装配地点以外进行，则工程师应提前 24 小时将进行检查的意向通知承包商。如果检查结果表明承包商的材料、工程设备或操作工艺不符合合同并未使工程师满意，则检验费用由承包商承担。而对于其他情况，应给承包商以费用补偿和延长工期。

③如果承包商未按工程师的要求或双方商定的要求准备好检查或进行检验，或检验结果经工程师确认，承包商的材料或工程设备有缺陷或不符合合同规定，则工程师有权拒收这些材料或工程设备。

④没有工程师的批准，工程的任何部分不得隐蔽。工程师可随时指令承包商对已覆盖的工程剥露、开孔检查，并将该部分恢复原状，使之完好。如果检查结果表明施工符合合同要求，则应

给承包商以费用补偿。

（9）工程师有权随时指令承包商将工程师认为不符合合同规定的任何材料和工程设备从现场运走，并用合格的替补；拆除不符合合同规定的任何工程并适当地重新施工。

（10）工程师有权指令承包商按工程师认为必要的时间和方式暂停工程或任何部分工程。

（11）如果由于承包商责任造成工期延长，不符合竣工期限要求，工程师有权指令承包商采取加速措施。

（12）在缺陷责任期满之前的任何时候，工程出现任何缺陷、收缩或其他不合格之处，工程师可指令承包商调查上述原因。如果上述原因属承包商责任造成，则承包商必须承担调查费用和修补费用；如果由业主责任造成，则由业主承担上述费用。

（13）工程师变更工程的权利。

①工程师有权对工程或其任何部分的形式、质量或数量做出任何变更，指令承包商增加或减少工程量；删除部分工程（仅指本项目不再需要的工程，业主不能在合同中删除后，再由自己或委托他人完成）；改变部分工程的性质、质量或类型；改变工程任何部分的标高、基线、位置和尺寸；工程竣工所必需的任何附加工作；改变工程任何部分的施工顺序或时间安排。

②如果上述变更是由于承包商责任造成的，则上述变更造成的附加费由承包商承担；如果上述变更非承包商责任，则应相应增加合同价格，其估价方法如下：

如工程师认为适当，应以合同中规定的费率及价格估价。这通常适用同类分项工程。这里的同类工程是指工作性质、工作内容和施工条件等都相同的情况。

如果合同中没有适当的费率和价格，则应当在合理的范围内，在合同中的费率和价格基础上做调整，这通常指相近的或相似的分项工程。

如果变更涉及的工作性质和工作量与原合同中包括的相差很大，工程师认为由于该变更使合同中的费率或价格均不适用，则在工程师与业主、承包商适当协商后，由工程师与承包商议定合适的费率或价格。如未达成一致，则由工程师确定费率和价格。上述各项工程变更（删除工程除外）的费用索赔的有效条件是，在工程师下达工程变更指令后的14天内，承包商将自己的索赔意向通知工程师，或者工程师将调整费率和价格的意向通知承包商。

③如果在工程竣工时发现，上述变更和按实测对工程量估算所做的一切调整总额，使合同价格的增加或减少超过有效合同价的15%，则在与业主磋商后，工程师和承包商议定在合同价上加上或减去另外款项（即由于工程量变化，使一些固定费用，如承包商现场费用和总部管理费的分摊发生变化）。这种调整通常以加上或减去超出有效合同价格15%的款项为计算基础。

④工程师有权指令按点工计酬实施上述工程变更。

⑤没有工程师的指令承包商无权做任何变更。

（14）没有工程师的同意，承包商已运至施工现场的所有设备、材料和临时工程不得移出现场。

（15）工程师应按合同规定验收已基本竣工的部分工程或全部工程，按期向承包商颁发工程移交证书；在承包商的缺陷责任期结束后28天内向承包商签发缺陷责任证书；按合同规定向业主提交最终证书。

（16）工程师应按合同规定及时向承包商签发各种付款证书，如进度付款、竣工支付和最终支付等。

（17）当按合同规定应给承包商以工期的延长和费用补偿（增加合同价格）时，或由于承包商失误、违约应给予业主以费用赔偿时，由工程师决定其工期的延长量和费用的赔（补）偿额。但工程师在做出这种决定前，应及时与业主和承包商协商，并于决定做出后及时通知业主和承包商。

（18）工程师有权对构成合同的几个文件之间出现的含糊、矛盾和不一致性做出解释和校正，并应就此向承包商发出指令。

（19）工程师在按合同行使各种权利和履行各种职责时，都应公正地行事。工程师无权解除合同中规定承包商的责任。这个重要的概念有两层意思：

①在工程中，工程师行使他的权利，如检查隐蔽工程，检查放线、放样，并签字。这并不能免除承包商的责任，即如果出现质量问题，放线错误等仍属于承包商的责任。承包商不能以已经过工程师的检查、认可、同意或批准为借口，推卸自己对工程质量、安全等方面的责任。

②工程师不能下达指令免除合同规定的承包商的责任，以防止工程师超越合同权利范围给承包商免责。当然业主有权利免除承包商的合同责任。

（20）在合同中指明的，由工程师（也包括业主和承包商）发出的通知、同意、批准、证明、决定都应是书面的，并应及时（在合同规定的或合理的时间内）做出，不得拖延或扣压。工程师发出的指令也应是书面的，如果工程师以口头形式发出任何指令，承包商也应遵守。工程师可以在该指令执行前或后，以书面形式对口头指令加以确认。承包商应在 7 天内向工程师书面要求确认他的口头指令，而工程师在 7 天内未以书面形式否认的，则此项指令即成为工程师的指令。

8.5.4　承包商的责任与权利

承包商是指其投标书已为业主接受、业主向他发出中标函的合同当事人或他的合法继承人。除非业主同意，承包商不能将他的合同转让给其他人。承包商的权利和义务主要包括如下几方面：

（1）承包商的一般责任。

①应按合同对工程进行设计、施工和竣工，并完成保修责任。其应为完成上述合同责任提供所需的工程（包括永久性的和临时性的）的监督、劳务、材料、工程设备以及其他物品。

②承包商的工作范围通常由合同中的工程量清单、图纸、工程说明、技术规范所定义。工程范围的界限应明晰，否则会影响工程变更和索赔。在合同实施中，如果工程师指令的工程变更属于合同规定的工程范围，则承包商必须无条件执行，同时应分析变更对工期和成本的影响。若附加工程不在合同规定的工程范围内，承包商有权拒绝执行业主的变更指令，或坚持先签订补充协议，重新商定价格，然后再执行。确定一个附加工程是否属于合同范围内，通常要看该附加工程是否为本工程安全地、经济地、高效率地运行，或更完美地使用所必需的，或为合同工程的总功能服务的。

③承包商决定施工方法，并对所有现场作业和施工方法的完备、稳定和安全负全部责任。但对不由他负责的永久性工程或临时性工程的设计或规范不承担责任。

④除法律上不允许或实际上不可能做到以外，承包商应严格按合同实施工程，以达到使工程师满意的程度，严格执行工程师的指示。即使合同双方处于争执状态下，或承包商反对工程师的指令，仍然必须执行工程师的指示。

（2）对合同明文规定由承包商设计的部分永久性工程，承包商应将设计文件（图纸、规范等）交工程师批准，并提交经过工程师的批准的设计文件的四套复制件。承包商对该部分永久性工程承担全部责任。如果承包商未及时提交上述设计文件，造成工程拖延，则应由承包商负责。

（3）承包商有权免费从工程师处获得两套图纸复制件。如需要更多复制件，则由承包商支付费用。未经工程师的同意，承包商不得将工程图纸、规范等用于第三方或转送第三方。工程结束后，承包商应将这些图纸、规范等退还工程师。在施工中，承包商应保留一套图纸复制件在现场，供工程师检查和使用。

（4）承包商应在收到中标函后28天内，按投标书附件注明的金额取得担保，并交业主批准。承包商负担其费用。在承包商完成合同规定的施工、竣工和保修责任前，履约担保一直有效，并在缺陷责任书签发后14天内退还承包商。在工程中，业主在按照履约担保提出索赔前，应通知承包商。

（5）承包商提供给业主的水文和地表以下情况的资料的解释责任。在投标前，承包商应对现场和周围环境及有关资料进行调查，并在此基础上作投标书。承包商应对投标书以及工程量表中所做出的各项费用和报价的正确性和完备性负责。

（6）在工程施工中，承包商对所遇到的一个有经验的承包商也无法预见到的现场气候条件以外的外界障碍或条件有权提出工期和费用索赔。

（7）承包商在接到工程师的开工通知后应尽快开工。在中标函签发后的一定时间内（这由FIDIC的第二部分规定），承包商必须向工程师递交详细的工程进度计划，以取得工程师的同意；还应向工程师提供详细的现金流量计划。

（8）按工程师的要求向施工现场派遣授权的代表，监督工程实施。提供口译人员，提供完成他的合同责任所必需的各种雇员，并按工程师的要求撤回、更换这些人员。

（9）承包商对工程放线、定位、定标高、定尺寸的正确性负责。如果出现差错，应按工程师的要求进行纠正。如果差错是由于工程师书面提供错误数据所致，则承包商有权提出索赔。

（10）在整个合同实施过程中，承包商对现场人员的安全、现场秩序、工程保护、环境保护负责。按工程师或政府有关要求，自费提供并保持照明、防护、围栏、警告信号和警卫人员。

（11）从工程开始到颁发工程的移交证书为止，承包商对工程以及材料和待安装的工程设备的照管负完全责任。在此期间，如果发生任何损失或损坏，除属于业主风险情况外，应由承包商承担责任。

（12）承包商应按招标文件和合同规定，或按双方在中标函颁发前商讨的结果购买保险。通常主要有：工程保险，连同材料和工程设备保险；承包商的设备和其他物品保险；第三方责任险；人身伤亡保险等。承包商应在现场工作开始前向业主提供保险证据，并于开工之日起84天内向业主提供保险单。承包商应保证按合同条款的规定，在整个工程期间有完备的保险。对风险造成的损失，如果未保险，未遵守合同规定的保险单条件或未能从承保人那里获得全部赔偿，则应由按合同规定的双方风险划分的责任者负责不足部分的赔偿或承担其他责任。

（13）承包商的一切工程活动和各种行为都应遵守法律和各种规章制度，保证业主免于承担这方面的罚款和责任。

（14）在工程现场挖掘出来的所有化石、硬币、有价值的物品或文物，属于业主的绝对财产。承包商应采取措施防止其工人或其他任何人员移动或损坏这些物品。承包商必须立即通知工程师，并执行工程师的处理指令。由于执行此类指令造成承包商工期延长费用增加，承包商有权提出索赔要求。

（15）承包商负责工程所用的或与工程有关的任何承包商的设备、材料或工程设备侵犯专利和其他权利而引起的一切索赔和诉讼；承担工程用建筑材料和其他各种材料的一切吨位费、矿区使用费、租金以及其他费用。承包商负责取得进出现场所需专用或临时道路通行权的一切费用和开支，自费提供他所需要的供工程施工使用的位于现场以外的附加设施。

（16）承包商应对工程施工操作所引起的公共便利的干扰，如公共道路、私人道路等的占用负责；对自己和自己的分包商在工程所需运输过程中造成道路和桥梁的破坏或损伤负责；对通往现场或位于通往现场道路上的桥梁加固或道路的改造负责。在工程施工中，根据工程师的要求，承包商应为业主、业主的其他承包商和工作人员、公共机构工作人员提供合理的工作机会。如果承包商为上述人员提供承包商维修保养的道路或通道，承包商的临时工程或现场设备提供其他性质的服务，则承包商有费用索赔权。

（17）承包商应保持现场整洁、有秩序，清除现场不必要的障碍物，如废料、垃圾和不再需要的临时工程。在工程竣工、颁发任何移交证书时，承包商应保持该部分现场和工程清洁整齐，运走承包商的全部设备、多余材料、垃圾和各种临时工程，使工程师满意。

（18）除合同另有规定外，承包商应负责他的所有职员和劳务人员的雇用、报酬、住房、膳食、交通等。承包商对他的分包商、分包商的代理人、雇员、工人的行为、违约、疏忽等负完全责任。

（19）承包商的一切材料、工程设备和工艺都应符合合同规定，并符合工程师的指令要求。承包商必须为工程师指令的各种检查、测量和检验提供通常需要的协助、劳务、电力、燃料、仪器等条件，并在用于工程前，按工程师要求提交有关材料样品以供检验。承包商应为工程师及任何授权人进入现场和为工程制造、装配和准备材料或工程设备的车间和场所提供便利。对因不符合合同而被工程师拒收的材料和工程设备，承包商应立即纠正缺陷，并保证使它们符合合同规定。如果工程师要求，则应对它们进行复检，其费用由承包商负责。承包商应执行工程师的指令，更换不符合合同的任何材料和工程设备，拆除不符合合同的工程，并适当地重新施工。

（20）当工程（或其任何部分）按工程师的指令暂停施工，承包商有责任对工程在停工期间实施保护和安全保障。如果暂停不属于如下情况：①合同中已有明文规定；②承包商违约责任造成停工；③由于现场气候条件造成停工；④工程合理施工或工程安全所必要的停工（工程师和业主的过失，属于业主风险所引起的停工除外）。则承包商有对此暂停所引起的费用损失和工期拖延的索赔权利。如果上述非承包商责任，并且由工程师书面指令的暂停达到 84 天，工程师未发出复工许可，则承包商有权向工程师提交通知，要求工程师在接到通知后 28 天内准许对已暂停的工程或其一部分继续施工。

如果在上述 28 天内未得到复工批准，则承包商有权采取如下措施：①当暂停仅为部分工程时，承包商可将此项暂停作为对该部分工程的删减，作为工程变更；②当全部工程暂停时，承包商可将此暂停作为业主违约，有终止合同的权利。

（21）承包商必须执行工程师加速施工的指令。如果加速施工的原因是由于承包商责任造成工期拖延引起的，则承包商不仅无权要求支付附加费，而且要赔偿业主支付的附加监理费。

（22）承包商负责他自己的设备、材料和其他物品的有关海关结关、进出口许可、港口、储存等方面的手续和费用，业主应尽最大努力提供帮助。

8.5.5 合同价格及支付

（1）合同价格

合同价格是指在中标函中写明的，按照合同规定，为了实施工程、竣工并完成保修责任应付给承包商的金额。但它一般不是最终合同价格。通常最终合同价是按实际完成工作量计算的，而且包括承包商索赔的追加费用和业主按合同规定的扣款。

（2）工程计量

FIDIC 合同为单价合同，工程款按合同单价和实际工程量计算，根据实际施工进度按月付款，所以实际工程的计量对工程款支付有很大影响。合同工程量表中列出的数量是该工程的估算工程量，它不作为承包商按合同完成的实际的和确切的工程量。除合同另有规定外，工程量按净值（净尺寸）测量。

（3）量方过程

实际工程量通过测量确定，并据此核实和确定工程价格，向承包商付款。量方过程通常为：①工程师向承包商发出对工程的某一部分进行测量的通知。②承包商立即参加或派代表协助工程师测量，并提供工程师要求的一切详细资料。

如果承包商不参加或未派代表参加，则由工程师做出的或批准的测量值作为该部分工程的正确值。在对有些永久性工程需要按记录和图纸测量时，工程师应在工作中准备好记录和图纸。承包商在接到工程师对该部分工程量方通知后，应在 14 天内参加对记录和图纸的审查，如同意则签字。如果承包商不参加审查，则以工程师所有的记录和图纸为准。如果承包商不同意工程师的记录和图纸，或不签字表示同意，则应在审查后 14 天内向工程师提出申诉，工程师应进行复查。否则工程师的记录和图纸就被认为是正确的。

（4）付款

①每月月末，承包商向工程师提交一式六份工程款结算报表，列出承包商认为自己到该月底按合同规定有权获得的各个款项。

②工程师在接到上述报表后 28 天内做出审核，并出具付款证书，向业主证明他认为到期应支付给承包商的金额。在支付给承包商的款项中应考虑按合同规定的扣款，包括扣除已完成工程的保留金。如果该月的工程付款小于投标书附件中规定的临时支付的最小额度时，工程师可以不出具付款证书，而将本月工程款移到下月支付。

③在工程师的支付证明开出并送达业主后 28 天内，业主应将款额支付给承包商。

（5）竣工结算

当全部工程基本完工并圆满通过合同规定的任何竣工检验时，承包商可将结果通知工程师。工程师在上述通知发出之日起 21 天内签发工程移交证书。在整个工程移交证书签发后 84 天内，承包商向工程师呈交竣工报表，并详细说明至移交证书说明之日为止按合同所完成的所有工程的最终价格和承包商认为应该进一步支付的款项等。同样，工程师应在 28 天内出具支付证书，业主应在收到支付证书后 28 天内支付该款项。

在签发移交证书时，工程师应给承包商出具一份付款证书，将工程的保留金的一半退还给承包商。

（6）最终结算

①在工程师签发工程的缺陷（保修）责任证书后 56 天之内，承包商应向工程师提交一份最终报表草案，详细说明按合同所完成的工程价格和承包商应得到的进一步付款。经与工程师商讨、核实后，承包商编制并提交双方一致同意的最终报表，并向业主提交一份书面结算清单。

②在接到最终报表和书面结算清单副本后，工程师应在 28 天内向业主发出最终证书，并说明工程师认为按合同本工程最终应支付的总额和业主还应支付给承包商的款额。

③整个工程的保修期完，工程师应给承包商出具剩余的另一半保留金的付款证书。

④业主在接到最终证书 56 天内向承包商支付最终证书上工程师确认的应支付给承包商的款项。

⑤只有最终证书得到支付，同时业主退还承包商的履约保证，本工程的最终结算清单才生效。

（7）合同价格的调整

① 因劳动力价格、材料价格和影响施工费用的其他项目费用的变化而造成的对合同价格的调整，应根据双方商讨的结果在特殊条款中详细、具体地规定。

② 合同报价以投标书递交截止日期前 28 天的法律环境为根据。如果该天之后任何法律、法规、法令、政令、规章、细则发生变化，使承包商在实施合同中的费用变化，则应相应地调整合同价格。

③ 如果在投标书递交截止日期前 28 天以后，工程所在国政府对支付合同价格的货币实行限制和汇兑限制，则业主应对承包商因此受到的损失做出赔偿。

④ 如果业主要求投标书以一种货币报价而用多种货币支付，且承包商也明确指出各种货币支付比例和款额，则除合同另有规定外，货币之间的汇率应按工程所在国中央银行在投标书递交截止日期前 28 天当日公布的兑换率为准。

（8）暂定金额

暂定金额是合同报价单中一个特殊处理的分项，一般由工程师填写。它的使用范围通常是招标时对工程范围和技术要求不能详细说明的分项，承包商无法准确报价。有些分项尚不知道是否包括在合同中，由指定分包商完成工程、供应或服务。另外还包括一些可能的意外事件的备用金。暂定金额的使用由工程师批准，可以全部或部分地使用，也可以不用。工程师在批准承包商使用暂定金额时，承包商必须出具与该分项相关的支付文件。

（9）合同条件以及投标书附件中涉及合同价格的其他内容

这方面的内容主要包括：合同计价所用的货币；不同货币间的兑换率；收款银行；预付款的数额、担保方式、支付时间、还款方式；等等。

8.5.6　合同工期

（1）合同中所有表示时间的“天”或“日”都按日历计算，而不指工作日。

（2）开工期，指承包商接到工程师发出的开工通知书的日期。在中标函发出后，工程师应在投标书规定的期限内发出开工通知，承包商应迅速地、毫不拖延地开始工程施工。

（3）合同规定的竣工时间，是指在投标书附件中规定的从开工日算起，到全部工程或其任何部分或区段施工结束，并通过竣工检验的时间。这个时间由工程师按合同规定的移交程序在签发的移交证书上确认。

（4）对如下情况，承包商有权延长竣工期限：①额外或附加工作（工程）；②恶劣的气候条件；③由于业主责任造成的干扰；④非承包商责任的其他特殊情况；⑤FIDIC 合同条件提到的给予承包商延长工期权利的其他各种原因。

（5）在实际工程中，对非承包商责任造成的工期拖延，工程师或业主指令承包商采取加速措施以挽回拖延的工期，对此业主应给承包商以费用补偿。而对承包商责任造成的工期拖延，即在承包商无任何理由要求延长工期的情况下，工程师有权指令承包商采取必要措施加速施工。对此承包商无权要求支付附加费用。

（6）承包商的合理竣工时间应包括合同规定的竣工时间、承包商有权延长的工期和业主指令加速缩短的工期（仅指其拖延非承包商责任）。

（7）承包商责任的拖延，指实际工程竣工时间与承包商合理竣工时间之差。承包商未能在合理的竣工时间内完成整个工程，则应按合同规定支付误期违约金。

8.5.7 合同的违约责任和解除合同

（1）承包商违约

① 承包商误期罚款。

如果承包商未在上述合理的竣工时间内完成整个工程，或在投标书附件中规定的相应时间内未完成任何部分工程，承包商应向业主支付投标书附件中写明的误期违约金。该违约金按承包商责任的误期天数和投标文件附件中写明的每误期一天应支付的违约金计算，但总额不超过投标书中所规定的最高限额。

如果在整个工程的竣工期限之前，已有部分工程按期签发了移交证书，则应按各段工程价格比例和移交的具体时间折减误期违约金。

如果承包商在合理竣工时间前竣工，则业主按提前天数和每提前一天的奖励金额支付奖励。

② 出现承包商无力履行、无法履行、不能正确履行合同的情况。

（a）承包商不能偿付到期的债务，已失去偿付能力，处于破产、停业清理、解体、被转让、被清算等境地。

（b）承包商未取得业主的事先同意，将合同或合同一部分转让出去。

（c）承包商已否认合同生效。

（d）在接到工程师的开工通知后，无正当的理由拖延开工。

（e）由于承包商责任造成工期拖延，工程师认为施工进度太慢，不符合竣工期限要求，可指令承商采取加速措施。而承包商在接到工程师的加速通知后 28 天内，未采取相应措施的情况。

（f）如果承包商未按工程师的要求对材料和工程设备进行检验，或其检验结果不符合合同规定，工程师可向承包商发出拒收通知。在拒收通知发出后 28 天内，承包商没有纠正所述缺陷，使这些材料和工程设备符合合同要求，或未按工程师的要求做重复检验。

（g）工程师发出指令，要求承包商将不符合合同要求的材料或工程设备运出现场，并用合格的取代，拆除不符合合同的工程并重新施工。在指令发出后 28 天内，承包商未按指令执行的情况。

（h）无视工程师事先的书面警告，固执地、公然地不予履行合同规定的义务。

（i）承包商擅自将工程的某些部分分包出去，业主在向承包商发出通知的 14 天后，可以进驻现场，在不解除承包商的合同义务与责任，不影响业主或工程师合同权利和权力的情况下，终止对承包商的雇用。业主可自己完成该工程，或另雇他人去完成工程。在此过程中，业主有权使用承包商的设备、临时工程和材料。如果业主终止对承包商的雇用，则在保修期满前，以及在工程师对工程施工、竣工、保修期费用、误期赔偿费以及业主支付的所有其他费用结清，并开出证书前，业主无任何义务向承包商支付合同规定的进一步款项。最终结算中，工程师应核查上述款项，并对照在终止雇用后核查的、承包商在终止雇用前完工的合格工程，按合同应支付给他的款项，以证明最终业主应给承包商的支付，或承包商应支付给业主的债务。

此外在业主进驻现场后 14 天内，如果工程师发出指令，并在法律允许的范围之内，承包商必须将他为合同目的所签订的，有关提供任何货物、材料、服务和有关实施工作的协议的权益转让给业主。

（2）业主违约

① 出现业主无力、无法或不能正确地履行合同的情况

（a）在合同规定的付款期满后 28 天之内，未能按工程师出具的付款证书向承包商付款。

（b）无理地干扰、阻挠或拒绝批准工程师颁发上述付款证书。

（c）破产或停业清理。

（d）若出现以上情形，业主应通知承包商，说明由于不可预见的原因或由于经济混乱，使自己不可能继续履行合同义务，承包商有权根据合同终止雇用关系，并通知业主和工程师。这种终止在通知发出后 14 天生效。上述 14 天通知期满后，承包商无须征得工程师的同意，有权从现场撤离所有带到工地的设备。在上述情况下，业主不仅有义务向承包商支付这种终止前完成的全部工作的费用（但扣去账上已支付给承包商的款项），而且还应赔偿由于这种终止所引起的、与之有关的、其后果造成的承包商的损失或损害费用。

② 业主未能在合同规定的付款期内支付工程款

（a）业主应按投标书附件中规定的利率，从应付之日起向承包商支付全部未付款利息。

（b）在上述付款期满后 28 天之内，业主仍未按工程师的任何付款证书向承包商支付应付款，则承包商可在前述 28 天后通知业主和工程师，暂停工作或放慢工作速度，由此而造成的工期拖延和费用损失由业主负责。

（c）在上述付款期满 28 天之后，承包商有权通知业主和工程师，终止合同雇用关系。

（3）解除合同关系

出现如下情况，可以解除合同关系：

① 如果在颁发中标函后发生双方无法控制的任何情况，使双方中任何一方不能依法履行自己的合同义务；或根据《合同法》，双方均被解除继续履约。

② 在合同执行中，如果发生战争（不论宣战与否），业主有权通知承包商终止合同。在这种情况下，合同虽被终止，但是：（a）合同双方中任何一方对于对方任何先前的违约拥有权利；（b）合同任何一方仍有将合同争执提交调解和仲裁的权力；（c）业主应按合同中规定的费率和价格向

承包商支付在合同终止前完成的全部工作的费用。

③ 由非承包商责任引起，且工程师书面指令承包商暂停整个工程施工。在暂停后 84 天内，工程师未发出复工指令，承包商可向工程师递送通知，要求继续施工。工程师在接到通知后 28 天内，仍未批准复工，则该暂停可视作业主违约行为，承包商有权解除合同关系。

8.5.8 验收和保修责任

1. 工程验收

竣工验收作为一个合同事件，同时又是一个重要的法律概念。它表示工程所有权和照管责任的转让，承包商工程施工任务完成和工程照管责任结束，保修责任开始；业主认可并接收工程，并开始承担照管责任；合同规定的合同价款支付条款有效。当然，对于工程尚存在的缺陷或不足之处，以及应由承包商完成的剩余工作，业主（工程师）可保留其权力，并指令承包商限期完成，承包商应在移交证书上注明的日期内尽快地完成这些剩余工程或工作；如果不声明保留意见或权力，一般认为业主已无障碍地接受整个工程。

（1）当全部工程基本完工，并圆满地通过合同规定的任何竣工检验后，承包商应通知工程师和业主，要求工程师颁发移交证书。如果在基本竣工时，承包商还有一些剩余工作，则应附上在保修期内以应有的速度及时完成这些剩余工作的书面保证。工程师在上述通知发出之日起 21 天内，如果认为按合同要求工程已基本竣工，则给承包商颁发移交证书，确认竣工日期；如果工程中尚有影响基本竣工的任何缺陷，则工程师应指令承包商完成全部工作，修补这些缺陷。承包商只有在执行工程师上述指令并使工程师满意后 21 天内，才能收到移交证书。

（2）对以下的部分工程，承包商可要求工程师签发移交证书：①投标书附件中规定有不同竣工时间的部分工程；②已竣工，且工程师满意，且已被业主占用的永久性工程的任何主要部分；③在竣工前已由业主选择占有或使用的永久性工程的任何部分。不同部分的工程有不同的竣工期，承包商可分别申请移交证书。

（3）如果工程已符合规定的竣工要求，但由于业主、工程师或业主的其他承包商负责的原因，使承包商工程不能进行竣工检验，则认为业主已在本应该进行但未进行的检验日期接收了工程，而检验工作可以放在缺陷责任期进行。如果这种检验使承包商增加了费用，业主应予以补偿。

（4）随着工程的移交，工程的照管责任也移交给了业主。

（5）在工程师签发整个工程的移交证书之后 84 天之内，承包商应向工程师提交竣工报表。

2. 保修（缺陷责任）

（1）工程保修期（缺陷责任期）

工程保修期指投标书附件中指定的缺陷责任期，并从工程移交证书上工程师指定的竣工日期算起。对有不同竣工期的部分工程，则有不同的缺陷责任期。

（2）承包商的保修责任

① 如果工程师在缺陷责任期满之前进行检查后，指令承包商修补、重建和补救工程缺陷、

收缩和其他问题，承包商应在缺陷责任期内或期满后 14 天内执行工程师的指令，完成上述所有工作。

② 如果上述缺陷是由承包商责任造成的，例如，承包商所用材料、设备或工艺不符合合同规定，承包商负责设计的部分永久性工程出现失误，承包商疏忽或未按合同规定履行自身义务等，则承包商承担完成维修工作的费用，否则由业主承担费用。

③ 如果承包商未在合理的时间内执行工程师的指令，业主有权雇用他人完成上述修理工作。如果缺陷的原因由承包商责任引起，则由承包商负担费用。

④ 如果由于承包商责任造成工程设备更新或更换，引起工程不能正常使用，则相应的工程部分的保修期应延长。工程竣工后，业主还掌握着承包商的部分保留金。工程使用过程中出现问题的责任的划分，是保修期争执的焦点。

（3）工程缺陷责任证书

在工程的缺陷责任期终止（如果不同部分工程有不同的缺陷责任期，则最后一个缺陷责任期终止）之后 28 天内，工程师颁发工程的缺陷责任证书，送交业主和承包商。在缺陷责任证书颁发前，承包商应执行工程师的指令，完成保修责任。

（4）最终报表

在工程师颁发缺陷责任证书后 56 天内，承包商向工程师提交最终报表草案。经与工程师协商、核查后，就最终报表的修改和确认达成一致，承包商编制并向工程师提交双方同意的最终报表。

（5）最终证书

在接到最终报表后 28 天内，工程师向业主提交最终证书，以确定按合同最终应支付款额和合同双方最终的债权和债务。

【案例】

1. 背景

某建筑公司与某学校签订一教学楼施工合同，明确施工单位要保质、保量、保工期完成学校的教学楼施工任务。工程竣工后，承包方向学校提交了竣工报告。学校为了不影响学生上课，还没组织验收就直接将教学楼投入了使用。使用过程中，校方发现教学楼存在质量问题，要求施工单位修理。施工单位认为工程未经验收学校就提前使用，现在出现质量问题，施工单位不应再承担责任。

2. 问题

（1）本案中的建设法律关系三要素分别是什么？

（2）应如何具体分析该工程质量问题的责任归属及责任的承担方式？

3. 分析

（1）本案例中的建设法律关系主体是某建筑公司和某学校，客体是施工的教学楼。内容是主体双方各自应当享受的权利和应当承担的义务。具体而言是某学校按照合同的约定，承担按时、足额支付工程款的义务，在按合同约定支付工程款后，该学校就有权要求建筑公司按时交付质量合格的教学楼。建筑公司的权利是获取学校的工程款，在享受该项权利后，就应当承担义务，即按时交付质量合格的教学楼给学校，并承担保修义务。

（2）因为校方在未组织竣工验收的情况下就直接将教学楼投入了使用，违反了工程竣工验收方面的有关法律法规，所以，一般质量问题应由校方承担。但是，若涉及结构等方面的质量问题，还是应按照造成质量缺陷的原因分解责任。因为承包方已向学校提交竣工报告，说明施工单位的自行验收已经通过，而学校教学楼仅供学校日常教学使用，不存在不当使用问题，所以，该教学楼的质量缺陷是客观存在的，承包方还是应该承担维修义务。至于产生的费用，则应由有关责任方承担，如协商不成，可请求仲裁或诉讼。

8.5.9 索赔程序和争执的解决

（1）索赔程序

FIDIC 条件对索赔程序有如下具体规定：

① 承包商应在干扰事件（引起索赔的事件）第一次发生之后的 28 天内将自己的索赔意向通知工程师和业主。

② 在上述干扰事件发生时，承包商应做好当时记录，作为其以后准备提出索赔的理由。工程师在收到上述索赔通知后，应对这些记录进行审查，并可以指令承包商继续做好合理的当时记录。按工程师的要求，承包商应向其提供这些记录的复印件，而工程师这样做，并不一定代表其已承认业主对干扰事件负有责任。

③ 提交索赔报告。在承包商的索赔意向通知发出后 28 天内，或在工程师同意的其他合理时间内，承包商应向工程师送交索赔报告（主要包括索赔额及索赔的依据等详细资料）。如果干扰事件持续时间长、具有连续性，承包商应按工程师合理要求的时间间隔继续提出阶段索赔报告，说明累计索赔金额，并进一步提出索赔依据。在干扰事件所产生的影响结束后的 28 天内，承包商应向工程师发出一份最终的详细索赔报告。

④ 如果承包商未能遵守上述索赔程序，则他所能得到的索赔款不超过对当时记录核实、估价所能确定的金额。

⑤ 在工程师与业主、承包商协商后，对已经确认（或部分确认）的承包商的索赔要求，承包商有权要求工程师将这部分应付的款额纳入按合同规定的按期应支付的其他款额(如工程进度款）中支付。

⑥ 如果在整个工程全部竣工时，承包商仍有尚未提出的或尚未付款的索赔，则应在竣工报表中列出；在保修责任结束时尚有未提出的或未付款的索赔，则应在最终报表中列出，否则业主不再负有赔偿责任，承包商根据合同进行索赔的权力即告终止。

（2）争执的解决

对业主和承包商之间的合同争执、在工程施工中产生的争执，应按如下程序解决：

① 合同任何一方可以以书面的形式将争执提交工程师，并将副本送交对方。

② 工程师在收到争执文本后 84 天内做出解决决定，并通知双方。

③如果业主或承包商双方中的任何一方对工程师的决定不满，或工程师在接到争执文件后第 84 天或之前未做出决定并通知双方，则对决定不满一方在收到此决定后，或在上述 84 天期满之后的第 70 天之前，向对方提出将有关争执提交仲裁的意向通知，并将副本交给工程师；如果工程师已将争执解决决定通知了合同双方，而双方在收到有关通知后第 70 天或之前并未发出仲裁意向通知，则工程师的上述决定成为有约束力的解决结果。

④ 在将争执提交仲裁的意向通知发出后，双方应再度协商，争取友好解决。如果这种协商没有结果或未做友好协商，则仲裁在意向通知发布后第 56 天之后开始。

⑤ 除非合同另有规定，仲裁均应按国际商会的调解与仲裁章程进行。

如果工程师的解决决定成为最终有约束力的决定后，争执一方未能遵守此决定，则另一方仍有权利将此未履约行为直接提交仲裁。

习题

一、单项选择题

1. 某施工单位与建设单位签订了一个施工承包合同，合同中约定了竣工期限。合同履行过程中，该地区发生了地震，使得在建的工程损毁严重，导致施工单位未能按时交付工程，则（　）。

A. 施工单位构成违约，应承担全部违约责任

B. 因地震属于不可抗力施工单位可以免责，不构成违约

C. 施工单位构成违约，应该与建设单位承担连带责任

D. 施工单位构成违约，免责问题主要是看是否造成人身和财产损失

2. 建设单位未组织竣工验收或者验收不合格，擅自交付使用的，责令其改正，并处以工程合同价款（　）的罚款。

A. 2%以上 4%以下　　B. 1%以上 2%以下

C. 2‰以上 4‰以下　　D. 20 万元以上 50 万元以下

3. 某工程竣工结算报告结算款为 2500 万元，发包人从接到竣工结算报告和完整的竣工结算资料之日起（　）天内，应进行核对（审查）并提出审查意见。

A. 20　　B. 30　　C. 45　　D. 60

4. 建设工程施工前，施工单位必须搞清楚施工现场及毗邻区域内地下管线的详细情况，避免因施工造成地下管线的破坏。其区域内供水、排水、供电、供气、供热、通信、广播电视等地下管线资料应当由（　）提供。

A. 建设单位　　B. 市政部门　　C. 施工单位　　D. 相关单位

5. 工程验收合格交付使用后，关于因地震、台风、洪水等自然灾害或其他不可抗拒原因造成的损坏问题，下列表述正确的是（　）。

A. 先由施工单位负责维修，建设参与各方再根据国家具体政策分担经济责任

B. 先由施工单位负责维修，其经济责任按有关规定向建设单位索赔

C. 不属于保修范围，施工单位不负责维修

D. 由施工单位负责返修并承担经济责任

6. 全部或者部分使用政府投资的建设项目，按工程价款（　）5%左右的比例预留保证金。

A. 合同总价　　B. 拨付总额

C. 双方约定额度　　D. 结算总额

7. 建设工程施工合同实质上是一种特殊的（　）。

A. 技术合同　　B. 买卖合同

C. 委托合同　　D. 承揽合同

8. 下列关于承包人主要义务的表述中，错误的是（　　）。

A. 工程隐蔽前，承包人应通知发包人检查

B. 承包人可将建设工程主体结构的作业任务分包给劳务分包企业

C. 如果工程质量不符合约定，承包人应免费维修或改建

D. 承包人必须自行完成建设工程主体结构施工

9. 承包人取得竣工结算价款的前提条件是（　　）。

A. 承包人已将合同约定的工程全部完成

B. 工程经竣工验收合格

C. 承包人提交了完整的结算报告

D. 发包方对结算报告已进行审核

10. 当事人对欠付工程款利息计付标准没有约定时，应该按照中国人民银行的（　　）计息。

A. 国债利率　　B. 活期存款利率

C. 同期同类存款利率　　D. 同期同类贷款利率

11. 在某次建设工程施工过程中，乙方当事人的违约行为导致工程受到损失，甲方没有采取任何措施减损，导致损失扩大到 5 万元。甲方与乙方就此违约事实发生纠纷，经鉴定机构鉴定，乙方的违约行为给甲方造成 2 万元损失，则乙方应该向甲方赔偿损失（　　）万元。

A. 1　　B. 2　　C. 3　　D. 5

12. 在某次建设工程施工过程中，乙方的违约行为导致工程受到损失，甲方采取措施减损，将损失减少到 3 万元，但甲方支出相应的措施费用是 0.5 万元，则乙方应该支付甲方（　　）万元费用。

A. 0.5　　B. 2.5　　C. 3　　D. 3.5

13. 某办公楼设计合同经建设单位和设计双方协商进行了变更，则该合同变更的效力应该表述为（　　）。

A. 变更的效力仅及于变更部分　　B. 未变更的部分效力不确定

C. 已履行部分应恢复原状　　D. 当事人丧失赔偿请求权

二、多项选择题

1. 经济索赔可分为（　　）。

A. 合同规定索赔　　B. 非合同规定索赔

C. 道义索赔　　D. 金钱索赔

E. 法律索赔

2. 根据工程承包的范围和数量不同，可分为（　　）。

A. 工程总承包合同　　B. 工程分项总承包合同

C. 分包合同　　D. 单位合同

E. 单项合同

3. 固定总价合同适用于（　　）。

A. 工程量小、工期短，估计在施工过程中环境因素变化小，工程条件稳定并合理

B. 工程设计详细，图纸完整、清楚，工程任务和范围明确

C. 工程结构和技术简单，风险小

D. 投标期相对宽裕，承包商可以有充足的时间详细考察现场、复核工程量、分析招标文件、拟定施工计划

E. 工程量大、工期长，估计在施工过程中环境因素变化大

4. 总价合同分为（　）。

A. 固定总价合同　　B. 变动总价合同

C. 差额总价合同　　D. 有限总价合同

E. 工程总价合同

5. 成本加酬金合同的优点（　）。

A. 可以通过分段施工缩短工期，而不必等待所有施工图完成才开始投标和施工

B. 可以减少承包商对立情绪，承包商对工程变更和不可预见条件的反应会比较积极和快捷

C. 可以利用监理的施工技术专家，帮助改进或弥补设计中的不足

D. 业主可以根据自身力量和需要，较深入地介入和控制工程施工和管理

E. 业主可以通过确定最大保证价格约束工程成本不超过某一限值，从而转移一部分风险

6. 施工合同索赔的原因有（　）。

A. 施工条件变化　　B. 工程量变化太大

C. 施工进度拖延　　D. 业主违反合同

E. 火灾

7. 《建设工程施工合同》示范文本主要由（　）等组成。

A. 协议书　　B. 招标、投标文件

C. 施工图纸与工程量清单　　D. 通用条款

E. 专用条款

8. 依据合同不同的分类标准，建设工程合同属于（　）。

A. 有名合同　　B. 双务合同

C. 单务合同　　D. 无偿合同

E. 有偿合同

第9章 建筑工程纠纷的处理

9.1 纠纷处理方式

9.1.1 建设工程纠纷主要种类和法律解决途径

法律纠纷，是指公民、法人、其他组织之间因人身、财产或其他法律关系所发生的对抗冲突（或者争议），主要包括民事纠纷、行政纠纷、刑事纠纷。民事纠纷是平等主体间的有关人身、财产权的纠纷；行政纠纷是行政机关之间或行政机关同公民、法人和其他组织之间由于行政行为而产生的纠纷；刑事纠纷是因犯罪而产生的纠纷。

1. 建设工程纠纷的主要种类

建设工程项目通常具有投资大、建造周期长、技术要求高、协作关系复杂和政府监管严格等特点，因而在建设工程领域里较常见的是民事纠纷和行政纠纷。

（1）建设工程民事纠纷

民事纠纷的特点有三个：（1）民事纠纷主体之间的法律地位平等；（2）民事纠纷的内容是对民事权利、义务的争议；（3）民事纠纷具有可处分性。这一点主要是针对有关财产关系的民事纠纷，而有关人身关系的民事纠纷多具有不可处分性。在建设工程领域，较为普遍和重要的民事纠纷主要是侵权纠纷、合同纠纷。

侵权纠纷，是指一方当事人对另一方侵权而产生的纠纷。在建设工程领域也易发生侵权纠纷，如施工单位在施工中未采取相应防范措施造成对他方权益损害而产生的侵权纠纷，或未经许可使用他方的专利、工法等而造成的知识产权侵权纠纷等。

合同纠纷是发包人和承包人就有关工期、质量、造价等产生的建设工程合同争议，是建设工程领域最常见的民事纠纷。

（2）建设工程行政纠纷

建设工程行政纠纷包括行政争议和行政案件。在行政法律关系中，在各种行政纠纷中，既有因行政机关超越职权、滥用职权、行政不作为、违反法定程序、事实认定错误、适用法律错误等所引起的纠纷，也有公民、法人或其他组织逃避监督管理、非法抗拒监督管理或误解法律规定等而产生的纠纷。

在建设工程领域，行政机关易引发行政纠纷的具体行政行为主要有如下几种：

①行政许可，即行政机关根据公民、法人或者其他组织的申请，经依法审查，准予其从事特定活动的行政管理行为，如施工许可、专业人员执业资格注册、企业资质等级核准、安全生产许可等。行政许可易引发的行政纠纷通常是行政机关的行政不作为、违反法定程序等。

②行政处罚，即行政机关或其他行政主体依照法定职权、程序对于违法但尚未构成犯罪的相对人给予行政制裁的具体行政行为。常见的行政处罚有警告、罚款、没收违法所得、取消投标资格、责令停止施工、责令停业整顿、降低资质等级、吊销资质证书等。行政处罚易导致的行政纠纷通常是行政处罚超越职权、滥用职权、违反法定程序、事实认定错误、适用法律错误等。

③行政奖励，即行政机关依照条件和程序，对为国家、社会和建设事业做出重大贡献的单位和个人给予物质或精神鼓励的具体行政行为，如表彰建设系统先进集体、劳动模范和先进工作者等。行政奖励易引发的行政纠纷通常是违反程序、滥用职权、行政不作为等。

④行政裁决，即行政机关或法定授权的组织，依照法律授权，对平等主体之间发生的与行政管理活动密切相关的、特定的民事纠纷（争议）进行审查，并做出裁决的具体行政行为，如对特定的侵权纠纷、损害赔偿纠纷、权属纠纷、国有资产产权纠纷以及劳动工资、经济补偿纠纷等的裁决。行政裁决易引发的行政纠纷通常是行政裁决违反法定程序、事实认定错误、适用法律错误等。

9.1.2　民事纠纷的法律解决途径

民事纠纷的法律解决途径主要有四种：和解、调解，仲裁、诉讼。

1. 和解

和解可以在民事纠纷的任何阶段进行。无论是否已经进入诉讼或仲裁程序，只要终审裁判未生效或者仲裁裁决未做出，当事人均可自行和解。例如，诉讼当事人之间为处理和结束诉讼而达成了解决争议问题的妥协或协议，其结果是撤回起诉或中止诉讼而无需判决。和解也可与仲裁、诉讼程序相结合，当事人达成和解协议的，已提请仲裁的，可以请求仲裁庭根据和解协议做出裁决书或调解书；已提起诉讼的，可以请求法庭在和解协议基础上制作调解书，或者由当事人双方达成和解协议，由法院记录在卷。

2. 调解

在我国，调解的主要方式是人民调解、行政调解、仲裁调解、司法调解、行业调解以及专业机构调解。

3. 仲裁

根据《仲裁法》的规定，该法的调整范围仅限于民商事仲裁，即“平等主体的公民、法人和其他组织之间发生的合同纠纷和其他财产权纠纷”；劳动争议仲裁等不受《仲裁法》的调整，依法应当由行政机关处理的行政争议等不能仲裁。

仲裁的基本特点如下：

（1）自愿性。当事人的自愿性是仲裁最突出的特点。是否将纠纷提交仲裁进行裁定，向哪个仲裁委员会申请仲裁，仲裁庭如何组成，仲裁员的选择以及仲裁的审理方式等，都建立在当事人自愿的基础上，由当事人协商确定。

（2）专业性。专家裁案是民商事仲裁的重要特点之一。民商事纠纷往往涉及特殊的知识领域，会遇到很多复杂的法律、经济贸易和有关技术性问题，故专家裁判更能体现专业的权威性。根据《仲裁法》规定，仲裁机构都备有分专业、由专家组成的仲裁员名册供当事人进行选择。

（3）独立性。仲裁委员会独立于行政机关之外，与行政机关没有隶属关系，仲裁委员会间也没有隶属关系。在仲裁过程中，仲裁庭独立进行仲裁，不受任何行政机关、社会团体、个人干涉，也不受其他仲裁庭机构的干涉。

（4）保密性。仲裁以不公开审理为原则。

（5）快捷性。仲裁实行一裁终局制度，仲裁裁决一经做出即发生法律效力，可以使当事人之间的纠纷快速解决。

（6）裁决在国际上得到承认和执行。

4. 诉讼

民事诉讼是指人民法院在当事人和其他诉讼参与人的参加下，以审理、裁判、执行等方式解决民事纠纷的活动，以及由此产生的各种诉讼关系的总和。诉讼参与人包括原告、被告、第三人、证人、鉴定人、勘验人等。

在我国，《民事诉讼法》是调整和规范法院及诉讼参与人的各种民事诉讼活动的基本法律。民事诉讼的基本特征是：

（1）公权性。民事诉讼是由人民法院代表国家意志行使司法审判权，通过司法手段解决平等民事主体之间的纠纷。

（2）程序性。民事诉讼分为一审程序、二审程序和执行程序三大诉讼阶段。并非每个案件都要经过这三个阶段，有的案件一审就终结，有的经过二审终结，有的不需要启动执行程序。但如果案件要经历诉讼全过程，就要按照上述顺序依次进行。

（3）强制性。强制性是公权力的重要属性，民事诉讼的强制性既表现在案件的受理上，又反映在裁判的执行上。调解、仲裁均建立在当事人自愿的基础上，只要有一方当事人不愿意进行调解、仲裁，则调解和仲裁就不会发生。但民事诉讼不同，只要原告的起诉符合法定条件，无论被告是否愿意，诉讼都会发生。

9.1.3 行政纠纷的法律解决途径

行政纠纷的法律解决途径主要有两种，即行政复议和行政诉讼。

1. 行政复议

行政复议的基本特点是：（1）提出行政复议的，必须是认为行政机关行使职权的行为侵犯其合法权益的公民、法人和其他组织。（2）当事人提出行政复议，必须是在行政机关已经做出行政决定之后。如果行政机关尚未做出决定，则不存在复议问题。复议的任务是解决行政争议，而不是解决民事或其他争议。（3）当事人对行政机关的行政决定不服，只能按照法律规定向有行政复议权的行政机关申请复议。（4）行政复议以书面审查为主，以不调解为原则。行政复议的结论做出后，即具有法律效力。只要法律未规定复议决定为终局裁决的，当事人对复议决定不服的，仍可以按《行政诉讼法》的规定，向人民法院提请诉讼。

2. 行政诉讼

行政诉讼是公民、法人或其他组织依法请求法院对行政机关具体行政行为的合法性进行审查并依法裁判的法律制度。

行政诉讼的主要特征是：（1）行政诉讼是法院解决行政机关实施具体行政行为时与公民、法人或其他组织发生的争议。（2）行政诉讼为公民、法人或其他组织提供法律救济的同时。具有监督行政机关依法行政的功能。（3）行政诉讼的被告与原告是恒定的，即被告只能是行政机关，原告则是作为行政行为相对人的公民、法人或其他组织，而不可能互易诉讼身份。

除法律、法规规定必须先申请行政复议的以外，行政纠纷当事人可以自主选择申请行政复议还是提起行政诉讼。行政纠纷当事人对行政复议决定不服的，除法律规定行政复议决定为最终裁决的以外，可以依照《行政诉讼法》的规定向人民法院提起行政诉讼。

9.2 民事诉讼

9.2.1 民事诉讼的法院管辖

1. 级别管辖

级别管辖是指按照一定的标准划分上下级法院之间受理第一审民事案件的分工和权限。我国法院有四级，分别是基层人民法院、中级人民法院、高级人民法院和最高人民法院，每一级均受理一审民事案件。我国《民事诉讼法》主要根据案件的性质、复杂程度和案件影响来确定级别管辖。在实践中，争议标的金额的大小往往是确定级别管辖的重要依据，但各地人民法院确定的级别管辖争议标的数额标准不尽相同。

2. 地域管辖

地域管辖是指按照各法院的辖区和民事案件的隶属关系划分同级法院受理第一审民事案件的分工和权限。地域管辖实际上是以法院与当事人、诉讼标的以及法律事实之间的隶属关系和关联关系来确定的，主要包括如下几种情况。

（1）一般地域管辖

一般地域管辖，是以当事人与法院的隶属关系来确定诉讼管辖，通常实行“原告就被告”原则，即以被告住所地作为确定管辖的标准。（1）对公民提起的民事诉讼，由被告住所地人民法院管辖；被告住所地与经常居住地不一致的，由经常居住地人民法院管辖。其中，公民的住所地是指该公民的户籍所在地。经常居住地是指公民离开住所至起诉时已连续居住满 1 年的地方，但公民住院就医的地方除外。（2）对法人或者其他组织提起的民事诉讼，由被告住所地人民法院管辖。被告住所地是指法人或者其他组织的主要办事机构所在地或者主要营业地。

（2）特殊地域管辖

特殊地域管辖是指以被告住所地、诉讼标的所在地、法律事实所在地为标准确定的管辖。我国《民事诉讼法》规定了 9 种特殊地域管辖的诉讼。其中与工程建设领域关系最为密切的是因合同纠纷提起的诉讼。

（3）专属管辖

专属管辖，是指法律规定某些特殊类型的案件专门由特定的法院管辖。专属管辖是排他性管辖，排除了诉讼当事人协议选择管辖法院的权利。专属管辖与一般地域管辖和特殊地域的关系是：凡法律规定为专属管辖的诉讼，均适用专属管辖。

《民事诉讼法》中规定了 3 种适用于专属管辖的案件，其中因不动产纠纷提起的诉讼，由不动产所在地人民法院管辖，如房屋买卖纠纷、土地使用权转让纠纷等。应当注意的是，根据《最高人民法院关于审理建设工程施工合同纠纷案件适用法律问题的解释》的规定，建设工程施工合同纠纷不适用专属管辖，而应当按照《民事诉讼法》第 24 条的规定，适用合同纠纷的地域管辖原则，即由被告住所地或合同履行地人民法院管辖。发包人和承包人也可根据《民事诉讼法》的规定，在发包人住所地、承包人住所地、合同签订地、施工行为地（工程所在地）的范围内，通过协议确定管辖法院。

9.2.2 民事诉讼当事人和代理人的规定

1. 当事人

民事诉讼中的当事人，是指因民事权利和义务发生争议，以自己的名义进行诉讼，请求人民法院进行裁判的公民、法人或其他组织。狭义的民事诉讼当事人包括原告和被告。广义的民事诉讼当事人包括原告、被告、共同诉讼人和第三人。

2. 诉讼代理人

诉讼代理人，是指根据法律规定或当事人的委托，代理当事人进行民事诉讼活动的人。与代理分为法定代理、委托代理和指定代理相一致，诉讼代理人通常也可分为法定诉讼代理人、委托诉讼代理人和指定诉讼代理人。在建设工程领域，最常见的是委托诉讼代理人。

《民事诉讼法》规定，当事人、法定代理人可以委托一至二人作为诉讼代理人。律师、当事人的近亲属、有关的社会团体或者所在单位推荐的人、经人民法院许可的其他公民都可以被委托为诉讼代理人。

委托他人代为诉讼的，须向人民法院提交由委托人签名或盖章的授权委托书，授权委托书必须记明委托事项和权限。《民事诉讼法》第59条规定："诉讼代理人代为承认、放弃、变更诉讼请求，进行和解，提起反诉或者上诉，必须有委托人的特别授权。"针对实践中经常出现的授权委托书仅写"全权代理"而无具体授权的情形，最高人民法院还特别规定，在这种情况下不能认定为诉讼代理人已获得特别授权，即诉讼代理人无权代为承认、放弃、变更诉讼请求，进行和解，提起反诉或者上诉。

9.2.3　民事诉讼时效的规定

1. 诉讼时效的概念

诉讼时效，是指权利人在法定的时效期间内，未向法院提起诉讼请求保护其权利时，依据法律规定消灭其胜诉权的制度。超过诉讼时效期间，在法律上发生的效力是权利人的胜诉权消灭。

2. 不适用于诉讼时效的情形

当事人可以对债权请求权提出诉讼时效抗辩，但对下列债权请求权提出诉讼时效抗辩的，法院不予支持：（1）支付存款本金及利息请求权；（2）兑付国债、金融债券以及向不特定对象发行的企业债券本息请求权；（3）基于投资关系产生的缴付出资请求权；（4）其他依法不适用诉讼时效规定的债权请求权。

3. 诉讼时效期间的种类

根据我国《民法通则》及有关法律的规定，诉讼时效期间通常可划分为4类：

（1）普通诉讼时效，即向人民法院请求保护民事权利的期间。普通诉讼时效期间通常为2年。

（2）短期诉讼时效。下列诉讼时效期间为1年；身体受到伤害要求赔偿的；延付或拒付租金的；出售质量不合格的商品未声明的；寄存财物被丢失或损毁的。

（3）特殊诉讼时效。特殊诉讼时效不是由民法规定的，而是由特别法规定的诉讼时效。例如，《合同法》规定，因国际货物买卖合同和技术进出口合同争议的时效期间为4年；《海商法》规定，就海上货物运输向承运人要求赔偿的请求权，时效期间为1年。

（4）权利的最长保护期限。诉讼时效期间从知道或应当知道权利被侵害时起计算。但是，从权利被侵害之日起超过20年的，法院不予保护。

4. 诉讼时效期间的起算

《民法通则》规定，诉讼时效期间从知道或者应当知道权利被侵害时起计算。

《最高人民法院关于贯彻执行<中华人民共和国民法通则>若干问题的意见（试行）》和《最高人民法院关于审理民事案件适用诉讼时效制度若干问题的规定》中规定，在下列情况下，诉讼时效期间的计算方法是：

（1）人身损害赔偿的诉讼时效期间，伤害明显的，从受伤害之日起算；伤害当时未曾发现，后经检查确诊并能证明是由侵害引起的，从伤势确诊之日起算。

（2）当事人约定同一债务分期履行的，诉讼时效期间从最后一期履行期届满之日起计算。

（3）未约定履行期限的合同，可以确定履行期限的，诉讼时效期间从履行期限届满之日起算起；不能确定履行期限的，诉讼时效期间从债权人要求债务人履行义务的宽限期届满之日算起。

（4）返还不当得利请求权的诉讼时效期间，从当事人一方知道或者应当知道不当得利事实及对方当事人之日起计算。

（5）管理人因无因管理行为产生的给付必要管理费用、赔偿损失请求权的诉讼时效期间，从无因管理行为结束并且管理人知道或者应当知道本人之日起计算。本人因不当无因管理行为产生的赔偿损失请求权的诉讼时效期间，从其知道或者应当知道管理人及损害事实之日起计算。

5. 诉讼时效中止

《民法通则》规定，在诉讼时效期间的最后6个月内，因不可抗力或者其他障碍不能行使请求权的，诉讼时效中止。从中止时效的原因消除之日起，诉讼时效期间继续计算。根据上述规定，诉讼时效中止，应当同时满足两个条件：①权利人由于不可抗力或者其他障碍不能行使请求权；②导致权利人不能行使请求权的事由发生在诉讼时效期间的最后6个月内。

诉讼时效中止，即诉讼时效期间暂时停止计算。在导致诉讼时效中止的原因消除后，也就是权利人开始可以行使请求权时起，诉讼时效期间继续计算。

9.3 仲裁法

9.3.1 仲裁的概念

仲裁，也称公断，是指发生争议的当事人根据达成的仲裁协议，自愿将该争议提交中立的第三者（仲裁机构）进行裁判的争议解决制度，同时双方负有自觉履行仲裁结果的义务。仲裁协议有两种形式：一种是在争议前订立的，通常作为合同中的一项仲裁条款出现；另一种是在争议后订立的，它是把已经发生的争议提交给仲裁的协议。这两种形式的仲裁协议，其法律效力是相同的。

根据《仲裁法》规定，仲裁范围必须是合同纠纷和其他财产权益纠纷。劳动争议仲裁和农业承包合同纠纷仲裁不受《仲裁法》的调整。此外，婚姻、收养、监护、抚养、继承纠纷，依法应当由行政机关处理的行政争议不能仲裁。

9.3.2 仲裁的三项基本制度

1. 协议仲裁制度

仲裁协议是当事人仲裁自愿的体现，当事人申请仲裁、仲裁委员会受理仲裁、仲裁庭对仲裁案件的审理和裁决，都必须以当事人依法订立的仲裁协议为前提。《仲裁法》规定，没有仲裁协议，一方申请仲裁的，仲裁委员会不予受理。

2. 或裁或审制度

仲裁和诉讼是两种不同的争议解决方式，当事人只能选用其中的一种。《仲裁法》第 5 条规定："当事人达成仲裁协议，一方向人民法院起诉的，人民法院不予受理，但仲裁协议无效的除外。"因此，有效的仲裁协议可以排除法院对案件的司法管辖权，只有在没有仲裁协议或者仲裁协议无效的情况下，法院才可以对当事人的纠纷予以受理。

3. 一裁终局制度

仲裁实行一裁终局的制度；裁决做出后，当事人就同一纠纷再申请仲裁或者向人民法院起诉的，仲裁委员会或者人民法院不予受理。

9.3.3 仲裁协议的规定

1. 仲裁协议的形式

仲裁协议是指当事人自愿将已经发生或者可能发生的争议通过仲裁解决的书面协议。《仲裁法》第 16 条规定："仲裁协议包括合同中订立的仲裁条款和其他以书面方式在纠纷发生前或者纠纷发生后达成的请求仲裁的协议。"据此，仲裁协议应当采用书面形式，口头方式达成的仲裁意思表示无效。仲裁协议既可以表现为合同中的仲裁条款，也可以表现为独立于合同而存在的仲裁协议书。在实践中，合同中的仲裁条款是最常见的仲裁协议形式。

2. 仲裁协议的内容

仲裁协议应当具备下列内容：（1）请求仲裁的意思表示；（2）仲裁事项；（3）选定的仲裁委员会。这三项内容必须同时具备，仲裁协议才能有效。

3. 仲裁协议的效力

（1）对当事人的法律效力

仲裁协议一经有效成立，即对当事人产生法律约束力。发生纠纷后，当事人只能向仲裁协议中所约定的仲裁机构申请仲裁，而不能就该纠纷向法院提起诉讼。

（2）对法院的约束力

有效的仲裁协议排除法院的司法管辖权。《仲裁法》规定，当事人达成仲裁协议，一方向人民法院起诉未声明有仲裁协议，人民法院受理后，另一方在首次开庭前提交仲裁协议的，人民法院应当驳回起诉，但仲裁协议无效的除外。

（3）对仲裁机构的法律效力

仲裁协议是仲裁委员会受理仲裁案件的基础，是仲裁庭审理和裁决案件的依据。没有有效的仲裁协议，仲裁委员会就不能获得仲裁案件的管辖权。同时，仲裁委员会只能对当事人在仲裁协议中约定的争议事项进行仲裁，对超出仲裁协议约定范围的其他争议无权仲裁。

（4）仲裁协议的独立性

仲裁协议独立存在，合同的变更、解除、终止或者失效不影响仲裁协议的效力。

9.3.4 仲裁的申请和受理

1. 申请仲裁的条件

当事人申请仲裁，应当符合下列条件：（1）有仲裁协议；（2）有具体的仲裁请求和事实、理由；（3）属于仲裁委员会的受理范围。

2. 审查与受理

仲裁委员会收到仲裁申请书之日起 5 日内，认为符合受理条件的应当受理，并通知当事人；认为不符合受理条件的，应当书面通知当事人不予受理，并说明理由。

3. 财产保全和证据保全

为保证仲裁程序顺利进行、仲裁案件公正审理以及仲裁裁决有效执行，当事人有权申请财产保全和证据保全。

9.3.5 仲裁的开庭、裁决和申请撤销

1. 仲裁庭的组成

仲裁庭的组成形式包括合议仲裁庭和独任仲裁庭两种，即仲裁庭可以由 3 名仲裁员或者 1 名仲裁员组成。

（1）合议仲裁庭

当事人约定由 3 名仲裁员组成仲裁庭的，应当各自选定或者各自委托仲裁委员会主任指定 1 名仲裁员，第 3 名仲裁员由当事人共同选定或者共同委托仲裁委虽会主任指定。第 3 名仲裁员是首席仲裁员。

（2）独任仲裁庭

当事人约定 1 名仲裁员成立仲裁庭的，应由当事人共同选定或者共同委托仲裁委员会主任指定仲裁员。

2. 开庭和审理

仲裁应当开庭进行，当事人可以协议不开庭，当事人应当对自己的主张提供证据。仲裁庭认为有必要收集的证据，可以自行收集。证据应当在开庭时出示，当事人可以质证。当事人在仲裁过程中有权进行辩论。

仲裁庭可以做出缺席裁决。申请人无正当理由开庭时不到庭的，或在开庭审理时未经仲裁庭许可中途退庭的，视为撤回仲裁申请；如果被申请人提出了反请求，不影响仲裁庭就反请求进行审理，并做出裁决。被申请人无正当理由开庭时不到庭的，或在开庭审理时未经仲裁庭许可中途退庭的，仲裁庭可以进行缺席审理并做出裁决；如果被申请人提出了反请求，视为撤回反请求。

为了保护当事人的商业秘密和商业信誉，仲裁不公开进行。当事人协议公开的，可以公开进

行，但涉及国家秘密的除外。

3. 仲裁中的和解与调解

当事人申请仲裁后，可以自行和解。达成和解协议的，可以请求仲裁庭根据和解协议做出裁决书，也可以撤回仲裁申请。当事人达成和解协议，撤回仲裁申请后反悔的，仍可以根据仲裁协议申请仲裁。

仲裁庭在做出裁决前，可以先行调解。当事人自愿调解的，仲裁庭应当调解；调解不成的，应当及时做出裁决。调解达成协议的，仲裁庭应当制作调解书或者根据协议的结果制作裁决书。调解书与裁决书具有同等法律效力。调解书经双方当事人签收后，即发生法律效力。在调解书签收前当事人反悔的，仲裁庭应当及时做出裁决。

4. 仲裁裁决

仲裁裁决应当按照多数仲裁员的意见做出，少数仲裁员的不同意见可以记入笔录。仲裁庭不能形成多数意见时，裁决应当按照首席仲裁员的意见做出。裁决书自做出之日起发生法律效力。

5. 申请撤销裁决

当事人提出证据证明裁决有下列情形之一的，可以向仲裁委员会所在地的中级人民法院申请撤销裁决：（1）没有仲裁协议的；（2）裁决的事项不属于仲裁协议的范围或者仲裁委员会无权仲裁的；（3）仲裁庭的组成或者仲裁的程序违反法定程序的；（4）裁决所依据的证据是伪造的；（5）对方当事人隐瞒了足以影响公正裁决的证据的；（6）仲裁员在仲裁该案时有索贿受贿、徇私舞弊、枉法裁决行为的。

当事人申请撤销裁决的，应当自收到裁决书之日起 6 个月内向仲裁机构所在地的中级人民法院提出。

9.4　行政诉讼与行政复议

9.4.1　行政诉讼

行政诉讼，是指人民法院应当事人的请求，通过审查行政行为合法性的方式，解决特定范围内行政争议的活动。行政诉讼和民事诉讼、刑事诉讼构成我国的基本诉讼制度。

1. 行政诉讼的程序

（1）行政诉讼管辖

①级别管辖。行政诉讼案件一般都由基层人民法院管辖，有下列情形之一的，应当由中级人民法院管辖第一审行政案件：（a）确认发明专利权的案件、海关处理的案件；（b）对国务院各部门或者省、自治区、直辖市人民政府所做的具体行政行为提起诉讼的案件；（c）本辖区内重大、复杂的案件。

高级人民法院和最高人民法院只管辖本辖区范围内重大、复杂的行政诉讼案件。

②一般地域管辖。行政案件由最初做出具体行政行为的行政机关所在地人民法院管辖。经复议的案件，复议机关改变原具体行政行为的，也可以由复议机关所在地人民法院管辖。对限制人身自由的行政强制措施不服提起的诉讼，由被告所在地或者原告所在地人民法院管辖。因不动产提起的行政诉讼，由不动产所在地人民法院管辖。

两个以上人民法院都有管辖权的案件，原告可以选择其中一个人民法院提起诉讼。原告向两个以上有管辖权的人民法院提起诉讼的，由最先收到起诉状的人民法院管辖。

（2）起诉

提起诉讼应当符合下列条件：①原告是认为具体行政行为侵犯其合法权益的公民、法人或者其他组织；②有明确的被告；③有具体的诉讼请求和事实根据；④属于人民法院受案范围和受诉人民法院管辖。

行政争议未经行政复议，由当事人直接向法院提起行政诉讼的，除法律另有规定的外，应当在知道做出具体行政行为之日起 3 个月内起诉。经过行政复议但对行政复议决定不服而依法提起行政诉讼的，应当在收到行政复议决定书之日起 15 日内起诉；若行政复议机关逾期不做复议决定的，除法律另有规定的外，应当在行政复议期满之日起 15 日内起诉。

（3）受理

人民法院接到起诉状，经审查，应当在 7 日内立案或者做出裁定不予受理。原告对裁定不服的，可以提起上诉。

（4）审理

《行政诉讼法》规定，行政诉讼期间，除该法规定的情形外，不停止具体行政行为的执行。法院审理行政案件，不适用调解。除涉及国家秘密、个人隐私和法律另有规定的外，人民法院公开审理行政案件。

人民法院审理行政案件，以法律和行政法规、地方性法规为依据。地方性法规适用于本行政区域内发生的行政案件；审理民族自治地方的行政案件，并以该民族自治地方的自治条例和单行条例为依据。人民法院审理行政案件，参照国务院部、委根据法律和国务院的行政法规、决定、命令制定、发布的规章以及省、自治区、直辖市和省、自治区的人民政府所在地的市和经国务院批准的较大的市的人民政府根据法律和国务院的行政法规制定、发布的规章。

经人民法院两次合法传唤，原告无正当理由拒不到庭的，视为申请撤诉；被告无正当理由拒不到庭的，可以缺席判决。

（5）判决

第二审人民法院在二审程序中对上诉案件进行审理，并依法做出驳回上诉、维持原判，或者撤销原判、依法改判，或者裁定撤销原判，发回原审人民法院重审。

当事人对已经发生法律效力的判决、裁定，认为确有错误的，可以向原审人民法院或者上一级人民法院提出申诉，但判决、裁定不停止执行。

（6）执行

当事人必须履行人民法院发生法律效力的判决、裁定。公民、法人或者其他组织拒绝履行判决、裁定的，行政机关可以向第一审人民法院申请强制执行，或者依法强制执行。

行政机关拒绝履行判决、裁定的，第一审人民法院可以采取以下措施：（1）对应当归还的罚款或者应当给付的赔偿金，通知银行从该行政机关的账户内划拨；（2）在规定期限内不执行的，从期满之日起，对该行政机关按日处 50 元至 100 元的罚款；（3）向该行政机关的上一级行政机关或者监察、人事机关提出司法建议，接受司法建议的机关，根据有关规定进行处理，并将处理情况告知人民法院；（4）拒不执行判决、裁定，情节严重构成犯罪的，依法追究主管人员和直接责任人员的刑事责任。

公民、法人或者其他组织对具体行政行为在法定期间不提起诉讼又不履行的，行政机关可以申请人民法院强制执行，或者依法强制执行。

2. 行政诉讼受案范围

行政诉讼受案范围是指哪些行政争议可以进入行政诉讼加以解决。该受案范围确定了行政机关行政行为受司法监督的限度，以及公民、法人或其他组织获得司法救济的范围。

《行政诉讼法》规定，法院受理公民、法人和其他组织对下列具体行政行为不服提起的诉讼：①对拘留、罚款、吊销许可证和执照、责令停产停业、没收财物等行政处罚不服的；②对限制人身自由（如强制隔离、强制约束）或者对财产的查封、扣押、冻结等行政强制措施不服的；③认为行政机关侵犯法律规定的经营自主权的；④认为符合法定条件申请行政机关颁发许可证和执照，行政机关拒绝颁发或者不予答复的；⑤申请行政机关履行保护人身权、财产权的法定职责，行政机关拒绝履行或者不予答复的；⑥认为行政机关没有依法发给抚恤金的（如伤残抚恤金、遗属抚恤金、福利金、救济金等）；⑦认为行政机关违法要求履行义务的（如财产义务、行为义务，典型表现为乱收费、乱摊派）；⑧认为行政机关侵犯其他人身权、财产权的；⑨法律、法规规定可以提起行政诉讼的其他行政案件。

但是，法院不受理公民、法人或者其他组织对下列事项提起的诉讼：①国防、外交等国家行为；②行政法规、规章或者行政机关制定、发布的具有普遍约束力的决定、命令；③行政机关对行政机关工作人员的奖惩、任免等决定；④法律规定由行政机关最终裁决的具体行政行为。

9.4.2　行政复议

行政复议，是指公民、法人或者其他组织认为行政主体的具体行政行为违法或不当侵犯其合法权益，依法向主管行政机关提出复查该具体行政行为的申请，行政复议机关依照法定程序对被申请的具体行政行为进行合法性、适当性审查，并做出行政复议决定的一种法律制度。其特征主要有：行政复议以行政争议和部分民事争议为处理对象；行政复议直接以具体行政行为为审查对象；行政复议以合法性和合理性为审查标准；行政复议以书面审理为主要方式；行政复议以行政相对人为申请人，以行政主体为被申请人；行政复议以行政机关为处理机关。

1. 行政复议程序

（1）行政复议申请

公民、法人或者其他组织认为具体行政行为侵犯其合法权益的，可以自知道该具体行政行为之日起 60 日内提出行政复议申请；但法律规定的申请期限超过 60 日的除外。因不可抗力或者其他正当理由耽误法定申请期限的，申请期限自障碍消除之日起继续计算。

依法申请行政复议的公民、法人或者其他组织是申请人。做出具体行政行为的行政机关是被申请人。申请人可以委托代理人代为参加行政复议。申请人申请行政复议，可以书面申请，也可以口头申请。

对于行政复议，应当按照《行政复议法》的规定向有权受理的行政机关申请，如“对县级以上地方各级人民政府工作部门的具体行政行为不服的，由申请人选择，可以向该部门的本级人民政府申请行政复议，也可以向上一级主管部门申请行政复议”。

申请行政复议，凡行政复议机关已经依法受理的，或者法律、法规规定应当先向行政复议机关申请行政复议、对行政复议决定不服再向人民法院提起行政诉讼的，在法定行政复议期限内不得向人民法院提起行政诉讼。公民、法人或者其他组织向人民法院提起行政诉讼，人民法院已经依法受理的，不得申请行政复议。

（2）行政复议受理

行政复议机关收到行政复议申请后，应当在 5 日内进行审查，依法决定是否受理，并书面告知申请人；对符合行政复议申请条件，但不属于本机关受理范围的，应当告知申请人向有关行政复议机关提出。

在行政复议期间，行政机关不停止执行该具体行政行为，但有下列情形之一的，可以停止执行：①被申请人认为需要停止执行的；②行政复议机关认为需要停止执行的；③申请人申请停止执行，行政复议机关认为其要求合理，决定停止执行的；④法律规定停止执行的。

（3）行政复议决定

行政复议原则上采取书面审查的办法，但申请人提出要求或者行政复议机关负责法制工作的机构认为有必要时，可以向有关组织和人员调查情况，听取申请人、被申请人和第三人的意见。行政复议决定做出前，申请人要求撤回行政复议申请的，经说明理由，可以撤回；撤回行政复议申请的，行政复议终止。

行政复议机关应当在受理行政复议申请之日起 60 日内做出行政复议决定，其主要类型有：

①对于具体行政行为认定事实清楚、证据确凿、适用依据正确、程序合法、内容适当的，决定维持。

②对于被申请人不履行法定职责的，决定其在一定期限内履行。

③对于具体行政行为有下列情形之一的，决定撤销、变更或者确认该具体行政行为违法：主要事实不清、证据不足的；适用依据错误的；违反法定程序的；超越或者滥用职权的；具体行政行为明显不当的。对于决定撤销或者确认该具体行政行为违法的，可以责令被申请人在一定期限内重新做出具体行政行为。

申请人在申请行政复议时可以一并提出行政赔偿请求，行政复议机关对符合国家赔偿法有关规定应当给予赔偿的，在决定撤销、变更具体行政行为或者确认具体行政行为违法时，应同时决定被申请人依法给予赔偿。

2. 行政复议范围

根据《行政复议法》的规定，有 11 项可申请行政复议的具体行政行为，结合建设工程实践，其中 7 项尤为重要：

（1）对行政机关做出的警告、罚款、没收违法所得、没收非法财物、责令停产停业、暂扣或者吊销许可证、暂扣或者吊销执照、行政拘留等行政处罚决定不服的；

（2）对行政机关做出的限制人身自由或者查封、扣押、冻结财产等行政强制措施决定不服的；

（3）对行政机关做出的有关许可证、执照、资质证、资格证等证书变更、中止、撤销的决定不服的；

（4）认为行政机关侵犯合法的经营自主权的；

（5）认为行政机关违法集资、征收财物、摊派费用或者违法要求履行其他义务的；

（6）认为符合法定条件，申请行政机关颁发许可证、执照、资质证、资格证等证书，或者申请行政机关审批、登记有关事项，行政机关没有依法办理的；

（7）认为行政机关的其他具体行政行为侵犯其合法权益的。

下列事项应按规定的纠纷处理方式解决，不能提起行政复议：（1）不服行政机关做出的行政处分或者其他人事处理决定的，应当依照有关法律、行政法规的规定提起申诉；（2）不服行政机关对民事纠纷做出的调解或者其他处理，应当依法申请仲裁或者向法院提起民事诉讼。

【案例】

1. 背景

2012 年 4 月，A 建筑公司获准在当地修建其自用的综合楼工程。施工期间，市燃气公司在 2012 年 5 月巡线时发现，该楼房基井内可见燃气次高压主管线管道被占压；供应全城燃气的高压主干线与综合楼外墙基础的最小间距低于燃气技术规范，且被该工地的临时建筑占压。当地的区建委于 2012 年 5 月 20 日做出处理决定，责令 A 建筑公司立即停止施工，由燃气公司将燃气改道工程完成后，经区建委批准后方可复工，所需费用由 A 建筑公司承担。同年 6 月，燃气公司按该决定的要求将改道方案送达区建委批准并向 A 建筑公司去函，要求及时支付改道费用，以彻底消除隐患。但 A 建筑公司未执行区建委的停工决定，对燃气公司来函不予理睬，继续强行施工，并于 2013 年 8 月将综合楼建成。期间，燃气公司多次派员接洽、制止无果，致使该大楼占压高压、次高压燃气管道的严重安全隐患未能排除。据此，该市建委于 2014 年 3 月 25 日对 A 建筑公司做出行政处罚决定：罚款 30000 元；承担整改经费 70600 元。期间，市建委以《建设行政处罚听证告知书》、《行政处罚事先告知书》向建筑公司告知陈述、申辩和听证权，使用国内特快专递送达，取得收件人夏某的快递回执；但并未举行听证会。随后，建筑公司依法提起行政诉讼。

2. 问题

（1）A 建筑公司对上述行政处罚不服，有哪些救济途径？

（2）A 建筑公司如果直接提起行政诉讼，应该如何确定起诉期限？

3. 分析

（1）若 A 建筑公司不服，其救济途径有：①向该市人民政府或者上级建设行政主管部门提起行政复议；②不经提起行政复议，可直接向市建委所在地基层人民法院提起诉讼；③经行政复议且复议机关维持市建委的行政处罚决定，建筑公司仍不服的，有权向市建委所在地基层人民法院以市建委为被告提起行政诉讼；④经行政复议且复议机关改变市建委的行政处罚决定，建筑公司仍不服的，建筑公司有权向市建委所在地或者复议机关所在地基层人民法院以复议机关为被告提起行政诉讼。

（2）A 建筑公司如果直接向人民法院提起诉讼，应当在知道做出具体行政行为之日起 3 个月内提出。该公司法定代表人于 2014 年 3 月 25 日签收行政处罚决定，则 A 建筑公司提起行政诉讼期限截止于 2014 年 6 月 24 日（含当天）。

习题

一、单项选择题

1. 某工程建设项目款结算时产生纠纷，当地建设行政管理部门促成建设方与施工方进行商谈，但双方未达成一致意见。上述纠纷属于（　）。

A. 民事纠纷　　B. 行政纠纷

C. 刑事纠纷　　D. 程序纠纷

2. 工程建设领域中的民事纠纷有其自身的特点，这些特点不包括（　）。

A. 施工方与建设方法律地位平等

B. 争议的内容主要是双方的权利和义务

C. 任何一方对自己的财产可以自由处分

D. 各方对有关人身关系的民事纠纷享有处分权

3. 下列选项中，当事人应当承担侵权责任的是（　）。

A. 工地的塔吊倒塌造成临近的民房被砸塌

B. 某施工单位未按照合同约定的工期竣工

C. 因台风导致工程损害

D. 某工程存在质量问题

4. 某市建设银行行政主管部门在对施工工地进行安全检查时，发现某施工单位在尚未竣工的建筑物内设置民工宿舍，于是对其进行了罚款处理，该惩罚措施属于（　）法律责任形式。

A. 民事责任　　B. 行政处分

C. 刑事责任　　D. 行政处罚

5. 某工程公司由于建设单位一直拖欠工程款，近两年来一直拒绝履行质量保修工作，由此产生的如下法律后果中，属于行政处罚的是（　）。

A. 罚款　　B. 被扣除保证金

C. 申请晋升资质等级不予批准　　D. 申请主项资质以外的资质不予批准

6. 以下不属于民事纠纷处理方式的是（　）。

A. 当事人自行和解　　B. 行政复议

C. 行政机关调解　　D. 商事仲裁

7. 以下不属于调解的主要方式的是（　）。

A. 行业调解　　B. 专业机构调解

C. 人民调解　　D. 双方调解

8. 在某建筑工地上，附近居民与施工方发生噪声扰民纠纷，双方同意调解解决。在下列解决争议的方式中，由（　）主持或参与的调解，属于行政调解。

A. 施工方上级单位　　B. 建设方

C. 当地政府建设主管部门　　D. 人民法院

9. 下列所给选项中，关于仲裁管辖的表述，正确的是（　）。

A. 实行级别管辖，但不实行地域管辖

B. 实行地域管辖，但不实行级别管辖

C. 既不实行级别管辖，也不实行地域管辖

D. 既实行级别管辖，也实行地域管辖

10. 某开发商与施工企业签订合同，约定双方如在合同履行过程中发生争议，则提交北京仲裁委员会进行裁决，并自动履行其裁决。后双方工程款支付发生纠纷，则双方解决争议可行的法律途径是（　）。

A. 只能向有管辖权的人民法院起诉

B. 只能申请北京仲裁委员会仲裁

C. 既可向有管辖权的法院起诉，也可申请仲裁

D. 只能申请双方或一方住所地仲裁委员会仲裁

11. 商事仲裁具有许多特点，其中最突出的是（　）。

A. 专业性　　B. 自愿性

C. 独立性　　D. 灵活性

12. 建筑企业认为（　）行为侵犯其合法权益的，可以提请行政复议。

A. 建设单位　　B. 人民法院

C. 所属集团公司　　D. 工程所在地建设行政管理部门

13. 下列选项中能作为行政诉讼被告的是（　）。

A. 建设单位　　B. 施工单位

C. 建设行政管理部门　　D. 鉴定机构

14. 甲公司长期拖欠乙公司材料款 10 万元，如果乙公司通过诉讼解决，此纠纷应当由（　）法院审理。

A. 基层人民法院　　B. 中级人民法院

C. 高级人民法院　　D. 最高人民法院

15. 在没有书面约定的情况下，因建筑施工合同纠纷提起的诉讼，（　）法院没有管辖权。

A. 施工行为地　　B. 被告住所地

C. 合同履行地　　D. 原告住所地

16. 当事人向人民法院申请证据保全，不得迟于（　）届满前的 7 日。

A. 送达期限　　B. 答辩期限

C. 举证期限　　D. 上诉期限

17. 商贸公司为建筑公司供应建材，建筑公司认为建材质量不合格，未按合同约定支付材料款，商贸公司向法院起诉。下列证据中，证明力要大于其他证据的是（　）。

A. 送货单　　B. 合格证

C. 合同书　　D. 专业机构出具的质量鉴定报告

18. 下面关于诉讼时效期间的表述中，不正确的是（　）。

A. 诉讼时效期间一律为 2 年

B. 诉讼时效为 2 年，法律另有规定的除外

C. 出售质量不合格的商品未声明的，诉讼时效期间为 1 年

D. 延付或者拒付租金的，诉讼时效期间为 1 年

19. 下面关于诉讼代理人的表述中不正确的是（ ）。

A. 当事人可以委托 1~2 人作为诉讼代理人

B. 委托他人代为诉讼，必须向法院提交授权委托书

C. 诉讼代理人代为承认、放弃、变更诉讼请求，不需要委托人的特别授权

D. 诉讼代理人代为进行和解、提起反诉和上诉，必须有委托人的特别授权

20. 下列关于起诉必须符合的条件的表述中，不正确的是（ ）。

A. 原告是任何公民、法人和其他组织

B. 有明确的被告

C. 有具体的诉讼请求和事实、理由

D. 属于人民法院受理民事诉讼的范围和受诉人民法院管辖

21. 以下关于民事诉讼答辩制度的表述中，正确的是（ ）。

A. 被告应该在收起诉状副本之日起 15 日内提出答辩状

B. 被告只能书面答辩

C. 被告如不进行答辩，则视为认可

D. 被告不提出答辩状的，会影响人民法院审理

22. 以下关于法院开庭审理程序的表述中，不正确的是（ ）。

A. 原告经传票传唤，无正当理由拒不到庭的，可以按撤诉处理

B. 原告未经法庭许可中途退庭的，可以按撤诉处理

C. 被告经传票传唤，无正当理由拒不到庭的，可以延期开庭

D. 被告未经法庭许可中途退庭的，可以缺席判决

23. 下列关于二审法院处理不服第一审判决、裁定的上诉案件的表述中，不正确的是（ ）。

A. 对不服一审裁定的上诉条件，一律使用裁定

B. 二审法院审理上诉案件，不能进行调解

C. 二审法院判决宣告前，上诉人申请撤诉的，是否准许，由二审法院裁定

D. 二审法院的判决、裁定，是终审的判决裁定

24. 以下关于审判监督程序的表述中，不正确的是（ ）。

A. 当事人对生效的判决、裁定，认为有错误的，向原审法院申请再审

B. 申请再审不停止判决、裁定的执行

C. 申请再审应当提交再审申请书等材料

D. 申请再审，一般应当在判决、裁定生效后 2 年内提出

25. 向法院申请执行的期间为（ ）。

A. 3 个月　　B. 6 个月

C. 1 年　　D. 2 年

26. 法律规定的人民法院有权采取的强制执行措施，不含下列选项中的（ ）。

A. 与被执行人订立执行和解协议

B. 扣留、提取被执行人的收入

C. 查封、扣押、拍卖、变卖被执行人的财产

D. 查封、冻结、划拨被执行人的存款

27. 当事人在买卖合同中未明确约定履行地点的，以约定的（　）为合同履行地。

A. 交货地点　　B. 货物到达地

C. 货物验收地　　D. 货物安装调试地

28. 对下列债权请求权提出诉讼时效抗辩的，法院应予以支持的是（　）。

A. 支付存款本金及利息的请求权

B. 支付国债本息的请求权

C. 基于投资关系产生的缴付出资请求权

D. 支付工程款请求权

29. 被执行人为自然人的，被限制高消费后，以下可以以其财产支付费用的行为是（　）。

A. 购买经营必需车辆　　B. 乘坐列车软卧

C. 旅游　　D. 购买不动产

30. 承、发包双方在施工合同中约定，双方在履行合同过程中所发生争议，均提交某地的仲裁委员会仲裁（该地区有两家仲裁委员会），那么下列说法中正确的是（　）。

A. 该约定意思表示明确，有效

B. 当事人可以协议选择位于该地的其中一家仲裁机构申请仲裁

C. 由于该约定对于仲裁委员会的选择不是唯一的，因而无效

D. 当事人可以申请仲裁，也可以提起诉讼

31. 当事人对仲裁协议的效力有异议，一方请求仲裁委员会做出决定，另一方请求人民法院做出裁定的，由（　）裁定。

A. 仲裁委员会　　B. 合同履行地中级人民法院

C. 被告所在地中级人民法院　　D. 仲裁委员会所在地中级人民法院

32. 仲裁委员会在审理双方争议时，对争议事项进行仲裁，其权限范围由（　）决定。

A. 仲裁规则确定　　B. 法律直接规定

C. 仲裁庭决定　　D. 仲裁协议约定

33. 关于有效的仲裁协议的效力，以下表述错误的是（　）。

A. 对双方当事人均有约束力　　B. 可以排除法院的司法管辖权

C. 对法院不具有约束力　　D. 对仲裁机构具有约束力

34. 甲房地产公司根据与乙建筑公司建设工程合同中的仲裁条款，向仲裁委员会申请仲裁。在仲裁过程中，甲公司发现该仲裁委员会工作人员私自会见对方当事人的代理人，则甲公司最晚应于（　）提出回避申请。

A. 首次开庭前　　B. 裁决书通过之前

C. 辩论终结前　　D. 最后一次开庭结束前

35. 下列选项中，对调解的理解错误的是（　）。

A. 当事人庭外和解的，可以请求法院制作调解书

B. 仲裁调解书生效后即产生执行效力

C. 仲裁裁决生效后可以进行仲裁调解

D. 法院在强制执行时一般不能调解

36. 人民法院对仲裁进行司法监督时，对于涉外仲裁裁决仅审查其（　）。

A. 主体问题　　B. 程序问题

C. 实体问题　　D. 法律适用问题

37. 当事人申请撤销仲裁裁决的，应当自收到裁决书之日起（　）内提出。

A. 3个月　　B. 6个月

C. 1年　　D. 2年

38. 商事仲裁是目前解决建设工程纠纷的重要途径，以下关于仲裁的审理表述正确的是（　）。

A. 审理方式分为开庭审理和不公开审理

B. 仲裁庭做出的裁决送达双方当事人后即生效

C. 当事人对裁决有异议，应当在裁决做出之日起6个月内提出撤销

D. 仲裁庭的组成不合法，将被裁定不予执行仲裁裁决

39. 根据《人民调解法》规定，经人民调解委员会调解后达成的调解协议，当事人可以自调解协议生效之日起（　）日内共同向人民法院申请司法确认。

A. 30　　B. 60　　C. 90　　D. 180

40. 某工程款纠纷案件中，仲裁裁决生效后进入执行阶段，可能出现的情形是（　）。

A. 执行调解　　B. 双方和解

C. 由专业机构调解　　D. 启动争议评审

41. 仲裁机构对受理的仲裁案件进行的调解，调解达成协议的，仲裁庭应当制作调解书或者根据协议的结果制作裁决书，调解书与裁决书（　）。

A. 具有同等法律效力　　B. 调解书不具有强制执行效力

C. 都不具有强制执行效力　　D. 只有裁决书可以申请撤销

42. 某市建设行政主管部门在对施工工地进行安全检查时，发现施工单位在尚未竣工的建筑物内设置水工间，于是对其进行罚款处理，该处罚措施属于（　）法律责任形式。

A. 民事责任　　B. 行政处分

C. 刑事责任　　D. 行政处罚

43. 根据《行政处罚法》规定，下列不属于行政处罚形式的是（　）。

A. 记过　　B. 责令停止营业

C. 暂扣或者吊销许可证　　D. 拘留

44. 以下关于行政复议和行政诉讼两者之间的区别，说法错误的是（ ）。

A. 行政复议是行政机关上级对下级的监督

B. 行政复议是对具体行政行为合法性和适当性进行审查

C. 行政诉讼可以审查抽象行政行为的合法性

D. 行政诉讼后不服的，不能再申请行政复议

45. 某建筑公司对某市辖区建筑工程质量监督站以该区建委会名义做出的通报批评结果不服而申请复议，该复议应向（　）提出。

A. 市质量监督站　　B. 区质量监督站

C. 市建委　　D. 区建委

46. 下列选项中，不能提起行政复议的是（　）。

A. 某市质量监督站依据质量监督检测报告责令施工单位将不合格材料清退出现场

B. 某市混凝土协会下发文件，提议各会员单位根据市场需求调高商业混凝土价格

C. 建设行政主管部门部门将施工企业的资质由一级降为二级的行为

D. 建设行政主管部门由于开发企业信誉不好，不予颁发项目施工许可证

47. 某地方建设行政管理部门于2007年5月10日针对某建筑公司恶意拖欠劳务费用下发了给予其一年内禁止在本区域内参加投标的处罚决定，建筑公司于2007年5月15日收到该处罚通知，建筑公司对此不服的话，最迟应于（　）前提起行政复议。

A. 2007年6月10日　　B. 2007年6月15日

C. 2007年7月10日　　D. 2007年7月15日

48. 某市某区建委根据市政府总体规划，对某大街实施改造，刘某的房屋位于改造区。某日，该区建委改造建设指挥部下达住房拆迁通知，刘某未搬迁。数日后，区建委工作人员带领20余名人员强行拆除了刘某的房屋。刘某不服提起行政复议，则可以作复议机关的是（　）。

A. 省政府　　B. 市政府

C. 该区区政府　　D. 该区区建委

49. 甲房地产开发公司对该市建委对其做出不予颁发施工许可证行为不服，欲直接向人民法院提起诉讼，则甲房地产开发公司应当在知道做出具体行政行为之日起（　）内提出。

A. 3个月　　B. 6个月　　C. 2年　　D. 5年

50. 公民、法人或者其他组织认为行政机关的（　）侵犯其合法权益的，可以向人民法院提起行政诉讼。

A. 具体行政行为　　B. 工作人员职务行为

C. 行政处分行为　　D. 民事侵权行为

二、多项选择题

1. 在建设工程领域，行政机关所做的下列行为属于行政许可的是（　）。

A. 对责令停止施工的项目允许其开工建设　　B. 吊销资质证书

C. 对先进单位予以表彰　　D. 颁发施工许可证

E. 核准企业资质等级

2. 在建设工程领域，常见的行政处罚有（　）。

A. 降低资质等级　　B. 责令停止施工

C. 取消投标资格　　D. 记过

E. 裁决损害赔偿

3. 在下列调解书中，（　）生效后具有强制执行力。

A. 行业调解　　B. 司法调解

C. 行政调解　　D. 经法院确认的人民调解

E. 仲裁调解

4. 下列案件纠纷中，受《仲裁法》调整的是（　）。

A. 婚姻、继承纠纷　　B. 建设工程施工合同纠纷

C. 农业承包合同纠纷　　D. 加工承揽合同纠纷

E. 劳动争议纠纷

5. 民事诉讼是建设工程纠纷解决的一种常见途径，当争议发生时，（　）可能成为诉讼参与人。

A. 建设单位　　B. 施工单位

C. 造价鉴定机构　　D. 现场监理工程师

E. 主审法官

6. 下列关于行政复议的说法中，正确的是（　）。

A. 行政复议机关只审查具体行政行为的合法性

B. 行政机关尚未做出决定之前，可以对其倾向性意见提请复议

C. 行政复议以书面审查为主，以不调解为原则

D. 对于正确的处罚决定不得提请复议

E. 复议决定一般不为终局裁决

7. 下列事件中，对相关处理不服可以提起行政复议的是（　）。

A. 工人王某在工地偷盗建材被公安机关拘留

B. 李某的建造师资格被取消

C. 劳动部门对张某的劳动争议进行调解

D. 城管部门对施工单位的罚款决定

E. 质检监督站对不合格建材采取扣押措施

8. 下列关于《仲裁法》中关于仲裁委员会之间及与行政机关的关系，表述正确的是（　）。

A. 仲裁委员会独立于行政机关

B. 仲裁委员会隶属于行政机关

C. 仲裁委员会之间没有隶属关系

D. 仲裁委员会之间有一定的隶属关系

E. 仲裁委员会之间有一定的业务指导关系

9. 合同双方当事人可以在书面合同中协议选择（　）人民法院管辖，以解决双方争议纠纷。

A. 合同备案地　　B. 被告居住地

C. 合同签订地　　D. 合同履行地

E. 原告居住地

10. 下列关于民事诉讼简易程序的表述中，正确的是（　）。

A. 基层法院及其派出的法庭可以适用简易程序审理第一审民事案件

B. 中级法院可以适用简易程序审理第一审民事案件

C. 当事人各方自愿选择适用简易程序的，人民法院可以适用简易程序

D. 基层法院及其派出法庭审理简单的民事案件，可以用简便方式随时传唤当事人、

证人

E. 简单的民事案件由审判员一人独自审理

11. 以下关于第二审法院处理第一审判决、裁定上诉案件的表述，正确的是（ ）。

A. 不予审理

B. 不可以进行调解

C. 裁定撤销原判决，发回原审法庭重审，或者查清事实后依法判刑

D. 二审判决宣告前，上诉人申请撤回上诉的，裁定是否准许

E. 判决驳回上诉，维持原判

12. A 市中级人民法院做出的一审民事判决生效后，债权方甲公司查明债务方乙公司在 A 市有一栋办公楼，在 B 市有一座厂房，在 C 市有一所房屋。根据法律规定，甲公司可以向（ ）法院申请执行。

A. A 市中级法院 B. B 市中级法院

C. C 市中级法院 D. A 市高级法院

E. B 市高级法院

13. 甲、乙两公司发生建设工程施工合同纠纷，仲裁委员会经审理做出仲裁裁决书。乙公司向法院申请执行后，甲公司申请不予执行。甲公司提出的下述理由中，法律规定不予执行的情形包括（ ）。

A. 裁决不合理 B. 仲裁庭的组成违反法定程序

C. 认定事实的主要证据不足 D. 适用法律确有错误

E. 裁决的事项不属于仲裁协议的范围

14. 张师傅在拆卸模板时受伤，为工伤赔偿问题将劳务分包单位起诉到法庭，想请唯一目击事故过程的王师傅出庭为其作证，王师傅对此有顾虑。以下关于王师傅出庭作证的说法中，正确的是（ ）。

A. 王师傅有义务出庭作证

B. 王师傅作证有利于查明事实，分包单位责任人应当支持其出庭

C. 王师傅作证对单位不利，分包单位负责人应当劝阻其出庭作证

D. 到法院开庭时，如果王师傅已经离开工地所在城市，出庭确实有困难，经法院许可，其可以提交书面证言

E. 王师傅在书面证言中，应当客观陈述其亲身感知的事物，不得使用猜测、推断或评论性的语言

15. 以下关于民事诉讼证据的举例期限，表述正确的是（ ）。

A. 举例期限不能由当事人协商，只能由法院指定

B. 当事人在举证期限内不提交的，视为放弃举证权利

C. 当事人应当在举证期限内向法院提交证据材料

D. 在适用一审普通程序审理民事案件时，人民法院指定当事人提供证据证明其主张的基础事实的期限，不得少于 30 日

E. 当事人变更诉讼请求的，人民法院应当重新指定举证期限

16. 以下属于书证的是（ ）。

A. 电子邮件 B. 传真

C. 证人出具的书面证言　　　　　　　　D. 电报

E. 信函

17. 以下关于证人证言的表述正确的是（　）。

A. 审判人员可以对证人进行询问

B. 当事人不能对证人进行询问

C. 证人可以旁听法庭审理

D. 询问证人时，其他证人不得在场

E. 法院认为有必要的，可以让证人进行对质

18. 有下列情形之一的，上一级人民法院可以根据申请执行人的申请，责令执行法院如期执行或者变更执行法院：（　）。

A. 债权人申请执行被执行人有可供执行的财产，执行法院自收到申请执行书之日起超过 6 个月对该财产未执行完结的

B. 执行过程中发现被执行人可供执行的财产，执行法院自发现财产之日起超过 6 个月对该财产未执行完结的

C. 对法律文书确定的行为义务的执行，执行法院自收到申请执行书之日起超过 6 个月未依法采取相应执行措施的

D. 据以执行的法律文书被撤销的

E. 作为被执行人的公民死亡，无遗产可供执行，又无义务承担人的

19. 下列选项中不属于商事仲裁基本制度的是（　）。

A. 协议仲裁制度　　　　　　　　B. 两审终审制

C. 一裁终局制度　　　　　　　　D. 公开审理制度

E. 或裁或审制度

20. 根据我国《仲裁法》的规定，下列选项中所述情形可构成仲裁协议书面形式的是（　）。

A. 甲公司与乙公司在租赁合同中约定的合同履行过程中所产生的一切争议提交仲裁委员会仲裁或人民法院起诉的条款

B. 甲公司与乙公司签订了一份加工承揽合同，合同签订后，双方就加工物的质量标准问题以传真方式互相磋商，在双方往来的传真件中记载，如果合同履行中产生纠纷，应提交仲裁委员会仲裁

C. 甲公司与乙公司签订了一份买卖合同，合同签订后，双方就产品的质量标准问题以电子邮件方式互相磋商，在双方往来的电子邮件中记载，如果合同履行中产生纠纷，应提交仲裁委员会仲裁

D. 甲公司与乙公司签订了一份建筑工程承包合同，后因乙公司拖欠工程款问题双方发生纠纷，双方就该工程款问题进行协商，达成将该纠纷提交仲裁委员会的书面文件

E. 甲公司与乙公司签订一份购销合同，后因标的物质量问题发生纠纷，双方公司的法人代表在协商解决问题过程中，口头表示对该纠纷如果协商解决不成，则提交仲裁委员会仲裁，对此有在场的 3 名证人为证

21. 仲裁协议应当包括的内容有（　）。

A. 仲裁事项　　B. 具体的仲裁请求和事实、理由
C. 请求仲裁的意思表示　　D. 选定的仲裁委员会
E. 属于仲裁委员会的受理范围

22. 工程建设双方发生争议，申请仲裁应具备的条件是（　）。

A. 有仲裁协议　　B. 仲裁请求具体
C. 属于仲裁委员会的受理范围　　D. 选定的仲裁委员会
E. 有准确的被申请人

23. 某工程建设产生纠纷，仲裁委员会组成仲裁庭。以下符合法律规定的是（　）。

A. 由 1 人组成仲裁庭　　B. 由 3 人组成仲裁庭
C. 由 4 人组成仲裁庭　　D. 由 5 人组成仲裁庭
E. 由 7 人组成仲裁庭

24. 甲房地产公司根据乙建筑公司建设工程合同中的仲裁条款，向仲裁委员会申请仲裁。在仲裁过程中，根据《仲裁法》的规定，在下列哪种情况下，当事人提出仲裁员的回避申请应当得到批准？（　）

A. 甲公司发现某仲裁员私自会见对方当事人的代理人
B. 乙公司发现某仲裁员虽然是资深会计师，但法律知识欠缺，不适合担任仲裁员
C. 甲公司发现某仲裁员做过 10 年律师
D. 乙公司发现某仲裁员的配偶是甲公司的职工
E. 乙公司发现某仲裁员是甲公司的顾问

25. 仲裁庭对当事人申请仲裁的争议案件经过审理并做出仲裁裁决后，对于国内仲裁裁决，当事人可以在出现下列何种情形时申请撤销仲裁裁决？（　）

A. 裁决的事项不属于仲裁协议的范围或者仲裁委员会无权仲裁的
B. 裁决所根据的证据是伪造的
C. 对方当事人隐瞒了足以影响公正裁决的证据的
D. 仲裁裁决适用法律错误的
E. 没有仲裁协议的

26. 民事纠纷中，当事人达成调解协议，人民法院可以不制作调解书的是（　）。

A. 调解和好的离婚案件　　B. 能够即时履行的案件
C. 调解维持赡养关系的案件　　D. 标的额较小的案件
E. 调解继续履行合同的案件

27. 王某在施工中腿部受伤，施工队支付了医药费和治疗期间的工资，双方就伤残补偿问题达成书面协议，约定再付一万元，王某不得起诉，但是王某收款后又起诉。以下关于达成协议的方式、协议效力以及王某诉讼权利的说法中，正确的是（　）。

A. 双方是通过和解方式达成协议的　　B. 双方是通过调解方式达成协议的
C. 协议书具有强制执行的约束力　　D. 协议书具有法律效力
E. 王某仍有权起诉

28. 人民调解委员会是群众性自治组织，工作在（　）指导下进行。

A. 人民政府　　B. 人民法院

C. 仲裁机构　　D. 居委会

E. 上级调解委员会

29. 以下情形中，属于公民、法人或者其他组织可以依照《行政复议法》直接申请行政复议的是（　）。

A. 对行政机关做出的没收违法所得的行政处罚决定不服的

B. 对行政机关做出的限制人身自由的行政强制措施决定不服的

C. 认为行政机关侵犯合法的经营自主权

D. 认为某市人大做出的规定不合理

E. 认为工程所在地建设行政管理部门关于竣工验收资料备案的规定不合法的

30. 某市建设行政管理部门在安全大检查中，因某建筑公司施工现场存在安全问题，对其做出停工整改的决定，如该决定有下列何种情形，人民法院可判决决定撤销或部分撤销？（　）

A. 适用法律、法规错误　　B. 违反法定程序

C. 行政处罚显失公正　　D. 滥用职权

E. 处罚主要证据不足

31. 行政诉讼期间，不停止具体行政行为的执行。但有下列何种情形，可以停止具体行政行为的执行？（　）

A. 被告认为需要停止执行的

B. 原告申请停止执行，人民法院认为该具体行政行为的执行会造成难以弥补的损失，并且停止执行不损害社会公共利益，裁定停止执行的

C. 人民法院认为应当停止执行的

D. 原告认为应当停止执行的

E. 法律、法规规定停止执行的

32. 以下不属于行政诉讼受案范围的是（　）。

A. 某施工单位在建设文化局办公楼过程中被拖欠工程进度款

B. 甲市建设行政管理部门吊销建筑师乙的职业资格，乙认为处罚行为于法无据

C. 某市规划局工作人员李某对该局人事任职评选结果不服

D. 某市市容管理人员，在执行公务过程中粗暴执法，将运输人员张某打伤

E. 某建筑公司对项目中标结果不服

33. 某市规划委员会拒绝履行已生效的行政判决，第一审法院对该规划委员会可以采取的措施包括（　）。

A. 通知银行从其账户划拨罚款、赔偿金

B. 期满不履行的，按日对其处以罚款

C. 向其上级或监察机关等提出司法建议

D. 拍卖该行政机关的主要财产

E. 构成犯罪的，追究有关人员刑事责任

34. 对于当事人拒绝履行生效的行政判决、裁定的，行政机关可以（　）。

A. 申请一审法院强制执行　　B. 申请终审法院强制执行

C. 依法自己强制执行　　D. 申请上级机关强制执行

E. 申请人民政府强制执行

附录

中华人民共和国建筑法

（1997 年 11 月 1 日第八届全国人民代表大会常务委员会第二十八次会议通过，根据 2011 年 4 月 22 日第十一届全国人民代表大会常务委员会第二十次会议《关于修改〈中华人民共和国建筑法〉的决定》修正）

目 录

第一章 总 则

第一条 为了加强对建筑活动的监督管理，维护建筑市场秩序，保证建筑工程的质量和安全，促进建筑业健康发展，制定本法。

第二条　在中华人民共和国境内从事建筑活动，实施对建筑活动的监督管理，应当遵守本法。

本法所称建筑活动，是指各类房屋建筑及其附属设施的建造和与其配套的线路、管道、设备的安装活动。

第三条　建筑活动应当确保建筑工程质量和安全，符合国家的建筑工程安全标准。

第四条　国家扶持建筑业的发展，支持建筑科学技术研究，提高房屋建筑设计水平，鼓励节约能源和保护环境，提倡采用先进技术、先进设备、先进工艺、新型建筑材料和现代管理方式。

第五条　从事建筑活动应当遵守法律、法规，不得损害社会公共利益和他人的合法权益。

任何单位和个人都不得妨碍和阻挠依法进行的建筑活动。

第六条　国务院建设行政主管部门对全国的建筑活动实施统一监督管理。

第二章　建筑许可

第一节　建筑工程施工许可

第七条　建筑工程开工前，建设单位应当按照国家有关规定向工程所在地县级以上人民政府建设行政主管部门申请领取施工许可证；但是，国务院建设行政主管部门确定的限额以下的小型工程除外。

按照国务院规定的权限和程序批准开工报告的建筑工程，不再领取施工许可证。

第八条　申请领取施工许可证，应当具备下列条件：

（一）已经办理该建筑工程用地批准手续；

（二）在城市规划区的建筑工程，已经取得规划许可证；

（三）需要拆迁的，其拆迁进度符合施工要求；

（四）已经确定建筑施工企业；

（五）有满足施工需要的施工图纸及技术资料；

（六）有保证工程质量和安全的具体措施；

（七）建设资金已经落实；

（八）法律、行政法规规定的其他条件。

建设行政主管部门应当自收到申请之日起十五日内，对符合条件的申请颁发施工许可证。

第九条　建设单位应当自领取施工许可证之日起三个月内开工。因故不能按期开工的，应当向发证机关申请延期；延期以两次为限，每次不超过三个月。既不开工又不申请延期或者超过延期时限的，施工许可证自行废止。

第十条　在建的建筑工程因故中止施工的，建设单位应当自中止施工之日起一个月内，向发证机关报告，并按照规定做好建筑工程的维护管理工作。

建筑工程恢复施工时，应当向发证机关报告；中止施工满一年的工程恢复施工前，建设单位应当报发证机关核验施工许可证。

第十一条　按照国务院有关规定批准开工报告的建筑工程，因故不能按期开工或者中止施工的，应当及时向批准机关报告情况。因故不能按期开工超过六个月的，应当重新办理开工报告的批准手续。

第二节　从业资格

第十二条　从事建筑活动的建筑施工企业、勘察单位、设计单位和工程监理单位，应当具备下列条件：

（一）有符合国家规定的注册资本；

（二）有与其从事的建筑活动相适应的具有法定执业资格的专业技术人员；

（三）有从事相关建筑活动所应有的技术装备；

（四）法律、行政法规规定的其他条件。

第十三条 从事建筑活动的建筑施工企业、勘察单位、设计单位和工程监理单位，按照其拥有的注册资本、专业技术人员、技术装备和已完成的建筑工程业绩等资质条件，划分为不同的资质等级，经资质审查合格，取得相应等级的资质证书后，方可在其资质等级许可的范围内从事建筑活动。

第十四条 从事建筑活动的专业技术人员，应当依法取得相应的执业资格证书，并在执业资格证书许可的范围内从事建筑活动。

第三章 建筑工程发包与承包

第一节 一般规定

第十五条 建筑工程的发包单位与承包单位应当依法订立书面合同，明确双方的权利和义务。

发包单位和承包单位应当全面履行合同约定的义务。不按照合同约定履行义务的，依法承担违约责任。

第十六条 建筑工程发包与承包的招标投标活动，应当遵循公开、公正、平等竞争的原则，择优选择承包单位。

建筑工程的招标投标，本法没有规定的，适用有关招标投标法律的规定。

第十七条 发包单位及其工作人员在建筑工程发包中不得收受贿赂、回扣或者索取其他好处。

承包单位及其工作人员不得利用向发包单位及其工作人员行贿、提供回扣或者给予其他好处等不正当手段承揽工程。

第十八条 建筑工程造价应当按照国家有关规定，由发包单位与承包单位在合同中约定。公开招标发包的，其造价的约定，须遵守招标投标法律的规定。

发包单位应当按照合同的约定，及时拨付工程款项。

第二节 发包

第十九条 建筑工程依法实行招标发包，对不适于招标发包的可以直接发包。

第二十条 建筑工程实行公开招标的，发包单位应当依照法定程序和方式，发布招标公告，提供载有招标工程的主要技术要求、主要的合同条款、评标的标准和方法以及开标、评标、定标的程序等内容的招标文件。

开标应当在招标文件规定的时间、地点公开进行。开标后应当按照招标文件规定的评标标准和程序对标书进行评价、比较，在具备相应资质条件的投标者中，择优选定中标者。

第二十一条 建筑工程招标的开标、评标、定标由建设单位依法组织实施，并接受有关行政主管部门的监督。

第二十二条 建筑工程实行招标发包的，发包单位应当将建筑工程发包给依法中标的承包单位。建筑工程实行直接发包的，发包单位应当将建筑工程发包给具有相应资质条件的承包单位。

第二十三条 政府及其所属部门不得滥用行政权力，限定发包单位将招标发包的建筑工程发包给指定的承包单位。

第二十四条 提倡对建筑工程实行总承包，禁止将建筑工程肢解发包。

建筑工程的发包单位可以将建筑工程的勘察、设计、施工、设备采购一并发包给一个工程总承包单位，也可以将建筑工程勘察、设计、施工、设备采购的一项或者多项发包给一个工程总承包单位；但是，不得将应当由一个承包单位完成的建筑工程肢解成若干部分发包给几个承包单位。

第二十五条 按照合同约定，建筑材料、建筑构配件和设备由工程承包单位采购的，发包单位不得指定承包单位购入用于工程的建筑材料、建筑构配件和设备或者指定生产厂、供应商。

第三节 承 包

第二十六条 承包建筑工程的单位应当持有依法取得的资质证书，并在其资质等级许可的业务范围内承揽工程。

禁止建筑施工企业超越本企业资质等级许可的业务范围或者以任何形式用其他建筑施工企业的名义承揽工程。禁止建筑施工企业以任何形式允许其他单位或者个人使用本企业的资质证书、营业执照，以本企业的名义承揽工程。

第二十七条 大型建筑工程或者结构复杂的建筑工程，可以由两个以上的承包单位联合共同承包。共同承包的各方对承包合同的履行承担连带责任。

两个以上不同资质等级的单位实行联合共同承包的，应当按照资质等级低的单位的业务许可范围承揽工程。

第二十八条 禁止承包单位将其承包的全部建筑工程转包给他人，禁止承包单位将其承包的全部建筑工程肢解以后以分包的名义分别转包给他人。

第二十九条 建筑工程总承包单位可以将承包工程中的部分工程发包给具有相应资质条件的分包单位；但是，除总承包合同中约定的分包外，必须经建设单位认可。施工总承包的，建筑工程主体结构的施工必须由总承包单位自行完成。

建筑工程总承包单位按照总承包合同的约定对建设单位负责；分包单位按照分包合同的约定对总承包单位负责。总承包单位和分包单位就分包工程对建设单位承担连带责任。

禁止总承包单位将工程分包给不具备相应资质条件的单位。禁止分包单位将其承包的工程再分包。

第四章 建筑工程监理

第二十条 国家推行建筑工程监理制度。

国务院可以规定实行强制监理的建筑工程的范围。

第三十一条 实行监理的建筑工程，由建设单位委托具有相应资质条件的工程监理单位监理。建设单位与其委托的工程监理单位应当订立书面委托监理合同。

第三十二条 建筑工程监理应当依照法律、行政法规及有关的技术标准、设计文件和建筑工程承包合同，对承包单位在施工质量、建设工期和建设资金使用等方面，代表建设单位实施监督。

工程监理人员认为工程施工不符合工程设计要求、施工技术标准和合同约定的，有权要求建筑施工企业改正。

工程监理人员发现工程设计不符合建筑工程质量标准或者合同约定的质量要求的，应当报告建设单位要求设计单位改正。

第三十三条 实施建筑工程监理前，建设单位应当将委托的工程监理单位、监理的内容及监理权限，书面通知被监理的建筑施工企业。

第三十四条 工程监理单位应当在其资质等级许可的监理范围内，承担工程监理业务。

工程监理单位应当根据建设单位的委托，客观、公正地执行监理任务。

工程监理单位与被监理工程的承包单位以及建筑材料、建筑构配件和设备供应单位不得有隶属关系或者其他利害关系。

工程监理单位不得转让工程监理业务。

第三十五条 工程监理单位不按照委托监理合同的约定履行监理义务，对应当监督检查的项目不检查或者不按照规定检查，给建设单位造成损失的，应当承担相应的赔偿责任。

工程监理单位与承包单位串通，为承包单位谋取非法利益，给建设单位造成损失的，应当与承包单位承担连带赔偿责任。

第五章 建筑安全生产管理

第三十六条 建筑工程安全生产管理必须坚持安全第一、预防为主的方针，建立健全安全生产的责任制度和群防群治制度。

第三十七条 建筑工程设计应当符合按照国家规定制定的建筑安全规程和技术规范，保证工程的安全性能。

第三十八条 建筑施工企业在编制施工组织设计时，应当根据建筑工程的特点制定相应的安全技术措施；对专业性较强的工程项目，应当编制专项安全施工组织设计，并采取安全技术措施。

第三十九条 建筑施工企业应当在施工现场采取维护安全、防范危险、预防火灾等措施；有条件的，应当对施工现场实行封闭管理。

施工现场对毗邻的建筑物、构筑物和特殊作业环境可能造成损害的，建筑施工企业应当采取安全防护措施。

第四十条 建设单位应当向建筑施工企业提供与施工现场相关的地下管线资料，建筑施工企业应当采取措施加以保护。

第四十一条 建筑施工企业应当遵守有关环境保护和安全生产的法律、法规的规定，采取控制和处理施工现场的各种粉尘、废气、废水、固体废物以及噪声、振动对环境的污染和危害的措施。

第四十二条 有下列情形之一的，建设单位应当按照国家有关规定办理申请批准手续：

（一）需要临时占用规划批准范围以外场地的；

（二）可能损坏道路、管线、电力、邮电通讯等公共设施的；

（三）需要临时停水、停电、中断道路交通的；

（四）需要进行爆破作业的；

（五）法律、法规规定需要办理报批手续的其他情形。

第四十三条 建设行政主管部门负责建筑安全生产的管理，并依法接受劳动行政主管部门对建筑安全生产的指导和监督。

第四十四条 建筑施工企业必须依法加强对建筑安全生产的管理，执行安全生产责任制度，采取有效措施，防止伤亡和其他安全生产事故的发生。

建筑施工企业的法定代表人对本企业的安全生产负责。

第四十五条 施工现场安全由建筑施工企业负责。实行施工总承包的，由总承包单位负责。

分包单位向总承包单位负责，服从总承包单位对施工现场的安全生产管理。

第四十六条　建筑施工企业应当建立健全劳动安全生产教育培训制度，加强对职工安全生产的教育培训；未经安全生产教育培训的人员，不得上岗作业。

第四十七条　建筑施工企业和作业人员在施工过程中，应当遵守有关安全生产的法律、法规和建筑行业安全规章、规程，不得违章指挥或者违章作业。作业人员有权对影响人身健康的作业程序和作业条件提出改进意见，有权获得安全生产所需的防护用品。作业人员对危及生命安全和人身健康的行为有权提出批评、检举和控告。

第四十八条　建筑施工企业应当依法为职工参加工伤保险缴纳工伤保险费。鼓励企业为从事危险作业的职工办理意外伤害保险，支付保险费。

第四十九条　涉及建筑主体和承重结构变动的装修工程，建设单位应当在施工前委托原设计单位或者具有相应资质条件的设计单位提出设计方案；没有设计方案的，不得施工。

第五十条　房屋拆除应当由具备保证安全条件的建筑施工单位承担，由建筑施工单位负责人对安全负责。

第五十一条　施工中发生事故时，建筑施工企业应当采取紧急措施减少人员伤亡和事故损失，并按照国家有关规定及时向有关部门报告。

第六章　建筑工程质量管理

第五十二条　建筑工程勘察、设计、施工的质量必须符合国家有关建筑工程安全标准的要求，具体管理办法由国务院规定。

有关建筑工程安全的国家标准不能适应确保建筑安全的要求时，应当及时修订。

第五十三条　国家对从事建筑活动的单位推行质量体系认证制度。从事建筑活动的单位根据自愿原则可以向国务院产品质量监督管理部门或者国务院产品质量监督管理部门授权的部门认可的认证机构申请质量体系认证。经认证合格的，由认证机构颁发质量体系认证证书。

第五十四条　建设单位不得以任何理由，要求建筑设计单位或者建筑施工企业在工程设计或者施工作业中，违反法律、行政法规和建筑工程质量、安全标准，降低工程质量。

建筑设计单位和建筑施工企业对建设单位违反前款规定提出的降低工程质量的要求，应当予以拒绝。

第五十五条　建筑工程实行总承包的，工程质量由工程总承包单位负责，总承包单位将建筑工程分包给其他单位的，应当对分包工程的质量与分包单位承担连带责任。分包单位应当接受总承包单位的质量管理。

第五十六条　建筑工程的勘察、设计单位必须对其勘察、设计的质量负责。勘察、设计文件应当符合有关法律、行政法规的规定和建筑工程质量、安全标准、建筑工程勘察、设计技术规范以及合同的约定。设计文件选用的建筑材料、建筑构配件和设备，应当注明其规格、型号、性能等技术指标，其质量要求必须符合国家规定的标准。

第五十七条　建筑设计单位对设计文件选用的建筑材料、建筑构配件和设备，不得指定生产厂、供应商。

第五十八条　建筑施工企业对工程的施工质量负责。

建筑施工企业必须按照工程设计图纸和施工技术标准施工，不得偷工减料。工程设计的修改由原设计单位负责，建筑施工企业不得擅自修改工程设计。

第五十九条 建筑施工企业必须按照工程设计要求、施工技术标准和合同的约定，对建筑材料、建筑构配件和设备进行检验，不合格的不得使用。

第六十条 建筑物在合理使用寿命内，必须确保地基基础工程和主体结构的质量。

建筑工程竣工时，屋顶、墙面不得留有渗漏、开裂等质量缺陷；对已发现的质量缺陷，建筑施工企业应当修复。

第六十一条 交付竣工验收的建筑工程，必须符合规定的建筑工程质量标准，有完整的工程技术经济资料和经签署的工程保修书，并具备国家规定的其他竣工条件。

建筑工程竣工经验收合格后，方可交付使用；未经验收或者验收不合格的，不得交付使用。

第六十二条 建筑工程实行质量保修制度。

建筑工程的保修范围应当包括地基基础工程、主体结构工程、屋面防水工程和其他土建工程，以及电气管线、上下水管线的安装工程，供热、供冷系统工程等项目；保修的期限应当按照保证建筑物合理寿命年限内正常使用，维护使用者合法权益的原则确定。具体的保修范围和最低保修期限由国务院规定。

第六十三条 任何单位和个人对建筑工程的质量事故、质量缺陷都有权向建设行政主管部门或者其他有关部门进行检举、控告、投诉。

第七章 法律责任

第六十四条 违反本法规定，未取得施工许可证或者开工报告未经批准擅自施工的，责令改正，对不符合开工条件的责令停止施工，可以处以罚款。

第六十五条 发包单位将工程发包给不具有相应资质条件的承包单位的，或者违反本法规定将建筑工程肢解发包的，责令改正，处以罚款。

超越本单位资质等级承揽工程的，责令停止违法行为，处以罚款，可以责令停业整顿，降低资质等级；情节严重的，吊销资质证书；有违法所得的，予以没收。

未取得资质证书承揽工程的，予以取缔，并处罚款；有违法所得的，予以没收。

以欺骗手段取得资质证书的，吊销资质证书，处以罚款；构成犯罪的，依法追究刑事责任。

第六十六条 建筑施工企业转让、出借资质证书或者以其他方式允许他人以本企业的名义承揽工程的，责令改正，没收违法所得，并处罚款，可以责令停业整顿，降低资质等级；情节严重的，吊销资质证书。对因该项承揽工程不符合规定的质量标准造成的损失，建筑施工企业与使用本企业名义的单位或者个人承担连带赔偿责任。

第六十七条 承包单位将承包的工程转包的，或者违反本法规定进行分包的，责令改正，没收违法所得，并处罚款，可以责令停业整顿，降低资质等级；情节严重的，吊销资质证书。

承包单位有前款规定的违法行为的，对因转包工程或者违法分包的工程不符合规定的质量标准造成的损失，与接受转包或者分包的单位承担连带赔偿责任。

第六十八条 在工程发包与承包中索贿、受贿、行贿，构成犯罪的，依法追究刑事责任；不构成犯罪的，分别处以罚款，没收贿赂的财物，对直接负责的主管人员和其他直接责任人员给予处分。

对在工程承包中行贿的承包单位，除依照前款规定处罚外，可以责令停业整顿，降低资质等级或者吊销资质证书。

第六十九条 工程监理单位与建设单位或者建筑施工企业串通，弄虚作假、降低工程质量的，责令改正，处以罚款，降低资质等级或者吊销资质证书；有违法所得的，予以没收；造成损失的，承担连带赔偿责任；构成犯罪的，依法追究刑事责任。

工程监理单位转让监理业务的，责令改正，没收违法所得，可以责令停业整顿，降低资质等级；情节严重的，吊销资质证书。

第七十条　违反本法规定，涉及建筑主体或者承重结构变动的装修工程擅自施工的，责令改正，处以罚款；造成损失的，承担赔偿责任；构成犯罪的，依法追究刑事责任。

第七十一条　建筑施工企业违反本法规定，对建筑安全事故隐患不采取措施予以消除的，责令改正，可以处以罚款；情节严重的，责令停业整顿，降低资质等级或者吊销资质证书；构成犯罪的，依法追究刑事责任。

建筑施工企业的管理人员违章指挥、强令职工冒险作业，因而发生重大伤亡事故或者造成其他严重后果的，依法追究刑事责任。

第七十二条　建设单位违反本法规定，要求建筑设计单位或者建筑施工企业违反建筑工程质量、安全标准，降低工程质量的，责令改正，可以处以罚款；构成犯罪的，依法追究刑事责任。

第七十三条　建筑设计单位不按照建筑工程质量、安全标准进行设计的，责令改正，处以罚款；造成工程质量事故的，责令停业整顿，降低资质等级或者吊销资质证书，没收违法所得，并处罚款；造成损失的，承担赔偿责任；构成犯罪的，依法追究刑事责任。

第七十四条　建筑施工企业在施工中偷工减料的，使用不合格的建筑材料、建筑构配件和设备的，或者有其他不按照工程设计图纸或者施工技术标准施工的行为的，责令改正，处以罚款；情节严重的，责令停业整顿，降低资质等级或者吊销资质证书；造成建筑工程质量不符合规定的质量标准的，负责返工、修理，并赔偿因此造成的损失；构成犯罪的，依法追究刑事责任。

第七十五条　建筑施工企业违反本法规定，不履行保修义务或者拖延履行保修义务的，责令改正，可以处以罚款，并对在保修期内因屋顶、墙面渗漏、开裂等质量缺陷造成的损失，承担赔偿责任。

第七十六条　本法规定的责令停业整顿、降低资质等级和吊销资质证书的行政处罚，由颁发资质证书的机关决定；其他行政处罚，由建设行政主管部门或者有关部门依照法律和国务院规定的职权范围决定。

依照本法规定被吊销资质证书的，由工商行政管理部门吊销其营业执照。

第七十七条　违反本法规定，对不具备相应资质等级条件的单位颁发该等级资质证书的，由其上级机关责令收回所发的资质证书，对直接负责的主管人员和其他直接责任人员给予行政处分；构成犯罪的，依法追究刑事责任。

第七十八条　政府及其所属部门的工作人员违反本法规定，限定发包单位将招标发包的工程发包给指定的承包单位的，由上级机关责令改正；构成犯罪的，依法追究刑事责任。

第七十九条　负责颁发建筑工程施工许可证的部门及其工作人员对不符合施工条件的建筑工程颁发施工许可证的，负责工程质量监督检查或者竣工验收的部门及其工作人员对不合格的建筑工程出具质量合格文件或者按合格工程验收的，由上级机关责令改正，对责任人员给予行政处分；构成犯罪的，依法追究刑事责任；造成损失的，由该部门承担相应的赔偿责任。

第八十条　在建筑物的合理使用寿命内，因建筑工程质量不合格受到损害的，有权向责任者要求赔偿。

第八章 附 则

第八十一条 本法关于施工许可、建筑施工企业资质审查和建筑工程发包、承包、禁止转包，以及建筑工程监理、建筑工程安全和质量管理的规定，适用于其他专业建筑工程的建筑活动，具体办法由国务院规定。

第八十二条 建设行政主管部门和其他有关部门在对建筑活动实施监督管理中，除按照国务院有关规定收取费用外，不得收取其他费用。

第八十三条 省、自治区、直辖市人民政府确定的小型房屋建筑工程的建筑活动，参照本法执行。

依法核定作为文物保护的纪念建筑物和古建筑等的修缮，依照文物保护的有关法律规定执行。

抢险救灾及其他临时性房屋建筑和农民自建低层住宅的建筑活动，不适用本法。

第八十四条 军用房屋建筑工程建筑活动的具体管理办法，由国务院、中央军事委员会依据本法制定。

第八十五条 本法自 1998 年 3 月 1 日起施行。

中华人民共和国劳动合同法

（2007 年 6 月 29 日第十届全国人民代表大会常务委员会第二十八次会议通过，根据 2012 年 12 月 28 日中华人民共和国第十一届全国人民代表大会常务委员会第三十次会议《全国人民代表大会常务委员会关于修改<中华人民共和国劳动法>的决定》修正）

目　录

第一章　总则

第一条　为了完善劳动合同制度，明确劳动合同双方当事人的权利和义务，保护劳动者的合法权益，构建和发展和谐稳定的劳动关系，制定本法。

第二条　中华人民共和国境内的企业、个体经济组织、民办非企业单位等组织（以下称用人单位）与劳动者建立劳动关系，订立、履行、变更、解除或者终止劳动合同，适用本法。

国家机关、事业单位、社会团体和与其建立劳动关系的劳动者，订立、履行、变更、解除或者终止劳动合同，依照本法执行。

第三条　订立劳动合同，应当遵循合法、公平、平等自愿、协商一致、诚实信用的原则。

依法订立的劳动合同具有约束力，用人单位与劳动者应当履行劳动合同约定的义务。

第四条　用人单位应当依法建立和完善劳动规章制度，保障劳动者享有劳动权利、履行劳动义务。

用人单位在制定、修改或者决定有关劳动报酬、工作时间、休息休假、劳动安全卫生、保险福利、职工培训、劳动纪律以及劳动定额管理等直接涉及劳动者切身利益的规章制度或者重大事项时，应当经职工代表大会或者全体职工讨论，提出方案和意见，与工会或者职工代表平等协商确定。

在规章制度和重大事项决定实施过程中，工会或者职工认为不适当的，有权向用人单位提出，通过协商予以修改完善。

用人单位应当将直接涉及劳动者切身利益的规章制度和重大事项决定公示，或者告知劳动者。

第五条　县级以上人民政府劳动行政部门会同工会和企业方面代表，建立健全协调劳动关系三方机制，共同研究解决有关劳动关系的重大问题。

第六条 工会应当帮助、指导劳动者与用人单位依法订立和履行劳动合同，并与用人单位建立集体协商机制，维护劳动者的合法权益。

第二章 劳动合同的订立

第七条 用人单位自用工之日起即与劳动者建立劳动关系。用人单位应当建立职工名册备查。

第八条 用人单位招用劳动者时，应当如实告知劳动者工作内容、工作条件、工作地点、职业危害、安全生产状况、劳动报酬，以及劳动者要求了解的其他情况；用人单位有权了解劳动者与劳动合同直接相关的基本情况，劳动者应当如实说明。

第九条 用人单位招用劳动者，不得扣押劳动者的居民身份证和其他证件，不得要求劳动者提供担保或者以其他名义向劳动者收取财物。

第十条 建立劳动关系，应当订立书面劳动合同。

已建立劳动关系，未同时订立书面劳动合同的，应当自用工之日起一个月内订立书面劳动合同。

用人单位与劳动者在用工前订立劳动合同的，劳动关系自用工之日起建立。

第十一条 用人单位未在用工的同时订立书面劳动合同，与劳动者约定的劳动报酬不明确的，新招用的劳动者的劳动报酬按照集体合同规定的标准执行；没有集体合同或者集体合同未规定的，实行同工同酬。

第十二条 劳动合同分为固定期限劳动合同、无固定期限劳动合同和以完成一定工作任务为期限的劳动合同。

第十三条 固定期限劳动合同，是指用人单位与劳动者约定合同终止时间的劳动合同。

用人单位与劳动者协商一致，可以订立固定期限劳动合同。

第十四条 无固定期限劳动合同，是指用人单位与劳动者约定无确定终止时间的劳动合同。

用人单位与劳动者协商一致，可以订立无固定期限劳动合同。有下列情形之一，劳动者提出或者同意续订、订立劳动合同的，除劳动者提出订立固定期限劳动合同外，应当订立无固定期限劳动合同：

（一）劳动者在该用人单位连续工作满十年的；

（二）用人单位初次实行劳动合同制度或者国有企业改制重新订立劳动合同时，劳动者在该用人单位连续工作满十年且距法定退休年龄不足十年的；

（三）连续订立二次固定期限劳动合同，且劳动者没有本法第三十九条和第四十条第一项、第二项规定的情形，续订劳动合同的。

用人单位自用工之日起满一年不与劳动者订立书面劳动合同的，视为用人单位与劳动者已订立无固定期限劳动合同。

第十五条 以完成一定工作任务为期限的劳动合同，是指用人单位与劳动者约定以某项工作的完成为合同期限的劳动合同。

用人单位与劳动者协商一致，可以订立以完成一定工作任务为期限的劳动合同。

第十六条 劳动合同由用人单位与劳动者协商一致，并经用人单位与劳动者在劳动合同文本上签字或者盖章生效。

劳动合同文本由用人单位和劳动者各执一份。

第十七条 劳动合同应当具备以下条款：

（一）用人单位的名称、住所和法定代表人或者主要负责人；

（二）劳动者的姓名、住址和居民身份证或者其他有效身份证件号码；

（三）劳动合同期限；

（四）工作内容和工作地点；

（五）工作时间和休息休假；

（六）劳动报酬；

（七）社会保险；

（八）劳动保护、劳动条件和职业危害防护；

（九）法律、法规规定应当纳入劳动合同的其他事项。

劳动合同除前款规定的必备条款外，用人单位与劳动者可以约定试用期、培训、保守秘密、补充保险和福利待遇等其他事项。

第十八条　劳动合同对劳动报酬和劳动条件等标准约定不明确，引发争议的，用人单位与劳动者可以重新协商；协商不成的，适用集体合同规定；没有集体合同或者集体合同未规定劳动报酬的，实行同工同酬；没有集体合同或者集体合同未规定劳动条件等标准的，适用国家有关规定。

第十九条　劳动合同期限三个月以上不满一年的，试用期不得超过一个月；劳动合同期限一年以上不满三年的，试用期不得超过二个月；三年以上固定期限和无固定期限的劳动合同，试用期不得超过六个月。

同一用人单位与同一劳动者只能约定一次试用期。

以完成一定工作任务为期限的劳动合同或者劳动合同期限不满三个月的，不得约定试用期。

试用期包含在劳动合同期限内。劳动合同仅约定试用期的，试用期不成立，该期限为劳动合同期限。

第二十条　劳动者在试用期的工资不得低于本单位相同岗位最低档工资或者劳动合同约定工资的百分之八十，并不得低于用人单位所在地的最低工资标准。

第二十一条　在试用期中，除劳动者有本法第三十九条和第四十条第一项、第二项规定的情形外，用人单位不得解除劳动合同。用人单位在试用期解除劳动合同的，应当向劳动者说明理由。

第二十二条　用人单位为劳动者提供专项培训费用，对其进行专业技术培训的，可以与该劳动者订立协议，约定服务期。

劳动者违反服务期约定的，应当按照约定向用人单位支付违约金。违约金的数额不得超过用人单位提供的培训费用。用人单位要求劳动者支付的违约金不得超过服务期尚未履行部分所应分摊的培训费用。

用人单位与劳动者约定服务期的，不影响按照正常的工资调整机制提高劳动者在服务期期间的劳动报酬。

第二十三条　用人单位与劳动者可以在劳动合同中约定保守用人单位的商业秘密和与知识产权相关的保密事项。

对负有保密义务的劳动者，用人单位可以在劳动合同或者保密协议中与劳动者约定竞业限制条款，并约定在解除或者终止劳动合同后，在竞业限制期限内按月给予劳动者经济补偿。劳动者违反竞业限制约定的，应当按照约定向用人单位支付违约金。

第二十四条　竞业限制的人员限于用人单位的高级管理人员、高级技术人员和其他负有保密义务的人员。竞业限制的范围、地域、期限由用人单位与劳动者约定，竞业限制的约定不得违反法律、法规的规定。

在解除或者终止劳动合同后，前款规定的人员到与本单位生产或者经营同类产品、从事同类业务的有竞争关系的其他用人单位，或者自己开业生产或者经营同类产品、从事同类业务的竞业限制期限，不得超过二年。

第二十五条 除本法第二十二条和第二十三条规定的情形外，用人单位不得与劳动者约定由劳动者承担违约金。

第二十六条 下列劳动合同无效或者部分无效：

（一）以欺诈、胁迫的手段或者乘人之危，使对方在违背真实意思的情况下订立或者变更劳动合同的；

（二）用人单位免除自己的法定责任、排除劳动者权利的；

（三）违反法律、行政法规强制性规定的。

对劳动合同的无效或者部分无效有争议的，由劳动争议仲裁机构或者人民法院确认。

第二十七条 劳动合同部分无效，不影响其他部分效力的，其他部分仍然有效。

第二十八条 劳动合同被确认无效，劳动者已付出劳动的，用人单位应当向劳动者支付劳动报酬。劳动报酬的数额，参照本单位相同或者相近岗位劳动者的劳动报酬确定。

第三章 劳动合同的履行和变更

第二十九条 用人单位与劳动者应当按照劳动合同的约定，全面履行各自的义务。

第三十条 用人单位应当按照劳动合同约定和国家规定，向劳动者及时足额支付劳动报酬。

用人单位拖欠或者未足额支付劳动报酬的，劳动者可以依法向当地人民法院申请支付令，人民法院应当依法发出支付令。

第三十一条 用人单位应当严格执行劳动定额标准，不得强迫或者变相强迫劳动者加班。用人单位安排加班的，应当按照国家有关规定向劳动者支付加班费。

第三十二条 劳动者拒绝用人单位管理人员违章指挥、强令冒险作业的，不视为违反劳动合同。

劳动者对危害生命安全和身体健康的劳动条件，有权对用人单位提出批评、检举和控告。

第三十三条 用人单位变更名称、法定代表人、主要负责人或者投资人等事项，不影响劳动合同的履行。

第三十四条 用人单位发生合并或者分立等情况，原劳动合同继续有效，劳动合同由承继其权利和义务的用人单位继续履行。

第三十五条 用人单位与劳动者协商一致，可以变更劳动合同约定的内容。变更劳动合同，应当采用书面形式。

变更后的劳动合同文本由用人单位和劳动者各执一份。

第四章 劳动合同的解除和终止

第三十六条 用人单位与劳动者协商一致，可以解除劳动合同。

第三十七条 劳动者提前三十日以书面形式通知用人单位，可以解除劳动合同。劳动者在试用期内提前三日通知用人单位，可以解除劳动合同。

第三十八条 用人单位有下列情形之一的，劳动者可以解除劳动合同：

（一）未按照劳动合同约定提供劳动保护或者劳动条件的；

（二）未及时足额支付劳动报酬的；

（三）未依法为劳动者缴纳社会保险费的；

（四）用人单位的规章制度违反法律、法规的规定，损害劳动者权益的；

（五）因本法第二十六条第一款规定的情形致使劳动合同无效的；

（六）法律、行政法规规定劳动者可以解除劳动合同的其他情形。

用人单位以暴力、威胁或者非法限制人身自由的手段强迫劳动者劳动的，或者用人单位违章指挥、强令冒险作业危及劳动者人身安全的，劳动者可以立即解除劳动合同，不需事先告知用人单位。

第三十九条　劳动者有下列情形之一的，用人单位可以解除劳动合同：

（一）在试用期间被证明不符合录用条件的；

（二）严重违反用人单位的规章制度的；

（三）严重失职，营私舞弊，给用人单位造成重大损害的；

（四）劳动者同时与其他用人单位建立劳动关系，对完成本单位的工作任务造成严重影响，或者经用人单位提出，拒不改正的；

（五）因本法第二十六条第一款第一项规定的情形致使劳动合同无效的；

（六）被依法追究刑事责任的。

第四十条　有下列情形之一的，用人单位提前三十日以书面形式通知劳动者本人或者额外支付劳动者一个月工资后，可以解除劳动合同：

（一）劳动者患病或者非因工负伤，在规定的医疗期满后不能从事原工作，也不能从事由用人单位另行安排的工作的；

（二）劳动者不能胜任工作，经过培训或者调整工作岗位，仍不能胜任工作的；

（三）劳动合同订立时所依据的客观情况发生重大变化，致使劳动合同无法履行，经用人单位与劳动者协商，未能就变更劳动合同内容达成协议的。

第四十一条　有下列情形之一，需要裁减人员二十人以上或者裁减不足二十人但占企业职工总数百分之十以上的，用人单位提前三十日向工会或者全体职工说明情况，听取工会或者职工的意见后，裁减人员方案经向劳动行政部门报告，可以裁减人员：

（一）依照企业破产法规定进行重整的；

（二）生产经营发生严重困难的；

（三）企业转产、重大技术革新或者经营方式调整，经变更劳动合同后，仍需裁减人员的；

（四）其他因劳动合同订立时所依据的客观经济情况发生重大变化，致使劳动合同无法履行的。

裁减人员时，应当优先留用下列人员：

（一）与本单位订立较长期限的固定期限劳动合同的；

（二）与本单位订立无固定期限劳动合同的；

（三）家庭无其他就业人员，有需要扶养的老人或者未成年人的。

用人单位依照本条第一款规定裁减人员，在六个月内重新招用人员的，应当通知被裁减的人员，并在同等条件下优先招用被裁减的人员。

第四十二条　劳动者有下列情形之一的，用人单位不得依照本法第四十条、第四十一条的规定解除劳动合同：

（一）从事接触职业病危害作业的劳动者未进行离岗前职业健康检查，或者疑似职业病病人在诊断或者医学观察期间的；

（二）在本单位患职业病或者因工负伤并被确认丧失或者部分丧失劳动能力的；

（三）患病或者非因工负伤，在规定的医疗期内的；

（四）女职工在孕期、产期、哺乳期的；

（五）在本单位连续工作满十五年，且距法定退休年龄不足五年的；

（六）法律、行政法规规定的其他情形。

第四十三条 用人单位单方解除劳动合同，应当事先将理由通知工会。用人单位违反法律、行政法规规定或者劳动合同约定的，工会有权要求用人单位纠正。用人单位应当研究工会的意见，并将处理结果书面通知工会。

第四十四条 有下列情形之一的，劳动合同终止：

（一）劳动合同期满的；

（二）劳动者开始依法享受基本养老保险待遇的；

（三）劳动者死亡，或者被人民法院宣告死亡或者宣告失踪的；

（四）用人单位被依法宣告破产的；

（五）用人单位被吊销营业执照、责令关闭、撤销或者用人单位决定提前解散的；

（六）法律、行政法规规定的其他情形。

第四十五条 劳动合同期满，有本法第四十二条规定情形之一的，劳动合同应当续延至相应的情形消失时终止。但是，本法第四十二条第二项规定丧失或者部分丧失劳动能力劳动者的劳动合同的终止，按照国家有关工伤保险的规定执行。

第四十六条 有下列情形之一的，用人单位应当向劳动者支付经济补偿：

（一）劳动者依照本法第三十八条规定解除劳动合同的；

（二）用人单位依照本法第三十六条规定向劳动者提出解除劳动合同并与劳动者协商一致解除劳动合同的；

（三）用人单位依照本法第四十条规定解除劳动合同的；

（四）用人单位依照本法第四十一条第一款规定解除劳动合同的；

（五）除用人单位维持或者提高劳动合同约定条件续订劳动合同，劳动者不同意续订的情形外，依照本法第四十四条第一项规定终止固定期限劳动合同的；

（六）依照本法第四十四条第四项、第五项规定终止劳动合同的；

（七）法律、行政法规规定的其他情形。

第四十七条 经济补偿按劳动者在本单位工作的年限，每满一年支付一个月工资的标准向劳动者支付。六个月以上不满一年的，按一年计算；不满六个月的，向劳动者支付半个月工资的经济补偿。

劳动者月工资高于用人单位所在直辖市、设区的市级人民政府公布的本地区上年度职工月平均工资三倍的，向其支付经济补偿的标准按职工月平均工资三倍的数额支付，向其支付经济补偿的年限最高不超过十二年。

本条所称月工资是指劳动者在劳动合同解除或者终止前十二个月的平均工资。

第四十八条 用人单位违反本法规定解除或者终止劳动合同，劳动者要求继续履行劳动合同的，用人单位应当继续履行；劳动者不要求继续履行劳动合同或者劳动合同已经不能继续履行的，用人单位应当依照本法第八十七条规定支付赔偿金。

第四十九条　国家采取措施，建立健全劳动者社会保险关系跨地区转移接续制度。

第五十条　用人单位应当在解除或者终止劳动合同时出具解除或者终止劳动合同的证明，并在十五日内为劳动者办理档案和社会保险关系转移手续。

劳动者应当按照双方约定，办理工作交接。用人单位依照本法有关规定应当向劳动者支付经济补偿的，在办结工作交接时支付。

用人单位对已经解除或者终止的劳动合同的文本，至少保存二年备查。

第五章　特别规定

第一节　集体合同

第五十一条　企业职工一方与用人单位通过平等协商，可以就劳动报酬、工作时间、休息休假、劳动安全卫生、保险福利等事项订立集体合同。集体合同草案应当提交职工代表大会或者全体职工讨论通过。

集体合同由工会代表企业职工一方与用人单位订立；尚未建立工会的用人单位，由上级工会指导劳动者推举的代表与用人单位订立。

第五十二条　企业职工一方与用人单位可以订立劳动安全卫生、女职工权益保护、工资调整机制等专项集体合同。

第五十三条　在县级以下区域内，建筑业、采矿业、餐饮服务业等行业可以由工会与企业方面代表订立行业性集体合同，或者订立区域性集体合同。

第五十四条　集体合同订立后，应当报送劳动行政部门；劳动行政部门自收到集体合同文本之日起十五日内未提出异议的，集体合同即行生效。

依法订立的集体合同对用人单位和劳动者具有约束力。行业性、区域性集体合同对当地本行业、本区域的用人单位和劳动者具有约束力。

第五十五条　集体合同中劳动报酬和劳动条件等标准不得低于当地人民政府规定的最低标准；用人单位与劳动者订立的劳动合同中劳动报酬和劳动条件等标准不得低于集体合同规定的标准。

第五十六条　用人单位违反集体合同，侵犯职工劳动权益的，工会可以依法要求用人单位承担责任；因履行集体合同发生争议，经协商解决不成的，工会可以依法申请仲裁、提起诉讼。

第二节　劳务派遣

第五十七条　经营劳务派遣业务应当具备下列条件：

（一）注册资本不得少于人民币二百万元；

（二）有与开展业务相适应的固定的经营场所和设施；

（三）有符合法律、行政法规规定的劳务派遣管理制度；

（四）法律、行政法规规定的其他条件。

经营劳务派遣业务，应当向劳动行政部门依法申请行政许可；经许可的，依法办理相应的公司登记。未经许可，任何单位和个人不得经营劳务派遣业务。

第五十八条　劳务派遣单位是本法所称用人单位，应当履行用人单位对劳动者的义务。劳务派遣单位与被派遣劳动者订立的劳动合同，除应当载明本法第十七条规定的事项外，还应当载明被派遣劳动者的用工单位以及派遣期限、工作岗位等情况。

劳务派遣单位应当与被派遣劳动者订立二年以上的固定期限劳动合同，按月支付劳动报酬；被派遣劳动者在无工作期间，劳务派遣单位应当按照所在地人民政府规定的最低工资标准，向其按月支付报酬。

第五十九条 劳务派遣单位派遣劳动者应当与接受以劳务派遣形式用工的单位（以下称用工单位）订立劳务派遣协议。劳务派遣协议应当约定派遣岗位和人员数量、派遣期限、劳动报酬和社会保险费的数额与支付方式以及违反协议的责任。

用工单位应当根据工作岗位的实际需要与劳务派遣单位确定派遣期限，不得将连续用工期限分割订立数个短期劳务派遣协议。

第六十条 劳务派遣单位应当将劳务派遣协议的内容告知被派遣劳动者。

劳务派遣单位不得克扣用工单位按照劳务派遣协议支付给被派遣劳动者的劳动报酬。

劳务派遣单位和用工单位不得向被派遣劳动者收取费用。

第六十一条 劳务派遣单位跨地区派遣劳动者的，被派遣劳动者享有的劳动报酬和劳动条件，按照用工单位所在地的标准执行。

第六十二条 用工单位应当履行下列义务：

（一）执行国家劳动标准，提供相应的劳动条件和劳动保护；

（二）告知被派遣劳动者的工作要求和劳动报酬；

（三）支付加班费、绩效奖金，提供与工作岗位相关的福利待遇；

（四）对在岗被派遣劳动者进行工作岗位所必需的培训；

（五）连续用工的，实行正常的工资调整机制。

用工单位不得将被派遣劳动者再派遣到其他用人单位。

第六十三条 被派遣劳动者享有与用工单位的劳动者同工同酬的权利。用工单位应当按照同工同酬原则，对被派遣劳动者与本单位同类岗位的劳动者实行相同的劳动报酬分配办法。用工单位无同类岗位劳动者的，参照用工单位所在地相同或者相近岗位劳动者的劳动报酬确定。

劳务派遣单位与被派遣劳动者订立的劳动合同和与用工单位订立的劳务派遣协议，载明或者约定的向被派遣劳动者支付的劳动报酬应当符合前款规定。

第六十四条 被派遣劳动者有权在劳务派遣单位或者用工单位依法参加或者组织工会，维护自身的合法权益。

第六十五条 被派遣劳动者可以依照本法第三十六条、第三十八条的规定与劳务派遣单位解除劳动合同。

被派遣劳动者有本法第三十九条和第四十条第一项、第二项规定情形的，用工单位可以将劳动者退回劳务派遣单位，劳务派遣单位依照本法有关规定，可以与劳动者解除劳动合同。

第六十六条 劳动合同用工是我国的企业基本用工形式。劳务派遣用工是补充形式，只能在临时性、辅助性或者替代性的工作岗位上实施。

前款规定的临时性工作岗位是指存续时间不超过六个月的岗位；辅助性工作岗位是指为主营业务岗位提供服务的非主营业务岗位；替代性工作岗位是指用工单位的劳动者因脱产学习、休假等原因无法工作的一定期间内，可以由其他劳动者替代工作的岗位。

用工单位应当严格控制劳务派遣用工数量，不得超过其用工总量的一定比例，具体比例由国务院劳动行政部门规定。

第六十七条 用人单位不得设立劳务派遣单位向本单位或者所属单位派遣劳动者。

第三节 非全日制用工

第六十八条 非全日制用工，是指以小时计酬为主，劳动者在同一用人单位一般平均每日工作时间不超过四小时，每周工作时间累计不超过二十四小时的用工形式。

第六十九条 非全日制用工双方当事人可以订立口头协议。

从事非全日制用工的劳动者可以与一个或者一个以上用人单位订立劳动合同；但是，后订立的劳动合同不得影响先订立的劳动合同的履行。

第七十条 非全日制用工双方当事人不得约定试用期。

第七十一条 非全日制用工双方当事人任何一方都可以随时通知对方终止用工。终止用工，用人单位不向劳动者支付经济补偿。

第七十二条 非全日制用工小时计酬标准不得低于用人单位所在地人民政府规定的最低小时工资标准。

非全日制用工劳动报酬结算支付周期最长不得超过十五日。

第六章 监督检查

第七十三条 国务院劳动行政部门负责全国劳动合同制度实施的监督管理。

县级以上地方人民政府劳动行政部门负责本行政区域内劳动合同制度实施的监督管理。

县级以上各级人民政府劳动行政部门在劳动合同制度实施的监督管理工作中，应当听取工会、企业方面代表以及有关行业主管部门的意见。

第七十四条 县级以上地方人民政府劳动行政部门依法对下列实施劳动合同制度的情况进行监督检查：

（一）用人单位制定直接涉及劳动者切身利益的规章制度及其执行的情况；

（二）用人单位与劳动者订立和解除劳动合同的情况；

（三）劳务派遣单位和用工单位遵守劳务派遣有关规定的情况；

（四）用人单位遵守国家关于劳动者工作时间和休息休假规定的情况；

（五）用人单位支付劳动合同约定的劳动报酬和执行最低工资标准的情况；

（六）用人单位参加各项社会保险和缴纳社会保险费的情况；

（七）法律、法规规定的其他劳动监察事项。

第七十五条 县级以上地方人民政府劳动行政部门实施监督检查时，有权查阅与劳动合同、集体合同有关的材料，有权对劳动场所进行实地检查，用人单位和劳动者都应当如实提供有关情况和材料。

劳动行政部门的工作人员进行监督检查，应当出示证件，依法行使职权，文明执法。

第七十六条 县级以上人民政府建设、卫生、安全生产监督管理等有关主管部门在各自职责范围内，对用人单位执行劳动合同制度的情况进行监督管理。

第七十七条 劳动者合法权益受到侵害的，有权要求有关部门依法处理，或者依法申请仲裁、提起诉讼。

第七十八条 工会依法维护劳动者的合法权益，对用人单位履行劳动合同、集体合同的情况进行监督。用人单位违反劳动法律、法规和劳动合同、集体合同的，工会有权提出意见或者要求纠正；劳动者申请仲裁、提起诉讼的，工会依法给予支持和帮助。

第七十九条 任何组织或者个人对违反本法的行为都有权举报，县级以上人民政府劳动行政部门应当及时核实、处理，并对举报有功人员给予奖励。

第七章　法律责任

第八十条　用人单位直接涉及劳动者切身利益的规章制度违反法律、法规规定的，由劳动行政部门责令改正，给予警告；给劳动者造成损害的，应当承担赔偿责任。

第八十一条　用人单位提供的劳动合同文本未载明本法规定的劳动合同必备条款或者用人单位未将劳动合同文本交付劳动者的，由劳动行政部门责令改正；给劳动者造成损害的，应当承担赔偿责任。

第八十二条　用人单位自用工之日起超过一个月不满一年未与劳动者订立书面劳动合同的，应当向劳动者每月支付两倍的工资。

用人单位违反本法规定不与劳动者订立无固定期限劳动合同的，自应当订立无固定期限劳动合同之日起向劳动者每月支付两倍的工资。

第八十三条　用人单位违反本法规定与劳动者约定试用期的，由劳动行政部门责令改正；违法约定的试用期已经履行的，由用人单位以劳动者试用期满月工资为标准，按已经履行的超过法定试用期的期间向劳动者支付赔偿金。

第八十四条　用人单位违反本法规定，扣押劳动者居民身份证等证件的，由劳动行政部门责令限期退还劳动者本人，并依照有关法律规定给予处罚。

用人单位违反本法规定，以担保或者其他名义向劳动者收取财物的，由劳动行政部门责令限期退还劳动者本人，并以每人五百元以上二千元以下的标准处以罚款；给劳动者造成损害的，应当承担赔偿责任。

劳动者依法解除或者终止劳动合同，用人单位扣押劳动者档案或者其他物品的，依照前款规定处罚。

第八十五条　用人单位有下列情形之一的，由劳动行政部门责令限期支付劳动报酬、加班费或者经济补偿；劳动报酬低于当地最低工资标准的，应当支付其差额部分；逾期不支付的，责令用人单位按应付金额百分之五十以上百分之一百以下的标准向劳动者加付赔偿金：

（一）未按照劳动合同的约定或者国家规定及时足额支付劳动者劳动报酬的；

（二）低于当地最低工资标准支付劳动者工资的；

（三）安排加班不支付加班费的；

（四）解除或者终止劳动合同，未依照本法规定向劳动者支付经济补偿的。

第八十六条　劳动合同依照本法第二十六条规定被确认无效，给对方造成损害的，有过错的一方应当承担赔偿责任。

第八十七条　用人单位违反本法规定解除或者终止劳动合同的，应当依照本法第四十七条规定的经济补偿标准的二倍向劳动者支付赔偿金。

第八十八条　用人单位有下列情形之一的，依法给予行政处罚；构成犯罪的，依法追究刑事责任；给劳动者造成损害的，应当承担赔偿责任：

（一）以暴力、威胁或者非法限制人身自由的手段强迫劳动的；

（二）违章指挥或者强令冒险作业危及劳动者人身安全的；

（三）侮辱、体罚、殴打、非法搜查或者拘禁劳动者的；

（四）劳动条件恶劣、环境污染严重，给劳动者身心健康造成严重损害的。

第八十九条　用人单位违反本法规定未向劳动者出具解除或者终止劳动合同的书面证明，由劳动行政部门责令改正；给劳动者造成损害的，应当承担赔偿责任。

第九十条 劳动者违反本法规定解除劳动合同，或者违反劳动合同中约定的保密义务或者竞业限制，给用人单位造成损失的，应当承担赔偿责任。

第九十一条 用人单位招用与其他用人单位尚未解除或者终止劳动合同的劳动者，给其他用人单位造成损失的，应当承担连带赔偿责任。

第九十二条 违反本法规定，未经许可，擅自经营劳务派遣业务的，由劳动行政部门责令停止违法行为，没收违法所得，并处违法所得一倍以上五倍以下的罚款；没有违法所得的，可以处五万元以下的罚款。

劳务派遣单位、用工单位违反本法有关劳务派遣规定的，由劳动行政部门责令限期改正；逾期不改正的，以每人五千元以上一万元以下的标准处以罚款，对劳务派遣单位，吊销其劳务派遣业务经营许可证。用工单位给被派遣劳动者造成损害的，劳务派遣单位与用工单位承担连带赔偿责任。

第九十三条 对不具备合法经营资格的用人单位的违法犯罪行为，依法追究法律责任；劳动者已经付出劳动的，该单位或者其出资人应当依照本法有关规定向劳动者支付劳动报酬、经济补偿、赔偿金；给劳动者造成损害的，应当承担赔偿责任。

第九十四条 个人承包经营违反本法规定招用劳动者，给劳动者造成损害的，发包的组织与个人承包经营者承担连带赔偿责任。

第九十五条 劳动行政部门和其他有关主管部门及其工作人员玩忽职守、不履行法定职责，或者违法行使职权，给劳动者或者用人单位造成损害的，应当承担赔偿责任；对直接负责的主管人员和其他直接责任人员，依法给予行政处分；构成犯罪的，依法追究刑事责任。

第八章 附则

第九十六条 事业单位与实行聘用制的工作人员订立、履行、变更、解除或者终止劳动合同，法律、行政法规或者国务院另有规定的，依照其规定；未作规定的，依照本法有关规定执行。

第九十七条 本法施行前已依法订立且在本法施行之日存续的劳动合同，继续履行；本法第十四条第二款第三项规定连续订立固定期限劳动合同的次数，自本法施行后续订固定期限劳动合同时开始计算。

本法施行前已建立劳动关系，尚未订立书面劳动合同的，应当自本法施行之日起一个月内订立。

本法施行之日存续的劳动合同在本法施行后解除或者终止，依照本法第四十六条规定应当支付经济补偿的，经济补偿年限自本法施行之日起计算；本法施行前按照当时有关规定，用人单位应当向劳动者支付经济补偿的，按照当时有关规定执行。

第九十八条 本法自 2013 年 7 月 1 日起施行。

说明：《劳动合同法》原第 98 条为“本法自 2008 年 1 月 1 日起实行。”关于本法的修改《决定》称“本决定自 2013 年 7 月 1 日起施行。”

中华人民共和国民事诉讼法

（1991年4月9日第七届全国人民代表大会第四次会议通过；
根据2007年10月28日第十届全国人民代表大会常务委员会第三十次会议《关于修改〈中华人民共和国民事诉讼法〉的决定》第一次修正；
根据2012年8月31日第十一届全国人民代表大会常务委员会第二十八次会议《关于修改〈中华人民共和国民事诉讼法〉的决定》第二次修正）

目　录

第一编　总　则

第一章　任务、适用范围和基本原则

第一条　中华人民共和国民事诉讼法以宪法为根据，结合我国民事审判工作的经验和实际情况制定。

第二条　中华人民共和国民事诉讼法的任务，是保护当事人行使诉讼权利，保证人民法院查明事实，分清是非，正确适用法律，及时审理民事案件，确认民事权利义务关系，制裁民事违法行为，保护当事人的合法权益，教育公民自觉遵守法律，维护社会秩序、经济秩序，保障社会主义建设事业顺利进行。

第三条　人民法院受理公民之间、法人之间、其他组织之间以及他们相互之间因财产关系和人身关系提起的民事诉讼，适用本法的规定。

第四条　凡在中华人民共和国领域内进行民事诉讼，必须遵守本法。

第五条　外国人、无国籍人、外国企业和组织在人民法院起诉、应诉，同中华人民共和国公民、法人和其他组织有同等的诉讼权利义务。

外国法院对中华人民共和国公民、法人和其他组织的民事诉讼权利加以限制的，中华人民共和国人民法院对该国公民、企业和组织的民事诉讼权利，实行对等原则。

第六条 民事案件的审判权由人民法院行使。

人民法院依照法律规定对民事案件独立进行审判，不受行政机关、社会团体和个人的干涉。

第七条 人民法院审理民事案件，必须以事实为根据，以法律为准绳。

第八条 民事诉讼当事人有平等的诉讼权利。人民法院审理民事案件，应当保障和便利当事人行使诉讼权利，对当事人在适用法律上一律平等。

第九条 人民法院审理民事案件，应当根据自愿和合法的原则进行调解；调解不成的，应当及时判决。

第十条 人民法院审理民事案件，依照法律规定实行合议、回避、公开审判和两审终审制度。

第十一条 各民族公民都有用本民族语言、文字进行民事诉讼的权利。

在少数民族聚居或者多民族共同居住的地区，人民法院应当用当地民族通用的语言、文字进行审理和发布法律文书。

人民法院应当对不通晓当地民族通用的语言、文字的诉讼参与人提供翻译。

第十二条 人民法院审理民事案件时，当事人有权进行辩论。

第十三条 民事诉讼应当遵循诚实信用原则。

当事人有权在法律规定的范围内处分自己的民事权利和诉讼权利。

第十四条 人民检察院有权对民事诉讼实行法律监督。

第十五条 机关、社会团体、企业事业单位对损害国家、集体或者个人民事权益的行为，可以支持受损害的单位或者个人向人民法院起诉。

第十六条 民族自治地方的人民代表大会根据宪法和本法的原则，结合当地民族的具体情况，可以制定变通或者补充的规定。自治区的规定，报全国人民代表大会常务委员会批准。自治州、自治县的规定，报省或者自治区的人民代表大会常务委员会批准，并报全国人民代表大会常务委员会备案。

第二章 管 辖

第一节 级别管辖

第十七条 基层人民法院管辖第一审民事案件，但本法另有规定的除外。

第十八条 中级人民法院管辖下列第一审民事案件：

（一）重大涉外案件；

（二）在本辖区有重大影响的案件；

（三）最高人民法院确定由中级人民法院管辖的案件。

第十九条 高级人民法院管辖在本辖区有重大影响的第一审民事案件。

第二十条 最高人民法院管辖下列第一审民事案件：

（一）在全国有重大影响的案件；

（二）认为应当由本院审理的案件。

第二节 地域管辖

第二十一条 对公民提起的民事诉讼，由被告住所地人民法院管辖；被告住所地与经常居住地不一致的，由经常居住地人民法院管辖。

对法人或者其他组织提起的民事诉讼，由被告住所地人民法院管辖。

同一诉讼的几个被告住所地、经常居住地在两个以上人民法院辖区的，各该人民法院都有管辖权。

第二十二条 下列民事诉讼，由原告住所地人民法院管辖；原告住所地与经常居住地不一致的，由原告经常居住地人民法院管辖：

（一）对不在中华人民共和国领域内居住的人提起的有关身份关系的诉讼；

（二）对下落不明或者宣告失踪的人提起的有关身份关系的诉讼；

（三）对被采取强制性教育措施的人提起的诉讼；

（四）对被监禁的人提起的诉讼。

第二十三条 因合同纠纷提起的诉讼，由被告住所地或者合同履行地人民法院管辖。

第二十四条 因保险合同纠纷提起的诉讼，由被告住所地或者保险标的物所在地人民法院管辖。

第二十五条 因票据纠纷提起的诉讼，由票据支付地或者被告住所地人民法院管辖。

第二十六条 因公司设立、确认股东资格、分配利润、解散等纠纷提起的诉讼，由公司住所地人民法院管辖。

第二十七条 因铁路、公路、水上、航空运输和联合运输合同纠纷提起的诉讼，由运输始发地、目的地或者被告住所地人民法院管辖。

第二十八条 因侵权行为提起的诉讼，由侵权行为地或者被告住所地人民法院管辖。

第二十九条 因铁路、公路、水上和航空事故请求损害赔偿提起的诉讼，由事故发生地或者车辆、船舶最先到达地、航空器最先降落地或者被告住所地人民法院管辖。

第三十条 因船舶碰撞或者其他海事损害事故请求损害赔偿提起的诉讼，由碰撞发生地、碰撞船舶最先到达地、加害船舶被扣留地或者被告住所地人民法院管辖。

第三十一条 因海难救助费用提起的诉讼，由救助地或者被救助船舶最先到达地人民法院管辖。

第三十二条 因共同海损提起的诉讼，由船舶最先到达地、共同海损理算地或者航程终止地的人民法院管辖。

第三十三条 下列案件，由本条规定的人民法院专属管辖：

（一）因不动产纠纷提起的诉讼，由不动产所在地人民法院管辖；

（二）因港口作业中发生纠纷提起的诉讼，由港口所在地人民法院管辖；

（三）因继承遗产纠纷提起的诉讼，由被继承人死亡时住所地或者主要遗产所在地人民法院管辖。

第三十四条 合同或者其他财产权益纠纷的当事人可以书面协议选择被告住所地、合同履行地、合同签订地、原告住所地、标的物所在地等与争议有实际联系的地点的人民法院管辖，但不得违反本法对级别管辖和专属管辖的规定。

第三十五条 两个以上人民法院都有管辖权的诉讼，原告可以向其中一个人民法院起诉；原告向两个以上有管辖权的人民法院起诉的，由最先立案的人民法院管辖。

第三节 移送管辖和指定管辖

第三十六条 人民法院发现受理的案件不属于本院管辖的，应当移送有管辖权的人民法院，受移送的人民法院应当受理。受移送的人民法院认为受移送的案件依照规定不属于本院管辖的，应当报请上级人民法院指定管辖，不得再自行移送。

第三十七条 有管辖权的人民法院由于特殊原因，不能行使管辖权的，由上级人民法院指定管辖。

人民法院之间因管辖权发生争议，由争议双方协商解决；协商解决不了的，报请它们的共同上级人民法院指定管辖。

第三十八条 上级人民法院有权审理下级人民法院管辖的第一审民事案件；确有必要将本院管辖的第一审民事案件交下级人民法院审理的，应当报请其上级人民法院批准。

下级人民法院对它所管辖的第一审民事案件，认为需要由上级人民法院审理的，可以报请上级人民法院审理。

第三章 审判组织

第三十九条 人民法院审理第一审民事案件，由审判员、陪审员共同组成合议庭或者由审判员组成合议庭。合议庭的成员人数，必须是单数。

适用简易程序审理的民事案件，由审判员一人独任审理。

陪审员在执行陪审职务时，与审判员有同等的权利义务。

第四十条 人民法院审理第二审民事案件，由审判员组成合议庭。合议庭的成员人数，必须是单数。

发回重审的案件，原审人民法院应当按照第一审程序另行组成合议庭。

审理再审案件，原来是第一审的，按照第一审程序另行组成合议庭；原来是第二审的或者是上级人民法院提审的，按照第二审程序另行组成合议庭。

第四十一条 合议庭的审判长由院长或者庭长指定审判员一人担任；院长或者庭长参加审判的，由院长或者庭长担任。

第四十二条 合议庭评议案件，实行少数服从多数的原则。评议应当制作笔录，由合议庭成员签名。评议中的不同意见，必须如实记入笔录。

第四十三条 审判人员应当依法秉公办案。

审判人员不得接受当事人及其诉讼代理人请客送礼。

审判人员有贪污受贿，徇私舞弊，枉法裁判行为的，应当追究法律责任；构成犯罪的，依法追究刑事责任。

第四章 回 避

第四十四条 审判人员有下列情形之一的，应当自行回避，当事人有权用口头或者书面方式申请他们回避：

（一）是本案当事人或者当事人、诉讼代理人近亲属的；

（二）与本案有利害关系的；

（三）与本案当事人、诉讼代理人有其他关系，可能影响对案件公正审理的。

审判人员接受当事人、诉讼代理人请客送礼，或者违反规定会见当事人、诉讼代理人的，当事人有权要求他们回避。

审判人员有前款规定的行为的，应当依法追究法律责任。

前三款规定，适用于书记员、翻译人员、鉴定人、勘验人。

第四十五条 当事人提出回避申请，应当说明理由，在案件开始审理时提出；回避事由在案件开始审理后知道的，也可以在法庭辩论终结前提出。

被申请回避的人员在人民法院作出是否回避的决定前，应当暂停参与本案的工作，但案件需要采取紧急措施的除外。

第四十六条　院长担任审判长时的回避，由审判委员会决定；审判人员的回避，由院长决定；其他人员的回避，由审判长决定。

第四十七条　人民法院对当事人提出的回避申请，应当在申请提出的三日内，以口头或者书面形式作出决定。申请人对决定不服的，可以在接到决定时申请复议一次。复议期间，被申请回避的人员，不停止参与本案的工作。人民法院对复议申请，应当在三日内作出复议决定，并通知复议申请人。

第五章　诉讼参加人

第一节　当事人

第四十八条　公民、法人和其他组织可以作为民事诉讼的当事人。

法人由其法定代表人进行诉讼。其他组织由其主要负责人进行诉讼。

第四十九条　当事人有权委托代理人，提出回避申请，收集、提供证据，进行辩论，请求调解，提起上诉，申请执行。

当事人可以查阅本案有关材料，并可以复制本案有关材料和法律文书。查阅、复制本案有关材料的范围和办法由最高人民法院规定。

当事人必须依法行使诉讼权利，遵守诉讼秩序，履行发生法律效力的判决书、裁定书和调解书。

第五十条　双方当事人可以自行和解。

第五十一条　原告可以放弃或者变更诉讼请求。被告可以承认或者反驳诉讼请求，有权提起反诉。

第五十二条　当事人一方或者双方为二人以上，其诉讼标的是共同的，或者诉讼标的是同一种类、人民法院认为可以合并审理并经当事人同意的，为共同诉讼。

共同诉讼的一方当事人对诉讼标的有共同权利义务的，其中一人的诉讼行为经其他共同诉讼人承认，对其他共同诉讼人发生效力；对诉讼标的没有共同权利义务的，其中一人的诉讼行为对其他共同诉讼人不发生效力。

第五十三条　当事人一方人数众多的共同诉讼，可以由当事人推选代表人进行诉讼。代表人的诉讼行为对其所代表的当事人发生效力，但代表人变更、放弃诉讼请求或者承认对方当事人的诉讼请求，进行和解，必须经被代表的当事人同意。

第五十四条　诉讼标的是同一种类、当事人一方人数众多在起诉时人数尚未确定的，人民法院可以发出公告，说明案件情况和诉讼请求，通知权利人在一定期间向人民法院登记。

向人民法院登记的权利人可以推选代表人进行诉讼；推选不出代表人的，人民法院可以与参加登记的权利人商定代表人。

代表人的诉讼行为对其所代表的当事人发生效力，但代表人变更、放弃诉讼请求或者承认对方当事人的诉讼请求，进行和解，必须经被代表的当事人同意。

人民法院作出的判决、裁定，对参加登记的全体权利人发生效力。未参加登记的权利人在诉讼时效期间提起诉讼的，适用该判决、裁定。

第五十五条　对污染环境、侵害众多消费者合法权益等损害社会公共利益的行为，法律规定的机关和有关组织可以向人民法院提起诉讼。

第五十六条 对当事人双方的诉讼标的，第三人认为有独立请求权的，有权提起诉讼。

对当事人双方的诉讼标的，第三人虽然没有独立请求权，但案件处理结果同他有法律上的利害关系的，可以申请参加诉讼，或者由人民法院通知他参加诉讼。人民法院判决承担民事责任的第三人，有当事人的诉讼权利义务。

前两款规定的第三人，因不能归责于本人的事由未参加诉讼，但有证据证明发生法律效力的判决、裁定、调解书的部分或者全部内容错误，损害其民事权益的，可以自知道或者应当知道其民事权益受到损害之日起六个月内，向作出该判决、裁定、调解书的人民法院提起诉讼。人民法院经审理，诉讼请求成立的，应当改变或者撤销原判决、裁定、调解书；诉讼请求不成立的，驳回诉讼请求。

第二节 诉讼代理人

第五十七条 无诉讼行为能力人由他的监护人作为法定代理人代为诉讼。法定代理人之间互相推诿代理责任的，由人民法院指定其中一人代为诉讼。

第五十八条 当事人、法定代理人可以委托一至二人作为诉讼代理人。

下列人员可以被委托为诉讼代理人：

（一）律师、基层法律服务工作者；

（二）当事人的近亲属或者工作人员；

（三）当事人所在社区、单位以及有关社会团体推荐的公民。

第五十九条 委托他人代为诉讼，必须向人民法院提交由委托人签名或者盖章的授权委托书。

授权委托书必须记明委托事项和权限。诉讼代理人代为承认、放弃、变更诉讼请求，进行和解，提起反诉或者上诉，必须有委托人的特别授权。

侨居在国外的中华人民共和国公民从国外寄交或者托交的授权委托书，必须经中华人民共和国驻该国的使领馆证明；没有使领馆的，由与中华人民共和国有外交关系的第三国驻该国的使领馆证明，再转由中华人民共和国驻该第三国使领馆证明，或者由当地的爱国华侨团体证明。

第六十条 诉讼代理人的权限如果变更或者解除，当事人应当书面告知人民法院，并由人民法院通知对方当事人。

第六十一条 代理诉讼的律师和其他诉讼代理人有权调查收集证据，可以查阅本案有关材料。查阅本案有关材料的范围和办法由最高人民法院规定。

第六十二条 离婚案件有诉讼代理人的，本人除不能表达意思的以外，仍应出庭；确因特殊情况无法出庭的，必须向人民法院提交书面意见。

第六章 证据

第六十三条 证据包括：

（一）当事人的陈述；

（二）书证；

（三）物证；

（四）视听资料；

（五）电子数据；

（六）证人证言；

（七）鉴定意见；

（八）勘验笔录。

证据必须查证属实，才能作为认定事实的根据。

第六十四条　当事人对自己提出的主张，有责任提供证据。

当事人及其诉讼代理人因客观原因不能自行收集的证据，或者人民法院认为审理案件需要的证据，人民法院应当调查收集。

人民法院应当按照法定程序，全面地、客观地审查核实证据。

第六十五条　当事人对自己提出的主张应当及时提供证据。

人民法院根据当事人的主张和案件审理情况，确定当事人应当提供的证据及其期限。当事人在该期限内提供证据确有困难的，可以向人民法院申请延长期限，人民法院根据当事人的申请适当延长。当事人逾期提供证据的，人民法院应当责令其说明理由；拒不说明理由或者理由不成立的，人民法院根据不同情形可以不予采纳该证据，或者采纳该证据但予以训诫、罚款。

第六十六条　人民法院收到当事人提交的证据材料，应当出具收据，写明证据名称、页数、份数、原件或者复印件以及收到时间等，并由经办人员签名或者盖章。

第六十七条　人民法院有权向有关单位和个人调查取证，有关单位和个人不得拒绝。

人民法院对有关单位和个人提出的证明文书，应当辨别真伪，审查确定其效力。

第六十八条　证据应当在法庭上出示，并由当事人互相质证。对涉及国家秘密、商业秘密和个人隐私的证据应当保密，需要在法庭出示的，不得在公开开庭时出示。

第六十九条　经过法定程序公证证明的法律事实和文书，人民法院应当作为认定事实的根据，但有相反证据足以推翻公证证明的除外。

第七十条　书证应当提交原件。物证应当提交原物。提交原件或者原物确有困难的，可以提交复制品、照片、副本、节录本。

提交外文书证，必须附有中文译本。

第七十一条　人民法院对视听资料，应当辨别真伪，并结合本案的其他证据，审查确定能否作为认定事实的根据。

第七十二条　凡是知道案件情况的单位和个人，都有义务出庭作证。有关单位的负责人应当支持证人作证。

不能正确表达意思的人，不能作证。

第七十三条　经人民法院通知，证人应当出庭作证。有下列情形之一的，经人民法院许可，可以通过书面证言、视听传输技术或者视听资料等方式作证：

（一）因健康原因不能出庭的；

（二）因路途遥远，交通不便不能出庭的；

（三）因自然灾害等不可抗力不能出庭的；

（四）其他有正当理由不能出庭的。

第七十四条　证人因履行出庭作证义务而支出的交通、住宿、就餐等必要费用以及误工损失，由败诉一方当事人负担。当事人申请证人作证的，由该当事人先行垫付；当事人没有申请，人民法院通知证人作证的，由人民法院先行垫付。

第七十五条　人民法院对当事人的陈述，应当结合本案的其他证据，审查确定能否作为认定事实的根据。

当事人拒绝陈述的，不影响人民法院根据证据认定案件事实。

第七十六条 当事人可以就查明事实的专门性问题向人民法院申请鉴定。当事人申请鉴定的，由双方当事人协商确定具备资格的鉴定人；协商不成的，由人民法院指定。

当事人未申请鉴定，人民法院对专门性问题认为需要鉴定的，应当委托具备资格的鉴定人进行鉴定。

第七十七条 鉴定人有权了解进行鉴定所需要的案件材料，必要时可以询问当事人、证人。

鉴定人应当提出书面鉴定意见，在鉴定书上签名或者盖章。

第七十八条 当事人对鉴定意见有异议或者人民法院认为鉴定人有必要出庭的，鉴定人应当出庭作证。经人民法院通知，鉴定人拒不出庭作证的，鉴定意见不得作为认定事实的根据；支付鉴定费用的当事人可以要求返还鉴定费用。

第七十九条 当事人可以申请人民法院通知有专门知识的人出庭，就鉴定人作出的鉴定意见或者专业问题提出意见。

第八十条 勘验物证或者现场，勘验人必须出示人民法院的证件，并邀请当地基层组织或者当事人所在单位派人参加。当事人或者当事人的成年家属应当到场，拒不到场的，不影响勘验的进行。

有关单位和个人根据人民法院的通知，有义务保护现场，协助勘验工作。

勘验人应当将勘验情况和结果制作笔录，由勘验人、当事人和被邀参加人签名或者盖章。

第八十一条 在证据可能灭失或者以后难以取得的情况下，当事人可以在诉讼过程中向人民法院申请保全证据，人民法院也可以主动采取保全措施。

因情况紧急，在证据可能灭失或者以后难以取得的情况下，利害关系人可以在提起诉讼或者申请仲裁前向证据所在地、被申请人住所地或者对案件有管辖权的人民法院申请保全证据。

证据保全的其他程序，参照适用本法第九章保全的有关规定。

第七章 期间、送达

第一节 期 间

第八十二条 期间包括法定期间和人民法院指定的期间。

期间以时、日、月、年计算。期间开始的时和日，不计算在期间内。

期间届满的最后一日是节假日的，以节假日后的第一日为期间届满的日期。

期间不包括在途时间，诉讼文书在期满前交邮的，不算过期。

第八十三条 当事人因不可抗拒的事由或者其他正当理由耽误期限的，在障碍消除后的十日内，可以申请顺延期限，是否准许，由人民法院决定。

第二节 送 达

第八十四条 送达诉讼文书必须有送达回证，由受送达人在送达回证上记明收到日期，签名或者盖章。

受送达人在送达回证上的签收日期为送达日期。

第八十五条 送达诉讼文书，应当直接送交受送达人。受送达人是公民的，本人不在交他的同住成年家属签收；受送达人是法人或者其他组织的，应当由法人的法定代表人、其他组织的主要负责人或者该法人、组织负责收件的人签收；受送达人有诉讼代理人的，可以送交其代理人签收；受送达人已向人民法院指定代收人的，送交代收人签收。

受送达人的同住成年家属，法人或者其他组织的负责收件的人，诉讼代理人或者代收人在送达回证上签收的日期为送达日期。

第八十六条　受送达人或者他的同住成年家属拒绝接收诉讼文书的，送达人可以邀请有关基层组织或者所在单位的代表到场，说明情况，在送达回证上记明拒收事由和日期，由送达人、见证人签名或者盖章，把诉讼文书留在受送达人的住所；也可以把诉讼文书留在受送达人的住所，并采用拍照、录像等方式记录送达过程，即视为送达。

第八十七条　经受送达人同意，人民法院可以采用传真、电子邮件等能够确认其收悉的方式送达诉讼文书，但判决书、裁定书、调解书除外。

采用前款方式送达的，以传真、电子邮件等到达受送达人特定系统的日期为送达日期。

第八十八条　直接送达诉讼文书有困难的，可以委托其他人民法院代为送达，或者邮寄送达。邮寄送达的，以回执上注明的收件日期为送达日期。

第八十九条　受送达人是军人的，通过其所在部队团以上单位的政治机关转交。

第九十条　受送达人被监禁的，通过其所在监所转交。

受送达人被采取强制性教育措施的，通过其所在强制性教育机构转交。

第九十一条　代为转交的机关、单位收到诉讼文书后，必须立即交受送达人签收，以在送达回证上的签收日期，为送达日期。

第九十二条　受送达人下落不明，或者用本节规定的其他方式无法送达的，公告送达。自发出公告之日起，经过六十日，即视为送达。

公告送达，应当在案卷中记明原因和经过。

第八章　调　解

第九十三条　人民法院审理民事案件，根据当事人自愿的原则，在事实清楚的基础上，分清是非，进行调解。

第九十四条　人民法院进行调解，可以由审判员一人主持，也可以由合议庭主持，并尽可能就地进行。

人民法院进行调解，可以用简便方式通知当事人、证人到庭。

第九十五条　人民法院进行调解，可以邀请有关单位和个人协助。被邀请的单位和个人，应当协助人民法院进行调解。

第九十六条　调解达成协议，必须双方自愿，不得强迫。调解协议的内容不得违反法律规定。

第九十七条　调解达成协议，人民法院应当制作调解书。调解书应当写明诉讼请求、案件的事实和调解结果。

调解书由审判人员、书记员署名，加盖人民法院印章，送达双方当事人。

调解书经双方当事人签收后，即具有法律效力。

第九十八条　下列案件调解达成协议，人民法院可以不制作调解书：

（一）调解和好的离婚案件；

（二）调解维持收养关系的案件；

（三）能够即时履行的案件；

（四）其他不需要制作调解书的案件。

对不需要制作调解书的协议，应当记入笔录，由双方当事人、审判人员、书记员签名或者盖章后，即具有法律效力。

第九十九条 调解未达成协议或者调解书送达前一方反悔的，人民法院应当及时判决。

第九章 保全和先予执行

第一百条 人民法院对于可能因当事人一方的行为或者其他原因，使判决难以执行或者造成当事人其他损害的案件，根据对方当事人的申请，可以裁定对其财产进行保全、责令其作出一定行为或者禁止其作出一定行为；当事人没有提出申请的，人民法院在必要时也可以裁定采取保全措施。

人民法院采取保全措施，可以责令申请人提供担保，申请人不提供担保的，裁定驳回申请。

人民法院接受申请后，对情况紧急的，必须在四十八小时内作出裁定；裁定采取保全措施的，应当立即开始执行。

第一百零一条 利害关系人因情况紧急，不立即申请保全将会使其合法权益受到难以弥补的损害的，可以在提起诉讼或者申请仲裁前向被保全财产所在地、被申请人住所地或者对案件有管辖权的人民法院申请采取保全措施。申请人应当提供担保，不提供担保的，裁定驳回申请。

人民法院接受申请后，必须在四十八小时内作出裁定；裁定采取保全措施的，应当立即开始执行。

申请人在人民法院采取保全措施后三十日内不依法提起诉讼或者申请仲裁的，人民法院应当解除保全。

第一百零二条 保全限于请求的范围，或者与本案有关的财物。

第一百零三条 财产保全采取查封、扣押、冻结或者法律规定的其他方法。人民法院保全财产后，应当立即通知被保全财产的人。

财产已被查封、冻结的，不得重复查封、冻结。

第一百零四条 财产纠纷案件，被申请人提供担保的，人民法院应当裁定解除保全。

第一百零五条 申请有错误的，申请人应当赔偿被申请人因保全所遭受的损失。

第一百零六条 人民法院对下列案件，根据当事人的申请，可以裁定先予执行：

（一）追索赡养费、扶养费、抚育费、抚恤金、医疗费用的；

（二）追索劳动报酬的；

（三）因情况紧急需要先予执行的。

第一百零七条 人民法院裁定先予执行的，应当符合下列条件：

（一）当事人之间权利义务关系明确，不先予执行将严重影响申请人的生活或者生产经营的；

（二）被申请人有履行能力。

人民法院可以责令申请人提供担保，申请人不提供担保的，驳回申请。申请人败诉的，应当赔偿被申请人因先予执行遭受的财产损失。

第一百零八条 当事人对保全或者先予执行的裁定不服的，可以申请复议一次。复议期间不停止裁定的执行。

第十章 对妨害民事诉讼的强制措施

第一百零九条 人民法院对必须到庭的被告，经两次传票传唤，无正当理由拒不到庭的，可以拘传。

第一百一十条　诉讼参与人和其他人应当遵守法庭规则。

人民法院对违反法庭规则的人，可以予以训诫，责令退出法庭或者予以罚款、拘留。

人民法院对哄闹、冲击法庭，侮辱、诽谤、威胁、殴打审判人员，严重扰乱法庭秩序的人，依法追究刑事责任；情节较轻的，予以罚款、拘留。

第一百一十一条　诉讼参与人或者其他人有下列行为之一的，人民法院可以根据情节轻重予以罚款、拘留；构成犯罪的，依法追究刑事责任：

（一）伪造、毁灭重要证据，妨碍人民法院审理案件的；

（二）以暴力、威胁、贿买方法阻止证人作证或者指使、贿买、胁迫他人作伪证的；

（三）隐藏、转移、变卖、毁损已被查封、扣押的财产，或者已被清点并责令其保管的财产，转移已被冻结的财产的；

（四）对司法工作人员、诉讼参加人、证人、翻译人员、鉴定人、勘验人、协助执行的人，进行侮辱、诽谤、诬陷、殴打或者打击报复的；

（五）以暴力、威胁或者其他方法阻碍司法工作人员执行职务的；

（六）拒不履行人民法院已经发生法律效力的判决、裁定的。

人民法院对有前款规定的行为之一的单位，可以对其主要负责人或者直接责任人员予以罚款、拘留；构成犯罪的，依法追究刑事责任。

第一百一十二条　当事人之间恶意串通，企图通过诉讼、调解等方式侵害他人合法权益的，人民法院应当驳回其请求，并根据情节轻重予以罚款、拘留；构成犯罪的，依法追究刑事责任。

第一百一十三条　被执行人与他人恶意串通，通过诉讼、仲裁、调解等方式逃避履行法律文书确定的义务的，人民法院应当根据情节轻重予以罚款、拘留；构成犯罪的，依法追究刑事责任。

第一百一十四条　有义务协助调查、执行的单位有下列行为之一的，人民法院除责令其履行协助义务外，并可以予以罚款：

（一）有关单位拒绝或者妨碍人民法院调查取证的；

（二）有关单位接到人民法院协助执行通知书后，拒不协助查询、扣押、冻结、划拨、变价财产的；

（三）有关单位接到人民法院协助执行通知书后，拒不协助扣留被执行人的收入、办理有关财产权证照转移手续、转交有关票证、证照或者其他财产的；

（四）其他拒绝协助执行的。

人民法院对有前款规定的行为之一的单位，可以对其主要负责人或者直接责任人员予以罚款；对仍不履行协助义务的，可以予以拘留；并可以向监察机关或者有关机关提出予以纪律处分的司法建议。

第一百一十五条　对个人的罚款金额，为人民币十万元以下。对单位的罚款金额，为人民币五万元以上一百万元以下。

拘留的期限，为十五日以下。

被拘留的人，由人民法院交公安机关看管。在拘留期间，被拘留人承认并改正错误的，人民法院可以决定提前解除拘留。

第一百一十六条　拘传、罚款、拘留必须经院长批准。

拘传应当发拘传票。

罚款、拘留应当用决定书。对决定不服的，可以向上一级人民法院申请复议一次。复议期间不停止执行。

第一百一十七条 采取对妨害民事诉讼的强制措施必须由人民法院决定。任何单位和个人采取非法拘禁他人或者非法私自扣押他人财产追索债务的，应当依法追究刑事责任，或者予以拘留、罚款。

第十一章 诉讼费用

第一百一十八条 当事人进行民事诉讼，应当按照规定交纳案件受理费。财产案件除交纳案件受理费外，并按照规定交纳其他诉讼费用。

当事人交纳诉讼费用确有困难的，可以按照规定向人民法院申请缓交、减交或者免交。

收取诉讼费用的办法另行制定。

第二编 审判程序

第十二章 第一审普通程序

第一节 起诉和受理

第一百一十九条 起诉必须符合下列条件：

（一）原告是与本案有直接利害关系的公民、法人和其他组织；

（二）有明确的被告；

（三）有具体的诉讼请求和事实、理由；

（四）属于人民法院受理民事诉讼的范围和受诉人民法院管辖。

第一百二十条 起诉应当向人民法院递交起诉状，并按照被告人数提出副本。

书写起诉状确有困难的，可以口头起诉，由人民法院记入笔录，并告知对方当事人。

第一百二十一条 起诉状应当记明下列事项：

（一）原告的姓名、性别、年龄、民族、职业、工作单位、住所、联系方式，法人或者其他组织的名称、住所和法定代表人或者主要负责人的姓名、职务、联系方式；

（二）被告的姓名、性别、工作单位、住所等信息，法人或者其他组织的名称、住所等信息；

（三）诉讼请求和所根据的事实与理由；

（四）证据和证据来源，证人姓名和住所。

第一百二十二条 当事人起诉到人民法院的民事纠纷，适宜调解的，先行调解，但当事人拒绝调解的除外。

第一百二十三条 人民法院应当保障当事人依照法律规定享有的起诉权利。对符合本法第一百一十九条的起诉，必须受理。符合起诉条件的，应当在七日内立案，并通知当事人；不符合起诉条件的，应当在七日内作出裁定书，不予受理；原告对裁定不服的，可以提起上诉。

第一百二十四条 人民法院对下列起诉，分别情形，予以处理：

（一）依照行政诉讼法的规定，属于行政诉讼受案范围的，告知原告提起行政诉讼；

（二）依照法律规定，双方当事人达成书面仲裁协议申请仲裁、不得向人民法院起诉的，告知原告向仲裁机构申请仲裁；

（三）依照法律规定，应当由其他机关处理的争议，告知原告向有关机关申请解决；

（四）对不属于本院管辖的案件，告知原告向有管辖权的人民法院起诉；

（五）对判决、裁定、调解书已经发生法律效力的案件，当事人又起诉的，告知原告申请再审，但人民法院准许撤诉的裁定除外；

（六）依照法律规定，在一定期限内不得起诉的案件，在不得起诉的期限内起诉的，不予受理；

（七）判决不准离婚和调解和好的离婚案件，判决、调解维持收养关系的案件，没有新情况、新理由，原告在六个月内又起诉的，不予受理。

第二节　审理前的准备

第一百二十五条　人民法院应当在立案之日起五日内将起诉状副本发送被告，被告应当在收到之日起十五日内提出答辩状。答辩状应当记明被告的姓名、性别、年龄、民族、职业、工作单位、住所、联系方式；法人或者其他组织的名称、住所和法定代表人或者主要负责人的姓名、职务、联系方式。人民法院应当在收到答辩状之日起五日内将答辩状副本发送原告。

被告不提出答辩状的，不影响人民法院审理。

第一百二十六条　人民法院对决定受理的案件，应当在受理案件通知书和应诉通知书中向当事人告知有关的诉讼权利义务，或者口头告知。

第一百二十七条　人民法院受理案件后，当事人对管辖权有异议的，应当在提交答辩状期间提出。人民法院对当事人提出的异议，应当审查。异议成立的，裁定将案件移送有管辖权的人民法院；异议不成立的，裁定驳回。

当事人未提出管辖异议，并应诉答辩的，视为受诉人民法院有管辖权，但违反级别管辖和专属管辖规定的除外。

第一百二十八条　合议庭组成人员确定后，应当在三日内告知当事人。

第一百二十九条　审判人员必须认真审核诉讼材料，调查收集必要的证据。

第一百三十条　人民法院派出人员进行调查时，应当向被调查人出示证件。

调查笔录经被调查人校阅后，由被调查人、调查人签名或者盖章。

第一百三十一条　人民法院在必要时可以委托外地人民法院调查。

委托调查，必须提出明确的项目和要求。受委托人民法院可以主动补充调查。

受委托人民法院收到委托书后，应当在三十日内完成调查。因故不能完成的，应当在上述期限内函告委托人民法院。

第一百三十二条　必须共同进行诉讼的当事人没有参加诉讼的，人民法院应当通知其参加诉讼。

第一百三十三条　人民法院对受理的案件，分别情形，予以处理：

（一）当事人没有争议，符合督促程序规定条件的，可以转入督促程序；

（二）开庭前可以调解的，采取调解方式及时解决纠纷；

（三）根据案件情况，确定适用简易程序或者普通程序；

（四）需要开庭审理的，通过要求当事人交换证据等方式，明确争议焦点。

第三节　开庭审理

第一百三十四条　人民法院审理民事案件，除涉及国家秘密、个人隐私或者法律另有规定的以外，应当公开进行。

离婚案件，涉及商业秘密的案件，当事人申请不公开审理的，可以不公开审理。

第一百三十五条 人民法院审理民事案件，根据需要进行巡回审理，就地办案。

第一百三十六条 人民法院审理民事案件，应当在开庭三日前通知当事人和其他诉讼参与人。公开审理的，应当公告当事人姓名、案由和开庭的时间、地点。

第一百三十七条 开庭审理前，书记员应当查明当事人和其他诉讼参与人是否到庭，宣布法庭纪律。

开庭审理时，由审判长核对当事人，宣布案由，宣布审判人员、书记员名单，告知当事人有关的诉讼权利义务，询问当事人是否提出回避申请。

第一百三十八条 法庭调查按照下列顺序进行：

（一）当事人陈述；

（二）告知证人的权利义务，证人作证，宣读未到庭的证人证言；

（三）出示书证、物证、视听资料和电子数据；

（四）宣读鉴定意见；

（五）宣读勘验笔录。

第一百三十九条 当事人在法庭上可以提出新的证据。

当事人经法庭许可，可以向证人、鉴定人、勘验人发问。

当事人要求重新进行调查、鉴定或者勘验的，是否准许，由人民法院决定。

第一百四十条 原告增加诉讼请求，被告提出反诉，第三人提出与本案有关的诉讼请求，可以合并审理。

第一百四十一条 法庭辩论按照下列顺序进行：

（一）原告及其诉讼代理人发言；

（二）被告及其诉讼代理人答辩；

（三）第三人及其诉讼代理人发言或者答辩；

（四）互相辩论。

法庭辩论终结，由审判长按照原告、被告、第三人的先后顺序征询各方最后意见。

第一百四十二条 法庭辩论终结，应当依法作出判决。判决前能够调解的，还可以进行调解，调解不成的，应当及时判决。

第一百四十三条 原告经传票传唤，无正当理由拒不到庭的，或者未经法庭许可中途退庭的，可以按撤诉处理；被告反诉的，可以缺席判决。

第一百四十四条 被告经传票传唤，无正当理由拒不到庭的，或者未经法庭许可中途退庭的，可以缺席判决。

第一百四十五条 宣判前，原告申请撤诉的，是否准许，由人民法院裁定。

人民法院裁定不准许撤诉的，原告经传票传唤，无正当理由拒不到庭的，可以缺席判决。

第一百四十六条 有下列情形之一的，可以延期开庭审理：

（一）必须到庭的当事人和其他诉讼参与人有正当理由没有到庭的；

（二）当事人临时提出回避申请的；

（三）需要通知新的证人到庭，调取新的证据，重新鉴定、勘验，或者需要补充调查的；

（四）其他应当延期的情形。

第一百四十七条 书记员应当将法庭审理的全部活动记入笔录，由审判人员和书记员签名。

法庭笔录应当当庭宣读，也可以告知当事人和其他诉讼参与人当庭或者在五日内阅读。当事人和其他诉讼参与人认为对自己的陈述记录有遗漏或者差错的，有权申请补正。如果不予补正，应当将申请记录在案。

法庭笔录由当事人和其他诉讼参与人签名或者盖章。拒绝签名盖章的，记明情况附卷。

第一百四十八条 人民法院对公开审理或者不公开审理的案件，一律公开宣告判决。

当庭宣判的，应当在十日内发送判决书；定期宣判的，宣判后立即发给判决书。

宣告判决时，必须告知当事人上诉权利、上诉期限和上诉的法院。

宣告离婚判决，必须告知当事人在判决发生法律效力前不得另行结婚。

第一百四十九条 人民法院适用普通程序审理的案件，应当在立案之日起六个月内审结。有特殊情况需要延长的，由本院院长批准，可以延长六个月；还需要延长的，报请上级人民法院批准。

第四节 诉讼中止和终结

第一百五十条 有下列情形之一的，中止诉讼：

（一）一方当事人死亡，需要等待继承人表明是否参加诉讼的；

（二）一方当事人丧失诉讼行为能力，尚未确定法定代理人的；

（三）作为一方当事人的法人或者其他组织终止，尚未确定权利义务承受人的；

（四）一方当事人因不可抗拒的事由，不能参加诉讼的；

（五）本案必须以另一案的审理结果为依据，而另一案尚未审结的；

（六）其他应当中止诉讼的情形。

中止诉讼的原因消除后，恢复诉讼。

第一百五十一条 有下列情形之一的，终结诉讼：

（一）原告死亡，没有继承人，或者继承人放弃诉讼权利的；

（二）被告死亡，没有遗产，也没有应当承担义务的人的；

（三）离婚案件一方当事人死亡的；

（四）追索赡养费、扶养费、抚育费以及解除收养关系案件的一方当事人死亡的。

第五节 判决和裁定

第一百五十二条 判决书应当写明判决结果和作出该判决的理由。判决书内容包括：

（一）案由、诉讼请求、争议的事实和理由；

（二）判决认定的事实和理由、适用的法律和理由；

（三）判决结果和诉讼费用的负担；

（四）上诉期间和上诉的法院。

判决书由审判人员、书记员署名，加盖人民法院印章。

第一百五十三条 人民法院审理案件，其中一部分事实已经清楚，可以就该部分先行判决。

第一百五十四条 裁定适用于下列范围：

（一）不予受理；

（二）对管辖权有异议的；

（三）驳回起诉；

（四）保全和先予执行；

（五）准许或者不准许撤诉；

（六）中止或者终结诉讼；

（七）补正判决书中的笔误；

（八）中止或者终结执行；

（九）撤销或者不予执行仲裁裁决；

（十）不予执行公证机关赋予强制执行效力的债权文书；

（十一）其他需要裁定解决的事项。

对前款第一项至第三项裁定，可以上诉。

裁定书应当写明裁定结果和作出该裁定的理由。裁定书由审判人员、书记员署名，加盖人民法院印章。口头裁定的，记入笔录。

第一百五十五条 最高人民法院的判决、裁定，以及依法不准上诉或者超过上诉期没有上诉的判决、裁定，是发生法律效力的判决、裁定。

第一百五十六条 公众可以查阅发生法律效力的判决书、裁定书，但涉及国家秘密、商业秘密和个人隐私的内容除外。

第十三章 简易程序

第一百五十七条 基层人民法院和它派出的法庭审理事实清楚、权利义务关系明确、争议不大的简单的民事案件，适用本章规定。

基层人民法院和它派出的法庭审理前款规定以外的民事案件，当事人双方也可以约定适用简易程序。

第一百五十八条 对简单的民事案件，原告可以口头起诉。

当事人双方可以同时到基层人民法院或者它派出的法庭，请求解决纠纷。基层人民法院或者它派出的法庭可以当即审理，也可以另定日期审理。

第一百五十九条 基层人民法院和它派出的法庭审理简单的民事案件，可以用简便方式传唤当事人和证人、送达诉讼文书、审理案件，但应当保障当事人陈述意见的权利。

第一百六十条 简单的民事案件由审判员一人独任审理，并不受本法第一百三十六条、第一百三十八条、第一百四十一条规定的限制。

第一百六十一条 人民法院适用简易程序审理案件，应当在立案之日起三个月内审结。

第一百六十二条 基层人民法院和它派出的法庭审理符合本法第一百五十七条第一款规定的简单的民事案件，标的额为各省、自治区、直辖市上年度就业人员年平均工资百分之三十以下的，实行一审终审。

第一百六十三条 人民法院在审理过程中，发现案件不宜适用简易程序的，裁定转为普通程序。

第十四章 第二审程序

第一百六十四条 当事人不服地方人民法院第一审判决的，有权在判决书送达之日起十五日内向上一级人民法院提起上诉。

当事人不服地方人民法院第一审裁定的，有权在裁定书送达之日起十日内向上一级人民法院提起上诉。

第一百六十五条 上诉应当递交上诉状。上诉状的内容，应当包括当事人的姓名，法人的名称及其法定代表人的姓名或者其他组织的名称及其主要负责人的姓名；原审人民法院名称、案件的编号和案由；上诉的请求和理由。

第一百六十六条　上诉状应当通过原审人民法院提出，并按照对方当事人或者代表人的人数提出副本。

当事人直接向第二审人民法院上诉的，第二审人民法院应当在五日内将上诉状移交原审人民法院。

第一百六十七条　原审人民法院收到上诉状，应当在五日内将上诉状副本送达对方当事人，对方当事人在收到之日起十五日内提出答辩状。人民法院应当在收到答辩状之日起五日内将副本送达上诉人。对方当事人不提出答辩状的，不影响人民法院审理。

原审人民法院收到上诉状、答辩状，应当在五日内连同全部案卷和证据，报送第二审人民法院。

第一百六十八条　第二审人民法院应当对上诉请求的有关事实和适用法律进行审查。

第一百六十九条　第二审人民法院对上诉案件，应当组成合议庭，开庭审理。经过阅卷、调查和询问当事人，对没有提出新的事实、证据或者理由，合议庭认为不需要开庭审理的，可以不开庭审理。

第二审人民法院审理上诉案件，可以在本院进行，也可以到案件发生地或者原审人民法院所在地进行。

第一百七十条　第二审人民法院对上诉案件，经过审理，按照下列情形，分别处理：

（一）原判决、裁定认定事实清楚，适用法律正确的，以判决、裁定方式驳回上诉，维持原判决、裁定；

（二）原判决、裁定认定事实错误或者适用法律错误的，以判决、裁定方式依法改判、撤销或者变更；

（三）原判决认定基本事实不清的，裁定撤销原判决，发回原审人民法院重审，或者查清事实后改判；

（四）原判决遗漏当事人或者违法缺席判决等严重违反法定程序的，裁定撤销原判决，发回原审人民法院重审。

原审人民法院对发回重审的案件作出判决后，当事人提起上诉的，第二审人民法院不得再次发回重审。

第一百七十一条　第二审人民法院对不服第一审人民法院裁定的上诉案件的处理，一律使用裁定。

第一百七十二条　第二审人民法院审理上诉案件，可以进行调解。调解达成协议，应当制作调解书，由审判人员、书记员署名，加盖人民法院印章。调解书送达后，原审人民法院的判决即视为撤销。

第一百七十三条　第二审人民法院判决宣告前，上诉人申请撤回上诉的，是否准许，由第二审人民法院裁定。

第一百七十四条　第二审人民法院审理上诉案件，除依照本章规定外，适用第一审普通程序。

第一百七十五条　第二审人民法院的判决、裁定，是终审的判决、裁定。

第一百七十六条　人民法院审理对判决的上诉案件，应当在第二审立案之日起三个月内审结。有特殊情况需要延长的，由本院院长批准。

人民法院审理对裁定的上诉案件，应当在第二审立案之日起三十日内作出终审裁定。

第十五章　特别程序

第一节　一般规定

第一百七十七条　人民法院审理选民资格案件、宣告失踪或者宣告死亡案件、认定公民无民事行为能力或者限制民事行为能力案件、认定财产无主案件、确认调解协议案件和实现担保物权案件，适用本章规定。本章没有规定的，适用本法和其他法律的有关规定。

第一百七十八条　依照本章程序审理的案件，实行一审终审。选民资格案件或者重大、疑难的案件，由审判员组成合议庭审理；其他案件由审判员一人独任审理。

第一百七十九条　人民法院在依照本章程序审理案件的过程中，发现本案属于民事权益争议的，应当裁定终结特别程序，并告知利害关系人可以另行起诉。

第一百八十条　人民法院适用特别程序审理的案件，应当在立案之日起三十日内或者公告期满后三十日内审结。有特殊情况需要延长的，由本院院长批准。但审理选民资格的案件除外。

第二节　选民资格案件

第一百八十一条　公民不服选举委员会对选民资格的申诉所作的处理决定，可以在选举日的五日以前向选区所在地基层人民法院起诉。

第一百八十二条　人民法院受理选民资格案件后，必须在选举日前审结。

审理时，起诉人、选举委员会的代表和有关公民必须参加。

人民法院的判决书，应当在选举日前送达选举委员会和起诉人，并通知有关公民。

第三节　宣告失踪、宣告死亡案件

第一百八十三条　公民下落不明满二年，利害关系人申请宣告其失踪的，向下落不明人住所地基层人民法院提出。

申请书应当写明失踪的事实、时间和请求，并附有公安机关或者其他有关机关关于该公民下落不明的书面证明。

第一百八十四条　公民下落不明满四年，或者因意外事故下落不明满二年，或者因意外事故下落不明，经有关机关证明该公民不可能生存，利害关系人申请宣告其死亡的，向下落不明人住所地基层人民法院提出。

申请书应当写明下落不明的事实、时间和请求，并附有公安机关或者其他有关机关关于该公民下落不明的书面证明。

第一百八十五条　人民法院受理宣告失踪、宣告死亡案件后，应当发出寻找下落不明人的公告。宣告失踪的公告期间为三个月，宣告死亡的公告期间为一年。因意外事故下落不明，经有关机关证明该公民不可能生存的，宣告死亡的公告期间为三个月。

公告期间届满，人民法院应当根据被宣告失踪、宣告死亡的事实是否得到确认，作出宣告失踪、宣告死亡的判决或者驳回申请的判决。

第一百八十六条　被宣告失踪、宣告死亡的公民重新出现，经本人或者利害关系人申请，人民法院应当作出新判决，撤销原判决。

第四节　认定公民无民事行为能力、限制民事行为能力案件

第一百八十七条　申请认定公民无民事行为能力或者限制民事行为能力，由其近亲属或者其他利害关系人向该公民住所地基层人民法院提出。

申请书应当写明该公民无民事行为能力或者限制民事行为能力的事实和根据。

第一百八十八条　人民法院受理申请后，必要时应当对被请求认定为无民事行为能力或者限制民事行为能力的公民进行鉴定。申请人已提供鉴定意见的，应当对鉴定意见进行审查。

第一百八十九条　人民法院审理认定公民无民事行为能力或者限制民事行为能力的案件，应当由该公民的近亲属为代理人，但申请人除外。近亲属互相推诿的，由人民法院指定其中一人为代理人。该公民健康情况许可的，还应当询问本人的意见。

人民法院经审理认定申请有事实根据的，判决该公民为无民事行为能力或者限制民事行为能力人；认定申请没有事实根据的，应当判决予以驳回。

第一百九十条　人民法院根据被认定为无民事行为能力人、限制民事行为能力人或者他的监护人的申请，证实该公民无民事行为能力或者限制民事行为能力的原因已经消除的，应当作出新判决，撤销原判决。

第五节　认定财产无主案件

第一百九十一条　申请认定财产无主，由公民、法人或者其他组织向财产所在地基层人民法院提出。

申请书应当写明财产的种类、数量以及要求认定财产无主的根据。

第一百九十二条　人民法院受理申请后，经审查核实，应当发出财产认领公告。公告满一年无人认领的，判决认定财产无主，收归国家或者集体所有。

第一百九十三条　判决认定财产无主后，原财产所有人或者继承人出现，在民法通则规定的诉讼时效期间可以对财产提出请求，人民法院审查属实后，应当作出新判决，撤销原判决。

第六节　确认调解协议案件

第一百九十四条　申请司法确认调解协议，由双方当事人依照人民调解法等法律，自调解协议生效之日起三十日内，共同向调解组织所在地基层人民法院提出。

第一百九十五条　人民法院受理申请后，经审查，符合法律规定的，裁定调解协议有效，一方当事人拒绝履行或者未全部履行的，对方当事人可以向人民法院申请执行；不符合法律规定的，裁定驳回申请，当事人可以通过调解方式变更原调解协议或者达成新的调解协议，也可以向人民法院提起诉讼。

第七节　实现担保物权案件

第一百九十六条　申请实现担保物权，由担保物权人以及其他有权请求实现担保物权的人依照物权法等法律，向担保财产所在地或者担保物权登记地基层人民法院提出。

第一百九十七条　人民法院受理申请后，经审查，符合法律规定的，裁定拍卖、变卖担保财产，当事人依据该裁定可以向人民法院申请执行；不符合法律规定的，裁定驳回申请，当事人可以向人民法院提起诉讼。

第十六章　审判监督程序

第一百九十八条　各级人民法院院长对本院已经发生法律效力的判决、裁定、调解书，发现确有错误，认为需要再审的，应当提交审判委员会讨论决定。

最高人民法院对地方各级人民法院已经发生法律效力的判决、裁定、调解书，上级人民法院对下级人民法院已经发生法律效力的判决、裁定、调解书，发现确有错误的，有权提审或者指令下级人民法院再审。

第一百九十九条　当事人对已经发生法律效力的判决、裁定，认为有错误的，可以向上一级人民法院申请再审；当事人一方人数众多或者当事人双方为公民的案件，也可以向原审人民法院申请再审。当事人申请再审的，不停止判决、裁定的执行。

第二百条 当事人的申请符合下列情形之一的，人民法院应当再审：

（一）有新的证据，足以推翻原判决、裁定的；

（二）原判决、裁定认定的基本事实缺乏证据证明的；

（三）原判决、裁定认定事实的主要证据是伪造的；

（四）原判决、裁定认定事实的主要证据未经质证的；

（五）对审理案件需要的主要证据，当事人因客观原因不能自行收集，书面申请人民法院调查收集，人民法院未调查收集的；

（六）原判决、裁定适用法律确有错误的；

（七）审判组织的组成不合法或者依法应当回避的审判人员没有回避的；

（八）无诉讼行为能力人未经法定代理人代为诉讼或者应当参加诉讼的当事人，因不能归责于本人或者其诉讼代理人的事由，未参加诉讼的；

（九）违反法律规定，剥夺当事人辩论权利的；

（十）未经传票传唤，缺席判决的；

（十一）原判决、裁定遗漏或者超出诉讼请求的；

（十二）据以作出原判决、裁定的法律文书被撤销或者变更的；

（十三）审判人员审理该案件时有贪污受贿，徇私舞弊，枉法裁判行为的。

第二百零一条 当事人对已经发生法律效力的调解书，提出证据证明调解违反自愿原则或者调解协议的内容违反法律的，可以申请再审。经人民法院审查属实的，应当再审。

第二百零二条 当事人对已经发生法律效力的解除婚姻关系的判决、调解书，不得申请再审。

第二百零三条 当事人申请再审的，应当提交再审申请书等材料。人民法院应当自收到再审申请书之日起五日内将再审申请书副本发送对方当事人。对方当事人应当自收到再审申请书副本之日起十五日内提交书面意见；不提交书面意见的，不影响人民法院审查。人民法院可以要求申请人和对方当事人补充有关材料，询问有关事项。

第二百零四条 人民法院应当自收到再审申请书之日起三个月内审查，符合本法规定的，裁定再审；不符合本法规定的，裁定驳回申请。有特殊情况需要延长的，由本院院长批准。

因当事人申请裁定再审的案件由中级人民法院以上的人民法院审理，但当事人依照本法第一百九十九条的规定选择向基层人民法院申请再审的除外。最高人民法院、高级人民法院裁定再审的案件，由本院再审或者交其他人民法院再审，也可以交原审人民法院再审。

第二百零五条 当事人申请再审，应当在判决、裁定发生法律效力后六个月内提出；有本法第二百条第一项、第三项、第十二项、第十三项规定情形的，自知道或者应当知道之日起六个月内提出。

第二百零六条 按照审判监督程序决定再审的案件，裁定中止原判决、裁定、调解书的执行，但追索赡养费、扶养费、抚育费、抚恤金、医疗费用、劳动报酬等案件，可以不中止执行。

第二百零七条 人民法院按照审判监督程序再审的案件，发生法律效力的判决、裁定是由第一审法院作出的，按照第一审程序审理，所作的判决、裁定，当事人可以上诉；发生法律效力的判决、裁定是由第二审法院作出的，按照第二审程序审理，所作的判决、裁定，是发生法律效力的判决、裁定；上级人民法院按照审判监督程序提审的，按照第二审程序审理，所作的判决、裁定是发生法律效力的判决、裁定。

人民法院审理再审案件，应当另行组成合议庭。

第二百零八条　最高人民检察院对各级人民法院已经发生法律效力的判决、裁定，上级人民检察院对下级人民法院已经发生法律效力的判决、裁定，发现有本法第二百条规定情形之一的，或者发现调解书损害国家利益、社会公共利益的，应当提出抗诉。

地方各级人民检察院对同级人民法院已经发生法律效力的判决、裁定，发现有本法第二百条规定情形之一的，或者发现调解书损害国家利益、社会公共利益的，可以向同级人民法院提出检察建议，并报上级人民检察院备案；也可以提请上级人民检察院向同级人民法院提出抗诉。

各级人民检察院对审判监督程序以外的其他审判程序中审判人员的违法行为，有权向同级人民法院提出检察建议。

第二百零九条　有下列情形之一的，当事人可以向人民检察院申请检察建议或者抗诉：

（一）人民法院驳回再审申请的；

（二）人民法院逾期未对再审申请作出裁定的；

（三）再审判决、裁定有明显错误的。

人民检察院对当事人的申请应当在三个月内进行审查，作出提出或者不予提出检察建议或者抗诉的决定。当事人不得再次向人民检察院申请检察建议或者抗诉。

第二百一十条　人民检察院因履行法律监督职责提出检察建议或者抗诉的需要，可以向当事人或者案外人调查核实有关情况。

第二百一十一条　人民检察院提出抗诉的案件，接受抗诉的人民法院应当自收到抗诉书之日起三十日内作出再审的裁定；有本法第二百条第一项至第五项规定情形之一的，可以交下一级人民法院再审，但经该下一级人民法院再审的除外。

第二百一十二条　人民检察院决定对人民法院的判决、裁定、调解书提出抗诉的，应当制作抗诉书。

第二百一十三条　人民检察院提出抗诉的案件，人民法院再审时，应当通知人民检察院派员出席法庭。

第十七章　督促程序

第二百一十四条　债权人请求债务人给付金钱、有价证券，符合下列条件的，可以向有管辖权的基层人民法院申请支付令：

（一）债权人与债务人没有其他债务纠纷的；

（二）支付令能够送达债务人的。

申请书应当写明请求给付金钱或者有价证券的数量和所根据的事实、证据。

第二百一十五条　债权人提出申请后，人民法院应当在五日内通知债权人是否受理。

第二百一十六条　人民法院受理申请后，经审查债权人提供的事实、证据，对债权债务关系明确、合法的，应当在受理之日起十五日内向债务人发出支付令；申请不成立的，裁定予以驳回。

债务人应当自收到支付令之日起十五日内清偿债务，或者向人民法院提出书面异议。

债务人在前款规定的期间不提出异议又不履行支付令的，债权人可以向人民法院申请执行。

第二百一十七条　人民法院收到债务人提出的书面异议后，经审查，异议成立的，应当裁定终结督促程序，支付令自行失效。

支付令失效的，转入诉讼程序，但申请支付令的一方当事人不同意提起诉讼的除外。

第十八章　公示催告程序

第二百一十八条　按照规定可以背书转让的票据持有人，因票据被盗、遗失或者灭失，可以向票据支付地的基层人民法院申请公示催告。依照法律规定可以申请公示催告的其他事项，适用本章规定。

申请人应当向人民法院递交申请书，写明票面金额、发票人、持票人、背书人等票据主要内容和申请的理由、事实。

第二百一十九条　人民法院决定受理申请，应当同时通知支付人停止支付，并在三日内发出公告，催促利害关系人申报权利。公示催告的期间，由人民法院根据情况决定，但不得少于六十日。

第二百二十条　支付人收到人民法院停止支付的通知，应当停止支付，至公示催告程序终结。

公示催告期间，转让票据权利的行为无效。

第二百二十一条　利害关系人应当在公示催告期间向人民法院申报。

人民法院收到利害关系人的申报后，应当裁定终结公示催告程序，并通知申请人和支付人。

申请人或者申报人可以向人民法院起诉。

第二百二十二条　没有人申报的，人民法院应当根据申请人的申请，作出判决，宣告票据无效。判决应当公告，并通知支付人。自判决公告之日起，申请人有权向支付人请求支付。

第二百二十三条　利害关系人因正当理由不能在判决前向人民法院申报的，自知道或者应当知道判决公告之日起一年内，可以向作出判决的人民法院起诉。

第三编　执行程序

第十九章　一般规定

第二百二十四条　发生法律效力的民事判决、裁定，以及刑事判决、裁定中的财产部分，由第一审人民法院或者与第一审人民法院同级的被执行的财产所在地人民法院执行。

法律规定由人民法院执行的其他法律文书，由被执行人住所地或者被执行的财产所在地人民法院执行。

第二百二十五条　当事人、利害关系人认为执行行为违反法律规定的，可以向负责执行的人民法院提出书面异议。当事人、利害关系人提出书面异议的，人民法院应当自收到书面异议之日起十五日内审查，理由成立的，裁定撤销或者改正；理由不成立的，裁定驳回。当事人、利害关系人对裁定不服的，可以自裁定送达之日起十日内向上一级人民法院申请复议。

第二百二十六条　人民法院自收到申请执行书之日起超过六个月未执行的，申请执行人可以向上一级人民法院申请执行。上一级人民法院经审查，可以责令原人民法院在一定期限内执行，也可以决定由本院执行或者指令其他人民法院执行。

第二百二十七条　执行过程中，案外人对执行标的提出书面异议的，人民法院应当自收到书面异议之日起十五日内审查，理由成立的，裁定中止对该标的的执行；理由不成立的，裁定驳回。案外人、当事人对裁定不服，认为原判决、裁定错误的，依照审判监督程序办理；与原判决、裁定无关的，可以自裁定送达之日起十五日内向人民法院提起诉讼。

第二百二十八条 执行工作由执行员进行。

采取强制执行措施时，执行员应当出示证件。执行完毕后，应当将执行情况制作笔录，由在场的有关人员签名或者盖章。

人民法院根据需要可以设立执行机构。

第二百二十九条 被执行人或者被执行的财产在外地的，可以委托当地人民法院代为执行。受委托人民法院收到委托函件后，必须在十五日内开始执行，不得拒绝。执行完毕后，应当将执行结果及时函复委托人民法院；在三十日内如果还未执行完毕，也应当将执行情况函告委托人民法院。

受委托人民法院自收到委托函件之日起十五日内不执行的，委托人民法院可以请求受委托人民法院的上级人民法院指令受委托人民法院执行。

第二百三十条 在执行中，双方当事人自行和解达成协议的，执行员应当将协议内容记入笔录，由双方当事人签名或者盖章。

申请执行人因受欺诈、胁迫与被执行人达成和解协议，或者当事人不履行和解协议的，人民法院可以根据当事人的申请，恢复对原生效法律文书的执行。

第二百三十一条 在执行中，被执行人向人民法院提供担保，并经申请执行人同意的，人民法院可以决定暂缓执行及暂缓执行的期限。被执行人逾期仍不履行的，人民法院有权执行被执行人的担保财产或者担保人的财产。

第二百三十二条 作为被执行人的公民死亡的，以其遗产偿还债务。作为被执行人的法人或者其他组织终止的，由其权利义务承受人履行义务。

第二百三十三条 执行完毕后，据以执行的判决、裁定和其他法律文书确有错误，被人民法院撤销的，对已被执行的财产，人民法院应当作出裁定，责令取得财产的人返还；拒不返还的，强制执行。

第二百三十四条 人民法院制作的调解书的执行，适用本编的规定。

第二百三十五条 人民检察院有权对民事执行活动实行法律监督。

第二十章 执行的申请和移送

第二百三十六条 发生法律效力的民事判决、裁定，当事人必须履行。一方拒绝履行的，对方当事人可以向人民法院申请执行，也可以由审判员移送执行员执行。

调解书和其他应当由人民法院执行的法律文书，当事人必须履行。一方拒绝履行的，对方当事人可以向人民法院申请执行。

第二百三十七条 对依法设立的仲裁机构的裁决，一方当事人不履行的，对方当事人可以向有管辖权的人民法院申请执行。受申请的人民法院应当执行。

被申请人提出证据证明仲裁裁决有下列情形之一的，经人民法院组成合议庭审查核实，裁定不予执行：

（一）当事人在合同中没有订有仲裁条款或者事后没有达成书面仲裁协议的；

（二）裁决的事项不属于仲裁协议的范围或者仲裁机构无权仲裁的；

（三）仲裁庭的组成或者仲裁的程序违反法定程序的；

（四）裁决所根据的证据是伪造的；

（五）对方当事人向仲裁机构隐瞒了足以影响公正裁决的证据的；

（六）仲裁员在仲裁该案时有贪污受贿，徇私舞弊，枉法裁决行为的。

人民法院认定执行该裁决违背社会公共利益的，裁定不予执行。

裁定书应当送达双方当事人和仲裁机构。

仲裁裁决被人民法院裁定不予执行的，当事人可以根据双方达成的书面仲裁协议重新申请仲裁，也可以向人民法院起诉。

第二百三十八条 对公证机关依法赋予强制执行效力的债权文书，一方当事人不履行的，对方当事人可以向有管辖权的人民法院申请执行，受申请的人民法院应当执行。

公证债权文书确有错误的，人民法院裁定不予执行，并将裁定书送达双方当事人和公证机关。

第二百三十九条 申请执行的期间为二年。申请执行时效的中止、中断，适用法律有关诉讼时效中止、中断的规定。

前款规定的期间，从法律文书规定履行期间的最后一日起计算；法律文书规定分期履行的，从规定的每次履行期间的最后一日起计算；法律文书未规定履行期间的，从法律文书生效之日起计算。

第二百四十条 执行员接到申请执行书或者移交执行书，应当向被执行人发出执行通知，并可以立即采取强制执行措施。

第二十一章　执行措施

第二百四十一条 被执行人未按执行通知履行法律文书确定的义务，应当报告当前以及收到执行通知之日前一年的财产情况。被执行人拒绝报告或者虚假报告的，人民法院可以根据情节轻重对被执行人或者其法定代理人、有关单位的主要负责人或者直接责任人员予以罚款、拘留。

第二百四十二条 被执行人未按执行通知履行法律文书确定的义务，人民法院有权向有关单位查询被执行人的存款、债券、股票、基金份额等财产情况。人民法院有权根据不同情形扣押、冻结、划拨、变价被执行人的财产。人民法院查询、扣押、冻结、划拨、变价的财产不得超出被执行人应当履行义务的范围。

人民法院决定扣押、冻结、划拨、变价财产，应当作出裁定，并发出协助执行通知书，有关单位必须办理。

第二百四十三条 被执行人未按执行通知履行法律文书确定的义务，人民法院有权扣留、提取被执行人应当履行义务部分的收入。但应当保留被执行人及其所扶养家属的生活必需费用。

人民法院扣留、提取收入时，应当作出裁定，并发出协助执行通知书，被执行人所在单位、银行、信用合作社和其他有储蓄业务的单位必须办理。

第二百四十四条 被执行人未按执行通知履行法律文书确定的义务，人民法院有权查封、扣押、冻结、拍卖、变卖被执行人应当履行义务部分的财产。但应当保留被执行人及其所扶养家属的生活必需品。

采取前款措施，人民法院应当作出裁定。

第二百四十五条 人民法院查封、扣押财产时，被执行人是公民的，应当通知被执行人或者他的成年家属到场；被执行人是法人或者其他组织的，应当通知其法定代表人或者主要负责人到场。拒不到场的，不影响执行。被执行人是公民的，其工作单位或者财产所在地的基层组织应当派人参加。

对被查封、扣押的财产，执行员必须造具清单，由在场人签名或者盖章后，交被执行人一份。被执行人是公民的，也可以交他的成年家属一份。

第二百四十六条　被查封的财产，执行员可以指定被执行人负责保管。因被执行人的过错造成的损失，由被执行人承担。

第二百四十七条　财产被查封、扣押后，执行员应当责令被执行人在指定期间履行法律文书确定的义务。被执行人逾期不履行的，人民法院应当拍卖被查封、扣押的财产；不适于拍卖或者当事人双方同意不进行拍卖的，人民法院可以委托有关单位变卖或者自行变卖。国家禁止自由买卖的物品，交有关单位按照国家规定的价格收购。

第二百四十八条　被执行人不履行法律文书确定的义务，并隐匿财产的，人民法院有权发出搜查令，对被执行人及其住所或者财产隐匿地进行搜查。

采取前款措施，由院长签发搜查令。

第二百四十九条　法律文书指定交付的财物或者票证，由执行员传唤双方当事人当面交付，或者由执行员转交，并由被交付人签收。

有关单位持有该项财物或者票证的，应当根据人民法院的协助执行通知书转交，并由被交付人签收。

有关公民持有该项财物或者票证的，人民法院通知其交出。拒不交出的，强制执行。

第二百五十条　强制迁出房屋或者强制退出土地，由院长签发公告，责令被执行人在指定期间履行。被执行人逾期不履行的，由执行员强制执行。

强制执行时，被执行人是公民的，应当通知被执行人或者他的成年家属到场；被执行人是法人或者其他组织的，应当通知其法定代表人或者主要负责人到场。拒不到场的，不影响执行。被执行人是公民的，其工作单位或者房屋、土地所在地的基层组织应当派人参加。执行员应当将强制执行情况记入笔录，由在场人签名或者盖章。

强制迁出房屋被搬出的财物，由人民法院派人运至指定处所，交给被执行人。被执行人是公民的，也可以交给他的成年家属。因拒绝接收而造成的损失，由被执行人承担。

第二百五十一条　在执行中，需要办理有关财产权证照转移手续的，人民法院可以向有关单位发出协助执行通知书，有关单位必须办理。

第二百五十二条　对判决、裁定和其他法律文书指定的行为，被执行人未按执行通知履行的，人民法院可以强制执行或者委托有关单位或者其他人完成，费用由被执行人承担。

第二百五十三条　被执行人未按判决、裁定和其他法律文书指定的期间履行给付金钱义务的，应当加倍支付迟延履行期间的债务利息。被执行人未按判决、裁定和其他法律文书指定的期间履行其他义务的，应当支付迟延履行金。

第二百五十四条　人民法院采取本法第二百四十二条、第二百四十三条、第二百四十四条规定的执行措施后，被执行人仍不能偿还债务的，应当继续履行义务。债权人发现被执行人有其他财产的，可以随时请求人民法院执行。

第二百五十五条　被执行人不履行法律文书确定的义务的，人民法院可以对其采取或者通知有关单位协助采取限制出境，在征信系统记录、通过媒体公布不履行义务信息以及法律规定的其他措施。

第二十二章　执行中止和终结

第二百五十六条　有下列情形之一的，人民法院应当裁定中止执行：

（一）申请人表示可以延期执行的；

（二）案外人对执行标的提出确有理由的异议的；

（三）作为一方当事人的公民死亡，需要等待继承人继承权利或者承担义务的；

（四）作为一方当事人的法人或者其他组织终止，尚未确定权利义务承受人的；

（五）人民法院认为应当中止执行的其他情形。

中止的情形消失后，恢复执行。

二百五十七条 有下列情形之一的，人民法院裁定终结执行：

（一）申请人撤销申请的；

（二）据以执行的法律文书被撤销的；

（三）作为被执行人的公民死亡，无遗产可供执行，又无义务承担人的；

（四）追索赡养费、扶养费、抚育费案件的权利人死亡的；

（五）作为被执行人的公民因生活困难无力偿还借款，无收入来源，又丧失劳动能力的；

（六）人民法院认为应当终结执行的其他情形。

第二百五十八条 中止和终结执行的裁定，送达当事人后立即生效。

第四编 涉外民事诉讼程序的特别规定

第二十三章 一般原则

第二百五十九条 在中华人民共和国领域内进行涉外民事诉讼，适用本编规定。本编没有规定的，适用本法其他有关规定。

第二百六十条 中华人民共和国缔结或者参加的国际条约同本法有不同规定的，适用该国际条约的规定，但中华人民共和国声明保留的条款除外。

第二百六十一条 对享有外交特权与豁免的外国人、外国组织或者国际组织提起的民事诉讼，应当依照中华人民共和国有关法律和中华人民共和国缔结或者参加的国际条约的规定办理。

第二百六十二条 人民法院审理涉外民事案件，应当使用中华人民共和国通用的语言、文字。当事人要求提供翻译的，可以提供，费用由当事人承担。

第二百六十三条 外国人、无国籍人、外国企业和组织在人民法院起诉、应诉，需要委托律师代理诉讼的，必须委托中华人民共和国的律师。

第二百六十四条 在中华人民共和国领域内没有住所的外国人、无国籍人、外国企业和组织委托中华人民共和国律师或者其他人代理诉讼，从中华人民共和国领域外寄交或者托交的授权委托书，应当经所在国公证机关证明，并经中华人民共和国驻该国使领馆认证，或者履行中华人民共和国与该所在国订立的有关条约中规定的证明手续后，才具有效力。

第二十四章 管 辖

第二百六十五条 因合同纠纷或者其他财产权益纠纷，对在中华人民共和国领域内没有住所的被告提起的诉讼，如果合同在中华人民共和国领域内签订或者履行，或者诉讼标的物在中华人民共和国领域内，或者被告在中华人民共和国领域内有可供扣押的财产，或者被告在中华人民共和国领域内设有代表机构，可以由合同签订地、合同履行地、诉讼标的物所在地、可供扣押财产所在地、侵权行为地或者代表机构住所地人民法院管辖。

第二百六十六条　因在中华人民共和国履行中外合资经营企业合同、中外合作经营企业合同、中外合作勘探开发自然资源合同发生纠纷提起的诉讼，由中华人民共和国人民法院管辖。

第二十五章　送达、期间

第二百六十七条　人民法院对在中华人民共和国领域内没有住所的当事人送达诉讼文书，可以采用下列方式：

（一）依照受送达人所在国与中华人民共和国缔结或者共同参加的国际条约中规定的方式送达；

（二）通过外交途径送达；

（三）对具有中华人民共和国国籍的受送达人，可以委托中华人民共和国驻受送达人所在国的使领馆代为送达；

（四）向受送达人委托的有权代其接受送达的诉讼代理人送达；

（五）向受送达人在中华人民共和国领域内设立的代表机构或者有权接受送达的分支机构、业务代办人送达；

（六）受送达人所在国的法律允许邮寄送达的，可以邮寄送达，自邮寄之日起满三个月，送达回证没有退回，但根据各种情况足以认定已经送达的，期间届满之日视为送达；

（七）采用传真、电子邮件等能够确认受送达人收悉的方式送达；

（八）不能用上述方式送达的，公告送达，自公告之日起满三个月，即视为送达。

第二百六十八条　被告在中华人民共和国领域内没有住所的，人民法院应当将起诉状副本送达被告，并通知被告在收到起诉状副本后三十日内提出答辩状。被告申请延期的，是否准许，由人民法院决定。

第二百六十九条　在中华人民共和国领域内没有住所的当事人，不服第一审人民法院判决、裁定的，有权在判决书、裁定书送达之日起三十日内提起上诉。被上诉人在收到上诉状副本后，应当在三十日内提出答辩状。当事人不能在法定期间提起上诉或者提出答辩状，申请延期的，是否准许，由人民法院决定。

第二百七十条　人民法院审理涉外民事案件的期间，不受本法第一百四十九条、第一百七十六条规定的限制。

第二十六章　仲　裁

第二百七十一条　涉外经济贸易、运输和海事中发生的纠纷，当事人在合同中订有仲裁条款或者事后达成书面仲裁协议，提交中华人民共和国涉外仲裁机构或者其他仲裁机构仲裁的，当事人不得向人民法院起诉。

当事人在合同中没有订有仲裁条款或者事后没有达成书面仲裁协议的，可以向人民法院起诉。

第二百七十二条　当事人申请采取保全的，中华人民共和国的涉外仲裁机构应当将当事人的申请，提交被申请人住所地或者财产所在地的中级人民法院裁定。

第二百七十三条　经中华人民共和国涉外仲裁机构裁决的，当事人不得向人民法院起诉。一方当事人不履行仲裁裁决的，对方当事人可以向被申请人住所地或者财产所在地的中级人民法院申请执行。

第二百七十四条　对中华人民共和国涉外仲裁机构作出的裁决，被申请人提出证据证明仲裁裁决有下列情形之一的，经人民法院组成合议庭审查核实，裁定不予执行：

（一）当事人在合同中没有订有仲裁条款或者事后没有达成书面仲裁协议的；

（二）被申请人没有得到指定仲裁员或者进行仲裁程序的通知，或者由于其他不属于被申请人负责的原因未能陈述意见的；

（三）仲裁庭的组成或者仲裁的程序与仲裁规则不符的；

（四）裁决的事项不属于仲裁协议的范围或者仲裁机构无权仲裁的。

人民法院认定执行该裁决违背社会公共利益的，裁定不予执行。

第二百七十五条 仲裁裁决被人民法院裁定不予执行的，当事人可以根据双方达成的书面仲裁协议重新申请仲裁，也可以向人民法院起诉。

第二十七章 司法协助

第二百七十六条 根据中华人民共和国缔结或者参加的国际条约，或者按照互惠原则，人民法院和外国法院可以相互请求，代为送达文书、调查取证以及进行其他诉讼行为。

外国法院请求协助的事项有损于中华人民共和国的主权、安全或者社会公共利益的，人民法院不予执行。

第二百七十七条 请求和提供司法协助，应当依照中华人民共和国缔结或者参加的国际条约所规定的途径进行；没有条约关系的，通过外交途径进行。

外国驻中华人民共和国的使领馆可以向该国公民送达文书和调查取证，但不得违反中华人民共和国的法律，并不得采取强制措施。

除前款规定的情况外，未经中华人民共和国主管机关准许，任何外国机关或者个人不得在中华人民共和国领域内送达文书、调查取证。

第二百七十八条 外国法院请求人民法院提供司法协助的请求书及其所附文件，应当附有中文译本或者国际条约规定的其他文字文本。

人民法院请求外国法院提供司法协助的请求书及其所附文件，应当附有该国文字译本或者国际条约规定的其他文字文本。

第二百七十九条 人民法院提供司法协助，依照中华人民共和国法律规定的程序进行。外国法院请求采用特殊方式的，也可以按照其请求的特殊方式进行，但请求采用的特殊方式不得违反中华人民共和国法律。

第二百八十条 人民法院作出的发生法律效力的判决、裁定，如果被执行人或者其财产不在中华人民共和国领域内，当事人请求执行的，可以由当事人直接向有管辖权的外国法院申请承认和执行，也可以由人民法院依照中华人民共和国缔结或者参加的国际条约的规定，或者按照互惠原则，请求外国法院承认和执行。

中华人民共和国涉外仲裁机构作出的发生法律效力的仲裁裁决，当事人请求执行的，如果被执行人或者其财产不在中华人民共和国领域内，应当由当事人直接向有管辖权的外国法院申请承认和执行。

第二百八十一条 外国法院作出的发生法律效力的判决、裁定，需要中华人民共和国人民法院承认和执行的，可以由当事人直接向中华人民共和国有管辖权的中级人民法院申请承认和执行，也可以由外国法院依照该国与中华人民共和国缔结或者参加的国际条约的规定，或者按照互惠原则，请求人民法院承认和执行。

第二百八十二条　人民法院对申请或者请求承认和执行的外国法院作出的发生法律效力的判决、裁定，依照中华人民共和国缔结或者参加的国际条约，或者按照互惠原则进行审查后，认为不违反中华人民共和国法律的基本原则或者国家主权、安全、社会公共利益的，裁定承认其效力，需要执行的，发出执行令，依照本法的有关规定执行。违反中华人民共和国法律的基本原则或者国家主权、安全、社会公共利益的，不予承认和执行。

第二百八十三条　国外仲裁机构的裁决，需要中华人民共和国人民法院承认和执行的，应当由当事人直接向被执行人住所地或者其财产所在地的中级人民法院申请，人民法院应当依照中华人民共和国缔结或者参加的国际条约，或者按照互惠原则办理。

第二百八十四条　本法自公布之日起施行，《中华人民共和国民事诉讼法（试行）》同时废止。

（说明：《民事诉讼法》1991 年 4 月 9 日第七届全国人民代表大会第四次会议通过；2007 年 10 月 29 日第一次修正，2008 年 4 月 1 日起施行；2012 年 8 月 31 日第二次修正，2013 年 1 月 1 日起施行。具体应于法律文本何处标注，请专业人士核实。）

参 考 文 献

[1] 建设工程法规及相关知识，全国一级建造师职业资格考试用书，北京：中国建筑工业出版社，2013.

[2] 黄安永. 建设法规. 南京：东南大学出版社，2010.

[3] 国际咨询工程师联合会. 菲迪克合同指南. 北京机械工业出版社，2003.

[4] 周国恩. 建设法规概论. 北京：化学工业出版社，2013.

[5] 刘文锋. 建设法规概论. 北京：高等教育出版社，2011.

[6] 秦建昌， 杨平海. 建设法规. 北京：北京理工大学出版社，2011.

[7] 洪琳. 建设法规. 北京：中国建筑工业出版社，2013